DICCIONARIO BIO-BIBLIOGRÁFICO DEL TEATRO EN CUBA (SIGLO XIX)

UNOS & OTROS

EDICIONES

Virginia B. Suárez Piña

José Servera Baño

Graciela Durán Rodríguez

Library of Congress Control Number: 2018945390

ISBN-13: 978-0999870761

ISBN-10: 0999870769

Título: *Diccionario bio-bibliográfico del teatro en Cuba (siglo XIX)*

Autores: Virginia B. Suárez Piña

       José Servera Baño

       Graciela Durán Rodríguez

Edición y Maquetación : Armando Nuviola

Diseño de portada: Armando Nuviola

www.unosotrosculturalproject.com

infoeditorialunosotros@gmail.com

Made in USA, 2018

UNOS & OTROS

EDICIONES

A la memoria de mis padres.

A Hugo, mi esposo; a Aylín, mi hija; y a mis nietos: Raffael y Samuel.

VIRGINIA B. SUÁREZ PIÑA

A mi madre Dulce, a mi esposo Ginarte, a Maivis, mi hija; y a mi nieto: Diego.

GRACIELA DURÁN RODRÍGUEZ

PRÓLOGO

L os intentos de agrupar los distintos aspectos del teatro cubano tienen precedentes en investigaciones realizadas por autores e instituciones durante los siglos XIX y XX. Notables estudios se han publicado en Cuba sobre el desarrollo de este género, entre ellos: *Historia de la literatura dramática cubana* de José Juan Arrom; *Teatro cubano (1927-1981)* de Natividad González; *El teatro en la década de los 80* de Graciela Pogolotti; *El teatro cubano en vísperas de la Revolución* de Magali Muguersia; *Un cuarto de siglo de dramaturgia* (1959-1983); *Apuntes en torno al teatro colonial de Yolanda Aguirre, Historia del teatro popular cubano* de Eduardo Robreño, *Mural del teatro en Cuba* de Mario Rodríguez Alemán y, *Apreciación e Historia del Teatro Cubano*, por sólo citar algunos; además de los innumerables artículos aparecidos en revistas, folletos y periódicos.

Ahora bien, concerniente al desarrollo y evolución del teatro en Cuba, antes del siglo XX, no hemos localizado, hasta el momento, ninguna búsqueda que abarque todas las obras, representadas o publicadas de esta manifestación. En las historias de la literatura y el teatro cubano, las referencias a este tema son parciales o se repiten. Ha sido el estudioso Rine Leal, el que ha realizado en su antológico libro: *La Selva Oscura*, una magnífica indagación en cuanto al surgimiento y desarrollo del teatro; sin embargo, en esta obra, en sentido general, se valora la actividad teatral nacional en relación con lo que sucede en La Habana, y sólo trata pinceladas de lo que acontece en el resto del país en correspondencia con su repercusión a escala nacional.[1]

Señalan los especialistas del Instituto de Literatura y lingüística, que la primera referencia relacionada con el intento de creación de un diccionario entre nosotros, se remonta al año 1795, cuando el fraile Luis Peñalver (¿-?), elevó a la Sociedad Económica de Amigos del País su *Memoria sobre lo útil que sería formar un diccionario provincial*, leída en la Sociedad Patriótica de La Habana y recogida en las memorias de esta institución de ese mismo año. En 1829, Domingo del Monte (Venezuela, 1804- España, 1853) al que se unió un grupo de colaboradores, dos años más tarde, inició la preparación de nuestro primer diccionario; trabajo que no pasó de su fase inicial. En 1836, Esteban Pichardo (publica el *Diccionario Provincial de Voces Cubanas*; Jacobo de la Pezuela, en 1863, el *Diccionario biográfico, estadístico, histórico de la Isla de Cuba (1863-1866)*. Este trabajo sirvió de base al *Diccionario biográfico cubano* de Francisco Calcagno, publicado en New York (1878).

En 1922, surge el *Diccionario de Seudónimos de escritores, poetas y periodistas villaclareños*. En la Prensa en Cuba (1932), de Tomás González Rodríguez, se incluyó un *Diccionario biográfico de periodistas nacidos en Cuba*. Por su parte, *Cuba en la mano*, de Esteban González Rodarte, comprendió un índice biográfico de personalidades cubanas.

En esta relación, no podemos dejar de referirnos al *Diccionario Biográfico (1878)*, de Francisco Calcagno, *Diccionario de Literatura Cubana (T. I y II)*, elaborado por el Instituto de Literatura y Lingüística, *Catálogo de dramaturgos españoles del siglo XIX*, de Tomás Rodríguez Sánchez (Madrid, 1994) y *Mil criollos del Siglo XIX. Diccionario Biográfico*, de

---

1. Suárez Piña, Virginia Bárbara. Tesis Doctoral: El Teatro en Santiago de Cuba (1850-1898). Principales vertientes y líneas temáticas. (2005).

César García del Pino (2013); los cuales, constituyen las principales fuentes del presente libro y una importante contribución a todos los investigadores de la literatura cubana. No podemos obviar, el significativo acopio realizado por María Luisa Antuña y Josefina García Carranza con su *Bibliografía del teatro cubano*,[2] *(1971)*; muy útil en nuestro empeño por su registro bibliográfico.

Dentro de la historiografía teatral cubana, hasta donde hemos podido revisar, no existe ningún diccionario de autores y obras del teatro en Cuba del siglo XIX, que registre, de forma concreta, los autores que publicaron y pusieron en escena obras de teatro en Cuba o en el extranjero, entre los años de 1800 al 1900. En este sentido, este *Diccionario bio-bibliográfico del teatro en Cuba (siglo XIX)* comenzó a germinar hace unos cuantos años, tras la defensa de la Tesis Doctoral: El Teatro en Santiago de Cuba (1850-1898). Principales vertientes y líneas temáticas (2005), de Virginia Bárbara Suárez Piña, coautora de este libro. El propósito surgió en torno a una pregunta de la Doctora en Ciencias Filológicas Ana Cairo Ballester, en la defensa de esta investigación en la Universidad de La Habana. De inmediato, se empezó a ampliar una lista de autores, obras... todo lo que debería conformar una obra de este tipo. Seguidamente, vino la redacción de fichas, que constituyeron, al cabo de dos años, artículos y un amplio catálogo. Ahora convertido en libro.

Se conoce que la presencia del teatro en la cultura cubana del siglo XIX, tuvo uno de los más significativos impactos en los espacios artísticos de la Isla, con predominio de la escena foránea, fundamentalmente, italiana y española; no así en la publicación de libros. En su condición de provincia de ultramar, inmigrantes llegaron al país publicaron y representaron, de igual manera, cubanos fueron a España, y a otros países, donde escribieron y pusieron sus obras en escena. Sin embargo, la creación dramática registrada, hasta el momento, se encuentra dispersa en los libros de historias de la literatura cubana, española, catálogos y archivos; lo que obstaculiza la visualización de uno de los corpus más significativos en el universo cultural y literario de este país, y entorpece el reconocimiento de un conjunto poderoso de creadores que prestigiaron la creación dramática, los escenarios, y no obstante, todavía se encuentran silenciados u olvidados total o parcialmente.

En la conformación de este libro, se ha hecho una relación de obras y autores dramáticos, mayoritariamente cubanos y españoles; toda vez que la muestra recogida, evidencia la presencia de escritores peninsulares que publicaron y pusieron en escena obras de teatro en Cuba, entre el 1800 y el 1900, y de cubanos, residentes en España, que se dedicaron a la creación escénica, amén de que al mismo tiempo, fueran poetas, periodistas o narradores. Otros dramaturgos de diferentes regiones de Latinoamérica y Europa, también se han incluido. Hemos reorganizado síntesis biográficas y bibliografía activa de los escritores, sobre la base de documentos inéditos, hallados en los archivos y bibliotecas de Cuba, Italia y las Islas Baleares, entre otras fuentes; además de otros muchos datos extraídos de diversas Bibliotecas y catálogos revisados. Ha sido condición fundamental, que los autores tuvieran sus obras bien definidas. De los extranjeros, solo se consignan las obras publicadas y / o representadas en Cuba.

Sobre esta base, se ha respetado el contenido biográfico de los textos cuando ha sido necesario; al mismo tiempo, en los casos que lo han requerido, se ha ampliado la información existente, y se han interrelacionado los contenidos para brindar una información bio-bibliográfica más completa y actualizada. Las fotografías, en gran medida, han sido

---

2. Grosso modo, los autores cuyas obras no se identifican, fueron localizados en este trabajo.

tomadas de distintas fuentes y otras páginas de internet declaradas en las notas y bibliografía del trabajo. En los casos, que ha sido necesario, se mantiene la ortografía de la época.

Muchas dificultades se presentaron en la confección del Diccionario: la dispersión de la información, la desaparición de textos, publicaciones periódicas y documentos de archivos en franco proceso de deterioro; la existencia de manuscritos inaccesibles, algunos ilegibles; entre otros obstáculos.

La estructura del libro persigue el propósito de cubrir necesidades informativas de una forma dinámica y sintética, a la vez que lo suficientemente ambiciosa en cuanto a variedad de entrada y amplitud de contenidos. Resulta, por tanto, material de consulta de gran utilidad para creadores, investigadores y estudiantes de las áreas humanísticas. Contribuirá asimismo al incremento de los fondos bibliográficos especializados en esta manifestación artística.

En este Diccionario aparecen todos los autores y obras, hasta el momento localizados. Se resume, además, una pequeña síntesis biográfica, una relación de sus obras dramáticas y una iconografía[3].

De los que no se han encontrado información biográfica, ofrecemos una relación de sus textos dramáticos siempre identificados con lugar de estreno o publicación. Se trata de un estudio referencial bio-bibliográfico cuyas características lo perfilan como el primero realizado en Cuba como obra científica, que comprende el siglo XIX; se estructuró por orden alfabético donde se integran los autores del teatro en Cuba desde su surgimiento hasta finales del siglo XIX. Vale añadir, que se han incorporado escritores cuyas obras aparecieron en la primera década del siglo XX.

En este sentido, se relacionan figuras mayores, de gran trascendencia que cultivaron un teatro de calidad estética, y se rescata, un importante número de autores y obras, bien desconocidas o que no habían sido objetos de profundas evaluaciones. Ilumina zonas oscuras, espacios de silencio sobre la labor de "figuras menores" que, no obstante, contribuyeron al brillo del teatro, y aportaron producciones, que a la larga, sedimentan y fomentan un clima de creación dentro del panorama escénico de esta centuria. Todo ello, sobre la base de una cultura de la preservación, que busca fortalecer el conocimiento de una tradición que expresa los valores esenciales de nuestra identidad, y, al mismo tiempo, mantener la memoria del pasado, transformado en referencia de la sociedad actual.

Los Autores

---

3. Se especifica la fuente de donde fueron tomadas las fotos o imágenes de los autores.

AGRADECIMIENTOS

A Armando Nuviola, que se enamoró de nuestro proyecto.

Al Doctor en Ciencias Literarias Ronald A. Ramírez Castellanos.

A la Doctora en Ciencias Filológicas Ana Cairo Ballester.

A nuestros estudiantes del Grupo Científico Estudiantil,
que pusieron su Trabajo de Diploma en función de esta investigación.

A todos los que nos apoyaron en esta obra.

.

Siglas Utilizadas

BDH: Biblioteca Digital Hispánica. Cuando aparecen estas siglas significa que se han acopiado las obras en formato digital.

CBNC: Catálogo de la Biblioteca Nacional de Cuba.

CA: ALTBSXIX. Colectivo de autores. Cristóbal García, Ángel, Gonzalo Méndez Vázquez y Ricardo Reyes Perera: «Apuntes sobre el léxico del teatro bufo en el siglo XIX» en *Islas,* No 69, mayo- agosto, 1981.

CDE: *Catálogo de Dramaturgos Españoles.*

CGDP: MCSXIX: César García del Pino. *Mil criollos del siglo XIX. Breve diccionario biográfico.*

CT: BCSXIX. CT: BCSXIX. Trelles, Carlos M. *Bibliografía cubana del siglo XIX.* Matanzas, Imprenta de Quiros y Estrada, Independencia.1911-1915. 8 t.

DLC: *Diccionario de Literatura Cubana.*

FC: DBC. Francisco Calcagno: *Diccionario biográfico cubano.*

IPD: Índice de las piezas dramáticas permitidas. Sin atajos ni correcciones, de las absolutamente prohibidas, presentada al Gobierno Superior de la Isla, por el Censor Principal de Teatros de esta capital en cumplimiento de la disposición Superior por la que se le recomendó la formación de este registro.

JDC: DBBEEC. Jorge Domingo Cuadriello: *Diccionario bio-bibliográfico de escritores españoles en Cuba siglo XX.*

AML y JGC: BDTC. Antuña, María Luisa y Josefina García Carranza: «Bibliografía del teatro cubano». *Revista de la Biblioteca Nacional José Martí.* La Habana, septiembre - diciembre, 1971.

A

ABARZUZA Y FERRER, Buenaventura:[1]

Cuba. La Habana 1841-1910.

Cursó estudios en Cádiz y Londres. Se dedicó a la política activa en defensa de las ideas republicanas y demócratas.
Ocupó importantes cargos en la administración: diputado a las Cortes Constitucionales de 1869, embajador en París de la primera república española, senador a partir de 1883 y ministro de Ultramar en 1894. Fue autor del famoso proyecto de reformas para Cuba que abonó el terreno para la Guerra de Independencia. Se dedicó al periodismo, colaborando especialmente en el periódico *La Democracia*.[2] Es autor de un drama de costumbres, en verso, titulado: *Una historia de amor* (1865).[3]

ABARZUZA Y SARIS, Francisco de:

Cuba. La Habana (1838-1910).

Realizó los primeros estudios en su ciudad natal; niño aún se trasladó a España, donde cursó la segunda enseñanza como alumno del Real Seminario de Vergara. Conflictos familiares impidieron su completa dedicación a las letras. En 1872 obtuvo la Flor Natural por su poesía «Al mar», en unos juegos florales celebrados en Gerona, España. Residió por largo tiempo en Inglaterra, Francia y Bélgica. Recorrió varios países de América. Colaboró en *Revista de España* y la *Abeja Recreativa,* de la que fue uno de los fundadores. Publicó un tomo de Poesías en 1881. De Shakespeare tradujo: *Monólogo de Hamlet* y la escena III del 3er acto de *Julio César*.[4] Dejó algunas obras inéditas, entre ellas poemas y dramas. De su teatro se localizan: *El ayer* y *El porvenir*. Dramas; y *El collar de perlas*. Parte de su producción teatral quedó inédita.[5]

ACEBEDO, Francisco de:

No se han encontrado datos biográficos. Se ha localizado la obra: *La Perla del Sacramento*. Comedia americana. Habana, Imprenta de Oliva, 1841.

ACOSTA, Francisco Teodoro:

No se han localizado datos biográficos. Dio a conocer en La Habana la pieza teatral: *Todos muertos y ninguno* (1879). Escribió *La expiación*. Boceto dramático en un acto y en prosa. La Habana. Imprenta La Económica. 1878.[6] Estrenado en la Sociedad Española del Pilar, la noche del 24 de junio de 1878.[7]

ACOSTA, Juan:

No se han localizado datos biográficos. Escribió para el teatro: *Los sentimientos de una cubana en Sevilla y su regreso a Cuba*. Comedia en tres actos. Cárdenas. Imprenta de V. G. y Compañía.1902.[8]

ACOSTA Y GUERRA, Ignacio María de:

Cuba. La Habana, 1814-Matanzas 1871.

Comenzó a estudiar con su padre. A los siete años fue trasladado a Matanzas, donde concluyó la primaria. A los doce años, fue a La Habana para continuar sus estudios. Ingresó en el colegio que dirigía don Benito de Ortigueira y más tarde en el Real Seminario de San Carlos, donde estudió latinidad y filosofía. Durante estos años, comenzó a cultivar la poesía. En Matanzas, tras su regreso definitivo en 1833, colaboró en *La Guirnalda, El Yumurí, La Aurora de Matanzas, Aurora del Yumurí* —en el que también fue redactor—, *El Duende,* y *Liceo de Matanzas.* Colaboró, además, en las publicaciones habaneras: *El Artista, Flores del Siglo y Revista de La Habana.* Editó, con Emilio Blanchet, *el Aguinaldo de Luisa Molina (1856).* En 1845 publicó el libro de poesías: *Delirios del corazón; poesías*–amatorias. La Habana, Impr. del Gobierno. Trabajó como profesor en los colegios Santa Teresa, La Empresa, El Siglo XIX y San Carlos. Fue cofundador y director del Colegio Matancero e inspector de instrucción en uno de los barrios de Matanzas. En 1864 fue nombrado juez examinador para las oposiciones del Colegio Municipal. Su Romance histórico y geográfico de la Isla de Cuba, dedicado a los niños, fue declarado texto de lectura para las escuelas gratuitas de Matanzas. En muchos de sus poemas utilizó el seudónimo *Iñigo.* Firmaba también con sus iniciales I. M. de A. Es autor de una pieza de teatro titulada *Un novel por protección, en un acto,* estrenada en 1847.[9]

ADAME, Ramón:

Cuba.

Cubano de nacimiento, al parecer, vivió, por algún tiempo en Puerto Príncipe (Camagüey). Se destacó como poeta lírico. Estrenó dos comedias: *Yo hice fortuna* (1848) y *Los dos cafés* (1850).[10]

AGACHAGAY, Narciso:

No se han localizado datos biográficos. Se encontró la obra: *Una plancha fotográfica.* Juguete en un acto. La Habana. 1895.[11]

AGÜERO Y AGÜERO, Concepción:

Cuba. Puerto Príncipe (1847-1896).

No tuvo una esmerada educación. En 1856 murió su madre; su padre estaba en el destierro; sólo asistió seis meses al colegio de Sta. Teresa que dirigía conciudadana Isabel Cisneros. Allí escribió las primeras composiciones que revelaron sus dotes para la poesía. El 4 de agosto del 1876, previo examen de la Junta Local, alcanzó el título de maestra de instrucción elemental. Publicó poesías en el *Fanal* y en la *Crónica del Liceo* de Puerto Príncipe en 1868. En su obra se destacan las composiciones poéticas: «A Cuba», «La primavera», «El llanto filial» y «Amor y olvido».[12] Conserva inéditos un tomo de poesías líricas. En 1877 escribió el Juguete dramático: *La Huérfana o los Misterios,* en un acto y en verso. Estrenado en su ciudad natal. No hemos localizado la primera edición. Conocemos que la segunda fue en Puerto Príncipe. Se conserva inédito un ensayo dramático del género pastoril.

ALARCÓN, J. P.:

No se han localizado datos biográficos. Estrenó en Santiago de Cuba, en 1897, una obra titulada: *Los últimos momentos de A. Maceo.*[13]

ALBORNA, Ignacio:

No se han localizado datos biográficos. Estrenó en Matanzas (Cuba), *Apuros de un gastrónomo.*[14] Sainete, 4 de enero de 1852. Censurado para el Teatro Tacón el 18 de septiembre de 1852. *La soberbia, uno de los siete pecados capitales.* Pieza en un acto. Matanzas 7 de febrero de 1852. Censurada para el Teatro de Tacón el 18 de Setiembre de 1852. Realizó la traducción de *La duquesa de Marsan.* Segunda parte. Drama en cuatro actos, escrito en francés por Mr. Deu

Neri. Censurado para el teatro de Tacón en 10 de mayo de 1851.[15]

ALCALDE TOM, Juan:

España. San Sebastián, Guipúzcoa, 1864- Camagüey 1925.

Novelista, periodista y maestro. En 1892 se graduó de Bachiller en el Instituto de Segunda Enseñanza de La Habana. En 1897 recibió el título de Licenciado en Filosofía y Letras en la Universidad de La Habana. No culminó sus estudios de Derecho. Por esta época colaboró en la prensa habanera con el anagrama J. Dalclea y dirigió el periódico político independiente *Los Guayabitos* (1897). Después se trasladó a Camagüey y al fundarse en 1900 el Instituto de Segunda Enseñanza de esta ciudad integró el claustro de profesores. Llegó a ser catedrático y figura destacada de la cultura camagüeyana, así como miembro de la Academia Nacional de Artes y Letras. Escribió para el teatro: *Caridad,* zarzuela en un acto para niños, 1892. *Haz bien sin mirar a quien;* Juguete en prosa y en un acto, Camagüey, 1907. *La señorita inconveniente*; Juguete cómico en un acto y en prosa, 1915.[16]

ALCOVER Y JAUMA, Antonio Miguel:

España.

Se conoce que es natural de Palma de Mallorca. No se tienen otros datos biográficos. En 1852 estrenó: *La emulación y el ejemplo.* Juguete cómico, en verso. Sagua. Imprenta de A. M. Alcover. 1852. Sus personajes eran niños que iban a la escuela.[17]

ALFONSO, José R.:

¿Cuba?

No se tienen sus datos biográficos. Se localizó el título: *Fanatismo por las noblezas o*

los apuros de un novio. Pieza en un acto y en verso. Habana. 1849.[18]

ALIAGA, A.:

¿Cuba?

No se han localizado datos biográficos. Se encontró la obra: *El cadete calavera.* Comedia en un acto y en prosa. Habana, Imprenta El tiempo, 1882.

ALVA, Juan de:

No se han localizado sus datos biográficos. Se encontró la obra: *El tutor y la niña.* Zarzuela en un acto. Representada en el Tacón en 1859.[19]

AMIEVA, José:

Cuba

No se han localizado otros datos biográficos. Estrenó y publicó en La Habana, en 1867: *Una deuda de gratitud.* Drama en dos actos y en versos. Imprenta y Librería «El Iris». La Habana. 1867.[20]

ANDUEZA, José María:

España. Vitoria,1809 - La Coruña 1865.

Se le considera el introductor del teatro romántico en Cuba por el estreno de su obra *Guillermo.* Drama en tres jornadas y cinco cuadros en prosa y verso. La Habana, Imprenta de D. J. M. Palmer, 1838. Fue redactor y colaborador de *Noticioso y Lucero, Diario de La Habana* y *El Faro Industrial de La Habana.* Fue codirector de *El Plantel,* donde publicó artículos biográficos y costumbristas, además del poema «La serenata» y las novelas *Abul Hacem, Espatolino y Margarita.* Colaboró en *Revista de Teatro* (1843), *El Noticiero* (1854-1859), y *Sema-*

nario Pintoresco Español. También en *amor se acierta, pero es más fácil errar*, comedia. De regreso en su país, llegó a ser gobernador de Toledo.[21]

ANEIROS PAZOS, Luciano:

No se han localizado sus datos biográficos. Entre sus obras se encuentran: *Viva Galicia*, episodio lírico–dramático en un acto y en verso, música del maestro Felisindo Rego. Habana. Imprenta del Batallón de Ingenieros. 1891. Estrenado en La Habana en el gran Teatro Payret, el 25 de julio de 1891.[22] En la Biblioteca Nacional de España se encuentra su libro de poesías *Pasajeras*. Habana, 1893.

ANZENGRUBER, Ludwig:

Austria. Viena, 29 de noviembre 1839 -10 diciembre 1889.

Fue un dramaturgo, novelista y poeta austriaco. De su autoría, se representó en Santiago de Cuba por la Compañía Bufos de Salas: *El cuarto mandamiento,* drama en cuatro actos.

APARICIO, Ambrosio:

¿Cuba?

No se han localizado datos biográficos. Se encontraron las obras: *La Homeopatía.* Comedia original en un acto de Querubín de la Ronda (seudónimo). Habana. Imprenta de Barcina.1849. *El recomendado.* Comedia original en un acto de Querubín de la Ronda. Habana. Imprenta de Barcina.1849.

ARAMBURU, Joaquín N. de:

Cuba, Guanajay, Pinar del Río, 1855-1923. Cursó la primera enseñanza en la Escuela

Municipal de Guanajay. Se hizo maestro de azúcar. Trabajó como mayordomo, enfermero, empleado de comercio, panadero y lector de las escogidas de tabaco. Llegó a ocupar el cargo de escribiente y delegado del Banco Español de Guanajay. Comenzó a colaborar en *La Crónica* y *El Entusiasta*. Más tarde aparecieron trabajos suyos en *La Lealtad, El Criollo y La Luz*. En 1888 ingresó en la masonería. Autonomista primero y luego separatista, se vio procesado por sus ideas políticas y, aunque no sufrió prisión, fue obligado a trasladarse a La Habana. Al producirse la intervención norteamericana, ocupó el cargo de secretario de la Junta de Educación de Guanajay. Fundó *El Occidente* y colaboró en *El Eco, La Escoba y La Alborada*. Durante los primeros años de la República dio conferencias en las escuelas de verano para maestros. Tuvo a su cargo hasta 1923, durante casi veinte años, la sección «Baturrillos» del *Diario de la Marina*. En La Habana colaboró también en *El Triunfo* y *El Comercio*. Fue miembro de honor de numerosas instituciones, entre ellas la Real Academia de Galicia. Algunas de sus obras sobre la masonería vieron varias ediciones. Escribió novelas, poesías y la obra de teatro: *Lo que hace el dolor*. Drama.[23]

ARENAL, César del:

¿Cuba?

No se han localizado datos biográficos. Se encontró la obra: *Dualismo*. Diálogo en verso. Pinar del Río. Imprenta La Constancia. 1894.

AREU, Manuel:

¿Cuba?

No se tienen sus datos biográficos. Se localizó el título: *Episodio de la vida de un* actor. *Gloria y miseria*. Boceto dramático en cuatro cuadros, en prosa y verso. Habana. Imprenta La Tipografía. 1901.

ARISTIGUETA, Senromá:

España. Santander 1888.

Nació en España, Santander en 1888. Llegó a La Habana en 1908 y fue director de la Revista *Gymnasiun*. No se tienen otros datos biográficos. Se localizaron los títulos: *Lyberto*. Comedia premiada en el concurso de Albisu. 1908. *El Doncel que se prendó de una estrella*. Comedia en verso. Premiada con medalla de plata en los Juegos Florales de Oriente. 1914. (Inédita). *Tooz los hombres tien corazón*. Zarzuela. Música del maestro Pallás. 1915.[24]

ARIZA Y PALOMAR, Juan de:

España. Motril, Granada, 1816 - Habana, Cuba 1876.

Ocupó, en La Habana, el cargo de secretario del Tribunal de Cuentas. Ejerció el periodismo y, durante el tiempo que residió en Cuba, dirigió el famoso periódico *El Diario de la Marina*. Cultivó, sobre todo, la novela, el cuento y el teatro. Su producción dramática se ocupó con frecuencia de personajes históricos. Título: *La fuerza de voluntad*, drama en tres actos y en verso, 1852. Se representó en 1856 en la ciudad de La Habana.[25]

ARMADA TEIJEIRO, Ramón:

España. Ortiguera, La Coruña 1858 -La Habana, Cuba 1920.

Periodista. Secretario del Ayuntamiento español de La Habana. Emigró a Cuba. En La Habana dirigió el periódico *A Gaita Galle-*

ga. Publicó poemas y trabajos periodísticos. Dio a conocer la obra *Non mais emigración*, apropósito lírico dramático en dos actos y siete cuadros.[26] Habana, Imprenta d´ A. Correspondeza de Cuba, 1885. Con música del gallego Don Felisindo Rego. Fue estrenado con gran aplauso en el gran teatro de Tacón de La Habana, las noches del 10 al 11 de abril de 1886.[27] Colaboró en otras publicaciones de la Isla.

ARMAS Y CÁRDENAS, José de:[28]

Cuba. Guanabacoa, La Habana 1866 - La Habana 1919.

Hijo de José de Armas y Céspedes. Parte de su infancia transcurrió en Estados Unidos. Su primera educación la recibió fundamentalmente de su madre Fermina. A los 9 años ingresó en la segunda enseñanza, que cursó en diversos colegios habaneros. Se hizo Licenciado en Defensa Civil y Canónico en la Universidad de La Habana (1884). A partir de los 18 años inició su actividad pública como conferencista y crítico literario. Años más tarde comenzó en el periodismo profesional. Fue fundador, director y redactor de *Las Avispas*, (La Habana) (Nueva York). Realizó numerosos viajes a Europa y Estados Unidos, donde colaboró en los periódicos: *The New York Herald* y *The Sun*. Colaboró endiferentes publicaciones de la Isla; entre ellas: *La Nación, La Lucha, Revista Cubana, El Fígaro, El Trunco, El País, El Día, Diario de la Familia, Diario de la Marina, El Comercio*. Fue corresponsal en Madrid al estallar la guerra del 14. Durante esta estancia editó *La Revista El Peregrino* (1912). Además colaboró en *La Época* (1911), *El Liberal* (1913), *El País*, *Blanco y Negro*, y en *The Quarlely Review* (Londres 1917). Fue miembro de la Academia de La Historia de Cuba, de La Real Academia Española y The Hispanic Society 0f América, de New York, que le permitió su libro *Historia y Literatura*. Dejó inéditas las novelas *Andrés Chenier* y *Teresa Ventura*. Tradujo del inglés varios sonetos de Shakespeare (en Cuba Contemporánea). Aunque no acostumbraba a ejercer su carrera universitaria, escribió un folleto dentro de ese campo: *Observaciones médicos legales sobre el caso de Don Esteban Verdú*. Solía firmar con el seudónimo Justo de Lara, por el cual es mayormente conocido. En su folleto: *Las Armas y el Duelo*, firmó como "Uno de sus discípulos". Dejó inédita la comedia *Teresa Ventura*, basada en una de sus novelas.

Escribió para el teatro: *Los triunfadores*. Drama en dos actos y un epílogo. La Habana, Imprenta el Comercio Tipográfico, 1895.[29] Representado, por primera vez, con el título de La lucha de la vida, en el Teatro de Tacón, la noche del 27 de marzo de 1895, a beneficio del primer actor Don Ricardo Valero.[30]

ARMAS Y CÉSPEDES, Juan Ignacio de:

Cuba. Camagüey 1842 - Madrid, 1889.

Desde joven se inició en el periodismo. A finales de 1868 dirigió, por poco tiempo, *La Aurora*, de Matanzas. En 1869 se trasladó a New York. Allí fue director de *La América* (1871) y luego de *La América Ilustrada* (1872-1873). Fundó y dirigió el periódico literario *El Ateneo* (1874-1875). Más tarde, ya en La Habana, fue fundador y director de *El Museo* (1882-1884). Colaboró en *El Tronco,* donde publicó dieciocho artículos bajo el título: *Bahía de Matanzas* (1884-1885), en *El Fígaro* y en *Revista Cubana*. Formó parte de la expedición de Goicuría.[31]Perteneció a la Real Academia de la Historia de Madrid, y a la Sociedad Antropológica de Italia. Es autor de un trabajo de antropología titulado *Los Cráneos llamados deformados* (1885). En ocasiones ejerció la crítica literaria. Tradujo *Derecho federal* (Caracas, 1879), de John C. Calhoun. Utilizó los seudónimos: Horacio y *Un soldado,* con el que firmó su trabajo: Expedición Goicuría (1869).[32] Escribió la pieza de teatro: *Alegoría cubana*. Cayo Hueso, Imprenta El Republicano, 1869. Puesta en escena, por primera vez, en Nassau, la noche del 30 de abril de 1869. Cayo Hueso.[33]

ARMAS Y MARTÍNEZ, Francisco de:

Cuba. La Habana,1833 -1869.

Cursó ingeniería civil en París. Fue administrador general de la Compañía del Ferrocarril del Oeste, para cuyos empleados publicó un *Reglamento y manual de operaciones* (1865). Colaboró en *El Occidente* (1867-1868), *La Opinión* (1868), *El Siglo*; en donde publicó su narración *La Bohemia habanera*, y *La Revue Scientifique* (París). Fue director de *El Ateneo* (1868-1869) y *El negro bueno con intenciones políticas* (1869). Es autor de una biografía de los bufos habaneros. Utilizó el seudónimo Humbug. Se conocen dos obras dramáticas: *La hija de mi tío* (Juguete cómico,1868) y *No hay atajo sin trabajo* (proverbio, publicado en *El siglo)*. Se representó en la Sociedad del Pilar.[34]

ARMAS Y SÁENZ, Ramón de:

Cuba. 1847-1889.

Político, Doctor en Derecho Civil y Canónico, y Publicista. A los 12 años traducía del griego y del latín. Fue políticamente reaccionario y enemigo de la independencia de Cuba. Organizador del Partido de la Unión

Constitucional que lo eligió dos veces diputado a Cortes por La Habana. En 1880 fue Subsecretario del Ministerio de Ultramar. Al regresar a Cuba, dirigió el *Diario de la Marina*. Ocupó una cátedra en la Universidad y fue letrado consultor del Ayuntamiento de La Habana. Escribió y publicó obras de carácter didáctico.[35] En la Biblioteca Nacional de España se encuentra su libro: *Ley De Disenso Paterno Aplicada a las Islas de Cuba y Puerto-Rico*. Madrid,1882. Publicó la obra: *Los Rumberos. Pieza en un acto, en prosa y verso. Cuadro de costumbres cubanas*. Habana. La propaganda Literaria.1882.

ASENJO BARBIERI, Francisco:[36]

España. Madrid 1823 - 1894.

Compositor y musicólogo español. Fue un excelente compositor, un director de orquesta capaz, a quien se debe la introducción en España de muchas obras sinfónicas del continente europeo, y un incansable musicólogo, responsable de la recuperación y edición del patrimonio antiguo de su patria. En 1850 debutó en el campo de la zarzuela con *Gloria y peluca*, a la que siguieron *Jugar con fuego (1851)* , *Los diamantes de la corona* (1854), *Pan y toros* (1868) y *El barberillo de Lavapiés* (1874), su obra maestra.[37] En Santiago de Cuba, sus obras fueron muy bien acogidas, y representadas por diversas compañías: *La cisterna encantada* y *Jugar con fuego*, por la Compañía Dramático Zarzuelista, en 1855, y por la Compañía de Zarzuela Ventura Mur, ese mismo año. Aventuras de un cantante, por la Compañía Dramático Zarzuelista, en 1855. *Los Diamantes de la corona* por la Compañía Dramático Zarzuelista, en 1855 y por la Compañía Lírico-italiana Cortesi-Musiani- Amodio, en 1860. *El secreto de una dama*, por la Compañía de Zarzuela,en 1867.[38]

ASQUERINO GARCÍA, Eduardo:

España. Barcelona, 26 de abril de 1826 - Sanlúcar de Barrameda, 30 de septiembre de 1881.

Periodista, poeta y político español, hermano del también escritor Eusebio Asquerino. Progresista, fue diputado en Cortes, senador por Valencia, Cádiz e Islas Baleares y ministro plenipotenciario. Director de *El Universal* (1867) y de *La América* entre 1857-1870. Autor de *Horas perdidas* (1842), colección de leyendas en verso; *Ensayos poéticos* (1849) y *Ecos del corazón* (1853). Junto a su hermano Eusebio cultivó el teatro, dejando varias obras en colaboración. De su autoría, junto con su hermano, Eusebio Asquerino García: (Sevilla, 14 de noviembre de 1822 - Madrid, 14 de marzo de 1892), escritor y periodista español; fue representada en Santiago de Cuba: *Las guerras civiles*. Drama original en tres actos y en versos. Madrid, Imprenta de la Vda de D.J.R. Domínguez, 1849.

AUBER, Virginia Felicia:[39]

España. La Coruña 1825- Madrid 1897.

Hija del naturalista Pedro Alejandro Auber. Emigró con la familia a Canarias, y posteriormente a Cuba. Su padre, de origen francés, fue catedrático de La Universidad de La Habana. El quehacer literario de Virginia Felicia se desarrolló esencialmente

en la isla caribeña. Se forma como escritora y se da a conocer con su novela *Un aria de Bellini* (1843). Contribuyó a la colección de trabajos costumbristas titulada *Los cubanos pintados por sí mismos* (1852). Su mayor popularidad la obtuvo con sus folletines dominicales, que primero aparecieron en *La Gaceta de La Habana*; y después en el *Diario de la Marina* (1854-1873) bajo el título de «Ramillete habanero». Colaboró en las revistas habaneras *La Floresta Cubana* (1855), *Álbum cubano de lo bueno y lo bello* (donde tuvo a su cargo la *Revista de Modas*, 1860), *Ofrenda al Bazar* (1864). En la *Revista Quincenal*, de la Coruña, aparecieron sus trabajos a partir de 1860. Se marchó de Cuba en 1873, hacia Milán. Después se trasladó a París. En 1893 se estableció en Madrid. Por esta época, continuó su colaboración en el *Diario de la Marina* (Cuba) a través de la sección "Cartas íntimas". Trabajó como traductora en el *Diario de La Habana*. Escribió las novelas: *Los dos castillos. Leyenda alemana, Teresa, Una historia bajo los árboles, Un amor misterioso. Episodio de la revolución francesa de 1793.* Acostumbraba a firmar sólo con su segundo nombre. Su obra literaria quedó enterrada en el olvido. En el Liceo de La Habana se representó su pieza teatral: *Una deuda de gratitud*. Comedia en un acto. Habana, Imprenta del Gobierno.[40]

UNA DEUDA DE GRATITUD.

DRAMA EN DOS ACTOS Y EN VERSO,

POR

D. JOSE AMIEVA,

HABANA.
IMPRENTA Y LIBRERIA "EL IRIS," OBISPO NUM. 20 Y 22.
1867.

Teatro Alhambra

Fundado el 13 de septiembre de 1890.

B

Cuba. Santiago de Cuba 5 junio 1844 -1922.

Fueron sus padres Facundo Bacardí, de origen catalán y Victoria Moreau, de origen francés. Sus hermanos Facundo, José y Amalia. Cursó sus primeros estudios en el colegio San José de esta ciudad. Emigró con su familia a Barcelona cuando la epidemia del cólera. Allí recibió los primeros conocimientos sobre el arte pictórico. Al trasladarse nuevamente a Cuba, se dedicaría poco tiempo después a cooperar al sostenimiento económico de la familia. Su padre había adquirido un alambique, que sería el punto de partida de lo que después fue la gran fábrica de ron de fama mundial. En1867 obtiene premio en un concurso con el ensayo «Conveniencias de reservar ciertos trabajos a la mujer». Sus primeras actividades revolucionarias estuvieron vinculadas a un intento de alzamiento en la Plaza de armas de la ciudad y la toma del gobierno. Se vinculó a sus amigos de la Armada Española, hombre de avanzadas ideas. El plan consistía en reunirse en la plaza, en una noche de retreta, proclamar la libertad y la constitución a los acordes del himno de Riego. Razones imprevistas demoraron la presencia de los marinos que debían ocupar el Palacio y destruir al gobernador militar. Aunque esta acción no estuvo coronada por el éxito, puso de manifiesto las inquietudes políticas de Bacardí. Otro hecho posterior demostraría su rebeldía ante el estado de cosas imperante: El gobierno ordenó la formación de dos batallones de voluntarios y el reparto de las armas a los alistados. Cuando le presentaron el fusil asignado se negó a aceptarlo porque no lo había pedido y no se le consultó previamente. Su acción de arrojar el arma a la vía pública provocó la ira del gobernante y la llamada urgente de todos sus familiares a la casa de gobierno, donde recibieron los insultos del gobernante y el calificativo de malos españoles. En los días de la libertad de Imprenta decretado por el capitán general Domingo Dulce, circularon en la ciudad varios periodiquillos como *El Ají*, *La Lechuga*, *La Pica Pica*, *El Bejuco*. En este último brindó Bacardí su colaboración. Después de la Paz del Zanjón se integró al Partido Liberal. Su palabra estuvo presente en la tribuna, en la prensa, proclamando la igualdad de derechos existentes entre los nacidos en España y los habitantes de Cuba. Por su participación en el movimiento conocido como «Guerra Chiquita», fue encarcelado y deportado a España junto a otros revolucionarios. De allí pasó al presidio de las islas Chafarina en África. En las difíciles condiciones del destierro supo mantenerse firme en sus convicciones políticas, y fue decidido defensor de sus compañeros, en la lucha por el mejoramiento de la atención a los deportados. En Sevilla, su sensibilidad y dotes artísticas le hicieron requerir de los pinceles, la paleta, el caballete y los colores. Pintó cuadros al óleo, acuarelas y modeló en barro un *Ecu Hommo*. Regresó a Cuba después de cuatro años de destierro. Poco tiempo después murió su esposa Maria Lay con la que había tenido seis hijos: Emilio, Daniel, Mariita, Carmen, José y Facundo. Bacardí encontró en Elvira Cape la dulce y abnegada compañera, valiosa colaboradora en la realización de todas sus actividades. De este matrimonio nacieron Marina, Lucia Victoria, Adelaida y Amalia. Cuando en 1887 Federico Capdevila y Felipe Hartmann crearon en Santiago de Cuba el Grupo Librepensador Víctor Hugo, Bacardí figuraba entre sus miembros. En el semanario *El Espíritu del Siglo XIX* publicó diferentes trabajos, uno de ellos fue *El Manto de la Virgen*, que firmó con el seudónimo de Arístides, en el mismo se censuraba la recaudación que se hacía de mil o mil quinientos pesos para comprarle un manto a la virgen, mientras gran parte de la población sufría hambre y miseria. La actividad desplegada por los librepensadores se tradujo en la adopción y ejecución de algunas medidas de beneficio para la población, como fueron la creación de una biblioteca pública y la conclusión del Cementerio Civil. Antes del día 24 de febrero de 1895 desarrolló Bacardí una gran labor propagandística. Realizó un viaje a La Habana y allí publicó una serie de artículos bajo el seudónimo de Bonifacio Rojas. En Santiago de Cuba se mantuvo vinculado a un núcleo de conspiradores, entre los que figuraban Guillermón Moncada, Quintín Banderas, Federico Pérez Carbó, Rafael Portuondo Tamayo, Emilio Giró y otros. Iniciada la contienda "sirvió" de corresponsal al general Antonio Maceo quien giraba por su conducto gruesas sumas de dinero al delegado Tomás Estrada Palma, como producto del impuesto de guerra que pagaban los hacendados. Con el objetivo de brindar ayuda a los patriotas que habían tomado las armas se creó un Comité Revolucionario en Santiago de Cuba, bajo la dirección de Emilio Bacardí, Desiderio Fajardo Ortiz (El Cautivo), Antonio Bravo Correoso, Manuel Arango, Joaquín Ferrer, Rafael Espín y otros. Utilizando el seudónimo de Phoción, Bacardí enviaba comunicaciones con valiosa información, alimentos, armas y hombres. Descubiertas estas actividades por las autoridades, dieron lugar a registros y detenciones. El 31 de mayo de 1896 fue remitido a la cárcel. Registraron su casa, pero no pudieron encontrar documentos comprometedores, su esposa Elvira ingeniosamente pudo sacar la correspondencia de Antonio y José Maceo, Agustín Cebreco, coronel Federico Pérez Carbó, Emilio Bacardí Lay y de otros patriotas, oculta en el sombrero de una de sus hijas, quien acompañada de una empleada que también escondía valiosos documentos, salieron a disfrutar de un paseo, mientras se realizaba el registro. Con el seudónimo de Phociona, Elvira continuó realizando la labor de su esposo. Bacardí fue condenado nuevamente a la deportación, en los presidios de las islas Chafarinas, en África. Regresó a su ciudad natal, después de terminada la contienda. El 25 de noviembre de 1898 fue nombrado alcalde de Santiago de Cuba, por el general Leonardo Wood. Las principales obras ejecutadas por Bacardí, como alcalde de Santiago, se reflejaron al analizar su labor en la Alcaldía, con el objeto de definir el contexto histórico social en que se produce la fundación del Museo-Biblioteca. La renuncia de Bacardí por su inconformidad con el mantenimiento de leyes y disposiciones de la etapa de la dominación colonial española lo define como un hombre de concepciones profundas y revolucionarias. Como resultado de las elecciones efectuadas el 1 de junio de 1901, es elegido nuevamente alcalde por una mayoría abrumadora de votos. Queda aún mucho por profundizar en esta faceta de la vida de Emilio Bacardí, para poder reflejar fielmente su labor como alcalde, pero sí podemos afirmar que en este segundo período continuó proyectando su programa de gobierno hacia la solución de las necesidades de la población. Dictó un decreto estableciendo el cierre de los establecimientos los domingos y días festivos. Inauguró una academia nocturna para instrucción popular. Fundó bibliotecas públicas. Cedió su quinta Villa Elvira para instalar la Academia Rajayoga. Dedicó especial atención al embellecimiento de la ciudad, contrató un jardinero europeo para el arreglo de los jardines de la Plaza de Armas, recomendó a los propietarios de fincas urbanas la construcción de las aceras con cemento o locetas de Canarias. Instituyó el 31 de diciembre como Fiesta de la Bandera, tradición que aún se conserva. A las 12 de la noche, ese día, se iza una bandera cubana de grandes dimensiones a los acordes del Himno Nacional. Inauguró una nueva Casa de Socorros. Estableció la vacunación gratuita, en el propio local del Ayuntamiento. Se preocupó por la sanidad e higiene de la población. Dio empleo en oficinas a mujeres, preferentemente familiares de patriotas. Rindió homenaje mediante la colocación de tarjas o monumentos a los patriotas que habían ofrendado su vida. Participó en actos públicos y pronunció discursos conmemorativos. Se preocupó por el mejoramiento del alumbrado público. Consideraba que todos los intereses particulares no debían estar jamás, por encima de los intereses de la población. El 25 de enero de 1902 redactó su primer testamento motivado por su estado de salud. Dejó patente en el mismo su preocupación por el enriquecimiento de las colecciones del Museo. En el centenario del natalicio del poeta José María Heredia, decretó que el día 31 de diciembre de 1903, fuera fiesta local. Dirigió cartas solicitando el envío de composiciones poéticas a Pedro Santacilia, Francisco Sellen, Francisco Javier Balmaceda y a Enrique Hernández Miyares. Consideraba que estos actos no eran delirio de la fantasía sino, "un sentimiento legítimo, un estímulo a las generaciones presentes y futuras." Ese día fue entregada al Municipio la casa natal de José María Heredia, instalándose en ella la Academia de Bellas Artes. Consideraba un deber indudable de los gobernantes dar explicación al pueblo de los actos que se ejecutaban en el desempeño de sus funciones. Utilizó la Revista Municipal, publicación que se distri

buía gratuitamente para rendir cuenta de los ingresos y egresos del Ayuntamiento. Dedicó toda su atención y apoyo al engrandecimiento del Museo-Biblioteca Municipal, estableciendodo en el reglamento normas muy específicas que garantizaran la preservación de la institución y de sus colecciones. Su mayor preocupación era dotar al Museo-Biblioteca de un edificio apropiado; aún después de abandonar sus responsabilidades en el Municipio, continuó insistiendo en ello. En 1906 fue elegido Senador de la República, cesando en la Alcaldía. Dejó para la historia de su ciudad natal un hermoso legado de honradez, pulcritud y dignidad ciudadana. En la vida de Emilio Bacardí existen momentos descollantes en los que se revelan con todas sus fuerzas los rasgos más acusados de su recia personalidad y de su pensamiento político. Su posición ante el peligro a la segunda intervención norteamericana lo enaltece ante la historia. Cuando regresó a Santiago de Cuba, no se limitó a contemplar pasivamente la marcha de los acontecimientos ni las medidas que adoptaban los interventores en su empeño de demostrar la "incapacidad" de los cubanos para gobernar el país y aniquilar cualquier manifestación que tensionara sus intereses. La orden de Charles Magon de disolver los Congresos Provinciales, originó la protesta de Bacardí, haciéndola pública mediante una alocución, en la que señalaba en su parte final. En diferentes documentos dejó constancia de su posición frente a la intervención, expresión de la radicalización de su pensamiento y de su profundo patriotismo. En carta a Justo García Velez, de 25 de diciembre de 1908 valoró no sólo la situación imperante sino que calificó de enemigo a los vecinos del Norte. Escribió las novelas *Doña Guiomar, Vía Crucis, Magdalena,* entre otras y las notas biográficas de Florencio Villanova y Pío Rosado. En 1917 escribió *La Condesa de Merlín,* memoria sobre esta escritora cubana, que per manecía en el olvido, accediendo a la solicitud de la Sección de Historia del Ateneo de La Habana. En 1912 realizó un viaje a Egipto, con su esposa, uno de sus objetivos al emprenderlo era traer una momia para el Museo; lo logró después de vencer múltiples dificultades. Las narraciones de su viaje las recogió en su libro *Hacia tierras viejas*. Una de las cualidades que caracterizó a este hombre excepcional, fue la modestia. Su respuesta a los que acordaron erigirle un monumento revela profundamente su grandeza. En 1922, la Junta Patriótica de damas dominicanas, encabezada por Luisa Ozano, esposa de Federico Henríquez y Carvajal le hicieron entrega en su residencia de Villa Elvira, del escudo dominicano como reconocimiento a su labor como presidente del Comité Pro Santo Domingo en Santiago de Cuba. El 28 de agosto de ese mismo año falleció en su residencia de Villa Elvira, este hombre singular. Su muerte causó honda consternación en su ciudad natal y en todo el país; diversas clases sociales, instituciones, organizaciones y todo el pueblo rindieron, con su presencia, el homenaje merecido. En el cementerio Santa Ifigenia se alzaron las voces de Antonio Bravo Correoso y de Federico Henríquez y Carvajal, para pronunciar las palabras de duelo.[42]

Escribió las obras dramáticas: De 1868 hasta después de 1878, ¡A las Armas! (Revista SIC No. 22 abril, mayo, junio del 2004). Tomado del Fondo Emilio Bacardí. Armario 7, Legajo 11, Número 4- 935. *Al abismo, La vida y Los inútiles*. Todas publicadas en el 2008.

BACHILLER Y MORALES, Antonio:[43]

Cuba. La Habana 1812 -1889.

Durante muchos años desarrolló una intensa labor periodística como redactor de *El Puntero Literario, La Siempreviva, Faro Industrial de La Habana, La Serenata y Revista crítica de ciencias, artes y literatura*. Colaboró en: *El Nuevo Regañón de La Habana, Diario de La Habana, Gaceta de Puerto Príncipe, El Álbum, Anales de la Isla de Cuba, Revista de Jurisprudencia, Eco del Comercio, Prensa de La Habana, Revista de La Habana, Brisas de Cuba, Revista de Cuba*, entre otras publicaciones periódicas de su época. Fundó con Ildefonso Vivanco el *Repertorio de Conocimientos útiles*. Colaboró, además, en *El Siglo XIX* y *La Patria* (México), *Diario del Comercio* (Río de Janeiro), *Revista de España, de Indias y del extranjero* (Madrid), *The Magazine of the American History, The Scientific American, El Mundo Nuevo y La América Ilustrada* (Estados Unidos). Es autor de las novelas *Matilde o los bandidos de Cuba* y *La Habana en dos cuadros*; o, *La Seiba y el Templete*, aparecidas en *El Aguinaldo Habanero* (1837) y *Faro Industrial de La Habana* (1845), respectivamente. Participó en la confección de *Paseo pintoresco por la Isla de Cuba* (1841) y en *Tipos y costumbres de la Isla de Cuba* (1881). *Fisiología e higiene de los hombres dedicados a trabajos literarios. Investigaciones sobre lo físico y lo moral*, de Reveillé-Parisse; *Rudimentos de la lengua latina*, de T. Rudiman y *Libro de lectura para los niños americanos*, de William O. Swan. Son famosos sus *Apuntes para la historia de las letras y de la instrucción pública en la Isla de Cuba* (1859-1861). Según Trelles, dejó al morir algunos papeles inéditos. Figarola-Caneda, por su parte, consigna que utilizó con frecuencia como firma sus iniciales (A., A.B., A.B. M., A.B. Morales, etcétera) y numerosos seudónimos, entre los cuales están Bibliómano, El crítico parlero, Un ojeador de libros, El Br. Cándido Tijereta, etcétera. Tradujo el drama *El campamento de los cruzados*, de Adolphe Dumas; la comedia *Los celos deseados*, de Luis Stella. Escribió para el teatro: *En la confianza está el peligro*. Comedia original en dos actos y en verso. La Habana, Imprenta de R. Oliva, 1841.[44] *La venta del ingenio*. Comedia. (Manuscrita).[45]

BALAGUER CIRERA, Víctor:

España. Barcelona, 1824 - Madrid 1901.

Escritor, periodista y político español, una de las figuras principales de la *Renaixença.* Autodenominado «El trovador de Montserrat». De sus obras fueron llevadas a escena en Santiago de Cuba: *D. Juan de Serrallonga* o *Los bandoleros de las Guillerías,* drama en cuatro actos y un prólogo. La traducción del francés de: *El nuevo Conde de Montecristo,* de Alejandro Dumas.[46]

BALLESTEROS, Antonio:

¿Cuba?

No se han localizado datos biográficos. Estrenó en La Habana la obra: *De Abulcacen el tesoro y en Basara el grande Arum.* Drama en cuatro actos. Habana. 1843.[47]

BALMASEDA Y JULLIEN, Francisco Javier:[48]

Cuba. Remedios, Las Villas 1823 - La Habana 1907.

Tempranamente escribió sus primeros versos y una comedia titulada *Eduardo el jugador* (1835). Por esos años comenzó a colaborar en el *Faro Industrial de La Habana.* En 1857 se trasladó a la capital donde trabajó con Francisco de Frías y Jacott (La Habana, Cuba, 1809 - París, Francia, 1877), en la Sociedad Económica Amigos del País, en la dirección del Liceo de La Habana y como colaborador en *La Idea, Cuba Literaria* y *El Liceo de La Habana.* Regresó a Remedios donde fundó una biblioteca pública en 1863, desempeñó la alcaldía y dirigió *El Heraldo, El Pensamiento* y *La Alborada.* Colaboró en el *Boletín de Remedios.* Se dedicó a la construc-

ción de muelles y almacenes de Cayo Francés. Implicado en la revolución de 1868 fue detenido y enviado a La Cabaña, y más tarde, a Fernando Poo (1869). De este suceso nació su obra: *Los Confinados a Fernando Poo. Impresiones de un viage a Guinea* (Nueva York, 1869); en la cual denuncia los horrores sufridos por aquellos patriotas. Escapó de la cárcel, se trasladó a New York, luego a Colombia donde adquirió su ciudadanía. Continuó sus estudios agrícolas y ocupó el cargo de Ministro Plenipotenciario de Colombia en Madrid. Regresó a Cuba al finalizar la guerra en 1878. En 1894 volvió a Colombia. Vino de nuevo a Cuba ya definitivamente, en 1898. Fue nombrado Caballero de la Orden del Mérito Agrícola, de Francia, por el libro: *Enfermedades de las aves, ó Ensayos sobre Patornitología, y consideraciones en Sobre Higiene Pública en la Isla de Cuba.* (Habana,1889). Durante sus últimos años fue colaborador de *El Mundo.* Es autor de varias comedias, de un Tratado de Derechos de Gentes y de varias obras agronómicas y de economía política. Entre sus obras teatrales se encuentran: *Eduardo el jugador.* Comedia en un acto, en verso. (1835) (Representada en el teatro de su pueblo natal). *Los montes de oro.* Comedia en cuatro actos y en verso. La Habana, Imprenta La Antillana, 1866; 2ª Ed. Cartagena de Colombia, 1874. Se estrenó en el Liceo de La Habana. *Amelia*; o, *La vuelta del estudiante.* Comedia en un acto y en prosa. 2ª Ed. Cartagena de Colombia, 1874; 3ª Ed. La Habana, Imprenta La Antilla, 1888. *El dinero no es todo*; o, *Un baile de máscaras.* Comedia en un acto y en prosa; 2ª Ed. Cartagena de Colombia, 1874. *Sin prudencia todo falta*; o, *El gallero.* Comedia en un acto y en prosa. Cartagena de Colombia, 1874; 2ª Ed. Id., 1888. *Amor y riqueza.* Zarzuela en dos actos. La Habana, Imprenta La Antilla, 1888. Monólogos. La Habana, Librería de Casona [1888?]. Monólogos. *Amor y honor.* Edmundo Dantés. La Habana, Imprenta de E. F. Casanova, 1889. *Carlos Manuel de Céspedes*. Drama histórico. 2ª Ed. La Habana, Imprenta Compostela 89, 1900. Entre otros títulos se localizan: *El enamorado sin dinero, Yo no me caso*.[49] *Las primas y las montañas de oro*.[50] Comedia en tres actos y en versos. Junio 1861. Trelles relaciona los siguientes títulos preparados para entrar en prensa: *La nobleza y el interés*. Comedia en tres actos y en versos. La noche buena. Comedia en dos actos y en versos. *Lo justo es lo bueno*. Comedia en tres actos y en versos. *Los celos con desdén se curan. Quiero ser alcalde*. Comedia en un acto y en prosa.[51]*El gran choteo y Hambre canina*. En un acto. Escribió las zarzuelas:[52] *La baronesa de la zapatilla. La vizcondesa del almidón. Los trasnochadores y Nobles de pega*.

BARALT, José Simón:

Natural de Santiago de Cuba. Se suicidó cuando era muy joven (1880). Se destacó como poeta. En 1876 compuso el drama *El Castillo de Uries* (inédito).[53] *Los cómplices entre sí*. (Inédito). Drama trágico-histórico. En tres actos y en versos. (Manuscrito). Afirma Trelles que se localiza en la Biblioteca del Licenciado D. Elías Zúñiga. Habana. 1877.[54]

BARBERÁ, José Domingo:

No se han localizado datos biográficos. Estrenó y publicó varias obras en La Habana. Títulos: *Margarita* (1892) y *Mazorra reformada*. Chifladura bufo-lírica en un acto, en prosa y verso. Habana. Imprenta El Batallón de Ingenieros,1892.[55] *Los pasantes*. Zarzuela en un acto y en prosa, arreglada del francés. Música de Antonio del Valle. Habana. Imprenta El Trabajo, 1878; *La vizcondesa del almidón*. Despropósito bufo-lírico bailable en un acto y verso, con música de varios autores arreglada por el maestro Va-

lle. Habana. Imprenta El Trabajo, 1878; *Los arrancados o en la tea brava*. Disparate cómico lírico en un acto y en prosa. Habana. Imprenta del Batallón Mixto de Ingenieros, 1892. *Los guanajos*. Propósito cómico-lírico-dramático bailable en un acto, dividido en tres cuadros. Habana. 1892. *La tenoria*. Humorada bufa en dos actos, dividida en cuatro cuadros, en verso. Habana. Imprenta La Moderna, 1891.[56]

BARREIRO, José R.:

No se tienen referencias biográficas. Con apenas nueve títulos se muestra un especialista en ambientes marginales, con sus mulatas y cheverones, en un difícil equilibrio entre el matonismo, machismo, la mala vida y reyertas de solar. La combinación de estos personajes con la música popular, y la quiebra de la autoridad colonial, integran los móviles de su escena, representada por los celadores gallegos que siempre llevan la peor parte. Su escena es un típico ejemplo del bufo, con un oído receptivo a los ritmos populares.[57] Publicó en La Habana: *La noche de San Juan*. Revista cómico-lírico- bufa en un acto y tres cuadros. 1894. La Habana; *El brujo*. Zarzuela bufa en un acto y tres cuadros en versos. 1896. La Habana. Con música de José Marín Varona. *Al romper la molienda*. Zarzuela bufa en un acto y cuatro cuadros. 1896; *El asistente Crisanto*. Juguete cómico en un acto y en prosa. 1896. La Habana; *La gran rumba*. Revista cómico lírico – bufa en un acto y siete cuadros. 1896. La Habana; *Los tabaqueros*. Zarzuela en un acto. 1897. La Habana; *La fiesta de San Lázaro o los amores de un tabaquero*. Sainete lírico en un acto y tres cuadros en versos. Manuscrito. 1899; La Habana; *Fin de zafra* (Segunda parte de Al romper la molienda. Melodrama en un acto y tres cuadros. Manuscrito. 1905. La Habana; *Los cheverones*. Sainete bufo lírico en un acto;

Las mulatas. Sainete cómico-lírico-bufo en un acto y siete cuadros.[58]

BARRERA Y SÁNCHEZ, Ramón:
España.

No se tienen otros datos biográficos. Se localizó el título: *Monsieur Godard y un guajiro o la ascensión peligrosa.* Juguete cómico en un acto. Habana. Imprenta de D. M. soler. 1856. *Los heridos del serrallo.* Apropósito lírico-dramático en un acto. Música de D. Narciso Téllez. Habana. Imprenta de la Vda. de Barcina y Compañía. 1860.[59]

BELLINI, Vincenzo Salvatore Carmelo Francesco:[60]

Catania, Reino de Sicilia 1801 - Puteaux, Reino de Francia 1835.

Fue un compositor italiano. El estreno de su primera ópera *Adelson e Salvini,* se produjo en 1825. Su obra más difundida es *Norma.*[61] Se llevaron a escena en Santiago de Cuba: *Il Pirata, Romeo y Julieta y Norma,* con la actuación de D. Augusto Luis de Moheser, 1850. *Norma,* 1851, por la Compañía de Ópera Italiana de Miró y Úrsula Deville. *La sonámbula, Romeo y Julieta y Beatriz di Tenda,* por la Compañía de Ópera Italiana, 1858. *La sonámbula,* por la Compañía de Ópera italiana (1859). Norma, por la Compañía de Ópera italiana (1860) y por la Compañía de Ópera Italiana D. Luis Rocco (Conocida como Co. Maretsek), 1862.[62] *Los Puritanos,* ópera seria en tres partes. Palabras del C. Pepoli y música de V. Bellini. Habana, Imprenta del *Diario de la Marina,* 1849.[63]

BELLO, Ángel:
Cuba.

Fue socio de mérito del Liceo. Murió en 1859. Escribió: *Roberto el cervecero.*[64] Drama en dos actos. Precedido de un prólogo de su autor. Representado la primera vez en el Liceo Artístico y Literario de la Habana, 11 de octubre de 1856. Habana. Imprenta *La Cubana.* 1857. *Don Vetustón Serpentón y el maestro Vesthalina.* Juguete cómico lírico, música de Mariano García Jurado. Habana. Imprenta La Cubana, 1858.[65]

BELMONTE BERMÚDEZ, Luis:
España.

Dramaturgo poeta y prosista, natural de Sevilla. Pasó amplias etapas de su vida en México, donde desempeñó puestos oficiales. De vuelta a España, residió en Sevilla y Madrid. Entre su producción cabe destacar el poema épico *La Hispálica* y *La Aurora de Cristo* (1616). Como prosista, escribió *Vida del padre Ignacio de Loyola* (1609). Sus obras dramáticas, más valoradas en el siglo XIX que en la actualidad, se acercan a las treinta, y cabe destacar La renegada de Valladolid, *Darles con la entretenida, El mejor tutor es Dios, El sastre del Campillo, El diablo predicador y mayor contrario amigo y El acierto en el engaño y robador de su honra.* Esta última obra llegó a ser censurada hasta tres veces antes de permitirse su representación en 1641 y el único manuscrito que la conserva presenta un curioso caso de redacción de un final doble.[66] Fue representada en La Habana y en Santiago de Cuba, por la Compañía de los Señores Robreño en el Teatro La Reina, en 1850.

BENÍTEZ DEL CRISTO, Ignacio:

Cuba, Matanzas.

No se tienen otras referencias biográficas. En 1877 estrenó en Matanzas una parodia titulada: *Los novios Catedráticos*. Parodia de *Los negros catedráticos*. Pieza en un acto en prosa y en verso. Matanzas. *La Antorcha literaria*. 1877.[67] Se puso en escena, por primera vez, en el Teatro Esteban, la noche del 4 de agosto de 1877.[68]

BENITO GÓMEZ, José:

No se tienen referencias biográficas. Se localizó el título: *La mano de Dios o el triunfo de la conciencia*. Drama en tres actos y en versos. Habana. Imprenta de Howson y Geinen. 1883.

BERENGUER Y SED, Antonio:

Cuba. Santa Clara 1864 - ?

Cursó estudios en su ciudad natal. En la Universidad Central de Madrid obtuvo el título de abogado; carrera que ejerció al regresar a Cuba. Fue apresado en 1895, al estallar la guerra, pero logró escapar a México. Al cese de la dominación española ocupó los cargos de consejero provincial, senador por el Partido Liberal y embajador de Cuba en Portugal. Colaboró en *El Fígaro*, entre otras publicaciones de La Habana y Santa Clara. Recopiló, en varios tomos, los discursos del dictador Gerardo Machado. Es autor de varias piezas dramáticas: *Villaclara*. Revista cómico-lírico-dramático-crítica en un acto y cuatro cuadros. Imprenta de Miranda. 1899. *El marqués de García*. Comedia en tres actos y en prosa. Villaclara, Imprenta de Miranda, 1899. *La reconcentrada*. Episodio dramático-histórico en un acto y en prosa. Villaclara, Imprenta El Iris, 1900.[69]

BERMÚDEZ Y SALAS, Antonio:

No se han localizado datos biográficos. Aparece como autor de una adaptación al teatro de la novela histórica de Henri Bernardino de Saint Pierre (1737-1814):[70] *Pablo y Virginia*.[71] Representada en Santiago de Cuba por la Compañía de los Señores Robreño en 1850.[72]

BERTRÁN, Miguel:

No se tienen referencias biográficas. Se localizó el título: *¡A raja tabla!* Un acto, en verso, Guantánamo. Establecimiento Tip. La Voz del pueblo, 1903.

BERTRÁN Y FERRARI, José:

No se tienen otras referencias biográficas. Catalán de nacimiento, estrenó en La Habana, en 1859: *El caballero del penacho negro*. Drama histórico caballeresco en cuatro actos y en verso. La Habana, Imprenta El Iris, 1859.[73] Obra premiada en los Juegos Florales del Liceo Artístico y Literario de La Habana en 1856.[74]

BETANCOURT Y GALLARDO, José Victoriano:

Cuba. Guanajay, Pinar del Río 1813 - Córdoba, México 1875.

Cursó la primera enseñanza en La Habana. Se graduó de Bachiller en Derecho en el Seminario San Carlos (1832); el primero en recibir el título de abogado (1839) al establecerse la Audiencia Pretorial de La Habana. Comenzó a trabajar en el bufete del licenciado Anacleto Bermúdez. Integró la Sociedad Económica de Amigos del País. Frecuentó las tertulias literarias de Domingo del Monte. Con Bachiller y Morales, Manuel Costales y José Quintín Suzarte fundó la revista *La Siempreviva*. En

1840 se trasladó a Matanzas. Durante los años que permaneció en la provincia editó, con Miguel Teurbe Tolón, la antología de poemas *Aguinaldo matancero*. Regresó a La Habana en 1860 y trabajó en el bufete de José Valdés Fauly. En 1870 su situación en Cuba se tornó difícil a causa de su postura antiespañola, por lo que se trasladó a México con su familia. Allí fue catedrático del Instituto de Veracruz y juez de primera instancia de Tuxpán y Casamaluapa. Se destacó por sus artículos costumbristas, aparecidos la mayoría de ellos en *El Almendares, Diario de La Habana, Cuba Literaria,* entre otros. Cultivó, además, la poesía, la fábula y el teatro. Colaboró en la Aureola poética en honor de Francisco Martínez de la Rosa, y en la Corona fúnebre, en homenaje al obispo Espada. Uno de sus artículos, "La niña mendiga", fue traducido al inglés por *The North American Review* (Boston, 1849). Utilizó el seudónimo Escolástico Gallardo. Escribió para el teatro: *Las apariencias engañan*. Comedia en un acto, en verso. Matanzas, Tipografía del Gobierno por S. M. y de Marina, 1847.[75] *La fruta del cercado ajeno*. Bosquejo dramático en dos cuadros. Matanzas. Imprenta Aurora del Yumurí.1868. Se estrenó en junio del 1868.

BIDERI, Giovanni Emanuele:

Italia 1784- 1858.

De origen albanés. Autor dramático. Publicó y representó varias obras dramáticas en diferentes teatros italianos. En Cuba fue publicada *Genma de Vergy*. Tragedia lírica en dos actos. Música de Gaetano Donizetti. Habana. Imprenta del Gobierno, 1840. Fue publicada en Nápoles en 1840.

BIELSA Y VIVES, Manuel:

No se tienen sus datos biográficos.
Se localizó el título: *Imposibles amores*. Drama en tres actos y en prosa. Camagüey. 1900.[76] La verdadera culpable. Drama. Matanzas. 1906.

BLANCHET Y BITTÓN, Emilio:[77]

Cuba. Matanzas 1829-1915.

Desde muy joven se dedicó a la literatura y a la enseñanza. Fue profesor de diversas materias en el colegio La Empresa y en el Instituto de Segunda Enseñanza, ambos de su ciudad natal. Fundó el Liceo de Matanzas. Colaboró en *La Aurora, El Artista, Brisas de Cuba, Revista de La Habana, La Piragua, Cuba Contemporánea,* entre otras. Después de estallar la Guerra del 68 fue denunciado y emigró a Nueva York en 1869. Se trasladó a España. En la Universidad de Barcelona, se graduó de Licenciado y Doctor en Filosofía y Letras y ganó por oposición la cátedra de Literatura Griega. En 1867 fue nombrado miembro correspondiente de la Academia Sevillana de Buenas Letras. Presidió la sección de Literatura, Historia y Antigüedades del Ateneo de Barcelona (1885-1886). Por esa época colaboró en varias publicaciones españolas. Regresó a Cuba en 1899, y ocupó una cátedra en el Instituto de Segunda Enseñanza de Matanzas. Fue miembro de la Academia Nacional de Artes y Letras, y de la Academia de Historia de Cuba. Obtuvo diversos premios a lo largo de su carrera intelectual. Dejó inéditos *Átomos de novelas, colección de novelas cortas; Poesías varias; Libro de epigramas e Idiotismos franceses.*[78] Es autor de las siguientes piezas dramáticas: *Una carta anónima.*[79] Drama en dos actos y en versos, 1849. Representada en Matanzas;

La sortija de la reina Isabel. Drama histórico en verso, leído el 8 de julio de 1858. *Entre dos sacrificios.* Drama, 1865. *Esposas de coche y estrada.* Sátira. Premiado con medalla de plata por el Liceo de Matanzas. *Matanzas, Aurora del Yumurí.* 1866. *El anillo de Isabel Tudor.* Drama en cuatro actos en verso. Matanzas, Aurora del Yumurí, 1866. *La fruta del cercado ajeno.* Bosquejo dramático en dos cuadros. Matanzas, *Aurora del Yumurí, 1868. La conjura de Pisón.* Drama histórico en tres actos. Matanzas, Imprenta de R. L. Betancourt, 1906. *La verdadera culpable.* Drama en tres actos. Matanzas, R. L. Betancourt, 1906. *El libro de las expiaciones.* Contiene: *La fruta del cercado ajeno* y *Una aventura de Alfieri. Esquicio* dramático. Barcelona. Imprenta de Luis Tasso. 1885. No hagáis caso.[80] Juguete cómico en verso. Habana. Imprenta de Barcina. 1841.

BLANCHIÉ Y PALMA, Francisco Javier:

Cuba 1822 -1847.

Poeta y dramaturgo. Nació en La Habana. Estudió en el Seminario de San Carlos. Aunque vivió en la pobreza, en el año 1842 obtuvo el grado de Bachiller en Derecho Civil en la Universidad de La Habana. Colaboró en *Flores del Siglo* y *Revista de La Habana.* En 1842 publicó la novela *La Venganza de un hijo,* y en 1846, un tomo de poesías: *Las Margaritas.* Como dramaturgo, publicó *No hagáis caso.* Juguete cómico, La Habana, 1841. *Un tío.* Comedia en un acto y en verso. Habana.[81] *La venganza de un hijo.*[82] *La Seca y el huracán.* Comedia en un acto, representada en 1845. *El Rubio.* Drama, 1846.

BLASCO SOLER, Eusebio:

España. Zaragoza 1844 - Madrid 1903.

Periodista y comediógrafo. Fecundo comediógrafo, se convirtió en el principal suministrador de piezas cómicas el «teatro por horas» que nació en el Madrid de finales de la década de los sesenta. Obras como *La señora del cuarto bajo, El miedo guarda la viña, Los dulces de la boda, Los novios de Teruel* (parodia del famoso tema romántico de los Amantes), *La corte del rey Reuma, Moros en la costa,* etc. Fue famosa su zarzuela disparatada *El joven Telémaco,* el mayor éxito de los "bufos" del empresario Arderius, y una de las piezas más populares del teatro comercial del siglo XIX.[83] De su autoría, fueron representadas en Santiago de Cuba: *La mujer de Ulises,* pieza y *Un joven andaluz,* juguete cómico.[84]

BOBADILLA Y LUNAR, Emilio:[85]

Cuba. Cárdenas, Matanzas 1862 - Biarritz, Francia 1921.

Al estallar la guerra del 68 su familia emigró a Baltimore, Estados Unidos. Se trasladaron más tarde a Veracruz, México. En la Universidad de la Habana comenzó sus estudios de leyes. Comenzó a colaborar en *El Amigo del País.* Fue director de los semanarios satíricos *El Epigrama* (1883) y *El Carnaval* (1886). Colaboró además en *Habana Cómica, Revista Habanera, El Museo, La Habana Elegante, Revista Cubana, El Radical, El Fígaro, La Lucha.* En 1887 se trasladó a Madrid. En su Universidad Central se graduó de Doctor en Derecho Civil y Canónico (1889). Al estallar la guerra del 95 se unió, en París, a los emigrados cubanos. Viajó por Holanda, Italia, Bélgica, Dinamarca, Inglaterra, Colombia, Venezuela, Puerto Rico, Panamá, Nicaragua. En Madrid, sus trabajos aparecieron en *Madrid Cómico, El Liberal, El Imparcial, La Lectura, Nuestro Tiempo, La Esfera.* En París colaboró en *La Nouvelle Revue, La Revue Bleue, Le Figaro,*

La Revue de Revues, La Renaissance Latine y *Le Gil Blas*. Colaboró además en *Athenaium,* de Londres, *La Prensa Libre, de Viena*, y en *La Estrella de Panamá*. En 1909 volvió a Cuba por dos años. Fue nombrado cónsul de Cuba en Bayona y más tarde en Biarritz. Era miembro de la Academia de la Historia de Cuba y de la Academia Nacional de Artes y Letras. Dejó inéditos los libros *La ciudad sin vértebras* y *De canal en canal*, y su bosquejo cómico-serio en un acto y en prosa, *Don Severo el literato*. Su novela *A fuego lento.*[86](Barcelona 1903), fue traducida al francés en 1913 por Glorget. Utilizó los seudónimos Pausanias, Perfecto y otros; pero el más conocido es Fray Candil. Escribió varias obras teatrales que no fueron impresas; pero sí representadas. Se localiza *Don Severo el literato*. Bosquejo cómico serio en un acto y en prosa 1881.[87]

BOISSIER, Carlos Alberto:

Cuba. Matanzas 1877 - Pinar del Río 1897.

Realizó sus primeros estudios en el colegio matancero El Amigo de la Infancia. Más tarde, en 1893, se graduó de bachiller en el Instituto de la propia ciudad. En 1894 fue nombrado escribiente y estacionario de la biblioteca del Liceo de Matanzas. Ese mismo año representó como actor su obra ¡*Bolitoneida!*, monólogo tragicómico en una sola escena y un solo personaje escenificado en el Liceo. En éste ocupó además la secretaría de la Sección de Declamación. Emigró a Tampa en febrero de 1896. En mayo de ese mismo año llegó a las costas de Cuba con la expedición del Bermuda, que fracasó totalmente. A comienzos de 1897, enrolado en la expedición del Three Friends, arribó a la costa norte de Pinar del Río. Poco tiempo después enfermó y fue descubierto por los españoles, que le dieron muerte a machetazos. Colaboró con poemas en *La Aurora del Yumurí*, que dirigía su padre, *Artes y Letras, El Álbum de las Damas, El Fígaro,*

La Habana Elegante. Durante su breve exilio colaboró en *Patria* y *El Expedicionario*. José Manuel Carbonell da a conocer, en su trabajo de ingreso a la Academia de la Historia de Cuba, el ya mencionado monólogo, una lista de poemas inéditos y otra de sus colaboraciones en *El Expedicionario*. Utilizó el seudónimo Óscar. Era conocido por Bolito.[88]

BOISSIER, Pedro A.:

No se tienen referencias biográficas. Se encontró el título: *Los últimos carbonarios*. Drama histórico en cuatro actos y un prólogo en prosa. Estrenado en el teatro Esteban de Matanzas el 18 de setiembre de 1879. *Una dama extravagante*. Comedia en dos actos en versos.[89]

BOLAÑOS, José:

No se tienen referencias biográficas. Se conoce que publicó en La Habana, los siguientes títulos: *Una Empresa inesperada*. Pieza en un acto con José Salinas. La Habana. Imprenta *El Vapor*. 1862;[90]*Apuros de un guajiro*. Comedia en un acto. La Habana. 1865; El médico y su portero. Pieza en un acto. La Habana. Imprenta de Villa. 1867.

BOLUDA Y REIG, Emeterio:

Se tienen pocas referencias biográficas. Murió en 1886. Sargento del ejército español en Cuba, dirigió en Santa Clara una publicación titulada: *El Orden* (1880). Estrenó *Tipos de moda*. Juguete cómico en un acto y en prosa. Santi Spíritu, Imprenta de la Voz del Comercio. 1873.[91]

BOSCH, Antonio de Padua:
España.

No se tienen otras referencias biográficas. Murió en 1876. Es autor de un libro de temática histórico-geográfica, y de una pieza teatral: *Un amigo en su desgracia.*[92] Pieza en un acto. Imprenta La Cubana. La Habana. 1857.[93]

BOTELLA Y ANDRÉS, Francisco:

España. Elche 1832 - 1903.

Abogado, escritor. Obtuvo el título de Bachiller en el Instituto de Alicante (8 de julio de 1848). Comenzó sus estudios de Derecho en la Universidad de Valencia y los terminó en la Universidad de Madrid, ciudad en la que cultivó la literatura, recopilando los poemas publicados en la prensa, en el volumen: *Recuerdos y Fantasías.* De ideología monárquica, fue director de *El Horizonte* y redactor de *El Contemporáneo.* Ocupó cargos políticos y fundó y dirigió *Los Tiempos* y *El Español.* Fue también redactor de *El Diario Español.*[94] Se representó en Santiago de Cuba, en 1884: *Amar sin dejarse amar,* juguete cómico en un acto, por la Compañía Dramática y de canto del Sr Azuaya.

BOUCHARDY, J. M.:

Francia 1810 - 1870.

Dramaturgo francés. Fueron representados en Santiago de Cuba: *El campanero de San Pablo*, drama en cuatro actos, con un prólogo, traducido por Don Eugenio de Ochoa en 1855.[95] *Lázaro , o El pastor de Florencia,* drama en cinco actos y en prosa.

BRACHO, Saturnino:

Cuba.

Autor cubano de raza negra.[96] No se tienen otras referencias biográficas. Estrenó en La Habana, en 1880, la obra: *Un día de Reyes.* Juguete de costumbres cubanas. 1880.

BRETÓN DE LOS HERREROS, Manuel:[97]

España. Quel, 1796 - Madrid 1873.

Dramaturgo y poeta español de gran fecundidad, una de las figuras más destacadas del costumbrismo.

Su expresión más personal se manifestó en el género costumbrista con parodias críticas de la clase media, como *Marcela o ¿cuál de las tres?* (1831), su obra más popular; *Todo se pasa en este mundo* (1835); *La redacción de un periódico* (1836); o *Escuela del matrimonio* (1852). Escribió más de 150 piezas originales y unas cincuenta adaptaciones. Refundió obras de Lope de Vega, Pedro Calderón de la Barca y Juan Ruiz de Alarcón, entre otros, y realizó traducciones de autores como Racine y Voltaire. Autor de gran amenidad y originalidad, sus obras poseen un carácter intrascendente, satírico y alegre.[98] En Santiago de Cuba fueron representadas: *¿Se quiere Usted casar conmigo?,*comedia (arreglo), *Mi tío el jorobado,* comedia; *¿Quién es ella?*, comedia en cinco actos (Compañía de Don Manuel Argente, en 1857); *¡No más muchachos!* pieza (arreglo), *Dios los cría y ellos se juntan,* comedia de costumbres, y *Un novio para la niña* o *La casa de huéspedes,* comedia de costumbres; todas representadas por la Compañía de los Señores Robreño, en 1850; *Mi secretario y yo,* comedia en un acto, por la Compañía de Zarzuela Ventura Mur, en 1855. *Marcela o ¿a cuál de las tres?*, comedia original en tres actos, representada por la Compañía de los Señores Raveles, en 1855. *Por una hija*, comedia en un acto, Compañía Madrileña de Manuel Osorio, 1862. *El amante prestado,* comedia en un acto traducida libremente del francés, en 1855, Compañía de Madrid de Doña Fernanda Llanos de Bremón, en

1862 y Compañía dramática de Torrecillas, en 1867. Pascual y Carranza, comedia en un acto, Compañía Dramática de Da. Matilde Duclós, 1867.[99]

BROCHE, José Francisco:

No se tienen referencias biográficas. Se encontraron las obras: *El bandido*. Drama. 1840; *Mendoza*. Drama. 1841. *El juglar*. Drama original en prosa y verso en cinco actos. Imprenta Cubana. La Habana. 1842.[100]

BURGOS, Ricardo:

No se han localizado sus datos biográficos. Según Cejador, estrenó en La Habana: *El cambio matrimonial* (1887). Otra pieza de su autoría es: *Virtud y frivolidad*.[101]

BYRNE, Bonifacio:[102]

Cuba. Matanzas 1861-1936.

Realizó sus estudios en Matanzas. Muy joven tuvo inclinación por la literatura. En su ciudad natal frecuentó el Círculo Literario. En 1890 fundó los periódicos *La Mañana* y *La Juventud Liberal*. En 1896, emigró a los Estados Unidos por razones políticas. En el exilio se dedicó a labores separatistas y fundó, en Tampa, el Club Revolucionario del cual fue secretario. Allí trabajó como lector de tabaquerías y colaboró en *Patria, El Porvenir* y *El Expedicionario*. Compuso muchas canciones a favor de la independencia que circularon clandestinamente. Regresó a Cuba en 1899. Durante la república mediatizada fue secretario del Gobierno Provincial de Matanzas y de la Superintendencia Provincial de Escuelas. En 1909 fundó el periódico *El Yucayo*. Colaboró en *La Primavera, El Ateneo, Diario de Matanzas, El Fígaro* y *La Discusión*. Fue declarado Hijo Eminente de Matanzas en 1915. Ese mismo año se trasladó a Nueva York para reponer su quebrantada salud. Obtuvo galardones poéticos en los juegos Florales de Sancti Spíritus (1916) y Matanzas (1934). Fue miembro fundador del Grupo Índice (1935). Era socio correspondiente de la Academia Nacional de Artes y Letras. Cultivó el teatro. Entre sus obras se encuentran: *El anónimo*. Drama, 1905. *Varón en puerta*, 1905. *El legado*. Drama, 1908. Matanzas en 1920; o, *El espíritu de Martí*, 1908, y *Rayo de sol*. Drama, 1911. Algunas de ellas publicadas, según consigna su biógrafo Israel M. Moliner. Dejó en preparación la novela *Hijas y yernos*, el libro de cuentos *Letra menuda* y la colección de poemas *Voces del alma*.[103]

Teatro Villanueva:

En febrero de 1847 fue inaugurado este teatro con el nombre de «Circo Habanero».

C

CABALLERO FERNÁNDEZ, Manuel:[104]

España. Murcia 1835 - Madrid 1906.

Famoso compositor español. Destacado y prolífico autor de zarzuelas, aportó al género más de doscientas piezas, que incluyen celebrados títulos. En 1853 ganó unas oposiciones para maestro de la Capilla de Santiago de Cuba; pero no pudo ocupar la plaza por no haber alcanzado la edad que se requería. Llevado de su afición al teatro, consiguió que Luis Eguilaz le diera el libreto de la zarzuela *La vergonzosa en palacio* para ponerle música. Casi al mismo tiempo estrenó *Tres madres para una hija*, con libreto de Antonio Alverá, obra que firmó con el seudónimo de Florentino Durillo. Siguieron *La jardinera, La reina topacio, Un cocinero y El loco de la guardilla*. En 1864 marchó a Cuba como director de orquesta de una compañía de zarzuela. Su estancia en Cuba se prolongó por espacio de siete años, dedicados casi por completo a la enseñanza y a organizar conciertos en los que sólo tomaban parte sus discípulos. Vuelto a Madrid en 1871, estrenó *El primer día feliz*, que renovó los triunfos alcanzados antes de su marcha. En 1884 pasó a Lisboa y de allí a Sudamérica para poner en escena sus zarzuelas, que también en aquellas latitudes alcanzaron los éxitos obtenidos en Madrid.[105] En Santiago de Cuba fue representado, en 1862, por la Compañía de Madrid de Doña Fernanda *Llanos de Bre-* *món,* el drama: *Deudas de la conciencia;* y en 1876 una compañía de zarzuelas llevó a escena: *La Marsellesa.*[106]

CABALLERO Y VALERO, Víctor:[107]

España. Cádiz 1838-1874.

En su ciudad natal fundó y dirigió el periódico *Antón Perulero;* sin embargo, gran parte de su trabajo literario lo realizó en La Habana, donde colaboró en varios periódicos y escribió poesías, leyendas, novelas y piezas teatrales. Fue director de la Revista *Gaditana.* Es autor de las siguientes obras dramáticas: *Lo que pueden dos millones.* Juguete cómico en un acto y en verso. Habana. Imprenta El Iris. 1866 (3era Edición).[108] Representada con extraordinario éxito en el Teatro Villanueva en La Habana y en el del Balon de Cádiz.[109] *¡Españoles a Marruecos!* Apropósito dramático patriótico en un acto y en verso. 1858. Francisco Montes. Comedia. *Verá usted lo que ha dejado el año.* Comedia. *Con el dengue y lo que anda.* Apropósito dramático,1864.[110] *España Laureada.* Loa cuatriloquea. Escrita para la compañía dramática de la Señora Condesa de Valentini y en loor del General Prim. Habana. 1861.[111] *Las cuatro calaveras.* Comedia en un acto, arreglada por Víctor Caballero. Manuscrito.[112]

CABRERA Y BOSCH, Raimundo:[113]

Cuba. La Habana, 1852 - 1923.

Realizó sus primeros estudios en Güines, (Habana). En el Colegio de San Francisco de Asís se hizo bachiller. Cuando intenta unirse a las fuerzas revolucionarias de Céspedes, es apresado (1869) y confinado durante diez meses en Isla de Pinos.

De allí vuelve enfermo. Más tarde logra pasar a España. En la Universidad de Sevilla se gradúa de Licenciado en Derecho en 1873. El mismo año regresa a Cuba y comienza la práctica de su profesión. Al terminar la Guerra de los Diez Años es uno de los fundadores del Partido Liberal Autonomista, en el que despliega amplias actividades hasta que lo abandona en 1893. Un año antes había realizado un corto viaje a los Estados Unidos. Al estallar la guerra de independencia de 1895 viaja por España y Francia, y se instala después en la nación norteamericana hasta la caída del régimen colonial. Ya en la República, se dedica a ejercer su profesión de abogado. Colabora en la Casa de Beneficencia y en la Sociedad Económica Amigos del País, de la cual llegó a ser presidente. En 1917 vuelve a emigrar por un corto tiempo, debido a la situación política. Fue miembro fundador de la Academia de Historia de Cuba. Como periodista, sus primeras actividades datan de su época escolar. Fue director de *La Unión* (1878-1885), de Güines. En Nueva York funda en 1897 la revista *Cuba y América*, que continúa editando en La Habana a partir de enero del 1898, y de la cual fue director hasta su desaparición en 1917. También fue director de *El Tiempo* (La Habana, 1909-1912) y colaboró en *El País*, La Habana Literaria, *El Fígaro* (1888-1895 y 1901-1922), *La República de Cuba* (París, 1896), *Revista Bimestre de La Habana* (1911-1923), *El Triunfo* (1921). Redujo y comentó la obra *Triunphant Democracy*, de A. Carnegie, publicándola bajo el título de *Los Estados Unidos* (La Habana. Imprenta Soler Álvarez, 1889). Es el panfletista por excelencia de la colonia. Incorporó la técnica periodística a la escena, la cual llenó de intención política. Su obra *Cuba y sus jueces* fue traducida al inglés por Laura Guiteras (Cuba and the Cubans. Philadelphia, The Levytype Co., 1896). *Mis buenos

tiempos. Memorias de estudiante.* (París, 1911), fue llevada al italiano por Angelina Fantoli (Parigi, Delgado & Gabrieli, 1921). Poco antes de morir, en 1923, se le tributó un homenaje en el Teatro Nacional. Usó los seudónimos Jorge, Henry King, J. C. Trebejos, El andaluz Paco Mantilla, Un poeta del 68 y Coronel Ricardo Buenamar. Escribió para el teatro: *Viaje a la luna*. Acto bufo con dos cuadros. Música de M. I. Mauri, Güines [Habana], Imprenta *El Demócrata*, 1885. *Del parque a la luna*. Zarzuela. Revista cómico-lírica sobre asuntos cubanos en un acto y en verso. Música de M. I. Mauri. La Habana, Imprenta *El Retiro*, 1888. *¡Vapor Correo!* Revista cómico-lírica en un acto y cuatro cuadros. Música de Rafael Palau. La Habana, Imprenta *El Retiro*, 1888. Intrigas de un secretario (Leyenda cubana). Zarzuela en dos actos. Música de Manuel J. Mauri. La Habana, Imprenta de Soler Álvarez, 1889.[114]

CABRERIZO SÁNCHEZ, Francisco:

No se tienen referencias biográficas. Se encontró la obra: *Lo que pasa en este mundo*. Comedia en un acto y en verso. La Habana. Imprenta de Andrés Pego. 1869.[115]

CACCIA, A.:

No se tienen referencias biográficas. Se localizaron los títulos: *Los Africanitos*. Zarzuela cómico taurina en un acto y cinco cuadros. *Música del maestro*. M. Fraga. Habana. Imprenta El Aerolito. 1895; estrenada en el Teatro Alhambra el 19 de marzo de 1895. *La casa municipal*. Revista cómica de actualidad en un acto y tres cuadros, en prosa y verso. Habana, Imprenta de Canalejo y Xiqués, 1893. *Los misterios de la noche*. Jornada cómica en doce horas y cinco cuadros. Habana, Estab. Tip. El Aerolito, 1893.[116]

CACHO NEGRETE, Eusebio:

Cuba. La Habana.

Colaboró en la revista *La Infancia* (La Habana 1872-1874). Estrenó en La Habana la obra: *Tiró el diablo de la manta.* Juguete cómico en un acto y en prosa. Habana. Imprenta La Antilla. 1876.[117]

CADALSO, José:

España. Cádiz 1741 - Gibraltar 1782.

Escritor español. Fue coronel. En Madrid, entró en contacto con los círculos literarios del momento. Inició su producción literaria con una serie de dramas de corte neoclásico, como *Sancho García* (1771), algunos de los cuales fueron prohibidos por la censura, a los que siguió una sátira contra la pedantería de ciertas clases sociales; *Los eruditos a la violeta* (1772), con la que obtuvo su primer éxito literario.[118] En Santiago de Cuba se representaron, en 1855, los dramas: Ángela y Sancho García.[119]

CALCAGNO MONSON, Juan Francisco:[120]

Cuba. Güines, Habana 1827-Barcelona, España 1903.

Hijo del médico italiano Juan Francisco Calcagno y Monti. Realiza los primeros estudios en su pueblo natal. Pasa al Colegio Carraguao de La Habana, y después cursa Filosofía y Letras en nuestra Universidad. Viaja por los Estados Unidos, Francia e Inglaterra y amplía sus conocimientos de idiomas. Al morir su padre, regresa a Güines en 1860, crea allí la primera biblioteca, la primera Imprenta, la primera academia de idiomas y el primer periódico (Álbum Güinero, 1862), todos con sede en su propia casa. En La Habana, de 1864 a 1869, desempeña la subdirección del colegio San Francisco de Asís y Real Cubano. Debido a las guerras de independencia, emigra a España y establece residencia en Barcelona. Colaboró en La Unión, El Progreso, La Habana, El Faro Industrial, La Prensa, La Razón, El País, La Libertad, La Habana Literaria, La Ilustración de Cuba, El Hogar. Publicó una colección titulada Poetas de color, con versos de Plácido, Manzano, entre otros y donde incluía los suyos, firmados bajo el seudónimo de Moreno esclavo Narciso Blanco. Esta colección apareció en publicaciones periódicas y luego como libro (La Habana, Imprenta Mercantil, 1878; Id., 1887) Tradujo del francés las obras de teatro Adriana Lecouvreur (Nueva York, Imprenta Baker y Godwin, 1855), de E. Scribe, Ángelo, tirano de Padua (Nueva York, Imprenta Baker y Godwin, 1855) y Torquemada (México, D.F.-Barcelona, 1891; 2ª ed. Barcelona, Tip. Moderna, 1900), de Víctor Hugo. Tradujo al francés un proverbio dramático de C. Navarrete (1887). Usó los seudónimos Narciso Blanco, Un desocupado, Ignoto, Claude La Marche. Como dramaturgo se localiza: El aprendiz de zapatero. Monólogo. La Habana, Imprenta El Pilar, 1891.[121]

CALVO, Manuel:

Nació en la Península; pero no se conoce con precisión el lugar. Tiene otras obras.[122] En La Habana estrenó: Por justicia y por las armas. Drama en tres actos. Habana. Imprenta La Intrépida.1870.[123]

CAMMARANO, Salvador:

Italia. Nápoles 1801-1852.

Libretista y dramaturgo del período romántico. Abandonó la actividad de dramaturgo en 1834, escribió casi cuarenta folletos, colaborando con algunos de los principales compositores de óperas italianas de la época. Se localizó el título: *María de Rohan*. Melodrama trágico en tres actos. Puerto Príncipe. Imprenta de El Fanal. Representado en el Teatro Principal de esta ciudad.[124]

CAMPRODÓN Y LAFONT, Francisco:[125]

España. Vich, 1816 - La Habana, Cuba 1870.

Estudió inicialmente en Cervera, y a continuación cursó Derecho en las universidades de Alcalá y de Madrid. Sufrió destierro en Cádiz a causa de algunos escritos políticos; sin embargo, más tarde, fue diputado de la Unión Liberal y gozó de la protección de la Corona. Ocupó algunos cargos importantes. Nombrado administrador de Hacienda de la Isla de Cuba, murió en la capital de la colonia en 1870. Adquirió fama de notable flautista, y, aparte de sus trabajos para la escena, publicó varios libros de poesía. Junto con Joaquín Helguero participó en la edición de un periódico satírico y de crítica titulado *El Teatro*; también colaboró en otras publicaciones, como el *Semanario Pintoresco Español*. Utilizó en alguna ocasión el seudónimo de Froilán Castellón.

Escribió y tradujo gran número de piezas teatrales, especialmente zarzuelas.[126] Entre sus obras se relacionan: *Amor de hombre*. Drama, 1851. *La Flor de un día*.[127] Drama en un prólogo y tres actos. Matanzas, febrero 26 de 1852. Se estrenó en Madrid en febrero de 1851, y se representó en Cárdenas en 1855. Sus obras se representaron en Santiago de Cuba en el Teatro de La Reina, en algunos de los casos, repetidas. En 1857 *La Flor de un día*, se estrenó en Santiago de Cuba por parte de la compañía dramática de Argente y de Nin y Pons. Fueron representadas, además: El dominó azul, (no se registra la compañía), 1855. El último mono, Compañía de los Señores Robreño, 1860. Diabllollas carga, zarzuela, Marina, zarzuela, Una vieja, zarzuela, El relámpago. z arz uel a, por la Compañía lírico dramática camagüeyana, 1866. El Dominó azul, zarzuela, El Diablo en el poder, zarzuela, Los diamantes de la corona, zarzuela y Un pleito, zarzuela, por una Compañía de zarzuela, 1867. El postillón de la Rioja, zarzuela, Compañía lírico-dramática de zarzuelas, 1867. El diablo de la carga, zarzuela, Compañia de zarzuela dirigida por Rosa Lloréns,1875. Asirse de un cabello, proverbio, 1883, (no se registra la compañía).[128]

CAMPUSANO, Pío:

Cuba. Jaruco 1814-1873.[129]

Estrenó en Matanzas, en 1848, una comedia en tres actos y en verso titulada *El capítulo*.[130] Comedia en tres actos y en versos. Matanzas. Tip. De Salinero y Cía. 1848.

CANDAMO, Santiago:

España. Galicia, La Coruña 1775-1835.[131]

Su nombre era Santiago Fuentes de Candamo y Panadera. Se ocupó de inaugurar los primeros teatros en la antigua villa de Trinidad, Puerto Príncipe y en Santiago de Cuba el Coliseo o Teatro de la Marina en1823.[132] Llevó a la escena numerosas obras dramáticas, quien sabe si algunas escritas por autores locales. Llegó a Puerto Rico, procedente de Cuba. Según parece. Allí debió de conocer el tipo de teatro que estaba de moda: obritas a la manera de don Ramón de la Cruz. Es autor de varios sainetes, de fuerte sabor local, de los que solamente hemos identificado el título de uno de ellos: *Velorio en Ballaja y pendencia en Cubo Prieto,* referencia a dos barrios del norte de la capital.[133]

CANEL, Eva:[134]

España. Coaña 1857 - Cuba 1932.

Agar Eva Infanzón Canel nació el 30 de enero de 1857 en Coaña, Asturias. Hija de Pedro Infanzón, médico, y de Epifanía Canel y Uría. Tras la muerte de su padre en un naufragio se traslada con su madre a Madrid. A los quince años, trabajando en el teatro, conoció a Eloy Perillán Buxó, con quien contrae matrimonio. En 1874 y a consecuencia de la publicación de una obra, Perillán es desterrado. Durante un año Eva lo sustituye en la dirección de *La Broma,* hasta que, finalmente, va a reunirse con él en América, colaborando en la revista *El Ferrocarril,* dirigida por su esposo en Bolivia. Fundaron, entre 1876 y 1882, *Las Noticias* y *El Comercio Español* en Lima y *El Petróleo* en Buenos Aires, colaborando en *El Comercio, El Perú Ilustrado* y *La Broma.* Si en un principio Eva simpatiza con las ideas republicanas de su marido, con el tiempo se vuelve más conservadora. Regresa a España en 1882. Perillán regresa a América en 1884, fallece poco después. Eva queda en Barcelona viuda y con un hijo. Continúa sus colaboraciones en periódicos españoles y americanos. En 1891 llega a La Habana con la intención de ocuparse de varias corresponsalías en la Exposición Universal de Chicago. Allí deja a su hijo, que estudiará ingeniería, mientras ella regresa a Cuba y funda *La Cotorra* (1891-1893). Durante la guerra de la independencia defiende la causa de España como secretaria de la Cruz Roja, y fundadora de centros de auxilio. Regresa a España con los restos de su marido al terminar la guerra para enterrarlos en su pueblo natal. En 1899 vuelve a América. Fija su residencia en Buenos Aires. Se dedica a dar conferencias por todo el continente mientras colabora en *El Diario Español, Caras y Caretas, Correo de Galicia* y *La Tribuna de Buenos Aires,* donde, además, es dueña de una imprenta. En 1904 funda *Kosmos*; y en 1907, *Vida Española,* que poco más tarde cierra por problemas de salud. En 1914 cae enferma durante una larga excursión, regresando a Cuba. En 1921 el Papa Benedicto XV le otorga la Cruz Pro Ecclesia et Pontífice. En 1929 la Sociedad Geográfica de Madrid la nombra Miembro Correspondiente, y el gobierno de Primo de Rivera le concedió el Lazo de la Orden de Isabel La Católica y la Medalla de Oro de Ultramar. Fue socia de honor de la Colombina Onubense por sus trabajos en el centenario de Colón. El 2 de mayo de 1932 muere en Cuba en la pobreza.[135] Como autora teatral estrenó y publicó: *La mulata.* Drama original en tres actos y un prólogo. Segunda edición corregida por Habana, La Universal, 1893. Barcelona: La Ilustración a cargo de Fidel Giró, Tip., 1891. *El indiano.* La Habana. La Imprenta Universal,1894.

CANTERO Y ALTUNA, Ricardo:

Cuba.

Cubano de nacimiento. Estrenó las piezas: *A quien Dios se la dio.* Proverbio en dos actos. Trinidad, Estab. Tip. El Imparcial, (1886), *Una lección de inglés.* Comedia en un acto. Trinidad, Estab. Tip. El Imparcial, (1887) y *Vencer un carácter.*[136]

CAÑAS, Tomás M.:

No se tienen referencias biográficas. Sólo se conoce que es periodista. Se encontró la obra: *Entre sombras.* Comedia dramática en un acto y en prosa. Premiada en los Juegos Florales. *La obsesión.* Boceto dramático en un acto y en prosa. 25 de enero de 1910. Habana. Imprenta Letras. Mostacilla. Juguete cómico en un acto. *La sierpe.* Drama en tres actos. *Alma triunfante.* Comedia en tres actos. *El Torbellino.* Comedia en dos actos.[137]

CARBIA Y VALLESA, José:

España. Cádiz.

No se tienen otras referencias biográficas. Se encontró la obra: *Una mañana en los baños de las Delicias.*[138] Pieza cómica bufa y caricata. Habana. Agosto.1868. *Acción de estella y muerte del ilustre Marqués del Duero.* Drama en un acto y dos cuadros y prosa. Habana, Imprenta El Trabajo, 1874.[139]

CÁRDENAS Y CHÁVEZ, Miguel de:[140]

Cuba. La Habana 1808 - 1890.

Galería de retratos de poetas Cubanos

MIGUEL DE CARDENAS Y CHAVEZ.

Estudió filosofía en el Real Instituto de San Isidro, de Madrid, y el primer año de la carrera de Derecho. Ingresó en el ejército y sirvió en la Guardia Real. Formó parte del Regimiento de La Habana con el grado de teniente. Más tarde, como capitán, ingresó en el Regimiento de Valencey. Tiempo después, formó parte de las Milicias de Caballería como Coronel Agregado. Fue socio de mérito de la Sociedad Económica de Amigos del País, vocal de la Junta de Maternidad y Beneficencia y miembro de la Junta Superior de Instrucción Pública. Fue además Consejero de Administración, Gentilhombre de Cámara y Senador del Reino. Colaboró en *La Prensa, Diario de La Habana, El Artista, Revista de La Habana, El Correo, La Civilización, La Floresta y Faro Industrial de La Habana,* en el que trabajó también como corredactor. En *La Gaceta de Puerto Príncipe* publicaba, en prosa o verso, un folletín semanal de costumbres. Cultivó la poesía y escribió la letra de la contradanza "El Ruego", y se dio a conocer por un soneto que apareció "En la corona fúnebre del Obispo Espada." En 1842 publicó un tomo de versos titulado: *Flores cubanas* y, posteriormente otro en Madrid, en 1854, y un *"Canto épico a Colón".*[141] Publicó *El castellano de Cuéllar.* Drama en cuatro actos y en versos. La Habana. 1839.[142]

CÁRDENAS Y RODRÍGUEZ, José María de:[143]

Cuba. Matanzas, Limonar 1812 - Guanabacoa, Habana 1882.

Comenzó sus estudios en Matanzas y los continuó en La Habana en el Colegio San Fernando, donde fue discípulo de José Antonio Saco. En 1834 se dirigió a Estados Unidos para completar sus estudios. Allí trabajó en una casa comercial. Hizo amistad con Félix Varela, a quien ayudaba en la corrección de sus obras. Visitó por esa época Canadá y recorrió numerosos estados de la Unión norteamericana. Regresó a Cuba en 1837. Dos años más tarde, volvió de nuevo a Estados Unidos. En 1840 se estableció definitivamente en La Habana.

Comenzó su carrera literaria en *La Prensa* y *Faro Industrial de La Habana.* Colaboró también en *El Prisma, El Artista, Revista Pintoresca, Flores del Siglo, Revista de La Habana, Revista crítica de ciencias, literatura y artes.* Aparecieron poemas suyos en *América poética* (La Habana, 1854) y otras antologías; pero ganó su renombre como prosista satírico.

Utilizó el seudónimo Jeremías de Docaransa.[144] Como autor dramático se localiza: *No siempre el que escoge acierta.* Comedia en cuatro actos y en verso. La Habana, 1841. *Un tío sordo.* Comedia original en tres actos y en verso. La Habana, Imprenta de Barcina, 1848. Se representó con éxito en el Liceo de La Habana.[145]

CÁRDENAS Y RODRÍGUEZ, Nicolás de:

Cuba. Limonar, Matanzas? 1814 - La Habana 1868.

Hermano del costumbrista José María de Cárdenas, no tuvo la significación de éste. Muy joven se trasladó a Nueva York. En la dirección del periódico *La Prensa* (1841) desenvolvió su actividad más importante como periodista. Fue colaborador en *El Artista, Diario de La Habana* (1841), *Faro Industrial de La Habana* (1842). Es autor de *"Apuntes para la historia de la ciudad de Nuevitas"*en *Memorias de la Sociedad Económica.* La Habana. Dejó inéditas varias obras: *Diego Velázquez.* Drama, fragmentos de la novela *D. Juan,* la leyenda *Hatuey* y artículos. Utilizó los seudónimos *Un cubano ausente de su patria* y *Teodemófilo.* Firmaba también con sus iniciales N.C.R.[146]

CARMONA SÁNCHEZ, Juan:

No se tienen referencias biográficas. Se encontró la obra: ¡Nena! Drama en tres actos y en prosa. Camagüey, Imprenta La Ilustración, 1904.

CARRANDI, Guadalupe:

Cuba. Jovellanos.

Nació en Jovellanos (Cuba), vivió en el siglo XIX. Falleció a inicios del siglo XX. Escribió y estrenó los dramas: *La suspensión de una obra,* en un acto y en verso. 1905. *Los achaques de Clarita* (1895). Pieza en un acto estrenada el 9 de noviembre de 1895. *Los frijoles de la difunta* (1895). Pieza cómica en un acto, diciembre de 1895 y *El insurrecto cubano.*[147] Drama en un acto, en prosa y verso, estrenado en diciembre de 1905.[148]

CARRANDI Y ANKERMAN:

No se tienen referencias biográficas. Se encontró la obra: *Los natales de Laychon.* Zarzuela estrenada en abril de 1897.[149]

CARRASCO MOJENA, Esteban A.:

Cuba. Cienfuegos ¿?

Pocos datos biográficos se han encontrado de este autor. Se conoce que en Julio de 1900 siendo Maestro de Instrucción Pública de Cienfuegos, fue designado para asistir a un curso de la Escuela Normal de Verano de la Universidad de Harvard, Mass, USA. Regresó en el mes de septiembre del mismo año. En 1900 publicó *Todo sobre mi madre.* Pieza dramática en un acto prosa y verso. En 1901 publicó *Algo sobre pedagogía,* y en 1909, en La Habana, *Horizontes Poéticos.*[150]

CARREÑO VALDÉS, Pedro:

España. Avilés, Asturias 1821-1879.

Hermano de los también escritores Eduardo, Eladio y Feliciano, realizó estudios de

Humanidades y Filosofía. En 1837 se traslada a Cuba con su hermano Feliciano. En la isla caribeña trabaja como dependiente de comercio y se inicia en las tareas periodísticas. A su regreso a España ocupa algunos cargos públicos, gracias a la influencia de su hermano Eladio. Cultiva el periodismo y la literatura. Compuso poemas líricos, especialmente, sonetos. Tuvo cierto éxito en los escenarios, sobre todo en Cuba. Su producción dramática es bastante extensa.[151]

De su etapa cubana son: *Mas quiero que sierren tablas.* Comedia en cinco actos y en versos. La Habana. Imprenta de M. Soler. 1856. Fue representada en Matanzas el 19 de febrero de 1852. *Pedro Crespo.* Drama trágico de Don Pedro Calderón de la Barca. Habana. Imprenta de M. Soler. 1856.[152] *La Restauración.*[153]Drama histórico en cinco actos y en verso. 1852. Imprenta de Gobierno. Matanzas. Fue representado en el teatro de Matanzas, el primero de febrero de 1852. *El industrial de nuevo cuño.* Zarzuela en dos actos, en versos. Habana. Imprenta de Soler y Gelada, 1854. *Percances de la avaricia.* Comedia en un acto, en verso. Habana, M. Soler, 1885.[154]

CARRILLO Y O'FARRIL, Isaac:

Cuba. La Habana 1844 -1901.

En 1854 ingresó en el Colegio El Salvador; dos años después pasó a la Real Universidad. Cursó Filosofía, se graduó de Bachiller en Artes (1860) y de Licenciado en Derecho Civil y Canónico (1866). Fue catedrático sustituto del Instituto de Segunda Enseñanza de La Habana (1867). En 1868 ingresó en el Partido Autonomista. Fue hecho prisionero en los sucesos ocurridos en el Teatro Villanueva (1869). Al ser puesto en libertad se trasladó a Nueva York, donde continuó estudios de Derecho. Se recibió de abogado

en la Corte Suprema del Estado de Nueva York (1874). Fue secretario de redacción de *El Mundo Nuevo,* y su director, durante el año de ausencia de Enrique Piñeyro. En 1899, establecida la intervención norteamericana volvió a Cuba. Fue nombrado magistrado de la Audiencia de La Habana. Colaboró en *El Siglo, Rigoletto, El Occidente* (tanto en el de Guanabacoa como en el de La Habana), *El País, Aguinaldo Habanero, Revista del Pueblo, El Ateneo.* Escribió las piezas: *Luchas del alma.* Drama, 1864. *El que con lobos anda…,* Proverbio en un acto y en verso, representado en el Teatro Tacón en 1867. La Habana, Imprenta La Antilla;[155]*Magdalena.*[156] Drama en prosa. Leído el 9 de enero de 1868. (1868?) La Habana, manuscrito desaparecido.[157]

CASANOVA Y LEÓN ACOSTA, Manuel José Venancio:

Cuba. Cienfuegos, primero de abril de 1878.

Descendiente de familias de fundadores de su ciudad. Fue discípulo de Don Carlos Toledo y Don Félix V. Morillo. Al organizarse las Escuelas Públicas ocupó un puesto de Maestro. Por Enseñanza Libre cursó la carrera de Leyes y obtuvo los títulos de Agrimensor y Tasador de Tierras, y de Maestro Plomero y Dibujante. Se ha distinguido por sus artículos de costumbres y sus tradiciones cienfuegueras, entre las que se encuentran las tituladas: *"El Grito de Caletón", "Los derroteros del jagua", "El Pasquín del Cura", "El Indio Yana", "La Primera escuelita de Jagua", "Una Fletación de Gato", "Por salvar un apellido ilustre",* etc. Fue director de un seminario titulado *"El Bohemio"* y ha colaborado en todos los periódicos locales. Sus *"Tradiciones cienfuegueras"* fueron premiadas con Diploma de Honor y Medalla de Plata, en las fiestas conmemorativas del

Primer Centenario de la Fundación de Cienfuegos, y obtuvo también igual premio, en la fecha mencionada, por sus trabajos escolares. Ha sido condecorado con la Medalla de Oro que concede la República a los Maestros que durante 25 años presten sus servicios a las escuelas públicas. Escribió para el teatro obras de carácter local.[158]

CASTEL, Manuel:

España.

Se tienen pocas referencias biográficas. Natural de Sevilla, residió en Cuba y posiblemente en algunos otros países sudamericanos.159 En Cuba publicó: *José María*.[159] Drama andaluz en tres actos y en verso, Matanzas, Imprenta de La Aurora, 1856. Carlos Trellez en su libro consigna: *E l catalán Serrallonga* Melodrama, 1856.[160]

CASTELLANOS ARANGO, Alfredo:

No se tienen referencias biográficas. Se encontró la obra: *¡La Tentación!* Ensayo dramático en un acto y en verso. Güines. Tipografía El Demócrata, 1888.[161]

CASTIÑEIRA CARBÓ, Isidro de: (Luciano de Nazareno).

Cuba.

Nació en Trinidad el 17 de enero de 1851 y falleció en Cienfuegos el 14 de abril de 1912. Muy joven se estableció en esta ciudad dedicándose al comercio. Figuró como secretario de El Liceo el año 1880. Miembro distinguido de la Logia Asilo de la Virtud. Era muy aficionado a la literatura colaborando en los periódicos *La Opinión, El Tiempo* y otros. Escribió poesías que se publicaron en diferentes periódicos y revistas. Escribió las siguientes obras: *Don Segundo*

y *Veleidades de Cupido. El Triunfo de los Centenes* o *La razón se abra paso*. Comedia en tres actos y en versos. *Dengue, Gripe o Trancazo*. Comedia en un acto y en verso. *La fuerza del dinero*. Comedia en tres actos y en versos.[162]

CASTILLO, Enrique R. del:

No se tienen referencias biográficas. Se encontraron los siguientes manuscritos: **Mi conejo.** Pieza cómica en un acto y en prosa. Habana. 1892. Contiene autorización de la censura; *La pesca de Marcos*. Juguete cómico en un acto y en prosa, 1897. La Habana. Autorizada para ser representada en el Teatro Alhambra.[163]

CASTILLO DE GONZÁLEZ, Aurelia:[164]

Cuba. Camagüey 1842 - 1920.

Se educó en su ciudad natal. Comenzó a escribir desde muy temprano. Abandonó el país en 1875 en compañía de su esposo, coronel del ejército español, expulsado a causa de la protesta que formuló por el fusilamiento de Antonio L. Luaces y Miguel Acosta. Durante los años que permaneció en España (1875-1878) colaboró en la revista *Cádiz, Crónica Meridional* (Almería) y *El Eco de Asturias*. Después de su regreso a Cuba colaboró en *La Luz, La Familia, El Camagüey, El Pueblo, El Progreso, Revista de Cuba, Revista Cubana, La Habana Elegante*. Participó en las tertulias literarias de José María de Céspedes. Obtuvo accésit (1877) de la Sociedad Colla de Sant Mus por su estudio sobre la Avellaneda. Como fruto de un viaje a Francia aparecieron publicadas en *El País* sus cartas sobre la Exposición Universal de París. Viajó también por España, Suiza, Italia, Estados Unidos y México. Expulsada de Cuba a causa del pésame enviado a Alfredo Zayas por la muerte de su hermano en el campo insurrecto, se trasladó de nuevo a España (1896-1898). A su regreso fundó el asilo "Huérfanos de la Patria." En 1904 viajó nuevamente a Europa. Formó parte de la directiva de la Sociedad de Labores Cubanas (1906) y participó en la fundación de la Academia Nacional de Artes y Letras (1910). Fue vicedirectora de su Sección de Literatura. Por estos años colaboró en *Bohemia, Social y Cuba Contemporánea.* Tradujo *La figlia d'Iorio,* de Gabriel D'Annunzio. En sus últimos años presidió la comisión editora de las obras de la Avellaneda y cuidó la edición de versos de Martí en sus primeras obras completas. Como dramaturga se consignan: *La voluntad de Dios.* Comedia en dos actos y en verso. *Pompeya.* Poema. La Habana, *La Propaganda Literaria,* 1891.[165]

CASTILLO Y JUSTIZ, Emiliano:

Cuba.

Nació en Santiago de Cuba el 26 de enero de 1854. Fue director de El Correo de las Damas en 1884 . Publicó el libro: *Esperanzas y dudas.*[166]*Colección de poesías.* (1882). Incluye la obra teatral *El hijo pródigo.*[167] Drama en dos actos y en verso. Imprenta-Librería y Papelería Ravelo y Hermano-Editores. Enramada alta número 7. Santiago de Cuba, 1882.

CASTOR DE CAUNEDO, Nicolás:

España.

Nació en Asturias en 1819. Fue periodista y publicó *Álbum de un viaje por Asturias* y *Discurso ante la Real Academia española de arqueología.* Madrid. 1868. *Esposa fiel y esforzada o el incendio de Gijón.* Drama histórico en tres actos. Precedido de un prólogo en prosa. Habana. Imprenta de C. Ladreda. *La cadena rota o el escudo de Avilés.* Drama representado en La Habana. Agosto de 1873.[168]

CASTRO, Eduardo Augusto de:

No se tienen referencias biográficas. Tradujo para la escena el drama en cinco actos, escrito en francés, por Mr. Bauchardi y arreglado en verso castellano: *Larga espada o el normando.* Anunciado en *El Noticioso* el día 18 de Septiembre de 1841. Habana. 1841.[169]Tradujo en versos castellanos: *El Alquimista.* Drama en cinco actos de Alejandro Dumás. Habana, 1843.[170]

CATALINA RODRÍGUEZ, Manuel:[171]

España. Budia 1820 - Madrid, 26 de julio de 1886.

Fue un actor y empresario teatral español, pariente cercano de los escritores Severo y Mariano Catalina y hermano del también actor Juan Catalina. Tras abandonar sus estudios de Derecho para dedicarse de lleno al teatro, debutó sobre las tablas en el teatro del Instituto, en noviembre de 1845 con la obra *Quiero ser cómico,* aunque según su amigo el dramaturgo Eugenio Blasco, ya había actuado en la zarzuela *El Duende.* Un año más tarde se incorpora a la Compañía del Teatro de la Cruz, donde, sucesivamente, cosecha éxitos como *Don Alonso de Ercilla, El bufón del rey y La voluntad del difunto.* Destacó como gran actor especializado en alta comedia. En 1848 se trasladó a Barcelona donde puso en escena *El amante universal, Un cambio de mano, Cecilia, la cieguecita y El que menos corre, vuela.* Recorrió España al inicio de la década de 1850 y entre 1853 y 1859 diferentes giras le llevaron a Ciudad de México, La Habana y Santiago de Cuba. En la Habana, así como en las demás ciudades de la hermosa isla, fue acogido con verdadero entusiasmo. Distinguióse y causó admiración en la *Trenza de sus cabellos, El campanero de San Pablo, Una ausencia, El ramillete y la carta,* y en otras varias (...).[172] Fue representada en Santiago de Cuba, en 1862, por la Compañía de Madrid de Doña Fernanda Llanos de Bremón, su arreglo a la escena española de la comedia en tres actos: *Por derecho de conquista,* escrita en francés por Mr. Legouvé.[173] De regreso a España continuó su actividad como empresario teatral y actor. En 1873, inauguró el Teatro Apolo.[174]

CAULA, Jesús María:

No se tienen referencias biográficas. Se encontró la obra: *¡Avanzamos!* Escena progresista. Habana, Imprenta del Ejército, 1886. *Pedazos. Escenas y excesos de por acá.* Habana. Imprenta *La Correspondencia.* 1887. Santa Misión. Apropósito en un acto y en verso. Habana, Imprenta La Universal, 1896. 175 Carlos M. Trelles le atribuye la autoría de Sin nombre. Conato de zarzuela en un acto. Con música de Felipe Pereira. La Habana. Tipografía La Universal. 1886.

CEPERO, Francisco:

Cuba.

Nació en La Habana. No se tienen otras referencias biográficas. Estrenó *El Conde Vaudray.* Drama, noviembre de 1848.[175]

CERVANTES KAWANAGH, Ignacio:[176]

Cuba. La Habana 1847-1905.

Niño prodigio recibió las primeras enseñanzas de piano con su padre, y posteriormente con el famoso pianista Juan Miguel Joval y su tutor el compositor Nicolás Ruiz Espadero, así como del compositor norteamericano, por aquel entonces en Cuba, Louis Moreau Gottschalk, quien tuvo mucho que ver en la decisión del talentoso joven de estudiar en el Conservatorio Imperial de París, entre los años 1866 y 1870, bajo la guía de Antoine François Marmontel y Charles-Valentin Alkan. Allí obtuvo importantes premios. En Europa, ofreció conciertos y acompañó al piano a cantantes de renombre. El 6 de enero de 1870, cargado de laureles, regresó a La Habana; se vio envuelto en acusaciones, junto al reconocido violinista José White, y fue expulsado de la Isla por ofrecer conciertos a beneficio de los insurgentes, los españoles descubrieron que el dinero que recaudaba en sus conciertos pasaba a manos de los insurrectos. Se estableció en los Estados Unidos desde 1876 hasta 1879. Compuso para el teatro la ópera *Maledetto,* entre otras obras.[177]

CÉSPEDES Y DEL CASTILLO, Carlos Manuel de:[178]

Cuba. Bayamo, Oriente 1819 - Sierra Maestra, Oriente 1874.

Cursó la primera enseñanza en el colegio del Convento de Santo Domingo, de Bayamo, en el cual ingresa en 1829. Al regresar viaja a La Habana. En 1835 continúa sus estudios en el Seminario de San Carlos. Se gradúa de Bachiller en Derecho. Viaja a España en 1840 a completar sus estudios. Obtiene el título de Licenciado en Leyes. De 1842 a 1844 viaja por Francia, Bélgica, Inglaterra, Suiza, Alemania, Italia, Grecia, Turquía, Palestina y Egipto. El dominio que tenía de varios idiomas le permitió estudiar la historia y las instituciones políticas de dichos países. En 1844 regresa a Cuba y se establece en Bayamo como abogado. Fue director de la Sociedad Filarmónica y de su Sección de Declamación. En 1849 fue síndico del Ayuntamiento de Bayamo. De 1852 a 1855 sufrió prisión en tres ocasiones diferentes. Colaboró en *La Prensa* (La Habana), *El Redactor* (Santiago de Cuba) y *La Antorcha* (Manzanillo, Oriente), donde ocupó además el cargo de redactor. En la logia *"Buena Fe"*, constituida en Manzanillo en abril de 1868, desempeñó un papel importante y comenzó sus trabajos conspirativos. El 10 de octubre de 1868 se levanta en armas contra el dominio español, en su ingenio La Demajagua, liberta a sus esclavos y suscribe la Declaración de independencia, con lo que se da inicio a la Guerra de los Diez Años. El 20 de octubre toma militarmente a Bayamo, que es declarada capital provisional y sede del Gobierno de la Revolución. Allí funda el periódico *El Cubano Libre.* El 27 de diciembre firmó el Decreto sobre la esclavitud. En abril de 1869 la Asamblea de Guáimaro lo designa presidente de la República en Armas. El 29 de mayo de 1870 su hijo Óscar es hecho prisionero por los españoles y fusilado al negarse Céspedes a negociar sobre la base de su capitulación. El 31 de diciembre de 1870 cae prisionera de los españoles su esposa Ana de Quesada. El 27 de octubre de 1873, la Cámara de Representantes depone a Céspedes de su cargo de presidente de la República, acuerdo que acata disciplinadamente. Fija su residencia en San Lorenzo, donde se dedicó a enseñarle a los niños, y allí muere combatiendo al enemigo. Tradujo del latín, fragmentos de la *Eneida.* Es autor de la obra *El conde de Montgomery.*[179] Drama. Se estrenó en Bayamo en 1850. Tradujo del francés: *El cervecero del rey*, de D'Arlincour, y *Las dos dianas,* comedia de Alejandro Dumas. Ambas representadas con éxito en el Teatro de Bayamo por la Compañía dramática que dirigía D. Bruno Martínez, 1849.[180]

CHACÓN Y NUZA, José Guillermo:

Cuba.

Estrenó una obra dramática titulada: *Un cómico de la lengua.* En un acto. 1880. Entre otras obras se relacionan: *La gran careta.* En un acto.1880. *La culpa de mi mujer;* pieza cómico-bufa en un acto y en prosa. [Habana] Imprenta La Moderna, 1891. *Por una equivocación.* En un acto. 1880. *Un gabinete de consulta.* En un acto. 1880.[181] *Por la mostaza o La mulata Rosa.* Pieza cómica bufa en un acto y en prosa. La Habana. 1890. *El hombre de la gallina.* Juguete cómico en un acto y en prosa. La Habana. 1892.[182] *Ajos y cebollas o Pelotas y bates.* Juguete cómico en un acto y en prosa. 1892. En colaboración con Valdés Ramírez. *En el parque de la India.* Panorama cómico- bufo lírico- bailable en una jornada. Original de los señores Ramírez y Nuza. Habana. 1892. *Por tener el mismo nombre.* Juguete cómico lírico en un acto y en prosa. La Habana. 1897. *Calderilla.* Juguete cómico bufo. 1895.[183] *El baile de Don Ramón o la casa de juego.* La Habana, 1902; *Basar económico. Desplumadero cómico-bufo* dividido en dos cuadros original de los señores Ramírez y Nuza, 1892. *Cinematógrafo cubano o todo a diez centavos.* Pasatiempo cómico lírico bailable en una jornada y dos cuadros por los señores Nuza y Ramírez. *El dinero y el amor o los apuros de Manuelo.* Juguete cómico lírico en un acto y prosa, Habana, 1900. *No hubo cuernos.* Juguete cómico lírico en un acto y prosa, estrenado en el Teatro Alhambra el 28 de octubre de 1893. *Por un paraguas o una noche infernal.* Juguete cómico lírico en un acto y prosa. La Habana. 1896; *Recetas contra los celos.* Juguete cómico lírico en un acto. 1898. *La rumba de Don Facundo o la cabeza del guanajo.* Esperpento cómico lírico bufo bailable en un acto y prosa.[184]

CHAVES Y MARTÍNEZ, Pedro:
Cuba. La Habana.

No se conocen otros datos. Es autor de algunas piezas teatrales: *El conde don Ramiro.*[185] Drama caballeresco. Habana. Imprenta de V. Torres. 1846. *Saint Clair o El proscripto.* Drama en cuatro actos, 1850. *Un desengaño o las consecuencias de una casaca.* Juguete cómico en un acto y en prosa. Habana, Imprenta de Barcina, 1855.[186] *El secreto cubano,* 1858.[187]

CLARENS Y PUJOL, Ángel:
Cuba. Santiago de Cuba 1880-?-?

Poeta y dramaturgo. Abogado y periodista, licenciado en Derecho. Fue miembro activo del Ateneo de Santiago de Cuba. Utilizó el seudónimo Acacia. Fue presidente del Centro Profesional y director del diario *La Prensa,* a la cual renunció, y de *Oriente ilustrado.* Fue propietario del Teatro Martí y miembro de la Sociedad de Conferencias. Aparece en *El Ateneo de Santiago de Cuba. Su fundación, su primer año de existencia, su porvenir. Memoria* (1916). Escribió para el teatro: *La montaña rusa.* Obra cómica-cáustica en un acto y cinco cuadros en prosa y verso (1894); *El buscapié.* Juguete cómico lírico en un acto y en prosa y verso. *¡Madre mía!* Monólogo en verso para dama joven. La Habana, Imprenta El Pilar, 1892. *Notas mundanas.* Zarzuela en dos actos y diez cuadros. Música de Jorge Anckerman. La Habana, *El Fígaro,* 1897. *Desde Cuba Libre;* monólogo. Santiago de Cuba, N. Pérez, 1902. *El fantasma del hambre o Cuba en la guerra.* A propósito cómico lírico plástico en un acto, tres cuadros y una apoteosis en verso y prosa original. Santiago de Cuba, Imprenta Morales Roca, 1918.[188] Se localizó el manuscrito *Asamblea de descubridores.* 1904.[189] Ilusiones. Juguete cómico. Ateneo de Santiago de Cuba. 1916. Según Trelles escribió más de treinta piezas teatrales.

COBAS, Francisco:
Cuba.

Nació en Cienfuegos, Cuba, y murió en 1911. En Octubre de 1886, comenzó a publicar un Semanario titulado *El Artesano,* dedicado a los obreros. Publicó un libro de poesías titulado: *Flores Agrestes* y realizó algún trabajo de recopilación e investigación.

En 1887 comenzó a publicar en Cruces, un Semanario *Republicano* de carácter autonomista con el título de: *El Eco de Cruces.*[190] No se conocen más datos sobre su vida. Es autor de la obra: *La fuerza del derecho*. Drama original en tres actos y en versos, Cienfuegos, Estab. Tip. Valero, 1889. *A los periodistas de Cienfuegos*. Ensayo dramático.[191]

COBO, José:

Cuba.

No se tienen más referencias biográficas. Escribió las siguientes piezas teatrales: *Una romántica*, 1838. *Una volante.*[192] Juguete cómico en un acto. Habana. Imprenta de R. Oliva, 1838. *Ni sí ni no*. Juguete, manuscrito.[193]

CONDE Y DE LA TORRE, José:

España.

Se tienen pocas referencias biográficas. Empleado y periodista. Residió en Cuba; donde, en colaboración con el médico Mariano García del Rey, peninsular como él, [194]compuso las obras: *¿Quién vive?* Zarzuela, 1892 y *Apuros de un pedáneo*. Juguete sin pretensiones. *Apropósito de costumbres filipinas*. En un acto y en verso (1891).[195]

CORCÉS, José:

Se tienen pocas referencias biográficas. Posiblemente cubano.[196]Compuso la comedia: *El Riflero.*[197] En un acto y en verso. Habana. Imprenta Manrique. 1869.

CÓRDOVA Y LEBRIJA, Lorenzo:

Cuba.

Fue profesor y autor dramático. No se tienen otras referencias biográficas. Se conocen algunas piezas suyas. *Reveses de la for-* *tuna*. Juguete cómico en un acto y en verso, Habana, 1878. *Tanto le dan al buey manso*. Juguete cómico en un acto y en verso, Habana. Imprenta *El Pensamiento,* 1874. Dagoberto el herrero. Drama trágico en tres actos y en versos. Estrenado en el Casino de Colón el 22 de febrero. Habana. Imprenta *El Pensamiento*. 1873.[198] *La voz del remordimiento*. Drama, 1884. *Esperanza y esperancita*. *Se alquila un cuarto*.[199]

CÓRDOVA Y LEBRIJA, Enrique:

No se tienen referencias biográficas. Se conoce que publicó la obra: *Un altar de cruz*. Comedia bufa en un acto. San Antonio de los Baños. Imprenta El Comercio. 1895.[200]

CORONA Y FERRER, Mariano:[201]

Cuba. Santiago de Cuba 1870 - La Habana 1914.

Periodista, poeta, dramaturgo y narrador. Cursó en su ciudad natal la enseñanza primaria en el Colegio "EL Divino Maestro" de Don Juan Portuondo Estrada. Abandona los estudios, se hace tipógrafo y entra en el taller del periódico *El Triunfo*, de Don Eduardo Yero Buduen en 1888. Ese contacto con el órgano de los autonomistas (transformado luego en separatista) despierta la afición periodística de Mariano. Sus primeras colaboraciones son encomiadas. Su espíritu combativo y su amor al progreso social son reconocidos por sus propios compañeros de labor. En 1893 lo eligen presidente del gremio de tipógrafos de aquella ciudad. Por esa época sus actividades se multiplican. El joven redactor de *El Triunfo,* sufre persecuciones y atentados por sus campañas patrióticas que lo impulsan a ser de los primeros en proyectarse a la gesta redentora de 1895. Considerado, entre los voceros del separatismo mambí, el de actuación más intensa, el de mayor preponderancia, sin duda es *El Cubano Libre* que bajo su dirección marca una efeméride gloriosa en la historia del periodismo cubano. Prestigia con su presencia la Cámara de Representantes; y llega a obtener por sus méritos en la lucha, el grado de Comandante del Ejército Libertador. Al finalizar la guerra, en la ciudad de Santiago de Cuba continúa la publicación del vibrante periódico. Su pluma censura los errores que comente la intervención norteamericana en la isla cubana. Y sobre *El Cubano Libre* caen las clausuras. Corona sufre detenciones por mantener los mismos ideales patrióticos de una Independencia que no ve plenamente realizada. Años después, su presencia prestigia la Cámara de Representantes (1902-1906, 1912-1914) y su oratoria de elevados música de Manuel de la Prensa. Estrenada en el Teatro Moderno de Guantánamo, el 26 de mayo de 1906. Santiago de Cuba, Imprenta *El Cubano Libre,* 1909.[202] *El hijo del diablo.* Zarzuela. *Los efectos del papalote.* Entremés, 1909. *Reconciliación telefónica, Camaleón político.* Monólogo. *Pesadilla.* Entremés. Acuarela criolla. Zarzuela. *El asalto.* Zarzuela. *Castro Enamorado.* Monólogo.[203]Utilizó los seudónimos Cobeador, Bariguá y Ney.[204]

CORONA SALADO, Juan:

España.

Español de origen, estrenó en La Habana, en 1896, la pieza: *Juan Renter.*[205] Ensayo dramático en un acto, Habana, Imprenta *La Constancia,* 1896.[206]

CORTAZAR A. C.:

España.

Falleció en Madrid. No se han localizado otros datos biográficos. Escribió con Victoriano Novo García: *Enrique o el bello ideal.* Comedia en tres actos y en verso. Pinar del Río. Imprenta de El Ómnibus. 1872. Fue representada en el Teatro Lope de Vega, la noche del 3 de noviembre de 1872.[207]

CORTÉS, Rogelio:

Miembro del Club Maceo de Bogotá. No se han localizado otros datos biográficos. Se encontró la obra: *Dos héroes.* Pequeño drama en un acto. Dedicada a la viuda del general Antonio Maceo. Bogotá. Casa Editorial del C. Tanco. 1898.[208]

CORTÉS, José Antonio:

No se han localizado datos biográficos. En la Biblioteca Digital Hispánica hemos localizado su libro: *Ayes del corazón.* Poesías. Trinidad, Cuba. Imprenta de "El Correo," 1853. De su autoría, Carlos Trelles registra el título: *Dos artistas.* Drama en dos actos y en prosa. 1850.[209]

CORZO Y BARRERA, Antonio:

Cuba. Santiago de Cuba? - 1897.

Estudió Derecho y ejerció diversos cargos: fiscal en Albacete, teniente fiscal en Palma, magistrado... También participó en la actividad periodística: fue redactor de *El Progreso Constitucional* y director de *La Voz de Cuba.* Publicó algunos libros de ensayos y opúsculos literarios, así como poesías líricas. Firmó algunos de sus trabajos, realizado en colaboración con su cuñado Enrique Príncipe, con el seudónimo común de

Enrique Gisbert. Para la escena escribió las piezas: *Cuatro agravios y ninguno.* Juguete cómico en un acto, imitación de una comedia de Molière. Madrid. Imprenta de J. Rodríguez, 1859. *Los celos de un prestamista.* Juguete cómico en un acto y en prosa. Madrid, Imprenta de S. Landáburu, 1872. *Tirios y troyanos* (con Enrique Príncipe y Satorres, 1872. Sainete político en un acto y en verso por Antonio Corzo y Barrera y Enrique Gisbert. Madrid, Imprenta de S. Landáburu, 1872. *Las fieras de su Alteza.* Humorada cómico-lírica, 1873. *Las dos joyas de la casa.* Juguete cómico en un acto y en prosa. Madrid, Imprenta de C. Rodríguez, 1883. *La creación de la atmósfera.* Comedia en un acto y en verso, arreglada a la escena española por Antonio Corzo y Barrera. Madrid, Imprenta de J. Rodríguez, 1876. *Un baño a domicilio.* Juguete cómico en un acto, arreglado a la escena española por Antonio Corzo y Barrera y Enrique Príncipe. Madrid, Imprenta de J.A. García, 1873. *La cuerda tirante.* Comedia en un acto y en prosa. Habana. Librería de M. Villa. 1886.[210]

COSTA, Fernando:

España.

Murió en Madrid en 1893. Ejerció el periodismo. Director de *El Siglo Ilustrado, El Imparcial y La Aurora de Yumurí de Matanzas,* lo cual significa que vivió en Cuba, al menos durante algún tiempo. Utilizó el seudónimo de El Impertinente. Estrenó y publicó unas cuantas obras dramáticas, alguna de ellas en La Habana: *El mayor dolor.* Boceto dramático en un acto. Habana, Imprenta Militar de la V. de Soler, 1877.[211] Estrenada en el Teatro de Albisu, el día 7 de junio de 1877. *Memorias íntimas.* Comedia en tres actos y en prosa. Habana. *La Propaganda Literaria.* 1877.[212] Estrenada con gran éxito en el Teatro Payret, el 4 de agosto de 1877.[213] *Confidencias.*[214] *Pasatiempo original en una escena y en verso.* Imprenta La Propaganda Literaria. La Habana. 1877. Estrenada con gran éxito en el Teatro Payret, el día 4 de Diciembre de 1877. Premiada en la exposición de Filadelfia. *El Fondo del abismo. Drama,* 1879. *El polichinela.* Zarzuela, 1879. *El Maladetto.* Zarzuela. 1880. *Los hijos de La Habana.* Zarzuela en dos actos, 1884. *Mulata Santa.* En dos cuadros.[215]1880, *¡Se suspendió la función!* [216] Obra cómica. 1881. *Blancas y de color.* En un acto. *El chiflado.* En un acto. *Me cayó la lotería.*[217]

COSTA NOGUERAS, Gabriel:

No se tienen referencias biográficas. Escribió para la escena: *La mariposa social.* Ensayo dramático en un acto y en verso. Estrenado el 15 de agosto de 1885. Habana. Imprenta La Prueba. 1885.[218]

COSTALES Y SOTOLONGO, Bernardo:
Cuba.

Se tienen pocas referencias biográficas. Cuba, Matanzas. 19 de Julio de 1850. Colaboró en *La Razón, La Guirnalda Cubana, La Aurora, La Infancia, El Palenque Literario, El Trabajo,* etc. Fue cofundador de *El Hogar,* periódico ilustrado. De su autoría se conserva un texto inédito: *Un mal padre y un buen hijo,* comedia en tres actos y en versos.[219] En 1877 estrenó en La Habana: *Deshonra que glorifica.* Drama en tres actos. Habana. Imprenta Mercantil. 1887.[220]

COSTI Y ERRO, Cándido:

No se tienen referencias biográficas. Su obra se encuadra dentro del "género chico". Escribió las siguientes piezas: *La mano de la providencia*, melodrama en tres actos, 1887; *Modelo animado.* Juguete cómico, *Madrid*, 1887. *A Sevilla.* Madrid, 1887. Frutos del fanatismo. Drama, 1888. *El ruiseñor de inocencia*, Juguete cómico en un acto y en prosa. Estrenado en el Teatro Alhambra de La Habana. La Habana, Imprenta La Moderna, 1892. *El golondrino de niña.* Juguete cómico en un acto y en prosa. Representado con gran éxito en el Teatro Alhambra de La Habana en 1892. Reeditado en el 2010 y en el 2016. *En el fondo del armario.* Juguete en tres actos, 1897. Diputados sin distrito. Domingo. *La heroína o La heroína o la insurrección de Santo Domingo. Julia Suárez, peinadora.* En tres actos. *Luchas del alma. La náufraga.* En tres actos. *Vino de papayina.* Juguete cómico en un acto y en prosa. Habana. Imprenta La Moderna. 1892.[221]

COVARRUBIAS, Francisco:[222]

Cuba. La Habana 1775 - 1850.

 Recibió una esmerada educación primaria. Estudió latín, filosofía, cirugía anatomía. Trabajó como médico cirujano en un ingenio. Desde muy joven comenzó a actuar en comedias caseras, hasta que abandonó la medicina por la escena (1800). Actuó en los principales teatros de La Habana, Matanzas, Cienfuegos y Trinidad. Se le consideró el actor más popular de su época. Como autor, a partir de 1810, comenzó a escribir teatro. Se le considera el creador del llamado género chico cubano, al adaptar los pasos, sainetes y entremeses españoles al ambiente cubano. En sus obras solía intercalar canciones (generalmente décimas)

de gran popularidad. Entre sus obras (desaparecidas) se mencionan: *El peón de tierra adentro, La valla de gallos, Las tertulias de La Habana* (1814), *La feria de Carraguao* (1815), *Este sí que es chasco* (1816), *Los velorios de La Habana* (1818), *El tío Bartolo y la tía Catana* (1820), *El montero en el teatro* (1829), *El gracioso sofocado, ¿Quién reirá último?; o Cual más enredador, Los dos graciosos, No hay amor si no hay dinero, El forro del catre.* Se retiró del teatro en 1847.[223]

COVAS COBO, Roberto:

No se tienen referencias biográficas. Se encontró el título: *Inquietud de amor.* Comedieta lírica al estilo italiano, un acto, dividido en tres jornadas, Habana, 18...[224]

CRESPO Y BORBÓN, Bartolomé José:

España. El Ferrol, Galicia? 1811 - La Habana? 1871.

Hizo sus primeros estudios en el colegio gimnástico-militar de su ciudad natal. Vino a La Habana en 1821 recomendado al Comandante General de la Marina, Ángel Laborde, quien facilitó su ingreso en el Colegio de Carraguao, donde fue discípulo, entre otros profesores, de Luz y Caballero. Se graduó de Bachiller en el Seminario de San Carlos. Estudió en la Real y Pontificia Universidad Economía política y algunos años de Medicina. Muy joven aún (1826) comenzó a colaborar en publicaciones periódicas. Colaboró en *El Colegio, El Nuevo Regañón de La Habana, El Plantel, Noticioso y Lucero, La Mariposa, La Gaceta, La Prensa, El Faro Industrial, Diario de La Marina.* Estuvo al frente de una academia mercantil. Impartió clases privadas. Inventó una máquina para fabricar abanicos.

Sus piezas teatrales, son un antecedente de nuestro teatro popular. Utilizó el bozal, lenguaje típico de los negros africanos. Es el introductor del "negrito", y el que incorpora, además, al gallego, al chino y la música popular, que son los elementos formales del género vernáculo. Calcagno cita como suya la pieza *La muerte de Duelos,* de la que no se conoce la edición. Es autor además de *Cartas a Simón Mancaperros*, bajo el título *El moro Ben Nanni.* Su obra *A que me paso por ojos, o, Apuros de Covarrubias,* fue puesta en escena por el propio Covarrubias en 1840. Su obra *Los pelones fue representada* con el título *La Mencontent; o, Los pelados arrepentidos.* Firmó con los seudónimos Lindero, El Caricate habanero, La sirena cubana, Waltero, Luis de Borbón. Sus más conocidos seudónimos son El anfibio y Creto Gangá. Escribió para el teatro: *El chasco o, Vale por mil gallegos* el que llega a despuntar. Comedia en un acto. La Habana, Imprenta José María Palmer, 1838. *Los pelones.* Sainete. La Habana, Imprenta de Oliva, 1839. *Un ajiaco; o, La boda de Pancha Jutía y Canuto Raspadura.* Juguete cómico. La Habana, Imprenta de Oliva, 1847. Esta obra fue representada en Santiago de Cuba en 1855.[225] *Debajo del tamarindo.* Juguete cómico-lírico en dos cuadros. La Habana, Imprenta La Honradez, 1864.[226]

CRUZ, Luis:

No se han localizado datos biográficos. Se encontró la obra: *La gallinita ciega.* Juguete cómico en un acto y en verso. Habana. Imprenta del comercio.1868.[227] Escrito para la compañía de los Bufos habaneros.

CUESTA, Ramón:

No se han localizado datos biográficos. Se encontraron las obras: **El hermano generoso.** Comedia en cuatro actos y en prosa. New York. 1840. *Un chasco.* Juguete cómico en un acto y en verso, por un aficionado Habana. Imprenta de B. May. 1856.

CURBIA, Francisco:

Cuba.

Se tienen pocas referencias biográficas. Es cubano de nacimiento. Se conocen dos obras dramáticas debidas a su inspiración: *Hasta el apuntador* (1838)[228] y *La hija del verdugo de París.*[229] Drama en cuatro actos, representado en el Teatro Tacón, en diciembre de 1843.

Teatro Tacón

Inaugurado en 1838, con cinco bailes de máscaras durante el primer domingo de carnaval.

D

DANIEL, Francisco J.:

Cuba. Habana.

No se tienen otras referencias biográficas. Se localizó el siguiente título: *La vuelta del voluntario o Los cubanos leales.*[230] Ensayo dramático en un acto y en verso. La Habana. Imprenta El Pensamiento. 1870.[231]

DARBOIS Y LEÓN, René:

No se tienen referencias biográficas. Se localizaron los siguientes títulos: *Un episodio de la guerra de Cuba.* Drama bufo en dos actos, en prosa y en verso en siete cuadros. Matanzas. Imprenta Aurora del Yumurí. 1899. *De hombre a hombre.* Disparate cómico con pretensiones de parodia. La Habana. Imprenta La Antilla. 1868.[232]

DELMONTE Y PORTILLO, Casimiro:

Cuba. Cimarrones 1829-1887.

Su producción literaria se extiende a la poesía, el teatro y la novela. Llevó a los escenarios las obras: *Rosas y diamantes.* Comedia en tres actos y en verso. Matanzas. Imprenta El ferrocarril.[233] 1865. *El árbol de los Guzmanes.* Drama en tres actos. Representado en el Teatro Albisu, en enero de 1883.[234]

DEL MONTE Y PORTILLO, Domingo:

Cuba. Matanzas 1829 - 1883.

Hijo de Ramón del Monte, capitán de Milicias del Ejército de Santo Domingo e Inés del Portillo. Fue novelista, comediógrafo, poeta y economista. Su hermano, Casimiro Del Monte, poeta, dramaturgo y novelista. Los dos fueron a Santo Domingo durante la Guerra de los Diez Años en Cuba (1868-1878), y se les reconoce, más que por los versos que Domingo escribió allí, por *El Laborante*, periódico dedicado a la independencia cubana, que dirigió Domingo en 1870, y por la participación que tuvo Casimiro en las actividades de la ilustre Sociedad Dominicana de Amigos del País. Colaboró en numerosos periódicos y revistas: *El Ateneo de Matanzas, Aurora del Yumurí, Liceo de Matanzas, El Laborante, Camafeo, El Pensamiento*, entre otros. Recibió algunos premios por obras de carácter técnico: economía política, ferrocarriles, etc. Fue redactor de algunos periódicos: *Diario de Matanzas, El Trueno*, etc. y colaboró en varias revistas. Publicó un libro de tradiciones de su tierra, otro de poesías y algunas novelas. Es autor de las piezas de teatro: *Casta.* Drama; y *El último sábado.* Comedia inédita.[235]

DÍAZ, Eligio J.:

Se tienen pocas referencias biográficas. Posiblemente de nacionalidad cubana, ya que parte de su obra fue publicada en La Habana, es autor de novelas y de un par de libros de máximas y pensamientos.[236] Escribió algunas piezas dramáticas: *Carolina de Lichtfield o las dos bodas en una.*[237] Comedia en dos actos en prosa y verso. Habana. Imprenta de Soler. 1848. *Fantasía satírica o sean reptiles y sabandijas.* Comedia en prosa.1850. *Yo no quiero ser celoso.*[238] Juguete cómico. 1848.

DÍAZ, José María:

España. Madrid? 1800 - La Habana 1888.

Las ideas románticas de su juventud le llevaron al activismo político, a la cárcel y a la emigración (Francia, Portugal). Desempeñó un cargo de confianza en el despacho del banquero D. José de Salamanca, el cual le facilitó otros destinos: empresario del teatro del Príncipe. Fue Consejero de administración en Cuba, etc. Dirigió algunos periódicos y figuró en la redacción de otros como: *El Entreacto, Revista de Teatros, La Ortiga, La Iberia.* Fue gran amigo de los escritores Espronceda y Zorrilla; como ellos, poseía una sorprendente facilidad para el verso y una imaginación apasionada, febril. Utilizó en ocasiones el seudónimo de: Domingo Argote. Su producción dramática, fecundísima, comprende tragedias, al estilo de Alfieri o Voltaire, dramas y comedias.[239]La mayor parte de su teatro fue publicado en España. Sin embargo, hemos encontrado la obra: *La muerte de César.* Drama histórico original en cuatro actos y un epílogo. Habana, Imprenta del Gobierno y Capitanía General, 1883. Representado con gran aplauso en el Teatro de Apolo. Se estrenó en 1875.

DÍAZ DE LA QUINTANA, Alberto:

(¿?-1911) España.

Médico. Se desempeñó dentro del campo del hipnotismo en Buenos Aires (1889-1892). Llevó adelante un consultorio de hipnosis. Fundó y dirigió una revista enteramente dedicada al tema.[240] Integrante de la real Universidad de la Habana. Presidente de la Sociedad de Higiene de la Isla de Cuba. Director propietario del periódico científico popular *Higiene* (Habana), órgano oficial de la Sociedad del mismo nombre.[241] Publicó el poemario *Después de la muerte.*[242] Se encontró la obra: *En Vuelta Abajo.* Boceto dramático en un acto y tres cuadros, en verso. Habana. Imprenta del Gobierno y Capitanía General, 1882. Representada por primera vez el 11 de noviembre de 1882.[243]

DÍAZ GONZÁLEZ, Olallo:

Cuba. Matanzas.

Escribió el libro de artículos costumbristas: *Cosas de La Habana,*[244] una novela y un buen número de piezas dramáticas dentro del costumbrismo: *El Santo de Pajarito.* Cuadro de costumbres, 1882. *Doña Cleta la adivina.* Cuadro de costumbres populares en un acto y en verso. Representada en el Circo Teatro de Janet el 10 de marzo de 1882. La Habana. Imprenta Galeano 136. 1891.[245] *Las planchas del viejo Antón* (1882). *La charada de los chino.* Juguete, 1885. *El buen camino.* Revista cómica en dos actos divididos en seis cuadros y en verso. Matanzas. Imprenta Galería Literaria. 1890. *La supresión de la provincia.* Nueva revista de Matanzas en un acto, dividido en tres cuadros y en versos, Matanzas. Imprenta Aurora del Yumurí. Junio de 1887. Representado por primera vez con éxito extraordinario en el Teatro Alhambra el 11 de junio de 1897.[246] *Mazorra en La Habana* (1888). *La cuestión del pan.* Juguete cómico en un acto y en verso. La Habana. Imprenta de M. Ricoy. 1897. *A Ceuta y a Chafarinas.* Zarzuela en un acto, 1898. *El diez de octubre.* Zarzuela, 1899. *Viva Cuba.* Zarzuela, 1899. *Desde Cuba al paraíso.* Revista cómico-bufa en dos actos divididos en seis cuadros y en verso. Matanzas. Imprenta Galería Literaria. 1887. Fue representada el 14 de mayo de 1887. *Cubanos y americanos o Viva la independencia.* Revista política en dos actos, dividida en seis cuadros y en versos. La Habana, 1899.[247] *La Perla de las Antillas.* Revista cómica en dos actos divididos en cuatro cuadros y en verso. Matanzas. Imprenta Galería Literaria.1888.[248] *Pobre Matanzas.* Revista de actualidad en un acto. Estrenada en 1892. *Las cocinas económicas.*[249] Zarzuela en un acto. *Proceso del siglo XX.* Revista cómico lírica en un acto y cinco cuadros y en versos. Música del maestro Manuel Mauri. Representado por primera vez en el Teatro Alhambra el 14 de enero de 1901.[250] Habana. Imprenta *El trabajo de Narciso López.* 1901. *La Nautilus en La Habana.* Apropósito cómico lírico en un acto, dividido en cuatro cuadros y en prosa y verso. Música del maestro Manuel Mauri. Habana. *Restablecimiento Tipográfico El Arte,* 1908.[251] *Los amigos de confianza.* Cuadro de costumbres. 1882. *El buen camino.*[252] Revista cómica en dos actos, divididos en seis cuadros y en verso. Matanzas, Impr. Galería Literaria, 1890. Su producción dramática continuó en el Siglo XX.[253]

DOMENECH Y VINAJERAS, Francisco:
Cuba.

Oriundo de La Habana. No se tienen otros datos biográficos. Escribió para el teatro: *Nuevo Mundo.* Tragicomedia social. 1908. *La vencedora.* Drama social en dos actos y tres cuadros. 1909. *Roger Bacón.* Drama histórico en un acto. 1909. *La Doctora.* Comedia en un acto y en prosa. 1910. En *Teatro al Rojo*, Madrid. Casa del Pueblo. 1912, aparecen compiladas las obras antes relacionadas. *Hidalguía cubana.* Se estrenó en 1914. *Gesta de sangre.* Drama histórico en tres jornadas. Trata de la vida y hazañas de

Carlos M. de Céspedes. Se representó en La Habana. Madrid. Habana. Larva. 1915.[254]

DOMÍNGUEZ, Francisco:

No se tienen referencias biográficas. Es autor de la obra: *La mulata Estefanía.* En un acto. 1890.[255]

DOMÍNGUEZ DE GIRONELLA, Máximo:

No se tienen referencias biográficas. Es autor de varias obras teatrales, algunas de ellas fueron estrenadas y / o publicadas en La Habana. Títulos: *Nobleza obliga.* Drama en cuatro actos y en prosa. La Habana. Imprenta de M. Soler. 1849. *Los celos deseados,* 1851. *El marido Imprudente o la taza de chocolate y los polvos anónimos.* Pieza cómica en un acto arreglada del teatro español. Habana. Imprenta de Barcina, 1851.[256]

DOMÍNGUEZ SANTI, Jacobo:
Cuba ¿? - 1898.

Nació en Santiago de Cuba. Afecto a las letras. Ejerció el periodismo; fue redactor de *El Diario de la Marina, El artista, El torbellino, La sombra, El espectador, Guirnalda cubana,* 1881. En enero de 1868, publicó un Semanario satírico titulado: *El Negro Bueno de pronunciadas tendencias liberales,* suprimido al tercer número, y su Director, preso y encerrado en La cabaña. En 1862 publicó la comedia titulada: *Un lance de crisis.* Comedia en un acto. Cienfuegos. Setiembre, 1862.[257] En 1875 hizo la parodia: *El barberillo de Jesús María* (parodia del de Lavapiés). Juguete cómico en un acto y enverso, con la firma J. A. Cobo, Habana, Imprenta Militar de la Viuda de Soler; calificada de "feliz rasgo de ingenio". En 1878 escribió *La Calle de la muralla.* Poema dramático conmemorativo, en un acto, dos cuadros y en versos. Habana. *La Propaganda Literaria.* 1878. *Una volante.* Juguete cómico en un acto. La Habana. Imprenta de R. Oliva. 1838. Murió en Santiago de Cuba en 1898.[258]

DONIZETTI, Cayetano: Domenico Gaetano María Donizetti.

Italia. Bérgamo 1797-1848.

Compositor de óperas muy prolífico, conocido por sus obras: *L'elisir d'amore; Lucia di Lammermoor,* inspirada en la novela de Walter Scott; y *La favorita.* Aunque su repertorio de compositor abarca un gran número de géneros, incluida la música religiosa, cuartetos de cuerda y obras orquestales, es sobre todo conocido por su obra lírica, componiendo hasta 75 óperas. De su repertorio, se representaron y publicaron en Cuba: *La favorita.* Ópera en cuatro actos. Poesía de Calixto Bassi. Música de Cayetano Donizetti. Habana. Imprenta de Barcina. 1849. Imprenta del *Diario de la Marina.* 1850.[259] *La hija del regimiento.* Ópera cómica en cuatro partes. Música del célebre maestro Donizetti. Puerto Príncipe. Imprenta del *Diario de la Marina.* 1859.[260] *Marino Faliero.* Drama trágico en tres actos, poesía del señor Giovanni E. Biadera. Música del mismo autor. Habana. 1840. Imprenta del Gobierno. *Lucrecia Borgia.*[261] Melodrama en tres actos. Música del maestro Donizetti. Habana. *La Propaganda Literaria.* 1872. En Santiago de Cuba, fueron representadas, por la Compañía de ópera italiana, en 1884: *Lucía de Lammermoor y Linda de Chamounix o La gracia de Dios.* Ese mismo año, por la Compañía de ópera italiana. Empresa Ponceña: *Poliuto.*[262]

D´ORMEVILLE, Carlos:

Italia. Roma 1840 - Milán 1924.

Dramaturgo, libretista, crítico musical y empresario. Se encontró el título: *Ruy Blas.* Drama lírico en cuatro actos. Música de Felipe Marcheti. Habana. *La Propaganda Literaria.* 1873.[263]

DUCANGE, Víctor:

No se han localizado datos biográficos. Publicó: *Las tres hijas de la viuda y el más refinado hipócrita.* Drama en tres actos. La Habana. Imprenta Fraternal. 1833. *Lisbert o la hija del labrador.*[264] Drama en tres actos en francés y traducido por Francisco Domínguez G. Habana. 1844.

DURÁN, Manuel:

No se han localizado datos biográficos. Se encontró la obra: *Toda precaución es poca. Habana,* 1885.

Teatro Principal de Camagüey

Inaugurado el 2 de febrero de 1850.

E

E. C., Sixto:

No se tienen sus datos biográficos. Se localizó el título: *El marqués de Taco Taco.* Juguete cómico en un acto y en prosa. La Habana. 1892.[265]

ECHEGARAY Y EIZAGUIRRE, José: [266]

España. Madrid 1832 - 1916.

Ingeniero, escritor y político español. Sus ideas políticas y económicas liberales le llevaron a participar en la Sociedad Libre de Economía Política en defensa de las ideas libre cambistas. Se considera un dramaturgo de gran éxito entre el público de la época. En 1904 la Academia sueca le concedió el Premio Nobel de Literatura, decisión que escandalizó a las vanguardias literarias españolas y, en particular, a los escritores de la generación del 98. En virtud de su prestigio fue llamado nuevamente a la cartera de Hacienda en un gobierno presidido por Montero Ríos (1905). Aunque se le considera el máximo exponente del teatro de la Restauración, la obra de Echegaray recuperó los procedimientos más estridentes de la escena romántica. En 1874 había estrenado sus dos primeras piezas. Desde entonces escribió más de sesenta comedias y dramas. Muchas de sus obras constituye-

ron verdaderos acontecimientos y fueron traducidas a varios idiomas, viéndose el autor ensalzado y consagrado por el público y la crítica. Junto a obras de tema histórico, entre las que destaca *En el seno de la muerte* (1879), abordó asuntos contemporáneos en *O locura o santidad* (1877) y *El gran galeoto* (1881). Su creación más célebre, *Mariana* (1892), fue escrita para la actriz María Guerrero. En Santiago de Cuba, fueron llevadas a escena: *Como empieza y como acaba,* drama trágico en tres actos y en versos; *Cariños que matan*, comedia, *En el pilar y en la cruz,* drama en tres actos y en verso; *Inocencia,* comedia; *Champagne frappe,* juguete; *La esposa del vengador,* drama en tres actos y en verso; todas representadas, en 1882, por la Compañía del Sr. Pablo Pildaín. *Algunas veces aquí,* drama en tres actos y en prosa, por la Compañía de Bufos Habaneros, en 1884 y la Compañía Dramática y de canto del Sr Azuaya, en 1885.[267]

EDO LLOP, Enrique:[268]

España. Valencia 1837 - Cuba, Cienfuegos 1913.

Muy joven viajó a Cuba. Desembarcó en Matanzas en unión de los actores Vicente Segarra y Eduardo Sánchez.
Poco tiempo permaneció en esa ciudad, se trasladó a Trinidad con el objetivo de reunirse con un tío suyo que era capitán del Ejército Español. Posteriormente marchó a Cienfuegos y la juventud le dispensó una generosa acogida. Desde su infancia, mostró gran afición por las bellas letras, en esta ciudad se dedicó a las tareas del foro como oficial de escribanía y pasante de abogado, empleando el tiempo libre a escribir para la prensa diaria. Como resultado de su laboriosidad y com-

petencia, llegó a ser propietario y director del periódico *El Telégrafo*, uno de los más importantes de la villa. Supo en 1860 que había sido destinado para el servicio militar en España. Con este motivo escribió el drama en tres actos: *El loco del valle* y la comedia: *Quien mucho abarca*; llevándolos a escena en el Teatro Avellaneda, en un beneficio a su favor, con el propósito de dotarlo de recursos para lograr su exención del servicio militar. Con el éxito económico de este beneficio consiguió librarse de ser soldado, viendo así satisfecha una de sus aspiraciones, pues era su carácter completamente refractario al militarismo. En 1870 hizo un viaje a Valencia y sus amigos de esa ciudad le rogaron que aceptara un puesto en aquella Diputación, negándose. Poco tiempo después regresó a Cienfuegos, continuando sus ocupaciones de antes. Cuando el gobierno de la Metrópoli implantó en la isla de Puerto Rico el nuevo régimen político administrativo a virtud de lo convenido en el Pacto del Zanjón, trasladó su residencia a Ponce; pero por escaso tiempo, pues regresaría a Cienfuegos, donde tenía sus intereses y sus amigos. Además de la investigación histórica a que era muy aficionado, escribió *Memoria Histórica de Cienfuegos y su jurisdicción*, publicada por primera vez en 1862, ampliada posteriormente y publicada de nuevo en 1887 y 1890. Tuvo inclinaciones a escribir para el teatro, dramas, comedias, zarzuelas, revistas y monólogos,[269] entre ellas: *Ardides de amor*. Zarzuela, 1861. *El loco del valle*. Drama en tres actos y en prosa. Cienfuegos. Imprenta de Eduardo Feixas. 1860. *Las espinas de una rosa*. Juguete cómico lírico en un acto y en prosa. Cienfuegos. Imprenta Nueva. 1888. *Un infeliz*. Comedia, con Domínguez y Santi. *Marieta*. Comedia. *Ni ella es ella ni él es él*. Juguete cómico lírico en un acto, en prosa y en verso. Original de Enri-

que Edo y Jacobo Domínguez Santi, música del maestro José Mauri. Habana, Imprenta La Razón, 1882. Puesta en escena por primera vez en La Habana, el 17 de agosto de 1878;[270] *Por buscar una mujer*. Comedia en un acto y en verso. *La salvación de Dios*. Comedia. *Percances de un carnaval*. Juguete cómico lírico en un acto y en verso, 1882, La Habana. Imprenta La Razón. etc.[271] Trelles relaciona los siguientes títulos: *Un quid pro quo*. Juguete lírico cómico en un acto, música de Don Rigoberto Cortina. Habana. 1878. *1878 en Cuba*. Revista cómico lírica en un acto y en verso. Música de José Mauri. *De aldeana a condesa*. Zarzuela en tres actos. *Marieta*. Comedia en tres actos y en versos. *¡Un amigo!* Comedia en dos actos. *La salvación en Dios*. Comedia en tres actos. *Cariños de la inocencia*. Juguete cómico en un acto y en verso. *¡Un desgraciado!* Pasatiempo en un acto y en verso. *Dudas y temores*. Monólogo en un acto.[272]

ELIZALDE, Martín:

No se tienen referencias biográficas. Se encontró la obra: *El Arcediano o la fatalidad*. Drama en cinco jornadas y seis cuadros, en prosa y verso. Habana, Imprenta del Gobierno, 1839.[273]

EMO, Juan:

España.

Se tienen pocas referencias biográficas. Murió en 1896. Periodista y militar español. Estrenó en Cuba varias obras. *De París a Madrid*. Comedia en un acto. *Un duelo*. Comedia en un acto. *La herencia de los Girones*. Zarzuela en tres actos. *Karaban el testarudo*. Zarzuela en tres actos. *No se venden*. Zarzuela en un acto.[274]

ENAMORADO, Miguel Wenceslao de:

Cuba. La Habana, ¿? - 1884.

No se tienen otras referencias biográficas. Publicó composiciones poéticas. Entre sus obras dramáticas se encuentran: *El Actor y el cómico.* Comedia, 1841. *El Romántico vizconde.* Comedia, 1841. *Principios de astronomía,*1841. *Obras, prosa y verso,* 1858, dos vols. *Meamul.* Tragedia en cinco actos y en versos. La Habana. Imprenta La Habanera.1860. *Obras poéticas,* Habana, 1873 y 1875. *El Edén de los encantos o el matrimonio de Teresa.*[275] Zarzuela, 1873. Imprenta *El telégrafo.* La Habana. *La actualidad juvenil.* Drama en dos actos y en versos, La Habana. Imprenta *La Intrépida.*1877.[276] *Juan Sabicú o los liberales peleando con los muchachos.*[277] Piececita cómica en un acto y en prosa. Habana. Imprenta La Prueba. 1881.

ESCANAVERINO DE LINARES, Ginés:

Cuba 1834 - 1908.

Educador y periodista. Nació en La Habana. Durante su juventud profesó el periodismo y fundó, junto a Bartolomé Masó, el periódico *El Comercio* (1859), Manzanillo. En 1860, fundó junto con José María Izaguirre: *La Regeneración.* Obtuvo, por oposición, en el año 1867, la dirección de la Escuela Superior de San Cristobal en Pinar del Río. Se casó con la escritora Úrsula de Céspedes. Este parentesco, lo hizo sufrir persecuciones durante la contienda bélica de los Diez Años. Desde el 1875 dirigió el colegio Santo Domingo donde formó una generación de estudiantes, que se convirtieron en un factor importante para el desarrollo de la Guerra de Independencia en esta región. Al terminar la dominación española, ejerció el magisterio en Santiago de Cuba. Publicó un *Compendio del Sistema Métrico Decimal,* en 1897; el tomo de poesías *Brisas del Damují* y comedias,[278] cuentos, novelas y artículos de costumbres. Murió en Santiago de Cuba. [279]

ESCOBEDO URRA, Antonio:

No se tienen sus datos biográficos. Se localizó el título: *Bolas de nieve.* Comedia en un acto y en prosa. Manuscrita en la Biblioteca Nacional de Cuba. 1900. *Apagó el cabo.* Juguete cómico en un acto y prosa. Puerto Príncipe. Imprenta La Ilustración.1903.[280]

ESCOSURA, Don Narciso de la:

España (¿? - 1875).

Periodista y comediógrafo español del siglo XIX. Tradujo al español la obra del novelista y dramaturgo francés Alejandro Dumas, *Catalina Howard,* drama en cinco actos, publicado en Madrid en 1846. Fue representado en Santiago de Cuba por la compañía de los Señores Robreño en 1850.[281]

ESCOSURA Y LÓPEZ DE PORTO, Jerónimo de la:

España. Oviedo 1774 - Madrid 1855.

Escritor y militar español, padre del escritor Patricio de la Escosura, del ingeniero Luis de la Escosura y Morrogh y del periodista y dramaturgo Narciso de la Escosura. Dedicó los últimos años de su vida a su vocación de escritor. Su labor como traductor se centró en obras científicas y técnicas del inglés y del francés, así como algunas dramáticas de Eugène Scribe y novelas de Dumas. Fue llevada a escena, en Santiago de Cuba, por la Compañía de los Señores Robreño: *Rita la española en la corte de Francia* y el *Solicitarlo de Keatven,* en 1850.[282]

ESPINOSA DE LOS MONTEROS, Ramón:

España. ¿Granada? ¿Málaga? ¿Andalucía? 1832 - La Habana 1912.

Poeta, periodista y dramaturgo. Llegó a Cuba siendo joven. Dirigió *La República Española* (1873) y colaboró en La Lucha y en el *Diario de la Marina* en el siglo XIX. Una vez establecida la República de Cuba, continuó sus colaboraciones en estos dos periódicos y lo hizo también en las revistas *El Hogar, Catalunya y La Gran Logia*. Escribió algunas zarzuelas que no obtuvieron mucho éxito. Llegó a alcanzar el grado 33 en la masonería. En 1909 leyó su *"Oda a la Gran Logia de Cuba,"* en el acto central por el cincuentenario de esta institución. Utilizó el seudónimo de Nomar y Gazul. Escribió para la escena: *Nadar en seco.* Juguete cómico en un acto y en verso, Original de Nomar (seudónimo) *Tabasco, Tip. De José María Abalos,* 1874; *Revista carnavalesca de La Habana.* En un acto y en verso, Música de Tomás González. Habana. Imprenta de G. Montiel. 1876. *Por el hipnotismo.* Pieza bufa, 1896. *Doloras de Campoamor.* Ramillete lírico-dramático en un acto y en verso, Música de Ramón Torras. Habana Imprenta El Fígaro. 1897.[283]

ESTÉVEZ TRAVIESO, José:

Cuba.

Se tienen pocas referencias biográficas. Cubano, estrenó un Juguete titulado: *El peor mal…, la arranquera.* Juguete cómico en un acto. Jovellanos. 1892.[284]

ESTORCH Y SIQUES, Miguel:

España. Olot, Gerona 1809 - Madrid 1870.

Estudió Derecho en las Universidades de Cervera y Barcelona. Marchó a Cuba donde desempeñó distintos oficios. Viajó por varios países de América y Europa; durante algún tiempo vivió en Suiza. Hombre de negocios, residió en Santiago de Cuba desde 1842. Era licenciado y hermano del ilustre médico, y conocido poeta catalán que firmaba bajo el seudónimo de Lo Tamboriler del Fluviá. En el Diccionario cubano de seudónimos, de Figarola Caneda (1922) fue recogido porque firmó como El Dómine en Gaceta de Puerto Príncipe (1839-1841). Escribió algunas obras eruditas y realizó traducciones. Para el teatro compuso las piezas: *Tartufo* (en verso) y *Un colegio por dentro.*[285] Comedia en tres actos, Habana. Imprenta de Soler. 1844. Cuba. Imprenta de Espinal. 1844. *Rapto de un bachiller.*[286] Pieza en un acto. Santiago de Cuba. Imprenta de la Sociedad Económica. 1845.

ESTRADA Y ZENEA, Ildefonso:

Cuba. La Habana 1826 - México 1912.

Cursó estudios de Bachiller en Artes. En 1848 realizó un breve viaje a España. Al regresar se le juzgó en consejo de guerra por creérsele cómplice de Facciolo y Bellido de Luna en la Impresión de *La Voz del Pueblo Cubano.* Residió entre 1858 y 1867 en Matanzas, donde desempeñó el cargo de vocal secretario de la Comisión de Instrucción Primaria (1863). En 1861 fue premiado con medalla de plata, impuesta por la Avellaneda en El Liceo de La Habana, su romance de costumbres cubanas *El Guajiro.* Perteneció al Liceo de Matanzas. Radicó en La Habana en 1868 y emigró a México durante la Guerra de los Diez Años debido a sus sentimientos revolucionarios. Permaneció en México de 1869 a 1878. En Campeche dirigió el colegio "El Porvenir". Fundó las escuelas del ejército y fue nominado miembro honorario de la Sociedad Mexicana de Geografía y Estadística. Retornó a Cuba en 1878, e introdujo los kindergartens (1880). A partir de 1900 laboró en Ciudad México hasta su muerte. Redactó con Andrés Poey *El Colibrí* (1847).

Fue miembro fundador de *El Almenda-res* (1852), *El Periquito* -para niños-, *El Iris* (Yucatán, México, 1868), *La Primera* (Ciudad México). Dirigió *El Alba* (Mariel, Cuba, 1887) y colaboró en *La Prensa*, Revista de La Habana. Escribió folletos sobre diversos temas no literarios. Firmó como Ildefonso Zenea, I. E. Z., I de E y Z., D. I... E... y Z..., Estrada y Estrada y Zenea e Ildefonso, y utilizó el seudónimo Pablo de la Luz. Como dramaturgo escribió: *Colón. Soliloquio.* Campeche (México), Tipografía El Fénix, 1871. Escrito y representado en la Academia Literaria Filarmónica y Recreativa. La Habana, Imprenta La Nacional, 1892,[287] México, 1905. *Luisa Sigea (La Minerva de Toledo).* Drama histórico original en tres actos y en verso. Matanzas, Imprenta Aurora del Yumurí, 1878; 2ª ed., México, Imprenta de I. Estrada y Zenea, 1905. *¡Juárez!* Monólogo. México, Imprenta de A. Loaiza, 1903; México, 1906. *El robo de la bandera.* Diálogo. México, Imprenta de A. Loaiza, 1903; 2ª ed. México, Imprenta de I. Estrada y Zenea, 1906. *La primera lección.*[288] Zarzuela en dos actos y en versos. Música del profesor J. Alejandrini.[289]

Teatro de Albisu

Fue inaugurado en la noche del 17 de diciembre de 1870

F

FAJARDO ORTIZ, Desiderio:[290]

Cuba.

Nació el 11 de febrero de 1862 en Santiago de Cuba. De familia acomodada, fueron sus padres Don Francisco Daniel Fajardo, natural de Guisa, Bayamo dedicado al comercio y Belén Ortiz de Santiago de Cuba. Cursó sus primeros estudios en el colegio Don Juan Portuondo Estrada. Su familia sufrió persecuciones por sus ideas anticolonialistas durante la guerra de los Diez Años por lo que se vio obligada a emigrar a Cartagena de Indias donde comenzó su accidentada vida de periodista. Allí fundó *El Álbum* donde publicó muchas de sus poesías, reproducidas más tarde en revistas cubanas y extranjeras. Por cuestiones relacionadas con sus críticas a la realidad moral circundante, fue gravemente herido, quedó inválido y utilizó como seudónimo "El Cautivo", alusivo a su condición con el que se hizo un escritor de renombre, admirado por las mujeres en su mayoría. Se expresó siempre en contra de España y a favor de los ideales separatistas. A los veinte años de edad, en 1882, regresó a su ciudad natal donde se dedicó activamente al periodismo, fundó *El Mercurio,* periódico literario que trazó normas al gusto artístico de sus innumerables lectores. Publicó el semanario satírico, revolucionario *El Diablo Cojuelo,* que por su marcado sabor independentista, fue prontamente clausurado; y por estas razones desterrado. Otros periódicos como *El derecho* y el *Eco de Cuba* publicaron regularmente artículos suyos. En 1885, el aire de su ciudad se hizo irrespirable, marchó a establecerse en Centroamérica y luego en Costa Rica; contrajo matrimonio con la Srta. Valentina Poppe. Estuvo en Guatemala, de donde fue expulsado por el Presidente Varilla que no pudo tolerar sus prédicas liberales desde un periódico político que fundó. Se trasladó a Nicaragua en compañía de José María Izaguirre, fundó un colegio en Managua dedicándose por completo, en los siete años siguientes, a las tareas del Magisterio. Colaboró con el periódico *El Duende.* Regresó a Cuba en 1893 para actuar, durante dos años, en la preparación de la guerra que estalló el 24 de Febrero de 1895 y de la que fue, en la región oriental, verbo y pluma junto a Mariano Corona Ferrer y Eduardo Yero. Llegó la guerra y esta fue su época de mayor actividad. Integró, conjuntamente con otros patriotas, el Comité Secreto Revolucionario en la ciudad, por lo fue reducido a prisión. Sostuvo comunicación constante con los jefes revolucionarios en Cuba y en el extranjero, dio aliento a los pesimistas, escribió valientes artículos en *El Triunfo,* y fue tal y tan notoria su labor de propaganda, que el general Martínez Campo lo hizo prisionero, conducido al crucero "Nueva España", trasladado al Castillo del Morro y luego, a bordo del vapor "México", a La Habana; por su invalidez, se le permitió salir fuera de la Isla. Seguramente influyó en el ánimo de los gobernantes su estado físico, mientras que su compañeros de prisión fueron enviados a España y África, a él se le dio por cárcel la ciudad de La Habana. Se escapó a New York donde se puso al servicio del Comité

Revolucionario y escribió en los periódicos revolucionarios *Patria* y *El Porvenir*. Regresó a Santiago de Cuba y ocupó el cargo de jefe de redacción en *El Cubano Libre* junto a Mariano Corona Ferrer, ilustre patriota y periodista santiaguero. Desde allí combatió enérgicamente la intervención yanqui. Nunca abandonó su profesión, trabajó sin descanso en la preparación de los futuros maestros, fundó el Centro de Instrucción y el periódico Ciencias y Letras para difundir las nuevas corrientes pedagógicas, hizo esto no sólo por afecto a las escuelas de Cuba, sino porque entendió que de esa manera realizaba una obra de patriotismo. Murió el 23 de Enero de 1905, en el poblado de Cuabita.[291] Escribió y representó *La fuga de Evangelina*. Juguete en un acto y cuatro cuadros por *El Cautivo*. New York, Alfred W. Howwes, 1898; y *La emigración al Caney*, 1898.

FERNÁNDEZ VILAROS, Francisco: (Pancho Fernández).

Cuba (¿ ? - ¿ ?)

Nació en Trinidad. Obtuvo en 1866 autorización para publicar *La Parranda*, periódico satírico, crítico, burlesco, con caricaturas, danzas, canciones del país y todo tipo de grabado. En esa época se ganaba la vida como tipógrafo y periodista, y declaró que no poseía bienes. Dos años más tarde, copia los bufos madrileños de Arderius con un conjunto de aficionados y guaracheros. A este dramaturgo se debe la creación en el teatro cubano del personaje "Negrito catedrático", influido por los minstrels. Sus sainetes constituyen una vertiente del teatro popular. Es autor de múltiples piezas, algunas de las cuales alcanzaron gran popularidad, como: *Los catedráticos*. Absurdo cómico en un acto de costumbres cubanas en prosa y verso. La Habana. Imprenta *La Tropical*, 1868; representada en el Teatro de Villanueva, en La Habana, el 31 de mayo de 1868. *El bautizo* (Segunda parte de Los negros catedráticos). Juguete cómico en un acto. La Habana, *La Honradez*, 1868; La Habana, *La Publicidad* [1868?]). La tercera de las piezas de la trilogía que encabeza Los negros catedráticos, con el título *El negro cheche; o, Veinte años después*. Juguete cómico en un acto, en prosa y verso, publicado en La Habana en 1868; fue escrita por el autor en colaboración con Pedro N. Pequeño, y estrenada en el Teatro Variedades el 26 de julio de 1868. Piezas suyas en un acto se citan: *El dómine del pueblo, EL pleito de No Siriaco, El restaurante de las moscas* (1884), *Juan Coscorrón, Doña Caralimpia*. Juguete cómico- bufo en un acto, Villa Clara. *La caña y el boniato, La lotería, La mujer fuerte, La pesadilla, Lances del carnaval, Las dos escarolas, Las tres lumbres, Liberales y conservadores* (1879), *Los espiritistas, Los ingleses en el polo norte, Melopea y danza, ¡Mucho ojo!, Una casa de empeño*. Juguete cómico- crítico en un acto y en prosa. 1879. Villa Clara. *Los días de Ño Fulgencio*. Juguete de tipos cubanos. 1879. *La fundación de un periódico o Los negros periodistas*. Güira de Melena.1879. *El aceite de Don Jacobo*. Juguete cómico- bufo en un acto. 1882. *Políticos de Guinea*. Juguete cómico- bufo en un acto y en prosa. 1890. *La Habana*. Retórica y poética. Juguete en un acto en prosa y verso. *Estilo catedrático*. La Habana. 1882. *Un Drama viejo*. Parodia del drama nuevo, en un acto en verso y en prosa. La Habana. 1880. *El avaro*. Sainete. 18… La Habana. Trabajó como actor en sus obras. En ocasiones firmaba solo con las iniciales F. F.[292]

FERNÁNDEZ, José Martín:

Cuba. Santa Ana-Matanzas Cuba 1869 - Avilés, Asturias 1935.

Nació en Cuba; pero vivió en Avilés desde los siete años, con contadas interrupciones por estudios y viajes. Cursó Medicina en Santiago de Compostela y Valladolid; pero abandonó los estudios para dedicarse a la actividad literaria. Colaboró en la prensa asturiana, así como en la nacional, y fundó una revista titulada: *La Semana*. Se dedicó también a la investigación histórica, escribiendo, entre otros trabajos, una obra de tema teatral, titulada: *Recuerdos del teatro*. Obra dramática: *Llegar a tiempo*. Comedia, 1899. *El padre Vicario*. Zarzuela, 1902. *La muñeca*. Juguete cómico, 1903. etc. Aparte de alguna otra pieza publicada ya en el S. XX, dejó varios trabajos inéditos: *Frente al mar*. Comedia. *Los hijos del arte*. Zarzuela. *La primera visita*. Comedia. *La víspera de San Juan*. Zarzuela.[293]

FERNÁNDEZ, Juan de D.:

No se tienen sus datos biográficos. Se localizó el título: *Los amores de un soldado*. Pieza dramática. Habana. 1904.[294]

FERNÁNDEZ, Mariano:

No se tienen datos biográficos. Se localizó el título: *No más callos*. Disparate bufo en un acto.[295]

FERNÁNDEZ, Mario:

No se tienen datos biográficos. Se localizó el título: *Duelo a muerte o Dos rivales*. Zarzuela en un acto y siete cuadros.[296]

FERNÁNDEZ, Maximino:
España.

Asturiano de nacimiento. Residió en Cuba durante las últimas décadas del siglo XIX. Autor de la pieza teatral, estrenada en La Habana con el título: *San Isidro*. Revista cómico- lírica en un acto y cuatro cuadros en verso. Música del maestro Don José Mauri. Habana. Imprenta *El Trabajo*. 1890.[297]

FERNÁNDEZ DE CASTRO, Rafael:

Cuba. Regla 1856 - 1920.

Estudió en las Universidades de Sevilla y Madrid. Se graduó de doctor en Derecho y en Filosofía y Letras. Fue catedrático de la Universidad de La Habana. Ocupó importantes cargos políticos y administrativos: diputado en Madrid, gobernador civil, etc. También fue presidente del Ateneo y del Círculo de La Habana. Colaboró en los periódicos: *Las Avispas, El País*, etc.. Publicó algunos discursos y varias obras relacionadas con la historia y con la política. Es autor de: *Yumurí*. Ópera. La Habana, Imprenta P. Fernández, 1898. Con música de Eduardo Sánchez de Fuentes, estrenada el mismo año de su publicación. *Amor del alma*.[298] Arreglo dramático en dos actos y en versos. Estrenado con éxito en el Liceo de Jaruco la noche del 20 de mayo de 1903. Habana. Imprenta La Prueba.[299]

FERNÁNDEZ DE LANDE, Pamela:[300] Seudónimo: "Rafaela".

Cuba. Puerto Príncipe, Camagüey 1847 - La Habana 1937.

Cursó la instrucción primaria en su hogar. En 1859 pasó a vivir, en unión de su familia, a Manzanillo (Oriente), donde se inició en el periodismo como ayudante de su padre. En Camagüey, fundó con Sofía Estévez, la publicación literaria *El Céfiro* (1866), de la que fue redactora hasta 1867. Se trasladó a La Habana en 1868. Fue fundadora de *Eco de Cuba*, (1869), *El Correo de las Damas* (1875) y *La Crónica Habanera* (1895). Creó el colegio Nuestra Señora de los Ángeles (1882) y una Academia de Tipógrafas y Encuadernadoras. Colaboró en *La Patria, La Guirnalda, El Álbum, El Hogar, El Fígaro* y *La Discusión*. Dejó inédito su libro *Cubanas beneméritas* y la novela *Los enemigos íntimos*. Sobre su biografía hemos localizado en el *Álbum poético y fotográfico de las escritoras cubanas* (1868) de Domitila García Coronado, algunos datos. Se vinculó con la Avellaneda, a quien admiró profundamente. Utilizó los seudónimos Ángela, Jatibonico y Rafaela. Cultivó la poesía, la prosa y el teatro. Escribió artículos que fueron publicados en numerosos periódicos de la Isla. Escribió para el teatro: *Lea Usted*. Comedia en un acto, 1897. *Los artistas*. Comedia en tres actos y en verso, 1858 y *Una casa de modas*. Comedia en dos actos y en prosa, 1858. Puerto Príncipe. Imprenta de El Fanal. 1858.[301]

FERNÁNDEZ Y DÍAZ, Jesús María:

No se han localizado datos biográficos. Se encontró la obra: *Desde el mostrador al... cielo*. Comedia o apropósito en dos actos y en verso original. La Habana. Imprenta El Retiro, 1889. Se representó en el Teatro Irijoa el 24 de marzo de 1889. Tuvo una segunda edición. Habana. Tipografía Los niños huérfanos. 1890.

FERNÁNDEZ-PACHECO MEJÍA, Félix:

España. Ciudad Real 1776 - Madrid 1853.

Escritor, periodista, autor dramático, historiador español. Se licenció en Derecho, posiblemente en la Universidad de Toledo. Trabajó como notario eclesiástico de ese arzobispado. Cuando estalló la Guerra de la Independencia, participó como comisionado por la Junta Provincial. Fue a prisión acusado de ayudar a difundir vales reales falsos. Escribió memoriales e informes sobre pleitos que se desarrollaban en Madrid hasta que estalló la insurrección liberal de Rafael del Riego en 1 de enero de 1820, y se

proclamó la Constitución de Cádiz otra vez. Entonces Mejía empezó a escribir con *Camborda* un periódico liberal en prosa y verso, *La Colmena* (1820), *La Periodicomanía* y *Cajón de Sastre*. En Cuba entró en contacto con el poeta y antiguo periodista liberal Ignacio Valdés Machuca, e imprimió o estrenó varias obras dramáticas en 1841. En ese mismo año desembarcó en Santander y volvió a España. Fundó una segunda época de *El Zurriago* en Madrid; pero tuvo que atender sus negocios en La Habana y volvió a Cuba. Se desconoce cuando volvió a España. Desde 1847, está en Madrid, y estrena otras obras dramáticas, no colabora en la prensa.[302] En Cuba, en 1841, tradujo: *Gemma de Vergy*. Drama en cuatro actos, 1841. Escribió para el teatro: *La cruz de fuego o los pies negros de Irlanda*. Drama en tres actos. La Habana. Imprenta de V. de Torres. 1841. *El pescador y el barquero*. Drama, 1841. *A mor y orgullo o La dama del león*. Drama en cinco actos y nueve cuadros del célebre inglés E. L. Bulwer, Habana, 1841.[303] *La mujer fuerte o los resultados funestos de un amor culpable*. Drama, septiembre, 1841. Entre otras obras se encuentran: *Rafael del Riego o La España en cadenas*. Tragedia en cinco actos. Philadelphia. Imprenta de Stavely.1824.[304] *La suiza libre o los carbonarios* ,1846. *Hernán Pérez del Pulgar y Ossorio, el de las hazañas*. Drama histórico con A. de Cereceda, 1849. *Pizarro y los peruanos*.[305]

FERNÁNDEZ SANTA EULALIA, Francisco de Paula: [306]

España. Avilés Asturias 1850 - La Habana, Cuba 1901.

Hermano del también escritor, Manuel. Emigró a Cuba en su juventud. Cursó los estudios elementales, fue dependiente en un comercio de tejidos avilesino Lucio Suárez Solís. Hombre modesto, padeció durante casi toda su vida dificultades económicas, por lo que se vio obligado a solicitar un empleo al avilesino Julián García San Miguel, diputado nacional y segundo marqués de Teverga. Éste se lo consiguió; pero en España, y no en Cuba como hubiera sido su deseo, así que decidió regresar, quedando su hermano Manuel a cargo de la dirección de *El Heraldo de Asturias*. Una vez en España, se encontró con que el empleo se hallaba ya ocupado por otra persona, y se vio obligado a volver a La Habana para continuar dirigiendo su periódico. En enero de 1891 fue elegido, por unanimidad, secretario del Centro Asturiano, a cuya creación en 1886 él tanto había colaborado. Esta circunstancia vino a aliviar su penuria económica y él, a cambio, contribuyó enormemente a llevar adelante la sociedad en una época de gran ilusión; pero muchas dificultades. Desempeñó ese cargo hasta su muerte, y por sus méritos logró el aplauso y el cariño unánime de todos los socios. Durante esa época colaboró también con los periódicos avilesinos *Diario de Avilés* y *La Semana Ilustrada*. En 1900, ya enfermo, realizó su último viaje a Asturias, del que regresó en noviembre para seguir desempeñando el puesto de secretario del Centro Asturiano. Es autor de la novela de costumbres asturianas, escrita en castellano, *Peregrina del Rosal, virgen y mártir* (La Habana, 1888) y de *Pote asturiano*, colección de «cuentos, cartas y narraciones históricas. *Soliloquios y siluetas amén de otros componentes que lo harán más sabroso al paladar,* en asturiano y en castellano, publicados anteriormente en *El Heraldo de Asturias* (La Habana, 1899). La Academia de la Llingua Asturiana editó en 1997 *De Pote asturiano* y otros trabajos, obra en la que se recoge sólo la parte escrita en asturiano por Francisco F. Santa Eulalia. Es autor de tres obras de distintos géneros literarios: *Andresín el de*

Raíces o una promesa cumplida, episodio dramático en prosa bable, en dos actos, Habana. Establ. Tipogra. De Soler, Álvarez y Ca. 1887.[307] Estrenado con gran éxito de público en La Habana en 1883. Fue publicado por primera vez por Protasio González Solís en su obra 'Memorias asturianas' (Madrid, 1890, páginas 780-786; reeditado por Emilio Robles, 'Pachín de Melás', en Gijón en 1918, en el número 3 de la Biblioteca Popular de Autores Asturianos, y volvió a ser editado, en edición facsímil de la primera, por la Academia de la Llingua Asturiana (Oviedo, 1992).[308]

FERNANDEZ USATORRE, Perfecto:

España. Oviedo 1847-1911.

De origen humilde, comenzó a trabajar como tipógrafo en las Imprenta de *El Eco de Asturias* y *El Faro de Asturias*. El contacto con los periódicos le llevó a interesarse por la práctica literaria y a escribir los primeros versos festivos. Emigró a La Habana, y trabaja en el *Diario de la Marina*, al tiempo que colabora en otras publicaciones y adquiere cierto prestigio; sobre todo, entre la colonia asturiana. Regresó a Oviedo en su vejez, y pasó los últimos años de su vida rodeado de miseria y enfermedades. Murió en el manicomio provincial. Compuso poemas en bable. En ocasiones usó el seudónimo: Nolón. Destacó en el campo de la dramaturgia de tema asturiano. Entre sus obras figuran: *Camin de la romería*[309] (comedia bilingüe en bable de costumbres asturianas. Representada en el Tacón en 1882.); *La quinta de la Manxoya*.[310] Pieza de costumbres asturianas, 1883; *El criado de don Pancracio*. Comedia, 1884. *Manín el güerfano*. Comedia en un acto. Estrenada en el gran Teatro Tacón el 14 de septiembre de 1884. Habana. Imprenta La Tipografía. 1884. *El alcalde de Llatorres*. Comedia,1884. *El primer jornal.* Comedia, 1885. ¡Xuaquina! Composición en verso, en un acto. *La Cruz de nácar*. Boceto de costumbres asturianas en un acto y en verso. Habana. Imprenta de A. Álvarez y Compañía. 1892. *Don Luis*. Composición bilingüe en un acto y dos cuadros en versos. Estrenada el 16 de septiembre de 1894. Habana. Imprenta Avisador Comercial.[311] *La vaca pinta*. Composición bilingüe en un acto y en verso estrenada en el gran Teatro de Tacón en la noche del 21 de septiembre de 1890. La Habana. Imprenta La América. 1890.[312] Todas sus piezas teatrales fueron estrenadas en La Habana.

FERRER VENTURA, Pascual:

Cuba. La Habana 1772 - 1851.

Su nombre era Buenaventura Pascual. Estudió filosofía y latín con Tomás Romay. Se graduó de Bachiller en Leyes. En 1794 se trasladó a España, donde escribió su Carta de un habanero para aclarar los errores sobre Cuba en que incurrió D. Pedro Estala en *El viajero universal* (Madrid) luego escribió *Viaje a la Isla de Cuba* (1798), considerado el primer libro de viajes publicado por un cubano. De regreso a La Habana, colaboró en el *Papel Periódico*, ingresó en la Sociedad Patriótica y fundó el periódico satírico *El Regañón*. Volvió a España en 1802 y publicó *El Regañón General*. En 1805 pasó a Cartagena de Indias como Ministro Contador. Allí fundó la Sociedad Económica de Cartagena, introdujo la Imprenta y creó y dirigió la *Gaceta Real de Cartagena de Indias* (1816). En 1821 volvió a La Habana. Redactó en 1826 la primera Balanza general de comercio. Además, en unión de su hijo, fundó *El Nuevo Regañón de la Habana* (1830). Entre sus trabajos se encuentran el *Sainete nuevo*, representado en La Habana y traducciones del latín, francés e italiano. Parte de su labor periodística fue incluida en *El Regañón* y *El Nuevo Regañón* (La Habana, Comisión Nacional Cubana de la

UNESCO, 1965). Firmó como *El anciano habanero, El asesor del Tribunal, El Bachiller Blictiri, El censor mensual, Bernardo Philolethes, El tío Tabares y Un viajero universal*. Es autor de las obras de teatro tituladas: *Sainete nuevo*. Representado en La Habana en 1790. *El cortejo subteniente, El marido más paciente y La dama impertinente* (1790).[313]

FEUILLET, Octave: [314]

Francia 1821 - 1890.

Novelista y dramaturgo francés. Nació en Saint-Lô, Manche. Sufrió la pérdida de su madre en la niñez, por lo que fue criado por su padre, Jacques Feuillet. Este destacado abogado padecía un trastorno nervioso que su hijo heredó, aunque en menor grado. En 1840 tomó la decisión de dedicarse a las letras: su progenitor, ante este cambio de rumbo, lo desheredó. Su primer éxito lo logró en el año 1852, cuando publicó la novela *Bellak* y produjo la comedia *La Crise*. Ambos trabajos fueron publicados por la revista francesa *Revue des deux mondes*, en donde también aparecieron la mayoría de sus novelas posteriores. En 1857 apareció *La Petite Comtesse* y *Dalila*, y al año siguiente *Le Roman d'un jeune homme pauvre*. En 1857, con la obra teatral *Dalila*, obtuvo un gran éxito. En esta ocasión, fue hasta París para ver los ensayos de su obra. Su padre soportó la asuencia temporal de Octave y al año siguiente repitió la experiencia con la ocasión de la interpretación de la obra *Un Jeune Homme pauvre*. Fue elegido para la Academia Francesa en 1862 y en 1868 se convirtió en bibliotecario del palacio Fontainebleau, en donde debía residir por un mes o dos cada año. En 1867 produjo su obra maestra, *Monsieur de Camors* y en 1872 escribió *Julia de Trécœur*. Murió el 28 de diciembre de 1890. Su último libro fue *Honneur d'artiste* (1890).[315] Fue representado en Santiago de Cuba, el drama: *Dalila*, por la Compañía Madrileña de Manuel Osorio, en 1862, y por la Compañía de José Robreño, en 1866; El que mira a gran distancia no ve el peligro a sus pies, comedia de costumbres por la Compañía de los Señores Robreño, en 1860.[316]

FIGUEREDO Y CISNEROS, Pedro:[317]

Cuba. Bayamo 1816 - 1870.

Cursó la carrera de abogado. General bayamés. Autor del Himno Nacional. Realizó sus primeros estudios en su ciudad natal y los prosiguió en La Habana en el colegio de San Cristóbal de Carraguao. Años más tarde, partió a España donde se graduó de Derecho. Después de un periplo por Europa, se estableció en Bayamo. Allí fue organizador del Comité Revolucionario que gestó la Guerra de los Diez Años. Apoyó a Céspedes, levantándose en armas en el ingenio Las Mangas, y realizando la toma de Bayamo al frente de las fuerzas bajo su mando. Fue jefe de la División bayamesa y Subsecretario de la Guerra. Enfermo, se fue a la Finca Santa Rosa, en las Tunas, donde fue hecho prisionero. Trasladado a Santiago de Cuba, se le sometió a un Consejo de Guerra y fue fusilado por las tropas del ejército colonial el 17 de agosto. Es autor de la pieza: *El conde de Montecristo*.[318] Drama publicado en 1850.

FILOMENO Y PONCE DE LEÓN, Francisco:

Cuba. La Habana 1778 - 1835.

Procedente de la Inclusa, fue legitimado con el apellido Ponce de León. En Madrid ejerció de abogado de los Reales Consejos, y en La Habana fue juez general de Bienes de Difuntos. Ocupó otros cargos: director de la Sociedad Económica de Amigos del País y censor de la Real Sociedad Patriótica. Estrenó en Madrid, en 1802, una comedia titulada: *El matrimonio casual*. Comedia original en tres actos. Habana. Imprenta del Gobierno y Capitanía General.1829.[319]

FLORIDIO, M. G.:

No se han localizado datos biográficos. Estrenó en La Habana, en 1838, un drama titulado: *¡El es!* [320]

FLORIT DE ROLDÁN, Jorge:

Se graduó de médico en Madrid en 1851. En la Biblioteca Nacional de España se encuentra su Tesis: *Consideraciones Político-Fisiológicas sobre la mujer*.[321] Fue colaborador del periódico *La Aurora* en 1853. No se conocen otros datos biográficos. Escribió la obra: *Un médico como hay muchos*. Comedia en un acto y en verso. Noviembre de 1853. Manuscrita.[322] *El Secreto de un monarca*.[323] Drama lírico. Premiado con Medalla de Oro por el Liceo de La Habana en 1856.

FONT, Pablo:

No se han localizado datos biográficos. Se encontraron los títulos: *Manuela*. Monólogo lírico dramático. La Habana. Imprenta La Universal. 1896. *Tempestad social*. Pasatiempo lírico dramático y de actualidad en un acto y en verso. 1890. La Habana. Imprenta de Ruíz y Hermanos. *Trampas electorales o*

Pepito el monaguillo. Apropósito cómico lírico en un acto y dos cuadros. La Habana. Imprenta de Ruíz y Hermanos. 1891.

FORCADA, Álvaro:

Se tienen pocas referencias biográficas. Sevillano de nacimiento, estrenó en La Habana (Cuba) un drama titulado: *Ernesto y Artemisa* (1851).[324]

FORNARIS Y LUQUE, José:[325]

Cuba. Bayamo, Oriente 1827 - La Habana 1890.

Hijo de José Bueno de Jesús Fornaris y Fontaine y María Gertrudis Luque. Cursó la enseñanza en el Seminario de San Basilio el Magno de Santiago de Cuba desde 1835. Estudió en La Habana a partir de 1840 en el Colegio de San Fernando y más tarde en la Universidad, donde se graduó de bachiller en Leyes (1844) y de Licenciado en Leyes en 1852. Publicó sus primeros ensayos literarios en *La Prensa* y participó en la conspiración de 1851. En 1852 fue encarcelado en Palma Soriano durante cinco meses, junto con Carlos Manuel de Céspedes y Lucas del Castillo. En 1855 publicó sus *Cantos de Siboney*, recogidos en Poesías de José Fornaris, con los cuales dio gran impulso al siboneísmo. En 1859 recopiló con Joaquín Lorenzo Luaces *Cuba Poética*, colección escogida de las composiciones en versos de poetas cubanos desde Zequeira. Fue co-director de *Floresta Cubana* (1855-1856), *La Piragua* (1856) y *Cuba Literaria* (1862). Cuando su amigo Céspedes (a cuya solicitud escribiera los versos de la Bayamesa, musicalizados por Francisco del Castillo)

inició la Guerra del 1868, Fornaris rehusó comprometerse y permaneció en La Habana. En 1870 viajó por España, Francia e Italia. Colaboró en *La Abeja, El colibrí, El Almendares, Revista de la Habana, Civilización, Aguinaldo Habanero, Camafeos,* entre otros. Terminó su vida en Cuba consagrado a la enseñanza y a las letras. En 1951 fue antologado en *Poesías de la Patria* (La Habana, Publicaciones del Ministro de Educación. Dirección de Cultura, 1951) Usó el pseudónimo "Bertoldo Araña". Escribió para el teatro: *La hija del pueblo.* Drama en tres actos y en verso. La Habana, Imprenta *La Antilla*, 1865, 2da. Ed. Id. *Amor y sacrificio.* Drama en tres actos. La Habana, Imprenta La Antilla, 1886.[326]

FORS, Luis Ricardo:[327]

España.

Literato y político español, naturalizado argentino, descendiente de la antigua familia francesa de los marqueses de Fors, nació en Pineda en 1843. Estudió Derecho en la Universidad de Barcelona, y fue luego abogado de la casa de Medinaceli, en la que desempeñó también los cargos de archivero y bibliotecario adjunto. Tomó parte en el movimiento republicano de Julio de 1866, por lo que hubo de emigrar a América, fijando su residencia en Montevideo, donde fundó el diario *El Progreso,* y después, sucesivamente, en la República Argentina, Paraguay y Brasil, mezclándose activamente en la vida política y periodística de dichos países. Volvió a España, y sus campañas contra el rey Amadeo hicieron que fuese desterrado, regresando al advenimiento de la República española, bajo cuyo régimen fue jefe de política del Ministerio de Ultramar, y al renunciar el cargo fundó el diario *El Federalista*, en el que defendió la autonomía de Cuba. Después del golpe de Estado del 3 de enero de 1874 marchó a Andalucía y organizó un movimiento republicano. Vencido este, residió algún tiempo en Sevilla con nombre supuesto; pero temiendo ser descubierto, emigró a Portugal y fundó en Lisboa la *Revista de Occidente*, junto con Batalha Reis, Guerra Junqueiro, Ega de Queiroz y otros literatos, siendo expulsado a instancias del Gobierno español. Trasladóse entonces a Londres, y fue nombrado director político de la *Oficial American Gazette,* órgano de los principales Gobiernos americanos. Como consecuencia de la amnistía promulgada al advenimiento de Alfonso XII, pudo regresar a España, pasando en 1878 a Cuba, y allí fue uno de los principales organizadores del partido autonomista, fundando el diario *El Autonomista Español*, que fue más tarde suprimido por el general Blanco. Volvió a España en 1881, y con el ejercicio de la profesión de abogado, alternó sus trabajos políticos y literarios, hasta que en 1888 pasó de nuevo a Montevideo y reanudó la publicación de *El Progreso*, dirigiendo, además, otros periódicos. De 1888 a 1891 desempeñó el cargo de secretario general de los ferrocarriles del Estado, y en dicho año se encargó de la dirección del diario *El Argentino,* de Buenos Aires, órgano del partido radical, de cuyas vicisitudes participó; al triunfar dicho partido en 1903, fue nombrado director de las bibliotecas provincial y universitaria de la Plata, sin dejar por ello de dedicarse al periodismo y a la literatura. Entusiasta cervantófilo, en 1904 organizó, con la eficaz ayuda de los intelectuales de La Plata, el tercer centenario de la primera edición del Quijote. Escribió numerosos artículos, conferencias, discursos, traducciones, etc. [328] Escribió para el teatro la obra *Lo que está* *de Dios...* Proverbio en un acto. La Habana. Imprenta La Propaganda Literaria. 1880. [329]

FOXÁ Y LECANDA, Francisco Javier:

República Dominicana. Santo Domingo, 1816 - ¿?

Se educó en Cuba. Aquí desarrolló su actividad cultural y literaria. Colaboró en diferentes revistas, entre ellas: *Revista de La Habana, El Artista* y otras publicaciones de la época. Introdujo el Romanticismo en el teatro en Cuba. Fue autor de los dramas: *Don Pedro de Castilla.* Drama histórico del siglo XIV, Habana (1838). *Enrique VIII* (1838), *El Templario* (1839) y la comedia: *Ellos son* (1838). La obra *Don Pedro de Castilla*, fue prohibida por la censura después de su segunda puesta en escena, por haber originado choques entre cubanos y españoles. *Enrique VIII* también fue prohibida al año siguiente. [330]

FRANCH, Francisco Javier:

España.

Se tienen pocas referencias biográficas. España, Valencia?-1868. En 1843 residió en Puerto Príncipe y fue redactor de *La Gaceta.* Publicó *Hugo de Oris.* [331] Drama en cuatro actos. Puerto Príncipe. Imprenta del Fanal. 1845. Se representó en el teatro de dicha ciudad en 1843, y fue favorablemente halagado por *El Lugareño*. En 1852 introdujo la Imprenta en San Juan de los Remedios y fundó *La Hoja Económica*. Más tarde se hizo cura de Taguayaban (Cuba). [332] Estrenó y publicó las siguientes obras dramáticas: ¡*Un amigo¡* Drama en cuatro actos. Puerto Príncipe. Imprenta del Gobierno y Real Hacienda.1840. *Hugo de Orís.* Drama en cuatro actos. Puerto Príncipe. Imprenta de *El fanal.* 1845. *Un paseo a Nuevitas o el camino de hierro.* Comedia. Se publicó en *El Fanal.* Enero 14 de 1846. [333] *Hermenegil-*

do.[334] Tragedia en tres actos. Puerto Príncipe. 1850. Imprenta de *El Fanal*; *La plaza de recreo*. Comedia.[335]

FRANSHIERE, Federico:

No se tienen referencias biográficas. Publicó la obra: *La Bella Otero*. Juguete lírico-cómico. La Habana.[336]

FUENTES MATONS, Laureano:[337]

Cuba. Santiago de Cuba.

Conocido como Lauro, nació el 3 ó el 4 de julio de 1825 y murió el 30 de septiembre de 1898. Músico, violinista y compositor, estudió en el Seminario San Basilio Magno. A los 15 años ganó por oposición la plaza de primer violín de la Catedral santiaguera. Fue alumno de Casamitjana en armonía, composición e instrumentación, dirigió, con éxito, a los 18 años de edad, una orquesta de ópera. Escribió poemas sinfónicos y algunas óperas. Ejerció la enseñanza y colaboró en la creación de periódicos y asociaciones musicales. A él se debe la publicación de la revista *Lira de Cuba*, donde dio a conocer sus composiciones. Escribió *Las artes en Santiago de Cuba* (1893). Publicó *Flores a María*, Imprenta y Papelería Isla de Cuba, 1876. Su música estuvo muy vinculada a la actividad teatral de Santiago de Cuba. Escribió las zarzuelas *El viejo enamorado* (1857), *Desgracias de un tenor o El Do de pecho* (1863), *La hija de Jefté* (representada por la compañía de zarzuela dirigida por Rosa Lloréns en 1875),[338] *Ismenia* y *Me lo ha dicho la portera*. Compuso abundantes piezas musicales para la escena;

musicalizó, con letra de Tomás Mendoza, la zarzuela *Dos Máscaras*.[339]

FUNES, Enrique Luis:

España.

Fue oficial primero de administración civil. No se han localizado otros datos biográficos. Se encontró la obra: *Últimas escenas*. Drama en tres actos y en verso. La Habana. Imprenta *La Propaganda Literaria*.1882. Se representó con éxito en mayo. *La mordaza*. *Drama. Crucificado*. Drama.[340]

Teatro Fausto

Inaugurado en 1915, fue reconstruido en 1938 como el Art Deco.

G

GARCÍA, Félix:

España.

Se tienen pocas referencias biográficas. Asturias. Residió en Cuba en los últimos decenios del siglo XIX. Fue dependiente de la tienda de ropas El Lazo de oro de Matanzas. Es autor de una pieza titulada: *Uno como los demás.* Comedia de costumbres en un acto y en verso. 1880. Habana. Imprenta del Ejército. 1880.[341]

GARCÍA A. E. M.:

No se tienen referencias biográficas. Publicó la obra: *Este coche se vende.* Quid-pro quo lírico, en un acto y en verso. Música de R. Estrellés. Estrenado con extraordinario éxito en el Teatro de Cervantes, La Habana, la noche del 14 de marzo de 1835.[342]

GARCÍA ALBURQUERQUE, Manuel:

Cuba.

Se tienen pocas referencias biográficas. Nació en Cuba. De raza negra. Estrenó una pieza titulada: *El jorobado de Guanabacoa.*[343] Juguete cómico en un acto. Habana. 1854. Manuscrito. *El adivino fingido o la traición de una mujer.*[344] Zarzuela en dos actos. Música Claudio Brindis e Salas. Habana. 1855. *Una tentación en sueño o el abad seducido.*[345] Drama en dos actos. Habana. 1856.[346]

GARCÍA CIAÑO, Carlos:

España. Villaviciosa, Asturias 1855.

Hijo de escritor y hermano de los también literatos Álvaro y María Teresa García Ciaño. Cursó Derecho en la Universidad de Oviedo. En su época de estudiante se da a conocer en la prensa asturiana como hábil versificador, se traslada más tarde a Cuba (1882) y se entrega decididamente a la actividad periodística. Colabora en distintas publicaciones, especialmente en *Diario de la Marina*, y funda con su hermana María Teresa el periódico asturiano *El Eco de Covadonga*. Cultiva sobre todo la poesía lírica -a veces en bable-, el artículo de costumbres y el cuento. Es autor de algunos trabajos teatrales con los que obtuvo cierto éxito: *El saltimbanqui.* Zarzuela, 1899. Recién llegado. Monólogo, 1904. *La vieja historia.* Comedia, 1909.[347]

GARCÍA COPLEY, Federico:

Cuba 1828 - 1890.

Nació en la ciudad de Santiago de Cuba. Los primeros años de su vida los pasó en el campo al lado de sus padres, los cuales se encargaron de su educación hasta los ocho años, en que se trasladaron a la ciudad en donde continuó sus estudios. Desde muy temprano, mostró entusiasmo decidido por la poesía y a los doce años compuso un cuaderno de versos. Más tarde, y por iniciativa de Don Luis A. Baralt y Don Manuel Valiente, vieron la luz, por primera vez, los versos de "A una Mariposa". Durante su vida ha publicado infinitas composiciones de indisputable mérito. Se destacó como escritor prosista. León Estrada, en su Santiago Literario, señala, que por "su carácter retraído y modesto (nunca se ocupó de)(...) coleccionar y dar a la estampa sus numerosísimas composiciones."[348] Sus versos gozaron de gran popularidad. Escribió para el teatro: *Vive Cupido* (Melopea) (1867).

GARCÍA DE LA HUERTA, Joaquín:

Cuba. La Habana 1825 - 1875.

No se tienen otras referencias biográficas. Publicó poesías y cuentos. Para la escena compuso las obras: *Muchos viejos*. Juguete cómico en verso. La Habana. Imprenta de Barcina. 1850. *El rasgo noble de Bravo*. Drama, 1856.[349]

GARCÍA DE LA LINDE, Juan Manuel:

Se tienen pocas referencias biográficas. Falleció en 1887 en España. Fue médico militar y ejerció también como catedrático de Instituto. Estrenó en Puerto Príncipe la obra: *Hipocresía*. Comedia en tres actos. Puerto Príncipe. Imprenta de El fanal. 1865.[350] *La sonrisa de un ángel*. Comedia en un acto y en prosa. La Habana, Imprenta del Comercio. 1866.[351]

GARCÍA GALÁN, José:

España. San Miguel de Quiloño, Castrillón , Asturias 1856 - Pola de Siero 1941.

Hijo de una familia de agricultores, siguió estudios eclesiásticos, que abandona para emigrar a Cuba, donde sienta plaza de soldado. De regreso a la península, ingresa de nuevo en el Seminario y se ordena de sacerdote. Sus aficiones literarias datan de la época de Cuba y rebrotan en distintas ocasiones. Colaboró en la prensa ovetense. Siendo soldado en la isla caribeña, escribe dos juguetes cómicos de ambiente cubano que se representaron en España a su vuelta; pero que no trascendieron más allá de los círculos próximos al autor. Títulos: *El negro fiel*. Juguete cómico; y *Las pulgas en verano*. [352]

GARCÍA CIAÑO DEL CANTO, Carlos:

España. Villaviciosa, Asturias 1855 - Puentes Grandes, La Habana 1925.

Poeta, dramaturgo, periodista y narrador. Después de haber realizado estudios de Derecho en la Universidad de Oviedo, en 1882 se trasladó a La Habana y ese mismo año fundó y comenzó a dirigir el órgano dirigido a la colonia asturiana *El Eco de Covadonga*. Más tarde, dirigió también los semanarios: *La Montera* (1885), escrito en bable, y *El Curioso* (1888). Hermano político de Nicolás Rivero, colaboró con él en algunas empresas periodísticas y cuando este fue nombrado director del *Diario de la Marina*, ingresó en su redacción y comenzó a escribir la sección "Chirigotas", que vio la luz durante muchos años. Integró la directiva de la Asociación de la Prensa de Cuba de 1904. Su comedia en tres actos y en verso *La eterna historia* se representó en el Teatro Nacional en 1909 y el periódico *El Tiempo* la publicó en folletines al año siguiente. Colaboró, además, en *Cuba y América, El Hogar, Diario de la Familia, Diario del Ejército, El Triunfo, El Fígaro, Airiños da Miña Terra, Asturias y Escuela y Hogar* (Güines). Sus poemas fueron incluidos en la Antología: *Los argonautas* (1924). En el *Diario de la Marina* empleó el seudónimo C. Entre sus títulos dramáticos se encuentran: *Los saltimbanquis*. Zarzuela en dos actos y cinco cuadros en prosa y verso, arreglada de una novela francesa. Música del maestro Ignacio Cervantes, 1899.[353] *Recién Llegan*. Monólogo, 1904. Escrito para la Sociedad Asturiana de Beneficencia. Puesto en escena en el Teatro Nacional. Recitada por el actor cómico Señor Nan de Allariz. Habana. Imprenta La Prueba. 1904. *La vieja historia*. Comedia en tres actos y en versos. Se representó en el Teatro Nacional en 1909 y se publicó en folletines de *El Tiempo*, en 1910.[354]

GARCÍA GUTIÉRREZ, Antonio :[355]

España. Chiclana, Cádiz 1813 - Madrid 1884.

Importante dramaturgo español. Alistado en el ejército estrenó su obra *El Trovador*. El triunfo fue total, y el público, por primera vez, obliga al autor a que salga al escenario al final de la representación para saludar. Se le concedió la licencia absoluta para que se dedicara a escribir teatro. Vivió en América durante cinco años, y desempeñó misiones consulares o semejantes en Inglaterra, Bayona y Génova. Fue también director del Museo Arqueológico Nacional y Jefe de la Biblioteca Nacional y del Cuerpo de Archiveros y Bibliotecarios. Perteneció a la Real Academia Española de la lengua. Publicó poesías líricas; pero su labor literaria se desarrolla básicamente en torno a la actividad teatral. De su autoría fueron representadas en Cuba: *Dos a Dos*. Comedia en un acto Propiedad del Círculo literario. Censurada para el Teatro de Tacón el 4 de noviembre de 1851. *El tesorero del rey*. Drama en cuatro actos de don Antonio García Gutiérrez y de don Eduardo Asquerino. Representado en el teatro Español el 27 de Setiembre de 1850. Madrid, 1850. Imprenta de S. Omaña. Censurado para el teatro de Tacón el 13 de junio de 1851. Fueron prohibidas por el Censor de los Teatros de La Habana, las representaciones de sus obras: *El bastardo*. Drama original en cinco actos, *El encubierto de Valencia*. Drama en cinco actos y en verso, *Juan Dándolo*. Drama en tres actos y en verso con don José Zorrilla. Madrid 1839. *La muger valerosa*. Drama original en cuatro actos y en verso. Mérida de Yucatán. 1845. Representada en el Teatro de Tacón con arreglo de su mismo autor: *La*

ópera y el sermón. Comedia en dos actos, escrita en francés por Mr. Laurencin (traducida libremente por don Antonio García Gutiérrez. Madrid 1843. *El page*. Drama en cuatro jornadas, en prosa y verso. *Samuel*. Drama en cuatro actos, en prosa y verso. *Simón Bocanegra*. Drama en cuatro actos precedido de un prólogo por el propio García Gutiérrez. Madrid 1843. (Lo reformó después su mismo autor para representarse en el Teatro de Tacón, permitiéndose así. Se representó, además, *Los amores del diablo*. Comedia en dos actos, traducida libremente del francés y arreglada para representarse en el Teatro Tacón por Gutiérrez. Habana. 1844. Tradujo *Calígula*. Drama en cinco actos, precedido de un prólogo por Alejandro Dumas. Fueron representadas con enmiendas: *La dama y el capitán*. Comedia original en tres actos y en verso. Habana, 1845. *De un apuro otro mayor*. Comedia en dos actos. Madrid. 1843. *Magdalena*. Drama original en cinco actos en prosa y en verso. Madrid. 1837.[356]*La culpa y la expiación*.[357] Drama en tres actos. Traducido libremente y arreglado para el Teatro Tacón de La Habana por Don A. García Gutiérrez. Habana. Imprenta de Vidal y compañía, 1844. *Mazalmie o el genio de las tumbas*.[358] Comedia de magia en tres actos. Habana. 1844. *Los amores del diablo*.[359] En Santiago de Cuba, fueron representadas: *Los hijos del Tío Tronera* (Parodia del famoso drama *El Trovador*, escrito en francés por D. Antonio García Gutiérrez; *La Segunda Gracia de Dios* (Arreglado por Antonio García Gutiérrez), *El Grumete, zarzuela; La gracia de Dios*, drama sentimental; *El Trovador*, drama; *Un duelo a Muerte*,[360] drama. Representó en Santiago de Cuba: *Los hijos del Tío Tronera* (Parodia del famoso drama *El Trovador,* escrito en francés por D. Antonio García Gutiérrez), *La Segunda Gracia de Dios* (Arreglado por Antonio García Gutiérrez) (1850), Compañía de los Señores Robreño,

El Grumete, zarzuela (1855) Compañía de Zarzuela Ventura Mur; *La gracia de Dios*, drama sentimental (1860) Compañía de los Señores Robreño, (1862) Compañía de Madrid de Doña Fernanda Llanos de Bremón; *Un duelo a Muerte*, drama (1862) Compañía de Madrid de Doña Fernanda Llanos de Bremón.[361]

GARCÍA Y HECHAVARRÍA, Sergio:

No se han localizado muchos datos biográficos. Escritor de finales del siglo XIX. Nació en España (Asturias). Vivió muchos años en Cuba, La Habana, donde estrenó diferentes obras de teatro; entre ellas: *La morada del llanto* (1880). *Xuanín o el gato montés* (1885). *Una romería en Mieres* (1886) y *El convite del letrado* (1886).[362]

GARCÍA MENDOZA, Alberto:

No se tienen referencias biográficas. *Tres Monólogos* (Guines, 1912): *El Monje de San Bernardo, Madre y Perseguida.*[363]

GARCÍA PÉREZ, Luis:

Cuba. Santiago de Cuba ¿ ? 1832 - Alvarado, México 1893.

Poeta y educador. Se estableció en Matanzas. Al comienzo de la Guerra de los Diez Años organizó la fabricación de explosivos para las fuerzas libertadoras. Descubierto, en 1870, huyó a México. Pasó gran parte de su vida en Alvarado, donde dirigió un colegio de segunda enseñanza entre 1870 y 1878, y más tarde, entre 1885 y1893. En los juegos Florales del Liceo de Matanzas, en 1882, fue premiado su poema «Carlos Manuel de Céspedes», presentado bajo el título «Marcos Botzaris, libertador de Grecia». Su poema «El cementerio de campo» apareció publicado en la *Entrega literaria*, de Caracas. Es autor de un *Tratado de teneduría de libros y de una Aritmética, así como de Nociones de geografía,* una Historia universal en dos tomos, una *Cosmografía,* dos tomos de *Elocución práctica* y una *Retórica y poética,* escritos en Alvarado casi todos como textos para el colegio antes mencionado. Tradujo cuentos del inglés y del francés. En Alvarado, escribió la obra de teatro, titulada: *El grito de Yara*. Drama en verso en cuatro actos. New York. Imprenta de Hallet y Breen, 1879; Veracruz (México), Tipografía El Progreso, 1900.[364]

GAVALDÁ, Gustavo F. de:
Cuba.

Fue gacetillero de *La Discusión* en 1881. Redactor de *El Popular* en 1887. Director de *La Ilustración de Key West en 1890. Sufrió la pena de deportación* en 1897 y residió en Nueva York. Escribió los siguientes títulos: *Un ardid de amor*. Juguete cómico en un acto. 1882. *Lucrecia Boruga*. Juguete cómico en un acto. 1882. *La mulata Micaela.* Juguete cómico en un acto. 1882; *El panorama del diablo*. Juguete cómico en un acto. 1882. *Por error*. Juguete cómico en un acto. 1882. *La señora está acostada*. Juguete cómico en un acto. 1882. *Sociedad de seguros.* Juguete cómico en un acto. 1882.[365]

GÁVER, Miguel de:[366]

No se han encontrado referencias biográficas. Se localizó el título: *El Marido cazuelero*; juguete cómico en un acto, Nueva Orleans, 1868.[367]

GAVITO, Francisco:[368]
México - Cuba.

No se han encontrado otras referencias biográficas. Se localizaron los títulos: *El desengaño a tiempo*. Pieza en un acto. Nueva Orleáns. Imprenta de A. Crebassol, 1836. Gonzalo de

Córdova. Drama original en cuatro actos y en verso. La Habana. Imprenta de R. Oliva. 1839. *Ya no me caso*. Pieza en un acto. La Habana. Imprenta de Oliva. 1839.[369]

GAY, Ramón:

España.

No se han localizado otros datos biográficos. Se encontró la obra: *Por la bandera de España*. Comedia en dos actos y en prosa. Habana. Imprenta El Iris. 1870. La casa del voluntario. Comedia en un acto. 1869.

GELT, Marcos:

No se tienen referencias biográficas. Estrenó en La Habana una comedia titulada: *Con mal principio buen fin*. Comedia en tres actos y en versos (1853). *Vale mal conocido que bueno por conocer*.[370] Comedia en tres actos, Habana. Fue prohibida.[371]

GENER, Lorenzo:

España.

Se tienen pocas referencias biográficas. Nació en Cádiz[372] y estrenó en La Habana un drama titulado: *Lanzarote o Los rivales*.[373] Drama en un acto y tres cuadros en versos. Habana. Oficina del Faro. 1845.

GIBERGA, Eliseo:

Cuba. Matanzas 1854 - 1916.

Hijo de un médico catalán, desde muy joven se trasladó a Barcelona, donde cursó la carrera de abogado. Fue fundador del Colegio de Abogados de La Habana. En la Universidad de la Habana se graduó de Doctor en Filosofía y Letras en 1884. En el certamen del Colegio de Abogados, de 1884 a 1885, fue premiada su memoria Influencia de la Administración de justicia en el bienestar de los pueblos. Desarrolló una intensa vida po-

lítica como diputado a Cortes y diputado del Congreso Insular tras el establecimiento del gobierno autonomista en 1898, fundador del Partido Unión Democrática y participante en la Convención Constituyente en 1901. En los primeros años de la República fue representante de Cuba en la inauguración del Palacio de las Repúblicas Americanas y en el centenario de las Cortes de Cádiz (1912). Es coautor de *El problema colonial contemporáneo* (Madrid, Est. Tip. de A. Avrial, 1895). Usó los seudónimos Un matancero y Ramón Unceta.[374] Escribió para el teatro un monólogo en verso titulado: *Fernando de Herrera*. Monólogo. Habana. Imprenta El Eco Militar. 1885.[375]

GIACOMETTI, Pablo:

1816-1882.

Trelles relaciona el siguiente título: *Cautiverio, regreso y muerte de Cristóbal Colón*. Drama histórico en prosa, en cuatro actos. Extractado libremente al castellano por Santiago Infante de Palacio. Habana. Imprenta de Lagriffoul. 1874.[376]

GIL, Luis José:

No se han localizado datos biográficos. Estrenó en La Habana: *Amor y usura*. Pasatiempo cómico–dramático en un acto y en verso. La Habana. Tip. Del Pilar. 1874.Representado en la Sociedad española del Pilar, el mes de enero de 1874.[377]

GIL Y BAUS, Isidoro:

España. Madrid 1814 - 1866.

Dramaturgo español del Romanticismo. Usó a veces el seudónimo de "Isidoro Gali y Busa". Muchas veces compuso piezas teatrales con otros autores amigos suyos.[378] En la ciudad de

Santiago de Cuba, fueron representadas sus traducciones del francés: *El rey y el aventurero* o *Don César de Portugal* y *El Proscripto* (de Francisco Soulié) en 1850 por la Compañía de los Señores Robreño.[379]

GIL Y ZÁRATE, Antonio:

España. El Escorial, Madrid, 1 de diciembre de 1793 - Madrid 1861.

Dramaturgo y pedagogo español. Algunas de sus tragedias fueron prohibidas por la censura eclesiástica y él mismo sufrió persecuciones y exilio. Fue ateneísta y miembro de las Academias de la Lengua (desde 1841 hasta su muerte) y de Bellas Artes. Asimismo tuvo la cátedra de Historia del Liceo Artístico y Literario de Madrid. También recibió la gran cruz de Isabel la Católica en 1851. En 1856 fue nombrado subsecretario del Ministerio de la Gobernación. Algunas de sus obras dramáticas fueron representadas en la sociedad El Liceo. Definió su fórmula dramática en Teatro antiguo y moderno (1841). En la actualidad se considera a Antonio Gil y Zárate como un dramaturgo complejo e injustamente postergado.[380] En la ciudad de Santiago de Cuba, fueron llevadas a escena: *Carlos II, el hechizado* o *Los horrores de la Inquisición*, drama histórico, en 1862 por la Compañía del Sr. Pablo Pildaín; *Guzmán el bueno*, drama histórico, en 1855 (no se registra la compañía) y en 1866 por la Compañía de José Robreño.[381]

GIMÉNEZ, Joaquín:

No se tienen sus datos biográficos. Se localizaron los títulos: *El Doctor Canuto.* Comedia en un acto. Habana. 1849. *María o la hija de un jornalero.* Comedia, 1849. Representada antes en España.[382]

GINER, J. A.:

No se tienen referencias biográficas. Estrenó en La Habana una comedia titulada *La clásica y el romántico* (1893). [383]

GIRALT, Francisco:

No se tienen referencias biográficas. Trelles relaciona dos títulos: *Amor y hambre.* En un acto. *El hijo de Garabato.* En un acto. [384]

GIRALT ALEMANY, Pedro:

España. Villanueva y Geltrú, Barcelona 1856 - La Habana, Cuba 1924.

De humilde origen, en su juventud trabajó como cerrajero y maquinista. Emigró a Cuba en 1873. Después de desempeñar diferentes oficios, se introdujo en la vida del periodismo donde desarrolló una importante labor. Fundó algunas publicaciones. Colaboró en *El Progreso de Cárdenas, Diario de la Marina, El Comercio,* entre otras. Publicó poesías, novelas y estudios críticos. Como autor teatral, se han localizado: *Tutti Contenti.* Comedia, 1910. *Una dama entre dos fuegos,* 1911.[385]

GOMES, Antonio Carlos:

Brasil 1836 - 1896.

Músico. Publicó *El guaraní.* Ópera en cuatro actos. Letra de C. Albertti y música del propio autor. Habana. Imprenta de la Vda. De Barcina. 1878.[386]

GÓMEZ, José Benito:

No se han localizado datos biográficos. Se encontró la obra: *La mano de Dios o el triunfo de la conciencia.* Drama en tres actos y en verso. Imprenta de Howson y Heinen (1883). La Habana. Estrenado en La Habana.[387]

GÓMEZ COLÓN, José María:

No se han localizado datos biográficos. Se encontró la obra: *Una boda entre dos tuertos.* Juguete cómico en un acto y en verso. Habana. Imprenta de Barcina. 1854.[388] Para representarse en la función, que la Sociedad Lírico Dramática de San Antonio de Los Baños, dio a beneficio de un reloj público en la misma villa. Habana. Imprenta de Barcina.1854. Un político.[389] Comedia en prosa y en dos actos, dedicada al excelentísimo señor, Mariscal de Campo Comandante General del departamento Oriental en la Isla de Cuba, D. Joaquín del Manzano. Santiago de Cuba. Imprenta de M. A. Martínez, 1852.

GÓMEZ DE AVELLANEDA, Gertrudis:[390]

Cuba. Puerto Príncipe 1814 - Madrid 1873.

Hija de un Oficial de la marina española y de una camagüeyana. Antes de cumplir los nueve años, ya escribía versos. Pronto compuso novelas y dramas. Se distinguió como actriz en funciones de aficionados. En su ciudad natal estudia francés y realiza abundantes lecturas, sobre todo de autores españoles y franceses. En abril de 1836 sale de Cuba hacia Europa con su padrastro, también militar español, y su madre. Después de una corta estancia en Burdeos, reside un año en La Conina y más tarde en Sevilla, donde conoce a Ignacio Cepeda, con el que tiene amores frustrados. Por esta época, empieza a publicar en revistas y periódicos, estrena su primer drama: *Leoncia*, 1840, y es acogida por los liceos de Sevilla, Málaga y Granada. Fue amiga de Lista, Gallego, Quintana, entre otros importantes escritores de su época. En el Liceo de Madrid es recibida como Socia de Literatura. Probablemente hacia 1844, comenzaron sus amores con el poeta Gabriel García Tassara, con el que tiene una hija, que muere a los pocos meses de nacida (1845). En junio del mismo año obtiene los dos premios: uno, utilizando como seudónimo el nombre de su hermano Felipe de Escala, en un certamen poético organizado por el Liceo. Al año siguiente contrae matrimonio con Pedro Sabater, que muere en Burdeos apenas tres meses después. Tras un retiro conventual, la Avellaneda vuelve a Madrid y despliega una intensa actividad intelectual. Entre 1846 y 1858 estrena en teatros de Madrid, a veces con gran éxito, no menor de trece obras dramáticas; entre ellas: *Hortensia* (1850), *Los puntapiés* (1851) y *La Sonámbula* (1854), no impresas, y actualmente pérdidas. Hacia 1853 intenta ingresar en la Academia Española; pero le es denegada la solicitud por ser mujer. Por esa época, rompe definitivamente con Cépeda. Dos años después se casa con el coronel Domingo Verdugo, conocida figura política, que en 1858 es víctima de un atentado; en la convalecencia de las heridas recibidas, viaja con su esposa por distintos lugares de Francia y España; y posteriormente, es designado para un cargo oficial en Cuba, por lo que la Avellaneda regresa a su isla natal. Aquí se le tributa un homenaje nacional en el Teatro Tacón de La Habana el 27 de enero de 1860, en el que fue coronada por la poetisa Luisa Pérez de Zambrana. La Avellaneda dirige en La Habana la revista *Albún Cubano de lo bueno y de lo bello* (1860). En unión de su esposo realiza un recorrido por varias ciudades de la isla, incluyendo Puerto Príncipe, en donde es también homenajeada. En octubre de 1863 muere Verdugo en la Ciudad de Pinar del Río. Posteriormente parte la Avellaneda con su hermano Manuel hacia Estados Unidos, pasa por Londres y París.

Regresa a Madrid en 1864. Durante los cuatros años siguientes reside en Sevilla. Entre 1869 y 1871 se dedica a cuidar la edición revisada de sus *Obras Literarias.* Colaboró en diferentes publicaciones periódicas: *El Cisne,* (Sevilla, 1838) *La Alhambra* (Granada, 1839). *La Aureda* (Cádiz 1839), *El Recreo Campos Telano* (Santiago de Compostela); *Álbum Literario Español; El Laberinto, Revista de Madrid, El Globo,* entre otras. Prologó el *Viaje a la Habana* (1844), de la Condesa de Merlín, dos novelas de Teodoro Guerrero (1857, 1864) y el *Tomo de Poesías* (1860) de Luisa Pérez de Zambrana. Tradujo poemas del francés. De las traducciones de su obra, pueden citarse dos ediciones en Inglés de su drama *Baltasar* (New York, 1908 y London, 1914), La traducción también al Inglés, de *Guatimozín, último emperador de México* (México, 1898) y *de las cartas de amor* (La Habana, C. 1956) Utilizó el seudónimo de "La peregrina". Escribió para el teatro: *Alfonso Munio.* Tragedia en cuatro actos. Madrid, Imprenta De José Repullés, 1844; *El Príncipe de Viana.* Drama trágico en cuatro actos y en versos. Madrid, Imprenta de José Repullés, 1844); *Egilona.* Drama trágico en tres actos y cuatro cuadros. Madrid, Imprenta De José Repullés, 1845; *Saúl.* Tragedia bíblica en dos actos. Madrid, Imprenta de José María Repullés, 1849. *Flavio Ricardo.* Drama en tres actos y en variedad de metros. Madrid, Imprenta de José María Repullés, 1851; *El donativo del diablo.* Drama en tres actos y en prosa. Madrid, Imprenta A cargo de C. González, 1852. *Errores del corazón.* Drama en tres actos y en prosa. Madrid, Imprenta De José María Repullés; 1852; México, 1853. *La Hija de las Flores; o, Todos están locos.* Drama en tres actos y en versos. Madrid, Imprenta a cargo de C. González, 1852; Madrid, Imprenta De C. González 1859. *La verdad vence apariencias.* Drama en verso, dos actos y un prólogo. Madrid, Imprenta

De José María Repullés, 1852. *La Aventurera.* Drama en cuatro actos y en verso. Imitación de la comedia francesa de igual título y en cinco actos. Madrid, Imprenta a cargo de C. González, 1853; Valparaiso, Imprenta y Librería del Mercurio, 1862; *La Hija del Rey René.* Drama en un acto, arreglado del francés. Madrid, Imprenta De José Rodríguez, 1855. *Oráculo de Talía; o, Los duendes en el palacio.* Comedia en cinco actos y en verso. Madrid, Imprenta de José Rodríguez, 1855; *Simpatía y Antipatía.* Comedia en un Acto. Madrid, Imprenta De José Rodríguez, 1855. *Baltasar.* Drama Oriental en cuatro actos y en verso. Madrid, Imprenta de José Rodríguez, 1858, 2da. Ed. Id., Drama bíblico. Bogotá, 1858. *Los Tres Amores.* Drama en tres actos precedido de un prólogo, Madrid, Imprenta de José Rodríguez, 1858. *Catilina.* Drama en cuatro actos y en versos. Refundición del escrito en francés y en prosa, con igual título por los señores Dumas y Maquet. Sevilla , Imprenta y Librería de Antonio Izquierdo, 1867. *Leoncia.* Drama. Madrid Tip. *De la Revista de Archivos, Biblioteca y Museos,* 1917; Teatro. La Habana, Consejo Nacional de Cultura, 1965.[391] Se llevaron a escena, en Santiago de Cuba: *Aventuranza*[392] y *La hija del rey René*, por la Compañía de Madrid de Doña Fernanda Llanos de Bremón, en 1862. [393]

GONZÁLEZ, Antonio:

No se tienen referencias biográficas. Estrenó en Matanzas, Cuba, una comedia[394] titulada: *Los dramaturgos del día.*[395] Comedia en un acto en prosa y en verso. Matanzas. Imprenta El Ferrocarril. 1880.

GONZÁLEZ, Manuel Dionisio:
Cuba. Santa Clara 1815 - 1883.

Estudió en su ciudad natal donde fue regidor. Cursó Filosofía en el Seminario de San

Carlos, de La Habana. Trabajó en Santa Clara como oficial cartulario. Cofundador de la publicación *La Alborada*, fue redactor de varios periódicos y revistas: *Eco de Villaclara, El Alba, La Guirnalda Literaria*. etc. Fue condecorado con la Cruz de Caballero de la Orden de Carlos III. Escribió: *El indio de Cubanacán o las Brujas de Peña Blanca* (1852) y *Memoria histórica de la villa de Santa Clara y su jurisdicción* (1858). Cultivó la poesía. Colaboró en *La Alborada, El Alba de Villa Clara*, y *El Sagua* y fue cofundador de *La Guirnalda Literaria*. En su labor como dramaturgo llevó a las tablas las siguientes obras: *Idealismo y realidad.*[396] Comedia de costumbres en tres actos y en versos, con *E. Capiro y Miguel Jerónimo Gutiérrez* (1848). *El judío errante* (unipersonal inédito);[397] también en colaboración con Gutiérrez, ambas representadas en Santa Clara y *Sobre todo mi dinero* (1848), etc.[398]

GONZÁLEZ, Nicanor A.:

Cuba. Matanzas 1842 - 1898.

Poeta y literato. Trabajó como maestro. Fue colaborador en *La Libertad* y *Diario de Matanzas* (1879). Fundó y dirigió todos los números de la revista literaria *El Pensamiento* (1879-1880). En 1893 era director del colegio *El Estudio*, de Santa Isabel de las Lajas (Las Villas). Es autor de poemas publicados en la *Revista de Cuba*. Colaboró. Utilizó el seudónimo Corino Gazzannel. En ocasiones firmaba sólo con su nombre. Escribió para el teatro: *El éxito de un Drama.*[399] Ensayo escénico en cinco actos y un prólogo. Matanzas, Sedano y Hernández, Imprenta Galería Literaria. 1883. Matanzas.[400]

GONZÁLEZ COSTI, Luis:

España. Córdova, Andalucía 1875 - Cienfuegos, Las Villas 1923.

Ensayista, periodista, lexicógrafo, dramaturgo, conferencista. En Madrid, Sevilla y Córdova realizó los primeros estudios y fue enviado a Cuba como miembro del ejército colonial. Tomó parte en combates y recibió la Cruz del Mérito Militar; pero debido a la publicación de varios artículos periodísticos en los cuales se mostraba partidario de la autonomía de Cuba, el general Arolas ordenó su encarcelamiento en la Fortaleza de la Cabaña. En octubre de 1898 se fugó de la cárcel y se refugió en Remedios. Colaboró entonces en algunos periódicos de esta región villareña, como *El Productor* y *Democracia*. Ambos de Sagua la Grande. Después se estableció en Cienfuegos, donde ocupó la jefatura de redacción de *La Correspondencia* durante varios años y dirigió *España y América* (1907). En 1908 marchó a La Habana, ingresó como redactor en LUE y se le nombró secretario del Círculo Andaluz; pero al poco tiempo estaba de nuevo en Cienfuegos. Al visitar esta ciudad el Catedrático Rafael Altamira en 1910 le ofreció el discurso de bienvenida. Dirigió el Semanario *La Lectura* (1911) y el mensuario *La Propaganda* (1915). En Sagua Teatral, publicó el Juguete cómico lírico: *En el pecado la penitencia*. Música del Maestro Antonio Fabre y Rueda. Imprenta El Comercio, Sagua, 1896.[401] Colaboró, además, en Sagua Cómica y en Orto (Manzanillo). Empleó los seudónimos El Conde Fénix y Luis G. Costi. En 1923 asistió al Congreso Español de Ultramar celebrado en España, como Comisionado de la Cámara de Comercio de Cienfuegos.[402]

GONZÁLEZ DE MESA, Narciso:

España.

No se tienen otras referencias biográficas. En la Biblioteca Nacional de España se encuentran sus *Ensayos Poéticos*[403] y *Veladas. Poesías.*[404] Escribió para el teatro: *Los celos, nunca el honor*; drama en tres actos y en verso. Habana, Librería de José Valdepares, 1891. *Diana*. Drama en cuatro actos y en prosa. Ilusiones al viento, monólogo en un acto y en verso. *La Soberbia*, comedia en tres actos y en verso. *Las que ríen y las que lloran*.[405] Drama en cuatro actos y en prosa. Madrid. Imprenta de José Rodríguez. 1890. El prólogo fue escrito en La Habana y la obra está dedicada a José Fornaris.

GONZÁLEZ DEL CASTILLO, Juan Ignacio:

España. Cádiz 1763 - 1800.

Comediógrafo español. Hijo de Luis González y Juana Castillo, hidalgos pobres. Trabajó como apuntador en el Teatro Principal de Cádiz; allí estrenó también sus famosísimos sainetes; a los dieciséis años de su corta vida era ya el autor preferido de los públicos de Cádiz, San Fernando y Sevilla. Fue maestro de Juan Nicolás Böhl de Faber. Estuvo casado con Ana Benítez; se le persiguió por creérsele partidario de la Revolución francesa; pero su liberalismo se concentró en frases declamatorias en el poema *La Galiada* y en la tragedia *Numa*. Criticó las costumbres en la comedia *La madre hipócrita*.[406] Se representaron en Santiago de Cuba, los sainetes: *El soldado fanfarrón* y *El payo de la carta,* en 1855. *La cura de los deseos y varitas de virtudes*, en 1862, por la Compañía de Madrid de Doña Fernanda Llanos de Bremón. [407]

GONZÁLEZ DEL VALLE, Emilio Martín:

Cuba. La Habana 1853 - Córdoba, España 1911.

Vivió desde los diez años de edad, y durante la mayor parte de su vida, en Oviedo (España). En su Universidad cursó Derecho y Filosofía y Letras. Se doctoró en la Universidad Central de Madrid. Desempeñó cátedra en la Universidad de la Habana. Dos veces fue diputado a Cortes. Fue elegido para el Senado por la provincia de Lérida. Fue miembro correspondiente de la Real Academia Española de la Historia, académico profesor de la de Jurisprudencia y jefe superior honorario de Administración Civil. Relacionado con la vida política del momento, fue designado jefe del Partido Liberal Asturiano en 1893. Al final de su vida se alejó de toda actividad política. Colaboró en *Novedades* y en *La Moda Elegante*, de Cádiz. Ostentó el título de Marqués de la Vega de Anzo. Utilizó los seudónimos Alamur y Ricardo de las Cabañas, y su nombre Emilio Martín. Entre sus obras se conserva un pasillo dramático que fue estrenado en Grado y publicado en Oviedo, en 1884. Su título: *Los amores de Tesaida* (1884).[408]

GONZÁLEZ MURIOLIS, Miguel:

No se tienen sus datos biográficos. Se localizó el título: *Boabil*. Drama lírico en tres actos, música de D. Baltasar Saldoni. Habana. Tip. De J. M. Barcina. 1855.[409]

GONZÁLEZ SÁNCHEZ, Flaviano:

No se tienen sus datos biográficos. Se localizó el título: *El Eterno Judas*, drama en cuatro actos. Habana, 1912.

GONZÁLEZ SANTOS, Francisco:

Se conoce que estrenó y publicó: *Debajo de una mala capa*. Proverbio en un acto y en verso. La Habana. Imprenta La Propaganda Literaria. 1879.[410]

GONZALO ROLDÁN, José:

Cuba 1822 - 1856.

Poeta. Nació en La Habana. En el hogar aprendió las primeras letras. Realizó sus estudios en el Seminario de San Carlos. En 1837, se dio a conocer por un poema titulado: "A Duclos" en El Trovador. Colaboró en diferentes periódicos: *La Prensa, Diario* de La Habana, El Faro Industrial, entre otros. En 1846 fundó, con Rafael María de Mendive, la publicación periódica *Flores del Siglo*. Se gradúa de abogado en la Universidad en 1848 y pasa a Cárdenas, Matanzas, para ejercer su carrera. Desde 1849, vivió en Cárdenas. Murió en La Habana víctima de la tuberculosis. Escribió para el teatro: *El secreto de honor. Amores de temporada.* [411]Comedia en un acto. El Faro, La Habana, 31 de octubre. De su teatro inédito se sabe que publicó una escena en el *Diario de La Habana.*[412]

GOUNOD, Charles François:[413]

Francia 1818 - 1893.

Prolífico y respetado compositor frances. Su catálogo incluye obras en todos los géneros, tanto sacras como profanas. Considerado el músico más importante del siglo XIX. Fue director del Orpheón de París, entre 1852 y 1860. Su éxito llegará con la ópera Fausto en 1859. Gounod es conocido sobre todo como el autor de la ópera *Fausto* y de la famosa *Ave María*, basada en la música del primer preludio del *Clave bien temperado* de Johann Sebastian Bach. Compuso el *himno de la Ciudad del Vaticano*. Se destacó tanto en su obra operística como en la religiosa.[414] Se encontró el Drama lírico en cinco actos: *Faust*. Música de Gounod. Imprenta Militar de M. Soler. 1866. En la ciudad de Santiago de Cuba, fueron representadas, varias de sus óperas: *Romeo y Julieta* (1860) por la Compañía de Opera italiana, 1864, Compañía de Torrecillas; *Fausto,* por la Compañía de ópera italiana. Empresa Ponceña, 1884. Empresa Dramática Juvenil, 1889. *Sappo*, Co de zarzuela Maestro Ruperto Chapi, 1887.[415]

GOVANTES Y VALDÉS, José Joaquín:

Cuba. La Habana 1835 - 1881.

Hijo del jurisconsulto José Agustín Govantes. Colaboró en *Aurora* y *Aguinaldo Habanero* (1865). En 1868, después de iniciada la revolución en Yara (Oriente), se trasladó a Nueva York, desde donde trabajó en favor de Cuba. Al comienzo de la Guerra de los Diez Años marchó a la emigración, donde fue eficaz colaborador de Francisco Vicente Aguilera, y, en 1876, fundó el periódico *La Voz de la Patria*, que dejó de salir en 1877. Escribió dos libros de versos: *Horas de amargura* (1865) y *Poesías de José Joaquín Govantes* (1867). Como dramaturgo publicó: *Una vieja como hay muchas*. Comedia en un acto y en verso. La Habana, La Intrépida, 1865.[416]

GRANDE Y ARBIOL, José María:

España. Madrid 1810 - 1895.

Sacerdote y predicador notable. Vivió durante algún tiempo en Cuba al lado de un tío suyo. Allí surgió su vocación sacerdotal. Tomó parte en certámenes literarios, escribió muchos sermones y compuso varias comedias, la mayor parte de las cuales, según parece, quedaron inéditas. Solamente se conoce un titulo: *El hambre y la necesidad.* Juguete cómico, 1868.[417]

GÜELL Y RENTÉ, José:[418]

Cuba. La Habana 1818 - Madrid 1884.

Estudió en el colegio Buenavista, recibió el Bachillerato en Filosofía en el Seminario San Carlos. En 1838 se graduó de Doctor en Derecho Civil en la Universidad de Bar-

DON JOSE GÜELL Y RENTÉ. OF CUBA.

celona. Fue condiscípulo de Carlos Manuel de Céspedes. De regreso a La Habana publicó *Amarguras del corazón*,[419] Habana, Impr. del Gobierno y Capitanía General, 1843, que reeditaría posteriormente con el título de *Lágrimas del corazón*. Ese mismo año viajó a Italia, y en 1848 conoce a Doña Josefa Fernanda, hermana del rey consorte D. Francisco de Asís, con quien se casa en contra de la voluntad de la familia, que la priva de todos sus privilegios. Fue desterrado y se trasladó a Francia, donde residió cuatro años y conspiró en favor de O'Donnell y Espartero. En 1854 colaboró en la sublevación de Valladolid. Fue elegido por esta misma ciudad diputado para las Cortes Constituyentes. En 1856 emigró de nuevo a Francia en unión de Prim, Castelar y otros. Colaboró en La Guirnalda (1842), de Matanzas, y, durante su estancia en España, en los periódicos madrileños *El Heraldo, El Tiempo, Clamor Público, Ilustración Española y Americana* y *La América*. Después de la Paz del Zanjón, en 1879, fue electo senador por la Universidad de La Habana. Desde ese cargo abogó por la abolición y renovó el proyecto para un edificio para la Universidad. Escribió algunos de sus libros en francés. Varias de sus obras fueron traducidas al francés y al italiano. Murió en España; pero por su voluntad, sus restos fueron traídos para Cuba. Publicó para el teatro: *Don Carlos*. Drama histórico en cinco actos y en prosa. *Blois*, Imprimerie Lecesne, 1879; Barcelona, López [s.a]. [420]

GUERRA, Antonino de la:

No se tienen referencias biográficas. Se conoce que estrenó y publicó su obra: *Margarita*. Drama en cuatro actos, 1855. La Habana.[421]

GUERRA Y GARCÍA, José:

No se tienen referencias biográficas. Estrenó en La Habana una pieza titulada: *Puntos negros*. Revista lírica de actualidades en un acto

dividido en tres cuadros en verso. Música del maestro Amazoranna. Estrenada con extraordinario éxito en el Teatro de Irijoa, la noche del 9 de abril de 1887. Habana. Imprenta La Correspondencia de Cuba, (1887). [422]También se cita como suya la obra: *Los desmadres*, drama, 1888. [423]

GUERRERO, Enrique:

(¿? - 1887).

Notable entre sus contemporáneos. Fue compositor y pianista. Cultivó la guaracha, aunque, además, compuso valses, canciones y danzas. Fue conocido como el rey de la guaracha. Actuó como director en compañías de teatro bufo y escribió obras para éste. [424] Emigró a México por cuestiones vinculadas a la política. Regresó a Cuba, pobre y enfermo, en 1886. [425]

GUERRERO, Juan José:

No se tienen referencias biográficas. Murió en 1867. Trelles recoge algunos de los títulos de este autor y señala La Habana como lugar del estreno de uno de ellos. Las obras citadas son: *La suegra futura*. Pieza cómica en un acto. Imprenta de Villa. La Habana, 1864. *Una tarde en Nazareno*. Pieza en un acto. Segunda ed. Habana. Imprenta de Villa y Hermano. 1864. *Un guateque en la taberna*. Pieza en un acto. Imprenta de Villa. La Habana, 1864. *Las boas de Petronila*. Segunda parte de *Una tarde en Nazareno*. Juguete cómico en un acto.Habana. 1864.[426]

GUERRERO, Luis María:

No se tienen referencias biográficas. Se conoce que estrenó en Cárdenas: *El castigo de su culpa*. Drama en tres actos y en versos, 1883. Cárdenas. Imprenta de T. Díaz. 1883. [427]

GUERRERO Y PALLARÉS, Teodoro:

Cuba. La Habana 1824 - Madrid 1904.

Se educó en España. Desde muy joven comenzó a colaborar con la prensa, sobre todo en *Diario de la Marina* y en *Faro Industrial de La Habana*. Editó, con Andrés A. de Orihuela, la publicación *Quita Pesares* (1845), de carácter burlesco, en la que aparecieron trabajos de otros autores. Colaboró en *El Siglo* y la *Gaceta de La Habana*. Tras algún tiempo de residencia en España, regresó a Cuba en 1869. Ocupó el cargo de presidente interno de la Audiencia de Camagüey. Utilizó los seudónimos "Juan Dunte"; Tomás García Piñeiro, "Goliat", "Mr. Papillón", "Juan sin miedo", "Tadmir el Medyched y Fanny Warrior", y sus iniciales T.G. Es autor, con R. Sepúlveda, de *El Matrimonio. Pleito e verso*, que vio varias ediciones. Con R. Valladares es coautor del Juguete cómico *Perder el tiempo*. Su obra *La Filosofía del Vino* y *Sermón perdido* fue estrenada en el Teatro de Alambra, de Madrid, en 1874. Escribió para el teatro: *Perder el tiempo*. Juguete cómico, 1845. Está en dudas. Comedia, con R. Valladares y Saavedra, 1845. *Una herida en el corazón*. Drama, 1848. Siglo XVIII y Siglo XIX. Comedia en un acto, Madrid. 1851. Imprenta de J.M. Repullés. *La ley del embudo*. Juguete cómico,1852. *Intriga y fervor*. Zarzuela., 1853. Carlos Broschi.[428] Zarzuela en tres actos y en verso original de (…). Música de D. Joaquín Espín y Guillén. Madrid, Imprenta 1853. Se estrenó en el teatro Fernando de Sevilla, en abril de 1853. *Los jardines del Buen Retiro*.[429] Zarzuela en tres actos y en verso original de (…). Música de D. José Manzocho. Madrid, Imprenta de José Rodríguez, 1854. Estrenada en el teatro del Circo en abril de 1854. *Tales padres, tales hijos*.[430] Comedia en un acto y en verso. Madrid, J. Rodríguez, estrenada en Madrid en febrero de 1854. *La escala del poder*. Drama en verso, en tres actos y un prólogo. Madrid, Imprenta de J. Rodríguez, 1855. *La escuela del amor*. Zarzuela, 1856. *La cabeza y el corazón*. Comedia en tres actos y en verso

original de (…) representada por primera vez en el Gran Teatro de Tacón de La Habana en noviembre de 1861. La Habana, Imprenta del Gobierno, 1861; (¿2da ed.?) Madrid, Imprenta de José Rodríguez, 1871. *La filosofía del vino* (Fies., 1874). *Sermón perdido.* Proverbio, 1874. Fábulas en acción. Cuadritos dramáticos en verso. Madrid, Imprenta de M. Tello, 1877; 2da ed. (Madrid?), 1883. *Perder el tiempo*.[431] Juguete cómico en un acto y en verso. Representada en octubre de 1845. Con R. Valladares y Saavedra. [432]

GUIBERNAO, Domingo:

No se tienen sus datos biográficos. Se localizó el título: *El comendador de Malta*.[433] Drama en cinco actos. Habana. 1846. Manuscrito.

GUILLÉN Y MESA, Mariano:

España. Madrid 1846.

En Cuba trabajó como empleado de aduanas y ejerció el periodismo: *La Aurora*, etc. Ya en España, fue redactor en Madrid de *La Correspondencia de España* y *La Época*. Participó también en la vida política: diputado, gobernador civil de Segovia, de Logroño. Fue representada por primera vez en La Habana con éxito en el Teatro del circo de Variedades[434] la obra: *¡Un fin trágico!*. Comedia en un acto y en prosa. La Habana. Imprenta El Iris. (1867). Asimismo es autor de otras obras: *Amor al arte*. Juguete, 1883. *Tejadillo* (1886) y *Profecías* (1888). [435]

GUTIÉRREZ ALBA, José María:[436]

España 1882 - 1897.

Dramaturgo y escritor. Nació en Alcalá de Guadaíra, en la antigua Plaza del Rey (rotulada hoy como La Plazuela). Con diez años de edad inició sus estudios en Sevilla, instruyéndose en latín y griego con los Jesuitas, y posteriormente cursando estudios de Filosofía y de Derecho en la Universidad de Sevilla. En el año 1847 se traslada a Madrid, estrenando al año siguiente en el teatro madrileño del Instituto Español el drama: *Diego Corrientes o El Bandido generoso,* una obra con la que alcanzó un notable éxito y se consagró como excelente dramaturgo. En 1856 fue condenado en rebeldía como reo político a diez años de cárcel en Ceuta; y aunque consiguió pasar a Francia, no logró volver a España hasta un año más tarde, cuando Isabel II decretó una amnistía por el nacimiento del futuro rey Alfonso XII. Acabada la Revolución de 1868, desempeñó una misión diplomática en Colombia entre 1870 y 1883, un tiempo en el que fue desarrollando un libro de viajes con ilustraciones propias, que dio lugar a su obra: *Impresiones de un viaje a América.* De vuelta a su tierra, en Alcalá de Guadaíra ejerció de bibliotecario municipal, un puesto creado expresamente para él, ante su mala situación económica. Aquí ocupó su tiempo, además en escribir poesías, alguna obra teatral o artículos para periódicos de la capital. Su última obra literaria sería *Mi confesión general*, en tono autobiográfico, que nunca fue publicada. Gutiérrez de Alba fue un escritor de obra muy abundante, pues llegó a publicar más de un centenar de libros, algunos de ellos con varias ediciones. Cultivó todos los géneros literarios destacando en especial como dramaturgo, y trató de reflejar en su obra su firme convicción por la revolución liberal, escribiendo sobre temas como los desvaríos de la corte, las ambiciones de los hombres públicos o la relajación de las costumbres. En la ciudad de Santiago de Cuba, en 1855, fue representada su obra: *Diego Corrientes o El Bandido generoso*, drama andaluz en tres actos y en versos: y en 1860, en una función a beneficio de Antonio M. Serrano, por la Compañía de Luis Kéller.

GUTIÉRREZ Y HURTADO, Miguel Jerónimo: [437]

Cuba. Santa Clara, 1822 - Monte El Purgatorio, Sancti-Spíritu, Las Villas 1871.

Se educó en el plantel de los Padres de San Francisco de Asís de su ciudad natal. Muy joven aún dio sus primeras colaboraciones a *Eco de Villaclara* y cultivó la poesía por lo que se le incluyó en Cuba Poética. Trabajó como procurador público. Colaboró en casi todas las publicaciones de la ciudad (*La Alborada, La Guirnalda Literaria, El Progreso, El Guateque, El Central, El Alba y La Época*). Animó, en diversas ocasiones, tertulias político-literarias. En 1860 fundó el Liceo de Santa Clara, donde a la vez que desarrollaba una labor cultural, se conspiraba a favor de la independencia. Se destacó por sus actividades políticas clandestinas. Presidió la junta Revolucionaria de Las Villas. Fue miembro de la Asamblea Constituyente de Guáimaro y vicepresidente de la Cámara de Diputados de la República en Armas. Por una traición, fue sorprendido y asesinado por una guerrilla enemiga, en El Purgatorio, Santi Spíritu, el 20 de abril. Tradujo a Lamartine. Fue antologado en *Los poetas de la guerra* (New York, Imprenta América, 1893), colección prologada por José Martí. Es coautor, con Manuel D. González y Efigio Capiró, de la comedia inédita *Idealismo y realidad* [438](1848), y con el primero, de *El judío errante*. Trelles le atribuye la pieza *Sólo mi dinero*. Inédita.

H

HARTZEMBUCH, Juan Eugenio:[439]

Madrid. España 1806 - 1880.

Importante dramaturgo español del XIX. Su obra más célebre, basada en un tema legendario, es *Los amantes de Teruel*, de 1837. También escribió dramas históricos y de "comedias de magia". Entre los primeros figuran *Las hijas de Gracián Ramírez* (1831), *Doña Mencía* (1838), Alfonso el Casto (1841), *La jura de Santa Gadea* (1845), *La madre de Pelayo* (1848) y *La luz de la raza* (1852). Entre las "comedias de magia" se encuentran *La redoma encantada* (1839), *Los polvos de la madre Celestina* (1840) y *Las Batuecas* (1843). También escribió tres sainetes, las únicas piezas teatrales donde utiliza prosa y no verso; artículos de costumbres; relatos breves. Editó y prologó obras de Lope de Vega, Calderón de la Barca, Tirso de Molina y Alarcón. [440] De su autoría fueron representadas en Santiago de Cuba, por la compañía de los Señores Robreños: *El sombrero que habla o Los polvos de la madre Celestina*, comedia de magia, en 1850; *La Redoma encantada*, comedia de magia, en 1857. *El mal apóstol y el buen ladrón,* drama bíblico, en 1867 por un grupo de aficionados. [441]

HEREDIA Y HEREDIA, José María:[442]

Cuba. Santiago de Cuba, 1803 - Ciudad México, 1839.

Hijo de José Francisco Heredia, emigrado de Santo Domingo con su mujer, la carrera judicial del padre hizo que la familia cambiase varias veces de residencia. A partir de 1806 viven en Pensacola (Florida) y hacia 1810, por algunos meses, en La Habana. Después José María pasa a Santo Domingo, en donde realiza estudios con su primo Francisco Javier Caro y con el canónigo Dr. Tomás Correa, hasta que, nombrado el padre oidor de la Audiencia de Caracas; en 1812 la familia se traslada a Venezuela. Desde su niñez, su educación estuvo bajo la orientación directa de su padre, a quien debió la iniciación humanística, tan precoz en él, que a los ocho años traducía a Horacio. En la Universidad de Caracas cursa estudios de gramática latina (1816). De entonces, datan sus primeros poemas manuscritos conocidos. Al regresar la familia a La Habana (dic. 1817), en su Universidad, comienza estudios de leyes y, hacia 1819, actúa en Matanzas en representaciones de su obra *Eduardo IV o El usurpador clemente* (probablemente una traducción) y compone la tragedia *Montezuma* y el Sainete *El campesino espantado*. Después de aprobar el segundo año de leyes, embarca para México (1819) al ser nombrado allí su padre Alcalde del Crimen de la Audiencia. En la Universidad de esta ciudad matricula nuevamente el primer curso de leyes. Por esta época, comienza a colaborar en publicaciones periódicas y reúne sus composiciones poéticas iniciales en dos cuadernos manuscritos. Tras la muerte de su padre, regresa la familia a La Habana (feb. de 1821). Antes de partir de México, había solicitado del virrey la dispensa de los cursos de leyes que le faltaban (poco más de uno), dados sus conocimientos reales; si embargo, obtuvo el grado de Bachiller en Leyes en la Universidad de la Habana (1821). Aquí funda la revista *Biblioteca de Damas* (mayo-junio 1821), de la que sólo vieron la luz cinco números, donde publicó diversos trabajos suyos. Estrena la tragedia *Atreo*, imitada del francés, en Matanzas (1822), y pasa a formar parte, residiendo en dicha ciudad, de la Milicia Nacional. En 1823 recibe el título de abogado en la Audiencia de Puerto Príncipe. De regreso a Matanzas, es denunciado por conspirar contra la dominación española como miembro de los Caballeros Racionales, rama de la orden de los Soles y Rayos de Bolívar, y se dicta contra él auto de prisión el 5 de noviembre de 1823. Después de permanecer varios días oculto en la residencia de José Arango y Castillo, embarca clandestinamente del puerto de Matanzas hacia Boston, el 14 de noviembre de ese mismo año. Se traslada más tarde a Nueva York y visita distintos lugares de los Estados Unidos, entre ellos las cataratas del Niágara. En 1824 entra como profesor de lengua española en el colegio neoyorquino de M. Bancel. Al año siguiente se traslada a México invitado por el presidente Guadalupe Victoria. Es designado funcionario de la Secretaría de Estado y del Despacho de Relaciones Interiores y Exteriores en 1826. Durante algunos meses, de ese mismo año, fue coeditor de *El Iris*, periódico literario. Juez de Primera Instancia de Cuernavaca en 1826, Fiscal de la Audiencia de México en 1828, oidor de la misma en el siguiente año, restituido en 1830 al juzgado de Cuernavaca, las vicisitudes de su cartera administrativa corren parejas con las intensas agitaciones políticas del país. En 1829 había fundado en Tlalpam *Miscelánea*. Periódico crítico y literario, que a partir de 1831 comienza a publicarse en Toluca, ya en su segunda época y hasta julio de 1832, bajo el título de *La Miscelánea*, pues Heredia había sido nombrado oidor de la Audiencia de esta segunda ciudad. También en Toluca, en 1834, publica la revista *Minerva*. Además de escribir en las publicaciones de las que fue editor, colaboró en *Noticioso General* (México, 1819-1820), *Diario del Gobierno Constitucional de La Habana* (1820), *El Indicador Constitucional* (La Habana, 1820), *Semanario Político y Literario de México* (1820), *El Amigo del Pueblo* (México, 1821, 1827-1828), *Semanario de Matanzas* (1822), *El Revisor Político y Literario* (La Habana, 1823), *El Indicador Federal* (México, 1825), *El Sol* (México, 1826-1828), *Diario de La Habana* (1829-1833), *La Moda o Recreo Semanal del Bello Sexo* (La Habana, 1829-1830), *El Conservador* (Toluca, 1830-1831), *El Fénix de la Libertad* (México, 1833), *El Reformador* (Toluca, 1833-1834), *Aguinaldo Habanero* (1837), *Calendario de las Señoritas Megicanas para el año...* (París, 1838;?, 1839), *Recreo de las Familias* (México, 1838), *Diario del Gobierno de la República Mexicana* (1839). Su intensa actividad como periodista, miembro de la Legislatura del Estado, orador parlamentario y cívico, catedrático, conspirador, Ministro de la Audiencia, etcétera, en un medio de incesantes convulsiones políticas; lo llevó a una actitud de desaliento, agravada por la muerte de su hija Julia y el quebranto de su salud. El 1º de abril de 1836 escribe a Miguel Tacón, Capitán General de la Isla de Cuba, una carta -que a nuestro modo de ver- es polémica en cuanto al hecho de que Heredia se "retracta" de sus ideales revolucionarios, y solicita permiso para volver a su patria, en donde residía su madre. Concedido el permiso, llega a La Habana a principios de noviembre. Sus antiguos amigos, con Domingo del Monte a la cabeza, desaprueban la carta a Tacón y rehúyen su compañía. Enfermo y desalentado, embarca de regreso hacia Veracruz en enero de 1837. Ya en México había perdido su influencia política, y de Ministro de la Audiencia pasó a ser un simple redactor del *Diario del Gobierno*. Realizó una abundante labor como traductor. Del inglés tradujo las novelas *Waverly; o Ahora sesenta años* (Méjico, Imprenta de Galván, 1833. 3 v.), de W. Scott, y *El Epicúreo* de Thomas Moore; tradujo y refundió los Elementos de historia del profesor Tyler bajo el título *Lecciones de Historia Universal* (Toluca, Imprenta del Estado, 1831-1832. 4 t. en 2 v.), de la que existe otra edición, dirigida por José A. Rodríguez García (La Habana, Cuba Intelectual, 1915). Tradujo numerosos poemas del latín, el francés, el italiano y el inglés. Entre las otras muchas traducciones menores que hizo puede señalarse, del francés, el *Bosquejo de los viajes aéreos de Eugenio Robertson en Europa, los Estados Unidos y las Antillas* (Méjico, Imprenta de Galván, 1835), por E. Roch. Sus poemas han sido traducidos a diversos idiomas extranjeros; puede mencionarse en especial la traducción inglesa en verso realizada por Tames Kennedy *Selections from the poems of D. José María Heredia*. La Habana, J. M. Eleizegui, 1844). Era frecuente que firmara sus artículos periodísticos con solo la inicial de su apellido. En sus comienzos como escritor, utilizó el seudónimo Eidareh. Tradujo libremente del francés numerosas tragedias. Entre ellas: *Pirro*, Drama heroico en cinco actos y en verso, escrito en francés por Prosper Jolyot de Crébillon (1674-1762). Fechada en México, año 1820, abril. En el manuscrito falta el último acto. *Atreo*, tragedia en cinco actos y en verso, imitada del francés por Prosper Jolyot de Crébillon. Representada en el teatro de Matanzas en la noche del 16 de febrero de 1822. *Saúl,* tragedia en cinco actos, traducida de Alfieri (1749-1803). *Cayo Graco* obra en tres actos y en verso original

de Chérnier (1764-1811) traducción libre. (1826). *El fanatismo de Voltaire,* tragedia en cinco actos, corregida y copiada en Toluca en junio 1836. *Sila*, tragedia en cinco actos, original de Jouy (traducida en 1825), fue representada en el teatro de Méjico el 12 de diciembre de 1825. *Abúfar o la familia árabe*, original de Ducis, tragedia en cuatro actos. *Tiberio* (traducida en 1826), original de M. J. Chénier y compuesta en cinco actos y puesta en escena, por primera vez, en el Teatro Principal de Méjico, el 8 de enero de 1827. Escribió para el teatro: *Eduardo IV o el usurpador clemente* (desaparecida). El campesino espantado (1818 ó 1819), *Los últimos romanos* (Thalpam, Imprenta del Gobierno, 1829). [443]

HERNÁNDEZ, Gonzalo:

Cuba.

No se han localizado otros datos biográficos. Fue primer actor genérico. Se encontró el título: *A La Habana me voy.* En un acto.[444]

HERNÁNDEZ, José:

Cuba.

No se han localizado otros datos biográficos. Se encontraron los siguientes títulos: *Toda precaución es poca.* Comedia en un acto y en prosa. La Habana. Imprenta La Moderna. 1891. *El corazón y la cara.* Ensayo dramático en un acto y en prosa.1891. Imprenta el Batallón Mixto de Ingenieros; *Amor sin interés.* Comedia en un acto y en prosa. La Habana. Imprenta La Moderna. 1891. *Un día de elecciones.* En un acto. ¡Gua!. Lo mismo aquí que allá. Tanto tienes tanto vales. *La vía grande* (parodia) zarzuela. *Matrimonio y divorcio.* Zarzuela. *El Vapor rayo.* Zarzuela.[445]

HERNÁNDEZ, Pablo:

Cuba. La Habana, 1843 - 1919.

A los 21 años ya asistía a las sesiones del Ateneo Cubano. En 1872 colaboró en el semanario *La Guirnalda,* fundado en La Habana por Ricardo Potestad y Bernardo Costales. Hacia 1885 presidía la Sección de Instrucción de La Caridad del Cerro. Fue vocal de la Sección de Literatura del Círculo Habanero (1887). En el Archivo Nacional ocupó los cargos de escribiente de segunda clase, oficial y más tarde oficial primero de la Sección Judicial, de 1900 a 1908. Trabajó después en la Biblioteca Nacional y en las oficinas de la Secretaría de Instrucción y Bellas Artes. Pasó de nuevo al Archivo, donde ocupó, en 1916, el cargo de vocal de la Comisión de Subasta. Fue colaborador en *El Almendares, El Aguinaldo Habanero, La Habana Elegante, El Pitcher, El Fígaro.* Es autor de las piezas teatrales *La Verdad de lo que pasa.* Representada en julio de 1881. *Pongan pleito.* Es coautor, con A. Figueroa, de Ensayos poéticos (La Habana, 1866). Su poema "Canto a Polonia", fue laureado en Sancti Spíritus. En 1919, a raíz de su muerte, ocupaba la jefatura de la Sección Judicial del Archivo Nacional. Entre sus obras teatrales se encuentran: *¡Sueños de Ángel!* Paso moral en un acto y verso. La Habana, Imprenta El Telégrafo, 1872. *La comunión.* Monólogo en verso. La Habana, Imprenta El Fénix, 1885.[446]

HERNÁNDEZ CRESPO, Manuel:

(¿?- 1886). La Habana-Cuba.

No se tienen otras referencias. Se localizaron las obras: *Artistas para recreo.* Pieza dramática. *Don Crisanto o un cuadro por ocho pesos.* Pieza dramática.[447]

HERNÁNDEZ DE ALBA, Rafael:

¿México? Madrid? [1883].

En 1827 ingresó en el ejército español. Fue gobernador de Matanzas y de Puerto Príncipe (1875). Llegó a ocupar los grados de capitán y de brigadier (1878). Fue comandante militar de Bayamo. Dirigió *El Fénix* (Sancti Spíritus, Las Villas) en su segunda época, a partir de 1842. Fue además su redactor. Colaboró también en el *Faro Industrial de la Habana* (1844), *Gaceta de Puerto Príncipe* (1844-1848) y *El Artista* (La Habana, 1848-1849). *En La Aurora de Matanzas* publicó sus artículos sobre la mejora del puerto matancero (1852). Es autor de la novela *Alicia* (1845), aparecida en *La Aurora de Matanzas.* En sus artículos de costumbres utilizó el seudónimo Varapalo. Publicó *Ensayos poéticos y dramáticos.* Trinidad (Las Villas), Imprenta de Murtra e Hijos, 1841. Es autor de: *Gato por liebre.* Comedia en un acto en prosa y verso, 1848.[448] *Una madre como muchas.* Comedia de costumbres en tres actos y en versos, 1848. *Sancho Saldaña.* Drama en cinco actos y en verso. Matanzas. Imprenta de Juan Roquero. 1848. *Amoríos de novela.* Ensayo dramático en un acto y en verso. Puerto Príncipe. Imprenta del Gobierno.1844. El Liceo de Matanzas premió su comedia en tres actos *Pablo y Virginia* (1867).[449] Tradujo la obra: *Pasar a tiempo.*[450] Comedia en un acto.[451]

HERRERO, Vicente:

No se tienen referencias biográficas. Escribió para la escena: *Lo que alcanza quien intriga, o un pleito entre parientes.* Comedia en dos actos. Premiada en los Juegos Florales del Liceo. V. El Faro de noviembre de 1846.[452]

HOFFMAN, Antonio:

No se tienen referencias biográficas. Escribió para la escena: *Propatria*. Monólogo dramático en verso para la velada cubana conmemoradora del aniversario del "Grito de Baire". Méjico. Imprenta Moderna. 1897. [453]

HOMASELL, Pablo:

No se conocen datos biográficos. Publicó *El Salvador de mi hijo*. (Escrito en francés). Imprenta M.A. Martínez. Santiago de Cuba. (1857).

HORTA, Eulogio:

Cuba. Cienfuegos, Las Villas, 1865 - San Juan, Puerto Rico 1912.

Muy joven aún, ya colaboraba en periódicos de Cienfuegos. En 1885 fundó y dirigió, en esa ciudad, la revista *La Nueva Alianza*, órgano del centro espiritista «Lazo de Unión». Fue redactor de *La Verdad*. Emigró de Cuba al estallar la guerra del 95 y viajó por diversos países de Europa y América. Durante su estancia en París perfeccionó sus estudios de ocultismo, a los que se dedicó activamente. Se estableció nuevamente en Cienfuegos a fines de la década del 90. Fue delegado en Cuba de la Sociedad de Estudios Esotéricos de París. En 1899 fue redactor de la revista *Cienfuegos Ilustrado*. Colaboró en *El Fígaro, La Habana Elegante, El Hogar, Gris y Azul, Social* y la revista santiaguera *Ilustración Cubana*. Fue un entusiasta propagador del modernismo a través de artículos y conferencias. Tradujo poemas de Baudelaire, Verlaine, Mallarmé, etc. Ocupó el cargo de canciller del Consulado de Cuba en San Juan, Puerto Rico, poco antes de su muerte. En esa capital se representó su monólogo *Juego de flechas*.[454]

HORTA Y FERNÁNDEZ, Juana:

Cuba.

Dramaturga nacida en La Habana, probablemente en el año de 1801, y fallecida en lugar y fechas ignorados. Su única obra teatral que se conserva, *Carolina o la dicha inesperada* es una pieza escrita en verso y prosa, compuesta de un solo acto, que subió por vez primera a un escenario en la noche del 21 de febrero de 1839, en el Gran Teatro Tacón, de La Habana. Fue publicada por la Imprenta de Boloña. Habana. 1889. *Carolina o la dicha inesperada* puede considerarse como una de las primeras obras teatrales de la literatura cubana, y sin duda la pionera en lo que se refiere a la creación dramática femenina de la isla. Consciente de ello, Juana de Horta y Fernández estampó al frente de esta obra una dedicatoria destinada -en palabras de la propia autora- "al bello sexo habanero" ("¿A quién mejor dedicar esta mi primera composición dramática, fruto de mi escaso talento, que a mis amadas compatriotas, a quienes les pertenece de justicia?". La pieza, por lo demás, muestra el hacer confuso de una dramaturga primeriza que, ante el conflicto amoroso que plantea (mujer burlada y abandonada, hijo nacido de esta deshonra, padre libertino que acabará arrepintiéndose, señora generosa que acoge a la madre infeliz, etc.), opta por un final feliz derivado de un cúmulo de casualidades muy poco creíbles. Al cúmulo de todos esos ingredientes melodramáticos, recién enumerados, hay que añadir el hecho, poco afortunado, de que Juana de Horta y Fernández localizara su acción en los alrededores de París, con lo que la artificiosidad de la pieza no parece favorecer la identificación del "bello sexo habanero" con la atribulada protagonista.[455]

HUERTA Y GARCÍA, Joaquín:

Cuba 1825-1875.

Nació en La Habana. Fue poeta. Colaborador del *Seminario Literario* y *Brisas de Cuba*. También cultivó el teatro y fue autor del Juguete cómico en verso: *Muchos viejos*. Censurado en MS del autor en 1850.[456] Emigró a México al estallar la Guerra de los Diez Años, donde falleció. *El rasgo noble de Bravo*.[457] Drama histórico en un acto y en verso. México. A. Boix. 1856.

HUMANES MORA, Luis:

No se han localizado datos biográficos. Se encontró la obra: *Apuros de un usurero en la Lonja de La Habana*. Juguete cómico en un acto. 1848. La Habana. Imprenta de Barcina.

Teatro Campoamor

Inaugurado en 1918.

I

ICHAZO DÍAZ, León:

España. Durango, Vizcaya 1869 - 1938.

Estudió en distintos lugares (Galicia, León, Salamanca) y tras licenciarse en Filosofía y Letras se dedica al periodismo. Colabora en el *Heraldo de Madrid* y en *El None de Castilla;* posteriormente se traslada a Cuba, donde dirige el periódico *La Prensa* y trabaja en la redacción del *Diario de la Marina.* Enseñó Literatura y Lógica en un colegio de La Habana. Publicó poesías y otros trabajos literarios. Obras: *La escuela del periodismo.* Boceto dramático en verso, [junto con Manuel Pinos], Cienfuegos, 1905. Estrenado en el teatro Terry el 30 de junio de 1905. Cienfuegos. Imprenta Mercantil. 1905. *Las aburridas.* Comedia en tres actos y en prosa, Cienfuegos, 1908. *La comedia femenina,* 1923. *La comedia masculina,* 1925. Junto con Julián Sanz publicó las siguientes obras: *Día de recibo.* Comedia en un acto, Cienfuegos, 1908. *La reina de los cantares.* Zarzuela en un acto, Cienfuegos, 1909. *Premio y castigo;* paso de comedia, Cienfuegos, 1909. *Los hermanos Quintero.* Juguete cómico en un acto y en prosa, Santa Cruz de Tenerife, 1909. *Tragedia feliz.* Entremés en un acto, Cienfuegos, 1909. *El cacique.* Zarzuela en un acto y cuatro cuadros, Cienfuegos, 1909. *El Cometa Halley.* Apropósito en un acto y tres cuadros, Cienfuegos, 1910. *La real moza.* Zarzuela en un acto y dos cuadros, Cienfuegos, 1910. *El amor libre.* Boceto dramático en un acto y en prosa, 1912. *Amar a ciegas.* Comedia en dos actos y en prosa, 1914; Teatro, 2 t., 1914-1916. *La flor del camino.* Drama en dos actos y en prosa, 1914;[458] *Rosalba.* Comedia dramática en tres actos y prosa original, 1916.[459] *La real moza.* Junto con Julián Sanz. Zarzuela en un acto y dos cuadros, estrenada en el Teatro Terry de Cienfuegos. Música de los maestros F. Barbat y César Bonafoux. Cienfuegos. Imprenta Valero. 1910. *La reina de los cantares.* Zarzuela en un acto. *El cometa de Halley.* Apropósito en un acto. Tragedia feliz. Entremés en un acto en prosa y verso. *Premio y castigo.* Paso de comedia. *Día de recibo.* Comedia en un acto.[460]

INAUSTI DEL VAL, Don Luis (Luis de Rioja):

España. Logroño 1877 - ¿ ?

Muy joven ingresó en la marina mercante como Piloto, recorriendo casi todos los mares conocidos, tanto en barcos de vapor, como de velas, vida esta muy accidentada que relata el Sr. Inausti en su libro *Una Vida.* Imprenta El Siglo XX, Habana, 1922. Vino a Cuba, e ingresó como Oficial de la Marina de Guerra Nacional donde tuvo al mando de distintas unidades navales. Se retiró del servicio activo cuando desempeñaba el cargo de Ayudante del Distrito Naval del Sur. Siempre fue un brillante oficial que prestó muchos y buenos servicios a la Marina, donde era muy apreciado. Es un buen escritor que ha colaborado en varios periódicos, entre los cuales se encuentra: *La Correspondencia* y *El Comercio,* de Cienfuegos. Publicó las siguientes obras: *Una Vida, El emigrante* (novelas) y las siguientes comedias: *El Au-*

tor, *Figulina, Mentir para vivir, Sombra del Batey, Delirium Tremens, El Destino, Cupido.* También ha publicado varios juguetes teatrales y cuentos. En el certamen literario celebrado con motivo del 25 Aniversario de la Constitución de la República, fue premiado con Medalla de Oro.[461]

INFANTE DE PALACIOS, Santiago:

Se destacó como autor cómico en la segunda mitad del siglo. Escribió para el teatro: *Los celos de Lindoro.* Comedia en tres actos y en prosa. 1878. La Habana. *Lucrecia Borgia.* Juguete cómico- lírico en un acto. 1889. La Habana. *Pilar o El primer desengaño.* Monólogo en prosa y en verso. Matanzas. Imprenta Aurora del Yumurí. 1886. *Joselillo y la serrana,* Comedia con su hermano Tomás, 1851. *Los dos compadres.* Comedia, 1851. *El segundo amor.* Drama, 1859. *Deuda sagrada.* Drama, 1862. *El beso,* Comedia en un acto y en prosa, 1870. *Por no tener pantalones,* Juguete cómico con M. Cansinos, 1870. *La gran muralla de China,* 1871. *Se acabó el mundo, 1872.* Revista de 1872. *El capricho de mi padre,* 1874. Migue. Drama, 1874. *El número siete.* Juguete, 1874. Pilar, Monólogo, 1886. *Amor canario,* 1876. *Media hora con un tigre,* 1876. *Emilia,* Monólogo, 1895.[462] Tradujo, junto con Leopoldo Bruzzi: *Camma.*[463] Tragedia en tres actos por Guisseppe Montanelli. Habana. 1868. *Una mujer por asalto.* Juguete cómico.1883. Tradujo del italiano al español la obra *La mendiga.* Drama en cinco actos. Original de los autores dramáticos Mr. A. Bourgeois y C. M. Mason. Habana. Imprenta de la Vda. De Barcina. 1878.[464]

INZA OCHOA, Atanasio:

Se conocen algunos datos aislados sobre este autor, probablemente cubano, ya que sus obras fueron publicadas en la Isla. Murió en 1901 y publicó un libro de poesías. Compuso una pieza dramática: *Una lucha desigual.* Juguete cómico en un acto y en verso. Sagua la Grande. Imprenta El Comercio. 1889. [465]

IRACHETA Y MASCORT, Francisco de:

Se conocen pocos datos de este autor. Abogado, redactor de *El Ejército Español,* colaborador de *Barcelona Cómica* (1896), *Revista Contemporánea* (1897-99), *Miscelánea* (1900). Publicó *Tradiciones segovianas,* Madrid, 1899. *Patrióticas,* poesías, 1903. *Por tierras de mi raza*, poesías, 1912. Escribió para el teatro: *Revista cómico-política* en un acto, en verso y en prosa. La Habana. *Las reformas de Laura o el marqués de Chirividia.* Revista cómico política en un acto, en verso y prosa. Música de Felipe Palau. La Habana. Imprenta Tip. De Canalejos y Ciquex.1893. Astucias de mujer, Zarzuela, 1912.[466]

IRIO Y BAUSÁ, Octavio:

Cuba.

Natural de Remedios, Cuba. Murió en 1887. Fue redactor de varias publicaciones cubanas y director de *La Metralla* y *El Criterio Popular,* de Remedios. Publicó un libro de semblanzas. Entre sus obras dramáticas se encuentran: *El primer deber*, Bosquejo dramático en un acto, 1879, La Habana. Imprenta de G. Montie y Cía. 1879. *Dos madres o la promesa sagrada.*[467] Drama en dos actos y en prosa, 1878. Se representó en La Habana en octubre de 1878. Una velada literaria, 1880.[468]

ITURRONDO, Francisco:

España. Cádiz, 1800 - Matanzas 1868.

Pasó su infancia en Trinidad, Las Villa, Cuba, lugar al que había emigrado su padre. Sufrió procesamiento y condena por sus actividades de conspirador. A partir de 1820 se significó como ferviente liberal y más tarde sufrió la pena de destierro en los EE.UU. Murió en un vapor que realizaba la travesía Nueva York-La Habana. Desarrolló importantes actividades culturales, especialmente en Matanzas. Dirigió el periódico *Liceo de Matanzas* y colaboró en *Aurora de Yumurí,* y otras publicaciones. Cultivó la poesía lírica y publicó libros de diversa temática. Utilizó el seudónimo: Delio. Tradujo y adaptó la pieza *El paria.* Drama, (original de Casimiro Delavigne,) representada en Matanzas los dos últimos días de 1848.[469]

IZCHUDY, Fernando:

No se han localizado datos biográficos. La única obra que se conoce de este dramaturgo se estrenó en Cuba y se titula: *Amor y celos.* Drama en un acto y en verso. Santiago de Cuba. Imprenta de M. a. Martínez. 1862. Se representó en octubre de 1862.[470]

Teatro Sauto

Inaugurado el 6 de abril de 1863.

J

JORDÁN, Federico:

No se han localizado datos biográficos. Se encontró la obra: *Mi entierro frustrado*. Juguete cómico en un acto. Habana. Imprenta *La Intrépida*.1870. Escrito para el Casino Español de Bejucal. Dedicado al excelentísimo Señor D. Rafael Rodríguez Torices.[471]

JORDANA Y ALONSO, Eudaldo:

No se han localizado datos biográficos. Trelles relaciona el título: *La dama joven*. Juguete cómico en un acto representado por primera vez el 11 de junio de 1868. Habana. Imprenta El Iris. 1868.[472]

JORRÍN Y DÍZ, Rafael S.:

No se han localizado datos biográficos. Habanero. Estrenó *¡Malditos sean los duelos!*, Drama en cuatro actos y en prosa. Habana, Imprenta El Pueblo, 1892.

JURADO Y TORT, Ignacio César:

Cadete de infantería. No se han localizado otros datos biográfico. Publicó: *El triunfo de la inocencia*. Drama en un acto y en verso. Habana. Imprenta La Prueba. 1878. Es autor, asimismo, de un drama que se dio a conocer con el título: *Loco más que criminal* (1891).[473]

JÚSTIZ Y DEL VALLE, Tomás de:

Santiago de Cuba, 1871?. 1959.

Se graduó de Doctor en Derecho y de Doctor en Filosofía y Letras en la Universidad de la Habana. Fue profesor, durante varias décadas, de la Universidad -desde 1901- y del Instituto de Segunda Enseñanza de la Habana -desde 1905- en las cátedras de historia universal y de geografía. Fue profesor, además, en la Escuela Normal y en otros centros educacionales. En cursos universitarios de verano impartió clases de historia de Cuba y de geografía general. Desde su fundación en 1910, formó parte de la Academia de la Historia de Cuba, en la que llegó a ocupar la presidencia. Era miembro del Consejo Nacional de Educación y Cultura, del Ateneo y Círculo de la Habana -en el que desempeñó la vicedirección y la secretaría-, de la American Geographical Society y de la Canadian Geographical Society. Colaboró, con trabajos de crítica teatral, en *La Lucha, Patria, La Noche*. Es autor de la comedia en un acto *Terrible sanidad*. *Última esperanza*. Comedia en tres actos. La Habana, Imprenta de Cuba Intelectual, 1910. *La víctima*. Comedia en tres actos. La Habana, Imprenta. La Moderna Poesía, 1911. Utilizó el seudónimo Justo S. Matiz. [474]

JUSTIZ Y SANZ, Francisco:
Cuba.

No se han localizado datos biográficos. Cubano de nacimiento, estrenó en Ponce (Puerto Rico) una revista histórico-dramática, *La inundación de Ponce* (1889), y más tarde, en 1894, el drama *Antonio Maceo*.[475]

L

LAFITA Y BLANCO, Francisco de Asís:

España.

Miembro de Sociedad Sevillana. Socio de número correspondiente del Ateneo Científico Artístico y Literario de Cádiz. No se tienen otros datos biográficos. Publicó en La Habana: *Un Paseo por Sevilla.* Zarzuela cómica en tres actos y en versos, letra y música del propio autor. Imprenta El Iris. 1862. [476]

LA MADRID, Francisco de:

Cuba. Guanabacoa 1843.

No se han localizado otros datos biográficos. En 1868 estrenó en Cárdenas (Cuba) un Juguete titulado: *Cosas de la ciudadela.* [477]

LANDALUCE, Víctor Patricio:

España. Murió en Bilbao en 1889.

Residió en Cuba desde 1850 y se destacó como caricaturista. En 1862 fundó el periódico *Don Junípero*, satírico y de caricaturas. En 1881 ilustró la obra *Tipos y costumbres de la Isla de Cuba.*[478] Estrenó en La Habana una zarzuela titulada: *Doña Toribia.*[479] Zarzuela en un acto. 1852.[480]

LANUZA, Cayetano:

En la bibliografía se le consigna como cubano, aunque no se asegura. Publicó una novela. Como dramaturgo escribió: *Wenceslao.* Drama en tres actos, enero de 1842.[481]

LANZAROT, José:

No se han localizado datos biográficos. De origen español, estrenó en La Habana una obra con el título: *Sangre de hermanos.* Poema dramático fantástico e histórico en tres actos y siete cuadros. Habana. Imprenta Militar. 1893.[482]

LARRA Y WETORET, Luis Mariano:

España. Madrid 1830-1901.

Dramaturgo español. Fue bautizado en la iglesia de San Sebastián y toda su trayectoria profesional se desarrolló, en Madrid. Dio muestras de su notable genio literario bajo formas muy variadas: como periodista y redactor colaboró con *La Gaceta de Madrid;* como novelista publicó *Tres noches de amor y celos, La gota de tinta, La última sonrisa o Si yo fuera rico;* tradujo *El libro de las mujeres* y escribió, también, varias poesías. Con todo, la faceta que le granjeó verdadera fama fue la de dramaturgo. Se le conocen más de un centenar de títulos estrenados con un gran éxito de crítica y público, llegó a colaborar con las personalidades más importantes de la escena teatral española, tales como Francisco A. Barbieri, Ramón Fernández Navarrete o Ventura de la Vega.[483] Escribió numerosas comedias. También destacó como autor de zarzuelas, entre ellas dos con música de Francisco Asenjo Barbieri que fueron celebérrimas, *El barberillo de Lavapiés,* que se estrenó en el Teatro de la Zarzuela de Madrid el día 18 de diciembre de 1874, y *Chorizos y Polacos,* estrenada en el Teatro Príncipe Alfonso de Madrid, el 24 de mayo de 1876. Fueron llevadas a escena, en Santiago de Cuba, en 1862, por la Compañía Madrileña de Manuel Osorio: *La oración de la tarde,* comedia; *La agonía de Colón,* juguete dramático en un acto y en verso. *Las hijas de Eva*, zarzuela en tres actos y en versos, 1866, por la Compañía lírico dramática camagüeyana. *La conquista de Madrid,* zarzuela en tres actos y en versos, 1875 y *Sueños de oro,* zarzuela fantástica de grande espectáculo en prosa y verso, dividida en tres actos y once cuadros por la Compañia de zarzuela dirigida por Rosa Lloréns. *El barberillo de lavapiés*, zarzuela en tres actos y en versos; interpretado por la compañía lírico-dramática infantil, 1879.[484]

LEÓN Y ESPINOSA, José Socorro de:

Cuba. La Habana 1831-1869.

Poeta y costumbrista. Fue bedel y maestro de ceremonias de la Universidad de La Habana. Colaboró en numerosos periódicos y revistas, tales como *Aguinaldo Habanero, Ofrenda al Bazar, Cuba Literaria y Floresta Cubana*, de la que fue redactor. Fundó en compañía de Armas y Céspedes y R. Otero, *La Danza* (1854), y, en 1858, fue editor de la colección de poemas Cuba Poética, que dirigían Luaces y Fornaris. Junto con el mismo Luaces compartió la dirección de la revista *Cuba Literaria* en su primera época (1861-1862). Fue redactor jefe de *Los Camafeos* (1865). Autor de *Ensayos poéticos* y una *Colección de versos*. Murió en la Universidad, donde trabajaba como bedel. Este suceso ocasionó graves disturbios estudiantiles, pues se designó un español para el cargo vacante. Utilizó los seudónimos "Gil Blas", "Fray Severino Linanzas", "El mismo", "El Br. Sarampión". Escribió para el teatro: *No más cuartos de alquiler*. Zarzuela en dos actos. La Habana, (1853?). *Garrotazo y tente tieso*. Comedia de costumbres cubanas en un acto y en verso. La Habana, Imprenta Vda. de Barcina, 1863. *Un bautizo de Jesús María*. Locura cómica en un acto y en prosa. La Habana, Imprenta La Tropical, 1865.[485]

LEOZ, Joaquín:

No se han localizado datos biográficos. Se encontró el título: *Las carolinas,* pieza bufo cómica en un acto y cuatro cuadros. Habana. Imprenta *La Constancia,* 1885. Escrita con Manuel Balmes. *Una visita de cumplimiento*. Pieza bufa. 1880. *¡Que tacos me salieron!*. 1880. *Los efectos del danzón*. Cuadro de costumbres cubanas.

LLEÓ Y ABAD, Lorenzo:

España.

Nació en España y debió de emigrar a Cuba.[486] En La Habana estrenó una obra titulada: *El ángel tutelar*. Pieza dramática, en un acto, en prosa y verso. Habana. Imprenta *La intrépida*. (1871).

LÓPEZ José F.:

No se localizan datos biográficos. Se encontró la obra: *Nadie sabe para quien trabaja.* Pieza jocosa, de costumbres cubanas, en un acto, en verso. Matanzas. Imprenta El Ferrocarril. 1879.[487]

LÓPEZ ARTILLAR, Eduardo:

España.

Se conocen pocos datos biográficos. Natural de El Ferrol (La Coruña), España, firmaba sus trabajos con el seudónimo: Xan de Outeiro. Probablemente se estableció en Cuba, si tenemos en cuenta el lugar en que fueron estrenadas sus piezas de teatro: Manzanillo (Cuba).[488] De su producción dramática se conocen los títulos: *Unión y concordia*. Juguete cómico en un acto y en prosa. Manzanillo. Imprenta *La Democracia*. 1899. *Sintaxis y puntuación*. Comedia en un acto y en prosa. Manzanillo, Imprenta *La democracia,* 1901. *Un nuevo invento*. Revista en un acto dividido en doce cuadros en prosa y verso.

Manzanillo, Imprenta La democracia, 1901. *Ya no se negocian pagas.* Juguete en un acto dividido en dos cuadros, prosa y verso. Manzanillo, *La Biblioteca*, 1904.[489]

LÓPEZ BRIÑAS, Felipe:

Cuba. La Habana 1822 - 1877.

Fue educado en el convento de Santo Domingo. Entró a la Universidad; pero no llegó a terminar la carrera. En 1840 comenzó a darse a conocer como periodista y poeta en *EL Faro Industrial* y *La Prensa.* Como poeta, su obra tuvo defensores y rudos censores. Fue uno de los directores del periódico *El Liceo de La Habana.* Durante algunos años fue vicesecretario de la Sección de Literatura del Liceo de la Habana, entidad que también lo nombró socio de honor y auspició la publicación de sus poesías Colaboró en *El Artista, Revista de La Habana, Brisas de Cuba, La Piragua* y otras publicaciones. Fue cofundador de la *Floresta Cubana* y con Zambrana, Roldán y Mendive editó *Cuatro Laúdes.* Sus obras han aparecido en diferentes antologías. Publicó algún libro de poesía y estrenó, al menos, un par de obras de teatro: *Lo que no puede saberse* (1882)[490] y *La novia de todos.* Juguete cómico; se estrenó en julio de 1887.[491] Trelles le atribuye la autoría de la obra *Solos y a oscuras.* Estrenada en 1888.[492]

LÓPEZ CONSUEGRA, Andrés:

Cuba.

Se conocen pocos datos biográficos. Cubano de nacimiento, sufrió pena de deportación en 1844. Es autor de varias obras dramáticas: Conversación de un clásico cesante con un romántico. Comedia, 1838. *La romaticomanía.* Comedia ,1838. *El doncel.* Drama, en cuatro jornadas en prosa y verso, Habana 1838. *Wenemaro o las pasiones y el juramento.*[493] Drama en cinco actos y

en prosa y verso, escrito en 1839. Habana, 1841.[494]

LÓPEZ LEIVA, Francisco:

Cuba.

Natural de Santa Clara (Cuba), siguió la carrera militar en la que alcanzó el grado de coronel. Fue subsecretario de Hacienda. Colaboró en la prensa y publicó poesías y una colección de artículos. Estrenó en 1894 la zarzuela *Eureka.*[495]

LÓPEZ OZEGUERA, Aurelio:

Cuba.

No se han localizado otros biográficos. En su teatro se encuentran: El crimen de una madrastra. Drama en dos actos y en prosa. Habana, Suplemento "La Lucha" mayo 23 de 1893.[496]

LE RIVERENT, Luis:

No se han localizado datos biográficos. Se encontró la obra: *Asesino de patos* o *Los dos patos.* Pieza en un acto. La Habana. 1893.

LORENZO LUACES Y FERRADAS, Joaquín : [497]

Cuba. La Habana 1876 - 1867.

Estudio latinidad en el Colegio Calasancio de Puerto Príncipe, lugar en donde residía su hermano. A partir de 1840, hizo estudios en el Colegio Seminario de San Carlos, de La Habana. Se graduó de Bachiller en Artes en 1844. Continuó estudiando en la Real Universidad, hasta alcanzar en 1848 el grado de Bachiller en Jurisprudencia, pero no la licenciatura. Desde ese mismo año concurría a la tertulia literaria y científica que en su casa de la calle Amistad presidía Felipe Poey. Allí leyó sus primeros ensayos: una traducción de *"L´éducation des jeunes filles"* de Berenguer, *"El lente de Pepilla"*, *"Noche Buena"*, *"La danza"*, etc., poesías ligeras y festivas que no recogió en sus obras. Siempre enfermizo, fue a convalecer a Isla de Pinos, donde se dedicó por entero al cultivo de la poesía; pero casi todo lo que escribió entonces se perdió. El primer poema que llamó la atención sobre Luaces, "La hija del artesano" (escrito en julio de 1849), le fue arrebatado cariñosamente por un amigo y apareció en *"El Artista"*. En unión de José Fornaris; su entrañable amigo, publicó en 1856 *La Piragua* periódico que aspiraba a ser órgano del siboneyismo en el que dio a conocer, entre otros poemas, cuentos de tema siboney y trabajos en prosa, algunos de sus *"Romances cubanos"*. También colaboró en las revistas *Brisas de Cuba* (1855-1856), *El Cesto de Flores* (1856), *Floresta Cubana* (1856), *Revista de la Habana,* (1857), *El Kaleidoscopio* (1859), *Revista Habanera* (1861), *Cuba Literaria* (1861-1862); en los periódicos *El Regañón, Prensa de la Habana, La Aurora,* y en las compilaciones *Aguinaldo Habanero* (1865) y *Noches literarias* en casa de Nicolás Azcárate (1866). Junto con Fornaris, además, dirigió la antología Cuba poética". En 1859 recibió el premio del Liceo de La Habana por su oda *"A Ciro Fiele,* por la inmersión del cable submarino". Entre 1866 y 1867 sostuvo con Fornaris una Academia íntima, a la que asistían Antonio Zambrano, Manuel Costales, Andrés Díaz y otros. Tres días después de su muerte, el jurado de los Juegos Florales del Liceo de la Habana, formado por Mendive, Piñeyro y Mestre, otorgó el primer premio a su oda *"El Trabajo"*(publicado en 1868). Utilizó el seudónimo de "Br. Taravillas".

Escribió para el teatro: *El Mendigo Rojo.* Drama en cinco actos y en verso. La Habana, Imprenta La Antilla, 1866. *Aristodemo.* Tragedia en cinco actos y en verso. La Habana, *La Antilla*, 1867, Estudio preliminar de Enrique Piñeyro. La Habana, Imprenta *El Siglo XX*, 1919. *El becerro de oro.* Comedia en cinco actos y en verso. 1859. La Habana. *El fantasmón de Aravaca.* Comedia en cinco actos y en verso.1874. La Habana. *Una hora en la vida de un calavera.* Sainete o Juguete cómico en un acto. 1853. *La escuela de los parientes.* Comedia en cinco actos y en verso. 1853. *Las dos amigas.* Comedia en tres actos y en verso. 1854. *A tigre, zorra y bulldog.* Comedia en cinco actos y en verso. 1863. Teatro *(El Mendigo rojo y El becerro de oro).* La Habana, Editora del Consejo Nacional de Cultura, 1964. Comedias *(Una hora en la vida de un calavera, La escuela de los parientes, Las dos amigas y El fantasmón de Aravaca.* (1984).[498]

LORIÉ, Antonio María:

Cuba. Santiago de Cuba. ¿ ?

Nació el 15 de diciembre de 1823. Fue un incesante colaborador de *El Redactor,* con sus poemas y fábulas, así como en Semanrio Cubano. Dirigió en 1857 el Semanario *La Cotorra,* conjuntamente con Prisciliano Manzano. Como escritor de poesías, publicó en diferentes periódicos; en 1876 salieron a la luz, en esta ciudad, sus Versos Epigramáticos. Editó el periódico literario *Ecos del Yayabo.* Ese mismo año llegó de Estados Unidos con algunos ejemplares del drama *El Marqués de Varel.* Drama moral en cinco actos (desaparecido) cuyas ediciones se agotaron en New York y La Habana. Fue representado en el Teatro de La Reina en 1860.[499]

LOSADA, Juan Miguel:

Cuba.

Escritor y poeta. Nació en Cuba. La Florida. Fue folletinista de *El faro Industrial* y director de *El Colibrí* en 1848. Residió en España (Madrid). Fue colaborador de *El Pabellón Español* y en Bruselas redactó *La Gaceta*. Residió en México donde fue Secretario del Presidente de la República. Autor de *Ilusiones y Fases Sociales* Escribió un buen número de obras de teatro, entre las que destacan: *Amor e interés.*[500] Pieza dramática, 1842. *Ramiro.* Drama, 1843. *El cumpleaños de Cristina.* Comedia en un acto. 1845. *El catalán generoso.* Comedia en un acto y en verso. Habana, *Tip. de Vicente Torres,* 1846. Claudio. *El poeta.* Drama,1816. *El médico chino.* Comedia. 1847. *Los amantes de Granada.* Drama en cuatro actos y en verso, Imprenta de J. M. Eleizegui, 1847. *El cardenal Jiménez de Cisneros.* Drama,1818. *La sacerdotisa del sol.* Drama en cuatro actos en verso. Habana. Imprenta de M. Soler, 1849. *Los misterios del alma.* Drama en cuatro actos en verso. Habana. Imprenta de M. Soler, 1849.[501] *El monarca cenobita.* [502]Drama en versos. Madrid. Se representó en el Teatro del Príncipe a mediados de l860. *Luz divina.* Drama en tres actos y en verso, Imprenta de J. Rodríguez, 1861. Pruebas humanas. Drama, 1861.[503]

LOSCAR:

Sin duda se trata de un seudónimo. Dramaturgo cubano. Autor de la pieza titulada *¡Manda quien manda!,* editada en Bayamo, Imprenta La Aurora, 1883.[504]

LOZANO, José G.:

Cuba.

Nació en La Habana (¿?-1888). Abogado. Dirigió los periódicos *La Cotorra* y *El Lunes.* No se tienen otras referencias biográficas. En la capital cubana estrenó una obra dramática titulada: *Por un cascabel.* Pieza bufa. 1880.[505]

LUQUE, Mario:

Cuba.

Nació en Matanzas, Cuba, en 1880. Fue representante en 1916. No se tienen otros datos biográficos. Se localizó el título: *Glorias de familia.* Comedia dramática. Estrenada con éxito en el Teatro Terry de Cienfuegos en la noche del 8 de enero de 1908. Matanzas. Imprenta El Radium. 1908. [506]

Teatro La Caridad

Inaugurado el 8 de septiembre de 1885,

M

MACAU, Miguel:

Cuba.

Nació en Matanzas, Cuba, en 1886. No se tienen otros datos biográficos. Se localizaron los títulos: *La injusticia en la inconsciencia*. Drama en tres actos y en versos. Se estrenó con éxito en la noche del 26 de agosto de 1909 en el Teatro Sauto. Matanzas. Imprenta de R. Betancourt. Julián. Monólogo dramático en verso. Matanzas. Imprenta El Radium. 1910. *El triunfo de la vida*. Comedia dramática en dos actos, premiada con accésit en los Juegos Florales de Oriente. 1914. Dejó inédita. *La borracha*. Drama en tres actos.[507]

MADAN Y GARCÍA, Augusto E.:

Cuba. Matanzas ¿1853 -? 1915.

Realizó sus primeros estudios en Matanzas. Se marchó después a España, donde estudió la Licenciatura en Derecho y en Filosofía y Letras en la Universidad de Madrid, y trabajó como profesor de química. Llegó a reunir una biblioteca de teatro de unos quince mil volúmenes. Visitó a París. Sus obras se representaron en Madrid, Barcelona y Sevilla. La de mayor éxito fue *El anillo de Fernando* IV (1874). En 1882 intentó publicar una Biblioteca Matancera con obras de autores de la provincia. Produjo gran número de piezas de teatro de contenido bufonesco o de carácter histórico y cultivó el Juguete lírico y la zarzuela. Tradujo varias obras de teatro, entre ellas, del francés, la de Octavio Feuillet titulada *Un caso crítico* (Madrid, Indicador de los Caminos de Hierro, 1875). Escribió en colaboración con el poeta Rafael M. Liern las obras *Matrimonios al vapor* (Madrid, ¿1876?), comedia en dos actos y en verso. *Artistas para la Habana* (Madrid, Imprenta de J. Rodríguez, 1877). Juguete lírico en un acto y en verso. *La escala del crimen* (Madrid, Imprenta de J. Rodríguez, 1877), melodrama en tres actos y seis cuadros, en prosa. Con el poeta José E. Triay escribió *Pablo y Virginia* (Matanzas, El Ferrocarril, 1880), Drama lírico en tres actos y seis cuadros, en verso, así como *Cleopatra* (Matanzas, Imprenta La Nacional, 1881), zarzuela cómica en tres actos y en verso. En colaboración también con Rafael M. Liern tiene *La granadina* (Madrid, R. Velasco, 1890), Juguete cómico-lírico en un acto y en verso. Fueron de su cosecha: *La piel del tigre*. Comedia en dos actos y en verso. 2a. ed. Madrid, 1872; Comedia en cuatro actos y en verso. Ed. refundida. Madrid, Imprenta de José Rodríguez, 1877. *La lucha de la codicia*. Episodio dramático en un acto y en verso, Madrid, 1873; Madrid, Imprenta de José Rodríguez, 1877; Matanzas, Imprenta La Nacional, 1880. *El anillo de Fernando IV*. Drama histórico en cuatro actos y en verso. Madrid, 1874; Ed. corregida. Madrid, Imprenta de J. M. Ducazcal, 1875; Ed. refundida. Madrid, Imprenta de J. Rodríguez, 1877. *El puñal de los celos*. Balada dramática en dos actos y en verso. Madrid, 1874; Drama en tres actos y en verso. 2a. ed. refundida. Madrid, Imprenta de José Rodríguez, 1877. *Asdrúbal*. Tragedia histórica en cinco actos y en verso. Madrid, Indicador de los Caminos de Hierro, 1875. *Bermudo*. Drama en tres actos y en verso. Madrid, Imprenta de José Rodríguez, 1875; 2a. ed. completamente refundida. Madrid, Imprenta de Policarpo López, 1877. *Los cómicos en camisa*. Disparate bufo lírico en un acto y en verso. Madrid, Imprenta C. Moliner, 1875. *Este coche se vende*. Quid pro quo lírico, en un acto y verso. Madrid, Imprenta de C. Moliner, 1875; 2a. ed. Madrid, Imprenta de José Rodríguez, 1876; 7a. ed. Matanzas, Imprenta La Nacional, 1880. *Galileo*. Drama histórico en tres actos y en verso. Madrid, Indicador de los Caminos de Hierro, 1875; 2a. ed. Madrid, Policarpo López, 1877. *Las redes del amor*. Zarzuela bufa en un acto y en verso. Madrid, Imprenta de Manuel G. Hernández, 1875. *Genio y figura hasta la sepultura*. Zarzuela de costumbres andaluzas en un acto y en verso. Madrid, Indicador de los Caminos de Hierro, 1875; 2a. ed. Madrid, J. Rodríguez, 1876. *El gran suplicio*. Zarzuela en dos actos y en verso, arreglada a la escena española. Madrid, Imprenta de J. Rodríguez, 1875. *Percances matrimoniales*. Juguete lírico en un acto y en verso. Madrid, Imprenta de José Rodríguez, 1876. *Rosa*. Zarzuela en tres actos y en verso, acomodado a la música de J. Offenbach. Madrid, Imprenta de José Rodríguez, 1876. *El talismán conyugal*. Juguete lírico en un acto y en verso. Nueva ed. corregida. Madrid, Imprenta de José Rodríguez, 1876. *A China*. Zarzuela en tres actos y en prosa [1877]. *La abnegación filial*. Comedia en tres actos y en verso [1877]. *Agripina*. Drama trágico en un acto y en verso [1877]. *Al que escupe al cielo*. Proverbio dramático en verso [1877]. *¡Cuidado con los estudiantes!* Juguete lírico de capa y espada en un acto y en verso. Madrid, Imprenta de José Rodríguez, 1877. *Deber y afecto en contienda*. Drama en tres actos y en verso. Madrid, Imprenta de José Rodríguez, 1877. *La esposa de Putifar*. Juguete lírico en un acto y en verso, 1877; 2a. ed. Matanzas, Imprenta El Ferrocarril, 1880. *Estudiantes y alguaciles*. Juguete lírico de capa y espada en un acto y en verso. Madrid, 1877; 2a. ed. Matanzas, Imprenta El Ferrocarril, 1880. *La hija mártir*. Drama histórico en tres actos y en verso [1877]. *Llueven huéspedes*. Juguete lírico en un acto y en verso, 1877; 2a. ed. Matanzas, El Ferrocarril, 1880. *Novio, padre y suegro*. Juguete lírico en dos actos y en verso. Madrid, Imprenta de José Rodríguez, 1877. *El rival de un Rey*. Drama en dos actos y en verso. Madrid, Imprenta de José Rodríguez, 1877. *Una romería afortunada* [1877]. *Viaje en globo*. Sátira bufo-lírico-bailable en un acto y en verso. Madrid, Imprenta de José Rodríguez, 1877. *Fiebre de amor*. Zarzuela cómica en dos actos y en prosa, arreglada al teatro español. Matanzas, 1878, *Un besugo cantante*. Zarzuela en cuatro actos y en prosa, arreglada al teatro español. Matanzas, Imprenta El Ferrocarril, 1879. *El calvario de la deshonra*. Drama en tres actos y en verso. Matanzas, Imprenta del Diario, 1879; 2a. ed. La Habana, Nuevo Ideal, 1906. Se representó con éxito en La Habana, 1881. *¡El Can-can!* Disparate cancanesco en un acto, cancano bailable, cancaneado en verso, y dedicado a todos los cancanómanos, cancanófilos, cancanistas y cancaneadores. Matanzas, Imprenta El Ferrocarril, 1879. *El cáncer social*. Comedia en tres actos y en verso. 2a. ed. La Habana, *La Propaganda Literaria,* 1879; 4a. ed. La Habana, Tipografía El Fígaro, 1900; 5a. ed. La Habana, Tipografía Nuevo Ideal, 1905. Estrenada con extraordinario éxito en el Teatro Tacón el 12 de febrero de 1879. *El capitán amores*. Opereta en dos actos y en verso. Matanzas, Imprenta El Ferrocarril, 1879. *El Capitán Centellas*. Melodrama en tres actos y en prosa. Matanzas, Imprenta El Ferrocarril, 1879. *Consecuencias de un matrimonio*. Comedia de gracioso en dos actos y en prosa, arreglada a la escena española. Matanzas, El Ferrocarril, 1879. *Contratiempos de* *la noche de bodas.* Juguete cómico-lírico en un acto y en prosa. Matanzas, El Ferrocarril, 1879. *Dos torturas.* Drama en cuatro actos y en verso original en parte, y en parte arreglado a nuestra escena. Matanzas, El Ferrocarril, 1879. *¡Él!* Juguete cómico en un acto y en verso. Matanzas, El Ferrocarril, 1879. *¡¡¡Es pariente de...!!!* Extravagancia cómico-bufosemicatedrática, escrita en pocas horas y en versos macarrónicos. Matanzas, Imprenta El Ferrocarril, 1879. *Jugar al alza.* Juguete cómico en un acto y en prosa. Matanzas, El Ferrocarril, 1879; [2a. ed.] Matanzas, Imprenta La Nacional, 1879. Estrenada con éxito en el Teatro Esteban, el 28 de abril de 1879. Matanzas. El Ferrocarril.1879. *La mujer del porvenir.* Juguete bufo-lírico-bailable-semifantástico en dos actos y en verso. *Obras dramáticas.* Pról. de R. M. Liern. La Habana, La Propaganda Literaria, 1879. *Percances del periodismo.* Consejo cómico lírico-bailable en un acto y en verso. Matanzas, El Ferrocarril, 1879. *La pimienta.* Comedia en un acto y en prosa. 2a. ed. La Habana, Imprenta La Propaganda Literaria, 1879; 5a. ed. Matanzas, El Ferrocarril, 1880. Representada en el gran Teatro de Tacón, la noche del 5 de febrero de 1879. *Quién engaña a quién.* Juguete lírico en un acto y en verso. Matanzas, Imprenta El Ferrocarril, 1879. *¡Todos hermanos!* Episodio dramático en un acto y en verso, escrito expresamente para el eminente actor Sr. D. José Valero. 3a. ed. La Habana, La Propaganda Literaria, 1879; 5a. ed. Matanzas, Imprenta El Ferrocarril, 1880. *Un Amadís por fuerza.* Comedia en un acto y en verso, arreglada el teatro español. 2a. ed. Matanzas, Imprenta El Ferrocarril, 1880. *El calvario de los tontos.* Comedia en dos actos y en prosa. Matanzas, Imprenta La Nacional, 1880. *Cuerpo y alma.* Fantasía dramática irrepresentable en un acto y en verso. Matanzas, Imprenta El Ferrocarril, 1880. *Curarse sin botica.* Comedia en

un acto y en verso, arreglada al teatro español. Matanzas, Imprenta El Ferrocarril, 1880. *Fiebre de amor.* Zarzuela cómica en dos actos y en prosa. 2a. ed. Matanzas, Imprenta. El Ferrocarril, 1880. *El Olimpo a la española.* Zarzuela cómico-bufo-mitológica, de gran espectáculo, en dos actos y en verso. 2a. ed. Matanzas, Imprenta El Ferrocarril, 1880. *Peraltilla,* Comedia en cuatro actos y en verso. Matanzas, Imprenta El Ferrocarril, 1880. *La perla de Portugal.* Zarzuela en tres actos y en verso. 2a. ed. Matanzas, Imprenta El Ferrocarril, 1880. *La reina moda.* Juguete bufo-lírico-fantástico-bailable-inverosímil en dos actos y en verso, divididos en tres cuadros. Matanzas, Imprenta El Ferrocarril, 1880. *Obras completas.* Matanzas, Imprenta El Ferrocarril 1880-1881. 2 t. Wilfrida. Drama en cuatro actos y un pról., en verso, escrito con el pensamiento de una tradición holandesa. Matanzas, Imprenta y Librería Galería Literaria, 1889. *El rey mártir.* Drama en tres actos y en verso. Matanzas, La Propaganda, 1894.[508]

MADRID, Francisco de la:

Cuba. Guanabacoa 1843.

Era pendolista. Organizó en Cárdenas, en 1868, una compañía de bufos. Trabajó en el teatro de Villanueva. Residió en Sagua en 1882. Se encontró el título: *Cosas de ciudadela.* Juguete cómico en un acto. Imprenta La Unión. Cárdenas. 1868. [509]

MAIQUEZ, Rafael:

No se han localizado sus datos biográficos. Se representó, en la ciudad de Santiago de Cuba, en 1855, la obra: *Mal de ojo,* comedia en un acto y en prosa; publicada en México en el año 1889.[510]

MANGIAGALLI, Carlos:

Italia.

Músico y compositor italiano radicado en España. nacido el 9 de marzo de 1842 y fallecido en 1896 . No se han localizado otros datos biográficos. Se representó, en la ciudad de Santiago de Cuba, la obra: *Picio Adán y compañía.* Preludio de la zarzuela en un acto, en 1884, por la Compañía de Bufos Habaneros.

MANZANO, Juan Francisco:

Cuba. La Habana 1797 - 1854.

Hijo de una esclava de la Marquesa Jústiz de Santa Ana, según costumbre llevó el apellido del esposo de su ama. A los diez años se sabe de memoria sermones de Fray Luis de Granada, el catecismo, loas y entremeses. A los doce, dicta décimas propias. En 1809 muere la marquesa y pasa a manos de su madrina, Dña. Trinidad de Zayas y, más tarde, a las de la Marquesa de Prado Ameno, que lo maltrató. A los quince años, aprende con su padre en Matanzas el oficio de sastre. Al morir éste, vuelve al servicio de la Marquesa y enferma a causa de las penalidades sufridas. En 1818 entra al servicio de Don Nicolás de Cárdenas y Manzano, segundo hijo de la Marquesa. Aprende por sí mismo a leer y a escribir y estudia Retórica en los libros de Cárdenas. Escribe versos. Aunque a los esclavos les estaba prohibido escribir, publica bajo garantía sus *Cantos a Lesbia* (1821), libro hoy inencontrable. También se perdieron sus nanas y décimas que circularon anónimamente por Matanzas. Vuelve al servicio de la Marquesa, pero se escapa y regresa a La Habana, donde trabaja con Don Tello Mantilla. Escribe cuentos, en los que se mezclan apariciones milagrosas con leyendas africanas, y canciones de cuna. Entre 1830 y 1838 aparecieron poesías suyas en el *Diario de la Habana.* En 1830 conoce a Del Monte, quien le publica en *La Moda* (1831), con una nota de presentación, su poesía «Al nacimiento de la Infanta María Isabel Luisa de Borbón». En 1834 aparecen sus «Romances Cubanos» en *El Pasatiempo,* de Matanzas. En 1835 se casa con Delia, mulata poetisa y pianista. Su soneto «Mis treinta años» motivó que, por iniciativa de Del Monte, secundado por Ignacio Valdés Machuca, se iniciara una suscripción para liberarlo. Después de alcanzar la libertad abrió una dulcería en Matanzas. Publica en *El Aguinaldo Habanero* (1837) y en *El Álbum* (1838). En 1839, por iniciativa de Del Monte, escribe su Autobiografía, cuya segunda parte, entregada por Anselmo Suárez y Romero a Ramón de Palma para que la copiase, fue extraviada por éste. Lo último publicado por él aparece en la *Corona fúnebre consagrada a la tierna memoria del Pbro. D. Manuel de Laza y Cadalso*, cura párroco de la Iglesia de Guadalupe, (La Habana, Imprenta de Boloña, 1842). Fue implicado por error en la Conspiración de la Escalera, en 1844, debido a una supuesta denuncia de Plácido (seud. de Gabriel de la Concepción Valdés), por su vinculación con Del Monte, mas fue absuelto y puesto en libertad en 1845. No publicó en lo sucesivo y se ganó la vida en oficios humildes. Sus poesías aparecieron recogidas en el *Diccionario de las Musas* (1837), de Manuel González del Valle, y en otras antologías más recientes. Tanto algunas de sus poesías como su Autobiografía fueron traducidas al inglés por el abolicionista Richard R. Madden con el título de *Poems by a slave in the Island of Cuba, recently liberated. With the story of the early life of the negro poet, written by myself; to which are prefixed two pieces descriptive of Cuban slavery and the slave trade* (London, Thomas Ward, 1840). En ese mismo año V. Schoelcher vertió al francés trozos de la Autobiografía y varios sonetos. Algunos de sus trabajos aparecieron bajo las iniciales J.F.M. *Obras*. Pról. de José Luciano Franco. La Habana, Instituto Cubano del Libro, 1972. Escribió para el teatro: *Zafira*. Tragedia en cinco actos. La Habana, Imprenta de Don Lorenzo Mier y Teram, 1842; La Habana, Consejo Nacional de Cultura, 1962.[511]

MARÍN, Gonzalo:

Puerto Rico. Arecibo ¿1863? - Cuba 1897.

Se inició muy joven aún, y a través de sus versos, en las luchas anticolonialistas. En 1887 fundó en Arecibo el periódico *El Postillón*. En ese mismo año, salió expatriado hacia Santo Domingo, donde se dedicó al magisterio. De allí fue desterrado por sus ideas políticas; por idénticas razones lo fue también de Venezuela, en agosto de 1890. Regresó a Puerto Rico el 24 de ese mismo mes y reanudó en Ponce, por un tiempo, *El Postillón*. Tuvo que dejar su patria nuevamente en 1891. Vivió en Nueva York, donde colaboró en *La Gaceta del Pueblo*, periódico separatista, y fue secretario del «Club Borinquen», que aunaba recursos para la independencia de Puerto Rico. Su máximo ideal era la libertad de Cuba y Puerto Rico. Se inscribió en el Partido Revolucionario Cubano y fue amigo de José Martí. En agosto de 1896 llegó a Camagüey en la expedición de Rafael Cabrera. En octubre ingresa, con el grado de sargento, en el Estado Mayor del General Máximo Gómez, en cuyo despacho trabajó como auxiliar. Enfermo de paludismo, Gómez determinó enviarlo al extranjero para que dirigiera un periódico cubano, pero murió durante el viaje. Escribió para el teatro 27 de febrero. *Cuadro alegórico*, 1888.[512]

MARISCAL, Agustín:

No se tienen sus datos biográficos. Se localizó el título: *La astucia de Carolina*. Drama en un acto y en verso. 1861.[513]

(Marques), BERIO:

No se tienen sus datos biográficos. Se localizó el título: *Otelo o el moro de Venecia*. Ópera seria en tres actos. Música del maestro J. Rossini. Matanzas. Imprenta La Aurora. 1857.

MARTÍ, José :

Cuba. La Habana 1853-Dos Ríos, Oriente 1895.

Con sus padres, Mariano Martí y Leonor Pérez. Viajó a España en 1857. Regresó a Cuba en junio de 1859. Su padre, después de desempeñar el cargo de celador, ocupó el puesto de capitán juez pedáneo en Habana, Jagüey Grande (Matanzas), desde donde el pequeño Martí escribió a su madre la primera carta suya que se conserva. Cursó estudios en el Colegio «San Anacleto», de Rafael Sixto Casado, y más tarde en el Colegio «San Pablo», de Rafael María de Mendive. En agosto de 1866 ingresó en el Instituto de Segunda Enseñanza de la Habana por gestiones de su maestro Mendive, que se había convertido en su protector y por quien corrían los gastos académicos. El 19 de enero de 1869, ya iniciada la guerra desde octubre del año anterior, publicó sus primeros artículos políticos en *El Diablo Cojuelo*, de su condiscípulo y amigo Fermín Valdés Domínguez. El 23 de enero de ese mismo año editó el único número del periódico *La Patria Libre*, donde publicó su Drama en verso «Abdala». Trabajó por algún tiempo en el escritorio de Cristóbal Madan, a raíz del encarcelamiento de su maestro Mendive a causa de los sucesos ocurridos en el Teatro Villanueva el 22 de enero de 1869. Un incidente con los voluntarios provocó el registro de la casa de Valdés Domínguez, en la que se encontró una carta firmada por éste y por Martí y dirigida al condiscípulo Carlos de Castro y de Castro para reprochar su apostasía de la causa cubana. Juzgados en consejo de guerra, fue condenado Martí -quien insistió en asumir toda la responsabilidad- a dos años de presidio. Ingresó en la cárcel el 21 de octubre de 1869. El 4 de abril de 1870 fue llevado a las canteras de San Lázaro a realizar trabajos forzados. Quebrantada su salud, se le trasladó a Isla de Pinos, por indulto, el 13 de octubre. Salió para España, deportado, el 15 de enero de 1871. Recién llegado a Madrid, publicó su folleto *El presidio político en Cuba.* Poco después comenzó sus estudios de derecho en la Universidad Central. Desde El Jurado Federal sostuvo una polémica con *La Prensa,* de Madrid. Redactó una hoja suelta condenando el fusilamento de los estudiantes de medicina en La Habana en 1871. Después de operado de las lesiones producidas por las cadenas del presidio, se trasladó a Zaragoza. Allí, en 1874, terminó su Drama *Adúltera,* se graduó de Licenciado en Derecho Civil y Canónico y pocos meses después, ese mismo año, de Licenciado en Filosofía y Letras. A fines de ese año viaja a varias ciudades europeas, entre ellas París. Llegó a Veracruz (México) el 8 de febrero de 1875 para reunirse con su familia en la capital del país. En ésta conoció a quien sería su gran amigo -su «hermano», como él lo llamó siempre-, Manuel Mercado. El 7 de marzo, con un poema dedicado a su hermana Ana, fallecida el 5 de enero, comienza a colaborar en la Revista *Universal,* donde publica su traducción de «Mes fis», de Víctor Hugo, y redacta una serie de boletines con el seudónimo Orestes. Tomó parte en un debate, en el Liceo Hidalgo, sobre materialismo y espiritualismo. El 19 de diciembre de 1875 fue estrenado con gran éxito, en el Teatro Principal, su proverbio

en verso, escrito en un solo día, *Amor con amor se paga,* protagonizado por la actriz Concha Padilla. El 28 de enero de1876 funda, con otros intelectuales, la Sociedad Alarcón. Ese mes pronuncia un discurso en homenaje al pintor Santiago Rebull en la Academia de Bellas Artes de San Carlos. Conoció además a Carmen Zayas Bazán, con la que más tarde contraería matrimonio. Después de un rápido viaje a La Habana en enero de 1877, con el nombre de Julián Pérez, se dirige a Guatemala. El 29 de mayo fue nombrado catedrático de literatura y de historia de la filosofía en la Escuela Normal Central. Colabora en *Revista de la Universidad,* es nombrado vicepresidente de la Sociedad Literaria «El Porvenir», escribe el Drama *Patria y libertad* y pronuncia un discurso sobre la oratoria, por el que recibe el sobrenombre de «Dr. Torrente». Tuvo un idilio amoroso, por esos meses, con María García Granados, a la que inmortalizaría en su poema «La niña de Guatemala». El 20 de diciembre de ese mismo año de 1877 contrae matrimonio, en la ciudad de México, con Carmen Zayas Bazán. En enero del año siguiente regresa con su esposa a Guatemala. Como consecuencia de que el presidente de la República, Justo Rufino Barrios, depuso al director de la Escuela Normal, el cubano José María Izaguirre, renunció Martí a su cátedra el 6 de abril de ese año. Regresó a La Habana el 31 de agosto. Comenzó a trabajar en los bufetes de Nicolás Azcárate: y Miguel Viondi. El 22 de noviembre nace su hijo José Francisco. Fue electo secretario de la Sección de Literatura del Liceo Artístico y Literario de Guanabacoa (Habana) y más tarde socio de la Sección de Instrucción del Liceo de Regla (Habana). Pronunció un discurso en la velada fúnebre en honor del poeta Alfredo Torroella y participó en el debate sobre «Idealismo y realismo en el arte». Señalado a causa de su brindis contra el Autonomismo en el banquete al periodista Adolfo Márquez Sterling, el 21 de abril de 1879, y por sus audaces discursos en el Liceo de Guanabacoa, fue detenido el 17 de septiembre acusado de conspirar con Juan Gualberto Gómez y otros. El 25 de ese mes salió deportado para España. Después de una breve estancia en Madrid, viajó a París. El 3 de enero de 1880 llegó a Nueva York. Se vinculó al Comité Revolucionario que secundaba los planes del General Calixto García. El 24 de enero leyó a los emigrados cubanos su examen de la situación cubana y primera formulación pública de su ideario político. Comenzó a colaborar en *The Hour* y en *The Sun*. Fracasada la intentona de Calixto García -la llamada «Guerra Chiquita»-, en marzo de 1881 se halla Martí en Caracas. Pronuncia discursos en el Club de Comercio, da clases de oratoria y funda la *Revista Venezolana*, de la que salieron sólo dos números, uno el lº y otro el 15 de julio. Su artículo sobre Cecilio Acosta, aparecido en el número del 15 de julio, le cree dificultades con el presidente Guzmán Blanco, por lo que embarca de nuevo hacia Nueva York el 28 de ese mismo mes. El 5 de septiembre del mismo 1881 aparece, en *La Opinión Nacional*, de Caracas, la primera de sus «Cartas de Nueva York; o, Escenas norteamericanas», que seguirán publicándose en este diario y en *El Partido Liberal* (México), *La Nación* (Buenos Aires), La América (Nueva York) y otros hasta 1891. En 1882 escribe, aunque sin editarlos, la mayoría de los poemas de *Versos libres*, y publica, como prólogo a *El poema del Niágara*, de Juan Antonio Bonalde, un ensayo que ha sido considerado también, con *Ismaelillo* (1882), iniciador del modernismo en Hispanoamérica. Por este época intenta reconstruir su hogar, minado ya por la incomprensión y que después de varias crisis quedé definitivamente roto. En 1883 es redactor de *La América*, de la que más tarde sería director. En 1885 publica en *El Latino*

Americano, con el seudónimo Adelaida Ral, su novela *Amistad funesta*, considerada hoy la primera novela modernista. En 1886 trabaja incesantemente como corresponsal de *La América, El Latino Americano, La República de Honduras* y *La Opinión Pública* (Montevideo). Se encarga del consulado de Uruguay el 16 de abril de 1887. En septiembre termina la traducción de *Ramona*, de Helen Hunt Jackson.

El 10 de octubre inicia, en el Masonic Temple, de Nueva York, la serie de discursos conmemorativos que culminarán en 1891. Colabora en *El Economista Americano* (Nueva York) y trabaja en la traducción del poema «Lalla Rookh», de Thomas Moore, que no ha podido ser hallada. El 25 de marzo de 1889 aparece publicada, en *The Evening Post*, su carta «Vindicación de Cuba», respuesta a un artículo de *The Manufacturer*, de Filadelfia, sobre la posible compra de Cuba por Estados Unidos. En julio de ese año apareció *La Edad de Oro*, mensuario dedicado a los niños de América, enteramente redactado por Martí, del que sólo salieron cuatro números. El 30 de noviembre pronunció en Hardman Hall un discurso sobre José María Heredia. El 19 de diciembre habló en la velada de la Sociedad Literaria Hispano-Americana en presencia de los delegados de la Conferencia Internacional Americana. Fue fundador, presidente y maestro de La Liga, sociedad de instrucción para la clase de color inaugurada el 22 de enero de 1890. El 24 de julio fue nombrado cónsul de Argentina; el 30, de Paraguay. En octubre de ese año, 1890, comenzó a trabajar como instructor de español en la clase nocturna de la Escuela Central, de Nueva York. El 23 de diciembre se le designó representante de Uruguay en la Comisión Monetaria Internacional Americana, de Washington. El 30 de marzo de 1891, ante dicha Comisión leyó su informe en español e inglés sobre bimetalismo. En dos veladas de la Sociedad Literaria Hispano-Americana, celebradas en abril y en junio de ese año, hizo el elogio de México y de Centro América. Para dedicarse por entero a su labor patriótica -labor que había suscitado protestas del cónsul español-, en octubre de 1891 renuncia a los consulados de Argentina, Uruguay y Paraguay, así como a la presidencia de la Sociedad Literaria Hispano-Americano. Invitado por Néstor Leonelo Carbonell a nombre del Club «Ignacio Agramonte», llega a Tampa el 25 de noviembre. El 26 y 27 pronuncia sus discursos «Con todos y para el bien de todos» y «Los pinos nuevos». El 28 se aprueban las resoluciones redactadas por Martí. Viaja, enfermo, a Cayo Hueso. El 5 de enero de 1892, en reunión de presidentes de las agrupaciones patrióticas, en el Hotel Duval House, logra la aprobación de las bases y estatutos secretos del Partido Revolucionario Cubano, organizado por él como un frente único en la lucha contra España. De regreso en Nueva York, pronunció un discurso el 17 de febrero en Hardman Hall, conocido como «Oración de Tampa y Cayo Hueso», en el que exalta la unidad lograda. El 14 de marzo aparece *Patria*. Martí es elegido delegado del Partido Revolucionario Cubano. Después de un viaje de propaganda por la Florida, parte el 31 de agosto a entrevistarse con Máximo Gómez. Entrevistados en Montecristi (República Dominicana) el 11 de septiembre, pasa por Haití y Jamaica de regreso a Nueva York. Continúa su actividad en Estados Unidos hasta que, el 25 de mayo de 1893, se traslada de nuevo a Santo Domingo. El 3 de junio se entrevista de nuevo con Máximo Gómez en Montecristi. El 30 conferencia con Antonio Maceo en San José de Costa Rica. El 28 de octubre, en Nueva York, pronuncia su discurso en honor de Bolívar. Prosigue su intenso trabajo de organización a través de una enorme correspondencia y de incesantes viajes por Estados Unidos, Costa Rica, Panamá, Jamaica y México, país al que va para entrevistarse con su presidente Porfirio Díaz. A finales de 1894 ha completado los detalles del Plan de Fernandina, que consistía en invadir la isla mediante tres expediciones coordinadas con levantamientos internos. El 30 de enero de 1895, tras el fracaso del plan a causa de una delación, sale Martí de Nueva York hacia Cabo Haitiano en compañía de Mayía Rodríguez y de Enrique Collazo. El 25 de marzo, después de recibir la noticia del alzamiento en armas del 24 de febrero, redacta el Manifiesto de Montecristi, programa ideológico de la revolución, firmado por él y por Gómez. El mismo día escribe a su madre su carta de despedida y dirige a Federico Henríquez Carvajal la que se considera, junto con la que escribe a Manuel Mercado la víspera de su muerte -su última carta- y que quedó inconclusa, su testamento político. El 1º de abril escribe a Gonzalo de Quesada y Aróstegui su carta-testamento literario y sale de Montecristi hacia Cuba con Máximo Gómez y otros patriotas en la goleta «Brothers», cuyo capitán se niega a cumplir lo pactado. Después de vencer nuevas dificultades, el 10 parten de Cabo Haitiano en el vapor «Nordstrand», que los trae hasta cerca de las costas de Cuba. Desembarca por el sitio llamado Playitas, al sur de Oriente, en la jurisdicción de Baracoa, el 11 de abril de ese año 1895. Monte adentro, establecen contacto con la guerrilla de Félix Ruenes y más tarde con las fuerzas de José Maceo. El 3 de mayo redacta el manifiesto sobre las causas de la guerra para el *New York Herald*. El día 5 se entrevista con Antonio Maceo en el ingenio, La Mejorana. En sus diarios de *Montecristi a Cabo Haitiano y de Cabo Haitiano a Dos Ríos,* así como en sus cartas a Carmen Miyares y a sus hijas, recoge Martí su impresión de esos días. En una refriega con la fuerzas del Coronel Ximénez de Sandoval, y a pesar de la orden de

Gómez a Martí de que no participara en el combate, se lanza, acompañado por el joven Ángel de la Guardia, contra un grupo de soldados españoles y cae mortalmente herido cerca de la confluencia de los ríos Cauto y Contramaestre. Su cadáver fue llevado por la tropa española a Remanganaguas y de ahí a Santiago de Cuba, en cuyo cementerio de Santa Ifigenia fue sepultado. En el acto hizo uso de la palabra el coronel Ximénez de Sandoval. En medio de su extraordinaria actividad política y como parte integrante de la misma, Martí fue creando su gigantesca obra escrita, no menos extraordinaria que la organizativa. Durante años colaboró con artículos sobre diversos asuntos en publicaciones periódicas, pronunció discursos de carácter político con el propósito de aunar las fuerzas para la lucha definitiva, escribió cartas íntimas y de carácter político, dejó importantísimos documentos que recogen sus puntos de vista sobre múltiples aspectos de la realidad que le tocó vivir y cultivó la poesía, la novela, el teatro, la crítica. Sus textos, traducidos a diversas lenguas, han sido publicados en múltiples ediciones extranjeras. La significación de su obra ha promovido la creación de instituciones, en diversos países, dedicadas a su estudio y a la difusión de sus ideas. El conjunto armónico que forman su constante actividad por la libertad de Cuba y de América -actividad que se sustenta en una sólida ideología revolucionaria-, y su ingente obra escrita, hacen de Martí una de las figuras más trascendentes y significativas de las letras americanas. Dejó para la escena: *Abdala*. Poema dramático. 1869. *Amor con amor se paga*. Proverbio dramático en un acto, representado en el «Teatro Principal», México, diciembre 19, 1875. México, Imprenta del Comercio, 1876. *Adúltera*. Drama . Introducción, notas y apéndice de Gonzalo de Quesada y Miranda. La Habana, Editorial Trópico, 1936

(Teatro cubano, 1). *Abdala*. Poema dramático. 1869. [514]

MARTÍN, Pedro Pablo:

No se tienen referencias biográficas. Se localizó el título: *Librarse de un rival*. Juguete cómico lírico en un acto. La Habana. 1896. [515]

MARTÍN DEL POZO, José:

No se tienen referencias biográficas. Estrenó en La Habana, en 1866, un drama titulado: *Catalina Segunda*.[516]

MARTÍNEZ, Félix:

No se tienen referencias biográficas. Se encontró el título: *La noche y la aurora*. Drama. Villa Clara.1860. [517]

MARTÍNEZ, José María:
Cuba.

Escritor de raza negra. No se tienen otras referencias biográficas. Escribió para el teatro: *El Capitán*. Drama histórico en tres actos y en versos. Habana. Imprenta del Vapor.1861.[518]

MARTÍNEZ DE LA ROSA, Francisco:[519]
España. Granada 1787 - Madrid 1862.

Político y escritor español. Catedrático de Filosofía Moral de la Universidad de Granada (1808). Se sumó a las filas de los revolucionarios liberales durante la Guerra de la Independencia (1808-14) y fue diputado en las Cortes de Cádiz que aprobaron la Constitución de 1812. Por ello, fue encarcelado tras el regreso de Fernando VII y el restablecimiento del absolutismo. Su producción teatral está formada por tragedias neoclásicas, dramas históricos y comedias costumbristas(...). [520] De su autoría, fue representada en la ciudad de Santiago de Cuba, en 1862, por la Compañía de Madrid de Doña Fernanda Llanos de Bremón: *La Conjuración de Venecia*, drama histórico en tres actos y en prosa.[521]

MARTÍNEZ EGUÍLAZ Y EGUÍLAZ, Luis:[522]

España. Sanlúcar de Barrameda 1830 - Madrid 1874.

Fue un escritor y autor dramático español, padre de la también dramaturga Rosa de Eguílaz y Renart. Fue discípulo del famoso humanista y fraile exclaustrado Juan María Capitán. Estudió derecho en Madrid y se dio a conocer literariamente allí con un estudio crítico muy fino y justo sobre *Clemencia,* novela de Fernán Caballero. Utilizó a veces el pseudónimo El Licenciado Escribe, jugando con el nombre del famoso autor dramático francés Eugène Scribe. Su vocación dramática fue temprana.[523] En Santiago de Cuba, fue llevada a escena: *La barquera de la Finajosa* (drama) y *La llave de Oro* (drama) por la Compañía de Madrid de Doña Fernanda Llanos de Bremón, en 1862; *La Cruz del matrimonio* por la Compañía Madrileña de Manuel Osorio, en 1862, su mayor éxito: y *Los soldados de plomo,* comedia original en tres actos y en versos, en 1882, por la Compañía del Sr. Pablo Pildaín.[524]

MARTÍNEZ MAYOL, Jaime:

Cuba.

Nació en Regla, La Habana, Cuba, en 1849. No se tienen otras referencias biográficas. Entre sus obras teatrales se encuentran: *Las que resultan.* Guanabacoa. Imprenta de Antonio Roca. 1909. *Incidente oficinesco.* Pasillo cómico en un acto. 1909. Lorenzo. Drama en dos actos y en prosa. Guanabacoa. Imprenta de A. Roca. 1910. *Realidad.* Comedia en un acto, prosa, 1910. *Lo previsto.* Comedia en dos actos. Considerara una de las mejores obras del teatro cubano contemporáneo. *El réprobo.* Comedia dramática. *El buen amigo.* Drama en tres actos. Guanabacoa. Casa Editorial A. Roca. 1913. *Títeres.* Juguete cómico en un acto. Inédito. 1914. *El Recitador.* Monólogo. Guanabacoa. Imprenta de A. Roca.1915. *Causas y efectos.* Comedia dramática en tres actos y en prosa. Inédita. *Del natural.* Juguete cómico en dos cuadros. Inédito. *La Flor del barrio.* Juguete cómico lírico en colaboración con Manolo La Presa. Música De La Presa. *Un día de juerga.* Humorada lírica en tres cuadros.[525]

MARTÍNEZ CASADO, Luis:

Fue director del telégrafo de Cienfuegos en 1865. No se tienen otras referencias biográficas. Estrenó en La Habana algunas de sus obras.[526] Se encontraron los títulos: *Ya no me mato!.* Comedia lírica en un acto. Conjuntamente con Juan Martínez Villergas escribió: *Me lo ha dicho la portera.* Zarzuela en un acto. Habana. Imprenta La Cubana. 1858.[527] *Las glorias de las Tunas.* Apropósito en un acto y tres cuadros. Habana. Imprenta de El Tiempo. 1869. *El gorrión.* Juguete cómico en un acto y un cuadro. Habana. Imprenta *El Iris.* 1869. Representado en el Teatro de Variedades, mayo de 1869. *Pelayo.*[528] Loa. Habana. Imprenta de

El Tiempo. 1870. Estrenada con éxito en el Teatro de Variedades la noche del 2 de noviembre de 1869. *La verdadera felicidad.* Zarzuela. 1869. Estrenada en Santiago de Cuba. Música de Laureano Fuentes.[529]

MARTÍNEZ CASADO, Manuel:

No se han localizado datos biográficos. Estrenó en La Habana una comedia titulada *Un marido ofendido.*[530] Comedia en tres actos, 1854. (1854). Se registra, además, la obra, *Lo que anda, el dengua y zumba y aguanta* (1857)[531] y la obra: *El tesoro de un padre.* Comedia de costumbres en tres actos y en versos. Puerto Príncipe, Imprenta de El Fanal. 1856.

MARTÍNEZ Y CORTÉS, Cristóbal:
Cuba 1822 - 1842.

Escribió la ópera bufa *El diablo contrabandista,* de dos Misas, un Septeto, de la ópera *Don papayero o La Burla del Hipnotismo* y de otras piezas y romanzas. En 1840 se encontraba en París. Realizó un viaje a Italia, donde el empresario de la Scala de Milán, "que había oído alabar su talento"le encargó una ópera seria para estrenarla en ese teatro. La muerte impidió la conclusión de la obra *Safo.* Se asegura que fue el primer cubano que escribió partituras líricas.

MARTINEZ DÍAZ, Julio:

No se han localizado datos biográficos. Se localizó el título: Los amores de Don Pancho.[532]

MARTINEZ MONTESINOS, Francisco:
España. ¿Andalucía? ¿1868?

Novelista, poeta y dramaturgo. En 1890 se estableció en La Habana. Durante la gesta independentista cubana defendió la causa

colonial española. Ya en el siglo XX, reimprimió su libro de versos *Pasionarias,* (1901), y su novela *Regina* (1904). También colaboró en *La Colonia Española, El Mundo, El Comercio y el Diario Español.* Dio a la Imprenta algunos volúmenes de poesías y, al menos, una obra narrativa de carácter histórico. Para el teatro compuso una zarzuela: *Encarnación,* Habana, (1897).[533]

MARTÍNEZ OTERO, Manuel:
España.

De origen peninsular, se supone que residió algún tiempo en Cuba, puesto que algunas de sus obras se dieron a conocer en la capital de las Antillas. Escribió las piezas teatrales: *Un voluntario,*[534] comedia en un acto y en verso. La Habana. Imprenta de Villa. 1870. Escrita para la Sociedad Artística y literaria *El Recreo Social.* Tanto le dan al buey manso. Juguete cómico en un acto y en verso. La Habana. Imprenta de Villa. Desde niños por la patria.[535] Pieza en un acto y en verso. La Habana. Imprenta *El Pensamiento.* 1870. Estrenada en El Recreo Español, la noche del 21 de agosto de 1870.[536]

MARTÍNEZ SÁNCHEZ, Pedro:

No se tienen sus datos biográficos. Se localizó el título: *Constancia Quebranta–Peñas.* Comedia en un acto y en prosa. Revista crítica. 1868.[537]

MARTÍNEZ VILLERGAS, Juan:
España. Gomeznarro, Valladolid 1816 - Zamora, España 1894.

En 1834 partió hacia Madrid, donde aprendió dibujo, trabajó en la Contaduría de Rentas y siguió la carrera militar. Publicó epigramas en el semanario *La Nube,* y letrillas y artículos de costumbres en *El Dómine Lucas* y otros. En 1847 publicó *El Tío*

Camorra, periódico político y de trueno, cuyo nombre cambió después, por razones políticas, por el de *Don circunstancias* (1848-1949). En 1852 emigró a París. En 1856 fue nombrado cónsul general de España en Haití, pero no llegó a ejercer este cargo. Viaja a Cuba, donde permanece de 1857 a 1858. Publica el periódico *La Charanga*. En 1861 va a España y a Francia. Vuelve en 1862 a Cuba. Entre 1862 y 1864 labora en *EL Moro Muza*. Viaja por Europa. En 1867, de nuevo en La Habana, continúa sus colaboraciones en *El Moro Muza*. Realiza esporádicos viajes a España. Entre 1875 y 1876 radica en Argentina y en Perú. De 1879 a 1881 fundó y dirigió en Cuba el periódico festivo *Don Circunstancias,* de carácter anti-autonomista. Entre idas y vueltas a España continúa con la publicación de *Don Circunstancias* (1883-1884) y dirige el periódico *La Unión Constitucional*. Utilizó los seudónimos El Tío Camorra, Don Emilio y Don Circunstancias, en España, y en Cuba, El Tambor Mayor, El T.M. y El Moro Muza. Entre sus obras en colaboración están *Los políticos en camisa* (Madrid, Imprenta de El Siglo, 1845-1847.3t.), escrita con A. Robot y Fontseré; *Los amantes de Chinchón* (Parodia de Los amantes de Teruel de Harzembuch) (Madrid, Imprenta de la Sociedad de Operarios, 1848), pieza trágico- cómico-burlesca en verso, escrita con D. Miguel Agustín Príncipe, D. Gregorio Romero Larrañaga, D. Eduardo Asquerino y D.Gabriel Estrella. Esta obra fue representada en Santiago de Cuba por la Compañia de los Señores Robreños, en 1850. Fue publicada: *Me lo ha dicho la portera*.[538] Zarzuela en un acto, junto con Luis Martínez Casado. Música del profesor Laureano Fuentes. Habana. Imprenta La Cubana. 1858. [539]

MARTY, Dominga o Domingo:

No se tienen referencias biográficas. Tradujo *El Autómata*. Comedia en un acto, escrita en francés por M. de Leuven. Representada en la noche del 28 de noviembre. Habana. Oficina del Faro. 1845.[540]

MATAMOROS, J. M.:

No se tienen referencias biográficas. Se encontró el título: *El santo de mi mujer*. En un acto. Intrigas de un tabaquero. En un acto.

MATAMOROS Y DEL VALLE, María de las Mercedes: [541]

Cuba. Cienfuegos, Las Villa, 1851 - Guanabacoa, La Habana 1906.

Huérfana de madre desde los tres años, su padre fue su primer mentor; con él aprendió inglés y francés e inició sus lecturas literarias. En La Habana estudió en el colegio «El Sagrado Corazón», del Cerro. En 1867 dio a conocer sus primeros artículos de costumbres en los periódicos *El Siglo* y *El Occidente*. Más tarde colaboró en *La Opinión* (1868). De 1878 a 1880 colaboró en *El Triunfo*. Publicó en *El Almendares* y además en la *Revista de Cuba* de 1880 a 1883. A partir de 1884 graves problemas familiares la aíslan de las letras, se dedica al magisterio particular y labora en el colegio María Luisa Dolz. En 1892 Antonio del Monte impulsa la edición de sus obras completas. Vuelve a las letras y publica en la *Ilustración de Cuba, La Golondrina* (Guanabacoa), *El País, La Habana Elegante, La Habana Literaria* y *El Fígaro*. Sus poemas Mirtos de antaño, que aparecieron en el *Diario de la Marina* (1903-1904) y en *El Fígaro* (1922), datan de 1888 y 1889. *El Fígaro* publicó además algunas poesías de su libro inédito *Armonías cubanas,* de 1897. Tradujo a Byron, Longfellow, Chaucer, Tennyson y Thomas

Moore, del inglés; del francés, a André Chenier y a Vigny, y del alemán a Goethe y a Schiller. Su soneto «La muerte del esclavo», escrito en 1879 para un certamen de poesía fue traducido al sueco. Recibió el epíteto de *La alondra ciega.* Usó el seudónimo Ofelia. Trelles, en su Bibliografía cubana del siglo XIX, cita la pieza en un acto *El invierno en flor,* mencionada por Merchán. Obra en un acto. 1882. La Habana.[542]

MAURI, José:

Cuba.

Natural de Santiago de Cuba (Cuba) (¿?). Se sabe que su actividad literaria se desarrolló entre los últimos años del siglo XIX y los primeros del XX, y que la mayor parte de su teatro se ubica en el XX. Publicó poesías y numerosas obras dramáticas, entre ellas alrededor de cuarenta zarzuelas. Algunos de sus títulos más conocidos son: *Monomanía musical.* Zarzuela, 1890. *El quinto no matar.* Comedia, 1909. *La hormiga blanca.* Comedia. 1910. *Crimen ajeno.* Comedia. *El delincuente.* Melodrama. *Los magnánimos.* Drama. etc.[543]

MAURI ESTEVE, José:[544]

España. Valencia 1856 - La Habana 1937.

A los 10 años fue violín concertino del teatro Albisu —sede habanera de la zarzuela española—. Años más tarde, en este mismo sitio, fue maestro de coro y finalmente director del famoso coliseo. Aunque se interpretaron piezas de su autoría, sobre todo las menores, su vida en la etapa neocolonial no fue lo satisfecha que merecía. Se afirma que recibió las primeras lecciones

de solfeo de su padre, quien componía zarzuelas infantiles en las que el propio Mauri cantaba con cuatro años de edad. Con igual provecho inició los estudios de violín con el maestro Reinaldo Revagliatti, y más tarde, los de piano, armonía y composición. De mayor, al frente de una compañía de zarzuelas, efectuó giras por toda la Isla, y entregó buena parte de la recaudación para la causa independentista, como lo hicieron a su vez Ignacio Cervantes y Hubert De Blanck. En 1874 comenzó su carrera de autor lírico para la escena. Intentando ampliar su formación profesional vivió en Europa durante un tiempo, y en este período trabajó en Francia, Bélgica y España. En tierras ibéricas permanecería la mayoría de su etapa europea, laborando en el Teatro Real, donde adquirió renombre y consideración; pero, al parecer, el saldo general de su estancia en Europa no fue todo lo fructífero que había esperado. Igual experiencia intentó vivir en países latinoamericanos (Colombia, Venezuela, Nicaragua, Guatemala, El Salvador, Puerto Rico y México). Se cuenta que al dirigir la famosa ópera *Aída,* en el teatro mexicano Arbeu, el público lo ovacionó hasta el delirio. En Cuba de nuevo, a partir de 1901, se reintegró a la vida teatral hasta llegar a dirigir el *Albisu,* y sin embargo, por diversas razones —entre ellas la económica—, no pudo componer óperas, que era su sueño, hasta casi tres lustros después. Dispuestos a colaborar con él estaban intelectuales de renombre como Bonifacio Byrne, quien escribió un libreto junto a José Antonio Ramos, autor del argumento de la pieza Salvio, elegida por Mauri para componer la música. En una carta, Byrne le contaba a Ramos que había leído la obra, pareciéndole muy bella, y que "conste que Mauri es Santo de mi reino, aunque él no lo sabe, pues no sostenemos relaciones de ningún género". Poco después parecía perfilarse entre los tres intelectuales el deseo de trabajar algún día juntos; pero las condiciones económicas no eran las propicias, y hasta el año 1921 no pudo ver el maestro Mauri su sueño concretado. En ese año estrenó por fin *La Esclava*, en el Teatro Nacional, con libreto del periodista y escritor Tomás Juliá. El "parto" había sido *sui géneris*. Mauri andaba mal de la economía y del ánimo, y Juliá, para sacarlo del "bache", intentó arrastrarlo a la aventura de crear una ópera. Solo la tenacidad del escritor, que chocaba con la frase "no sirvo ya para nada. Mis composiciones ya no gustan", pudo vencer la negativa del compositor. El éxito de *La Esclava* tuvo tanta resonancia que el senado de la República, a propuesta del doctor Antonio González Pérez, aprobó una pensión vitalicia para Mauri, que le permitiera seguir creando sin las angustias de la estrechez económica; pero la Cámara de Representantes desestimó la idea. Mauri, a pesar de la indiferencia de muchos, no era desconocido, pues al crearse la Academia Nacional de Artes y Letras fue escogido para integrar la sección de Música, junto a De Blanck y Sánchez de Fuentes, entre otras personalidades. Sin embargo, el maestro no era incluido en la élite cultural de la sociedad habanera de la primera mitad del siglo XX cubano. "El peor enemigo de Mauri fue su propia modestia", apuntó Gustavo Robreño en la despedida del duelo del músico, quien a la edad de 81 años se quitó la vida, amargado quizás por el ensañamiento de alguna crítica y la envidia de sus enemigos. Algo taciturno, exaltado a veces y con tendencia a la bohemia, tuvo, empero, una prolífica producción musical. Se destacó en cuatro géneros fundamentales: el teatral, el sinfónico, el popular y el sacro. En la música popular compuso danzones elegantes, guarachas, habaneras, boleros, canciones, valses y rumbas. En el mundo sinfónico compuso importantes piezas. Con la zarzuela: *El Sombrero de Felipe II*. Pieza en

un acto, estrenada en el teatro Cervantes, inició una relación de cuarenta piezas en el género que lo glorificaron como músico teatral.[545] Compuso las zarzuelas: *El barberillo de Jesús María, El colono de Luisiana, El sombrero de Felipe II [Gazul]*; estrenada en el Teatro Cervantes en 1874, Globos dirigibles, libreto: *Espinosa de los Monteros, La domadora, La mujer del día, Lucas Gómez, Lucrecia Borgia, Los efectos del cancan, Martes trece, Natales de doña Chumba y Seguridad personal, El delincuente*. Melodrama en cuatro actos y en prosa. *La Hormiga blanca*. Comedia. Se representó en Marianao en 1910. *El quinto no matar*. Comedia. Se estrenó en Marianao en 1909. *Los magnánimos*. Drama en tres actos y en prosa. *Crimen ajeno*. Comedia dramática en tres actos y en versos.[546]

MAYORGA, Ventura:

España.

Madrileño de nacimiento, publicó en La Habana un libro de cuentos y leyendas para niños, en 1893. Es autor asimismo de un cuadro dramático infantil titulado: *El mejor premio* (1881).[547]

MEDINA Y CÉSPEDES, Antonio:[548]

Cuba. La Habana 1824 - 1859.

Comenzó sus estudios colegiales en 1831 y dos años más tarde ingresó en la Escuela de los Padres Belemitas del Convento de Belén. Trabajó como aprendiz de sastre en un taller y logró obtener el empleo de operario de sastre en el Teatro Tacón, donde conoció a figuras de la cultura de su época. Fue amigo de Francisco

Manzano y de Gabriel de la Concepción Valdés. En 1842 publica *El Faro,* primer periódico dirigido en Cuba por un hombre de la raza negra. En 1844 fue perseguido con motivo de la Conspiración de la Escalera, que costó la vida a varios de sus amigos. En 1850 obtiene el título de Maestro de Instrucción Elemental. En 1862 abre el colegio "Nuestra Señora de los Desamparados", para niños pobres, que mantuvo hasta 1878. Después de cerrada la escuela trabajó en un negocio de pompas fúnebres. Su labor docente le mereció que se le llamara "el Don Pepe de la raza de color". Fue representante en La Habana de la Sociedad Abolicionista de Madrid. Era socio de número y vocal del Ateneo de La Habana. Contribuyó económicamente al movimiento revolucionario del 68. Su casa fue centro siempre de tertulias literarias. Colaboró en el *Diario de la Marina, El Avisador Comercial, La Aurora, La Prensa, El Colibrí, La Fraternidad* y *La familia.* Sus sonetos "Amor a Dios", "La pobreza" y "La oración del huerto" fueron traducidos al inglés. Como dramaturgo escribió: *Lodoiska; o, La maldición.* Drama en cinco actos, dividido en seis cuadros. Escrito en verso. La Habana, Imprenta de Torres, 1849. *La maldición.* Drama en cinco actos, dividido en seis cuadros, original y en verso. 2da ed. La Habana, Imprenta del Ejército, 1882. *Don Canuto Ceibamocha; o, El guajiro generoso.* Zarzuela. [La Habana?], 1854; 2da ed. La Habana, Imprenta. del Ejército;1881. Jacobo Girondi. Drama en tres versos y en verso original de [...]. Estrenado en el Teatro Payret la noche del 26 de marzo de 1881. La Habana, Imprenta La Lolita [1881]. [549]

MEIRELES, Eduardo:

Cuba. La Habana 1865.

Ejerció la docencia. Hacia 1914 dirigía en Matanzas un colegio. Posiblemente vivió durante algún tiempo en Puerto Rico. Escribió más de veinte piezas de teatro. Algunos de sus títulos son: *Los matrimonios. Juguete cómico en un acto y en prosa.* La Habana. Imprenta La Moderna. 1891. Estrenado en el Teatro Alhambra. *Matanzas en camisón.* Revista en un acto y tres cuadros, prosa y verso. Habana, Imprenta La Moderna, 1894.[550] *La entrega del mando o fin del siglo.*[551] Revista cómica lírico crítica en verso, en un acto y dos cuadros. Música de los señores Vizcarrondo y Tizol. Estrenada con ruidoso éxito en San Juan de Puerto Rico el 8 de julio de 1899 y suspendida su segunda representación, al siguiente día, por el Señor Alcalde Municipal. Puerto Rico. Establecimiento Tip. De A. Lynn e hijos de Pérez Moris. 1899. *En el juzgado.* Pasatiempo en un acto y en versos. Habana.1891.[552]Trelles en su Bibliografía... relaciona los siguientes títulos: *El gallito reformado, Lo manda el médico, Tres padres para dos hijos, Café y Restaurant, Llueven matrimonios, La rifa de una vieja, ¿Qué sucederá?, La exposición de Chicago, Doña Anacleta Cuatro Pisos, El amor y el estómago, Le hizo gracia el instrumento, Ya le cogí el gusto, Puntos y Puntas, Cuestión de colores, El sesenta y ocho. Una mujer y un hombre. Museo de imperfecciones, Cañamazo, X, K y W.* [553]

MELERO, José Lino:

No se cuenta con datos concretos sobre este dramaturgo. Cubano de nacimiento. Compuso tres obras para los escenarios: *Las naciones aliadas.* Drama, 1856. *El artista.* Drama en cuatro actos y en verso. La Habana. Imprenta Militar, 1858. *Clementina.* Tragedia. En verso. La Habana. Imprenta Nacional y Extrangera, 1868.[554]

MELLADO Y MONTAÑA, Manuel:

Cuba.

Cubano de nacimiento, murió hacia 1892. Fue un hábil director y actor. Creó los Caricatos Cubanos en 1879. Como autor teatral quiso ir más allá de los disparates vernáculos, y pronto cultivó la línea del melodrama con su carga social de crítica a la pequeña burguesía colonial, alejándose del ambiente marginal y barriotero. Aunque no fue un escritor prolífico, su escena está aún por descubrir y apenas le sobreviven ocho piezas la mayor parte manuscritas.[555] Se conocen un buen número de obras de M. Mellado que fueron estrenadas en los escenarios. Citamos a continuación algunos títulos: *Perico Mascavidrio o la víspera de San Juan.* Disparate cómico-bufo, lírico de costumbres del país. Habana. Imprenta el Correo Militar. 1880.[556] *La casa de Taita Andrés.* Semi-parodia de *La casa de campo.* Juguete cómico del género bufo en un acto. Habana. 1881. *Una equivocación peliaguda.* Comedia en un acto y en prosa. 1882. *Apuros de un figurín.* Cuadro de costumbres en un acto y en prosa. Habana, 1891. Imprenta del Batallón Mixto de Ingenieros. 1891. Fue elogiada por la prensa. *Miseria humana.* Comedia en un acto y en prosa. Habana. Imprenta del Batallón Mixto de Ingenieros, 1891.[557] Fue representada por primera vez, con éxito, en el Teatro Torrecillas.[558] *Aquí es la bulla. Buchito en Guanabacoa.* Cuadro de costumbres populares. *Huevito en Guanabacoa.* Cuadro de costumbres populares en un acto. 1881. *La casa de socorro.* Pieza cómica en un acto y en prosa. *Un día de Reyes. Don Diego y don Dieguito. Don Silvestre del Campo. El 19 de enero. El ensueño de Perico. El hombre de la culebra. El muerto al hoyo. La trichina. El triunfo de un tabaquero.* Cuadro de costumbres pretensiones de melodrama. 1881; *La verbena de San Juan.*[559] *De punto Diego y de punto Dieguito.* En un acto. *De punto Silvestre del Campo.* En un acto. [560]

MELLERVEER, Giacomo:

No se tienen sus datos biográficos. Se localizó el título: *El profeta.* Drama lírico en cinco actos, letra original de Mr. E. Scribe, y arreglada al italiano por M. Maggioni. Música del célebre maestro Mellerveer. Habana. Imprenta de Spencer y Compañía. 1857. *El profeta.* Ópera en cuatro actos. Música del maestro Mellerveer. Habana. Imprenta La Propaganda Literaria. 1873.[561] *La africana.* Drama lírico en cinco actos. Música del propio autor. Habana. 1866. Imprenta Militar. *Dinorah o la romería a Loermel.*[562] Ópera semiseria en tres actos. Música del autor. Habana. La Propaganda Literaria. 1872.

MENDIVE Y DAUNY, Rafael María de:[563]

Cuba. La Habana 1821 - 1886.

Huérfano, su hermano mayor, Pablo, se hizo cargo de su educación y le enseñó literatura española, inglés y francés. Dio a conocer sus versos en *Correo de Trinidad* (1839-1841). En 1843 ingresó en el Seminario de San Carlos, donde estudió derecho y filosofía. En 1844 viajó por Europa. Redactó, con J. G. Roldán, la revista *Flores del Siglo* (1845). Colaboró en el *Faro Industrial* (1846-1847) y en *Semana Literaria* (1847-1848). Fue nombrado secretario de la sección de Literatura del Liceo de La Habana, desde cuyo cargo promovió concursos literarios y fundó, con José Quintín Suzarte: *El Artista* (1848), órgano del Liceo. Embarcó hacia Europa en 1848. Colaboró en el periódico *Crónica de*

Ultramar (París). En 1851 sus versos fueron incluidos en la antología Poetas españoles y americanos del siglo XIX, de Andrés Avelino de Orihuela. Después de visitar Italia, regresó a Cuba en 1852. Trabajó diez años en la Sociedad de Crédito Territorial Cubano de Domingo Aldama. Fundó la *Revista de la Habana* (1853-1857). En 1856 ingresó en la Sociedad Económica de Amigos del País. Colaboró en *Guirnalda Cubana* (1854), *La Piragua* (1856), *Revista Habanera* (1861-1862), *Álbum de lo Bueno y lo Bello* (1860), *Aguinaldo Habanero* (1865). Además, en el *Correo de la Tarde* y el *Diario de la Habana*. En 1864 fue nombrado director de la Escuela Municipal de Varones. Por su labor, fue premiado por la Junta Superior de Instrucción Pública. Fue, durante sus años de profesor, protector y maestro de José Martí. En 1867 se le autorizó a establecer el colegio San Pablo. La casa de Mendive era centro de reuniones literarias y fervor patriótico. En enero de 1869, a raíz de los sucesos del Teatro Villanueva, fue conducido preso al castillo del Príncipe; más tarde fue confinado a España. De Madrid pasó a Nueva York, donde residió de 1869 a 1878. Colaboró en los periódicos de Nueva York *La Ilustración Americana, La América, Museo de las Familias y Mundo Nuevo*. En 1875 residió unos meses en Nassau. A raíz de la Paz del Zanjón regresó a Cuba. Trabajó en el bufete de Valdés Fauli. Dirigió el *Diario de Matanzas* (1878-1879). Colaboró en *La Lucha* (1887) y *El Almendares*. Escribió en el periódico *La Tarde*. Estuvo al frente del colegio San Luis Gonzaga, de Cárdenas. Enfermó y fue trasladado a La Habana, donde falleció. Es coautor de *Cuatro laúdes* (1883), junto con Ramón Zambrana, José Gonzalo Roldán y Felipe López de Briñas. En colaboración con José de Jesús Q. García publicó su antología *América poética* (1856). Prologó la segunda edición de las *Poesías* de Fornaris. Tradujo

las *Melodías irlandesas*, de Moore, impresas en New York (1863). Hizo traducciones de Hugo, Byron, Lamartine. Algunos de sus versos fueron traducidos al francés por Moreau y al inglés por Longfellow. Utilizó los seudónimos Tristán del Páramo, La Caridad y Armand Flevié.[564] Escribió para el teatro: *Gulmara*. Juguete lírico en un acto. La Habana, Imprenta de Torres, 1848. Fue representado por la compañía de ópera del Gran Teatro de Tacón. Música del maestro Luigi Arditti.[565] *La nube negra*.[566] Drama en cuatro actos y en versos. 1863. *Las inmaculadas*.[567] Comedia en tres actos y en versos. Inédita. *Los pobres de espíritu*. Drama. *Por la patria*. Poema dramático.[568]

MENDOZA Y DURÁN, Tomás:

Cuba. Las Tunas, Oriente [?]. 1869.

A partir de 1866, cultivó el teatro en Santiago de Cuba y en La Habana. En 1868 fue nombrado secretario de la Sociedad Filarmónica de Santiago de Cuba, así como profesor de Historia Natural del Instituto de Segunda Enseñanza de dicha ciudad. Colaboró en *El Siglo* y en otros periódicos nacionales y extranjeros. Fue además orador revolucionario. Al iniciarse la revolución de 1868 marchó al extranjero para llevar a cabo una misión del Comité del Centro. Después se alistó en la expedición del general Manuel de Quesada, en Nassau. En diciembre de ese año suscribió un manifiesto independentista en unión de Luis Victoriano Betancourt, Rafael Morales, Julio Sanguily y otros expedicionarios. Luchó con el grado de capitán en el combate del Paso de Lesca. Ascendió a comandante. Con el grado de coronel participó en el ataque al pueblo de Tunas en agosto de1869, donde resultó herido. Falleció a los pocos días. Utilizó el seudónimo El Bachiller Liñaza. [569] Escribió y representó: *Una estocada secreta,* Drama en tres actos y en verso; *Justicia de propia* mano, Drama en tres actos y en prosa; *Dos máscaras*, zarzuela en un acto en verso (con música de Laureano Fuentes), representada en Santiago de Cuba, en 1866, por la Compañía lírico dramática camagüeyana.[570] *El tesoro de Santa Clara*, comedia en un acto y en prosa; *De lo vivo a lo pintado*. Comedia de costumbres en tres actos y en verso, original de [...] estrenado en el Teatro Principal de Santiago de Cuba, en 1867 por la Compañía dramática de Torrecillas.[571] La Habana, Imprenta de la Viuda de Barcina, 1868. *Los mocitos del día*. Caricatura de costumbres, en un acto y en prosa. Su estreno fue en agosto de 1867 en el teatro Dolores de Santiago de Cuba, interpretada por un Grupo de Aficionados, en 1867.[572] Fue representada por los Bufos Habaneros en el Gran Teatro de Tacón en la noche del 17 de septiembre de 1868. La Habana, Imprenta de la Viuda de Barcina[1868]; *A Espaldas Vueltas*. Proverbio en un acto y en verso con música Laureano Fuentes, estrenado en el Teatro Principal de Santiago de Cuba, en 1868 por un Grupo de Aficionados.[573]

MENÉNDEZ RODRÍGUEZ, Fernando:

España.

Natural de Asturias, vivió en la segunda mitad del siglo XIX y residió durante bastantes años en Cuba. Según parece, escribió unas veintiséis obras de teatro, de las cuales algunas obtuvieron cierto éxito. Conocemos únicamente tres títulos, pertenecientes a obras que fueron publicadas: *¡Viva España! O el dos de mayo*. Episodio Nacional cómico y dramático en tres actos y cuatro cuadros en prosa y verso. Estrenado con gran éxito en el Gran Teatro de Tacón el día dos de mayo de 1893. Habana. Imprenta La Primera de Belascoaín, 1893;[574] *El himno de Riego*. Episodio histórico nacional cómico- lírico- dramático. Habana. Imprenta La Primera de Belascoaín. 1893 y *Los voluntarios de Cuba*. Zarzuela.[575]

MERCADANTE, Severo:

No se tienen sus datos biográficos. Se localizó el título: *El bravo*. Drama lírico en tres actos. Versos de Cayetano Rossi. Habana. Imprenta de Barcina. 1847.[576]

MESTRE HERNÁNDEZ, Luis:

Cuba. La Habana 1818 - Vigo, Pontevedra 1921.

Desde joven se estableció en Galicia y se dedicó al cultivo de las letras. Destacó como poeta y polemista. Cónsul en Vigo de Cuba y Guatemala, militó en el Partido Republicano y fue amigo de Pi y Margall. Colaboró en la prensa regional. Fundó el periódico *Pero-Grullo* y el semanario *La Víbora*. Escribió poemas y folletos; pero la mayor parte de su producción desapareció en el incendio de su casa viguesa. Utilizó el seudónimo: El proscripto de Almendares. Es autor de la obra dramática: *La petaca de Don Juan*. [577]

MEZA Y SUÁREZ INCLÁN, Ramón:[578]

Cuba. La Habana 1861 - 1911.

Obtuvo el título de Bachiller en Artes en la Universidad de la Habana en 1877. En 1882 se graduó de Licenciado en Derecho Civil y Canónico. Dos años más tarde, en 1884, Publica en la *Revista de Cuba* su primer trabajo conocido. Ese mismo año colabora en *La Lotería* y en *La Habana Elegante,* donde llegó a ocupar el cargo de redactor. La Sociedad Provincial Catalana Colla de Sant Mus le otorga, en 1886, en los Juegos Florales del 15 de noviembre, un *accésit* por su novela *Carmela.* Entre 1888 y 1889 viaja por Canadá. Este último año fue premiada su novela *Don Aniceto el tendero* en el Certamen del Liceo de Santa Clara. En 1891 alcanzó el doctorado en Filosofía y Letras en la Universidad de la Habana. Fue nombrado profesor supernumerario de la Facultad de Filosofía y Letras en 1895. En 1898 se traslada a Estados Unidos y comienza a publicar, en los *folletines de Cuba* y *América,* su novela *En un pueblo de la Florida.* En 1899, después de su regreso a Cuba, es nombrado profesor de literatura española en la Facultad de Filosofía y Letras. En 1900 cesa en dicha Facultad y ocupa, por oposición, una cátedra auxiliar en la Escuela de Pedagogía. Ese mismo año desempeña la subsecretaría de Justicia. Fue secretario de la Sociedad Económica de Amigos del País de la Habana y, por razón de su cargo, director de sus Memorias que publicó todos los años entre 1900 y 1909. Fue electo concejal del municipio habanero en 1901. Ese año ganó medalla de oro en la Exposición de Búfalo (EE.UU.). Fue síndico primero del Ayuntamiento. Por encargo de esa institución pronunció el discurso de elogio del General Máximo Gómez; en 1905, recogido ese mismo año en el folleto A la memoria del General Máximo Gómez. Actas, acuerdos y sesión solemne de los días 18 y 22 de junio de 1905 del Ayuntamiento de la Habana (La Habana, Imprenta P. Fernández, 1905). En 1906 es nombrado profesor titular de sicología pedagógica, de historia de la pedagogía y de higiene escolar. Fue vocal del Consejo Escolar de la Habana. Ocupó la secretaría de Instrucción Pública y Bellas Artes de La Habana en 1909. Colaboró, además, en *La Ilustración Cubana, Revista Cubana, El Triunfo, La Correspondencia de Cuba, Patria, El Cubano, Revista de la Facultad de Letras y Ciencias* -en estas tres últimas ocupó además el cargo de redactor-, *La Unión, El Palenque Literario, La Tribuna, La Industria, The Home Review, La Juventud, El País, Diario de la Marina, El Fígaro, Helios, Cuba en Europa, Revista de Educación, La Instrucción Primaria.* Prologó *Luisa.* Novela Cubana (La Habana, Imprenta El Pilar, 1895), de José Z. González del Valle. Dejó varios textos inéditos, entre ellos *La ciudad de la Habana: sus barrios, plazas, casas, monumentos, fiestas, tradiciones, emblemas, &, la novela Ilustres de vista corta* y varios cuentos. *Don Aniceto el tendero* fue traducida al inglés. *Mi tío el empleado* fue publicado en traducción rusa en 1964. Firmó con los seudónimos R. E. Maz y Un redactor. Escribió para el teatro: *Una sesión de hipnotismo.* Comedia en dos actos. La Habana, Imprenta El Pilar, 1891.[579]

MIER Y TERÁN, Lorenzo:

No se tienen sus datos biográficos. Se localizó el título: *El hijo de dos padres, o la mujer astuta.* Drama. Solicitó permiso en 1842 para publicarlo.[580]

MIGUELES, María Lorenza:

No se tienen sus datos biográficos. Se localizó el título: *El frenético o las funestas consecuencias del juego.* 1845.[581]

MILANÉS, Federico:
Cuba. Matanzas 1815 - 1890.

Estudió la primaria en la escuela municipal de Matanzas. Estuvo empleado en Rentas Reales, y más tarde en un establecimiento industrial. Se hizo cargo de la secretaría del Ferrocarril de Matanzas, que dejara su hermano José Jacinto por motivos de salud. Permaneció en el cargo hasta que partió con éste en un viaje de dieciocho meses por Estados Unidos y Europa para curarlo de su enfermedad. Al morir sus padres, se hizo cargo de la administración de los intereses familiares. En 1837 publicó en el *Aguinaldo Habanero* su sátira en verso "Amor a los figurines", que sirvió de letra a una pieza musical. Su obra dramática *La cena de D. Enrique el Doliente,* terminada en agosto de 1838, mereció la censura de Del Monte y sus amigos. Frente a este hecho, José Jacinto defendió la obra de su hermano en cartas dirigidas a Del Monte. Hacia 1840 ó 1841, escribió su comedia *Un baile de ponina.* En el año 1846, en el segundo certamen de los Juegos Florales del Liceo de la Habana, alcanzó el primer premio, consistente en medalla de plata y título de socio de mérito, con su "Sátira contra la manía de publicar tomos de poesías con títulos inadecuados y prólogos altisonantes y laudatorios". Publicó la primera edición de las obras de su hermano en cuatro tomos (La Habana, 1846-1847). En 1861 alcanzó el primer premio por su "Oda a la muerte del eminente poeta Don Manuel J. Quintana", en el primer certamen de los juegos Florales del Liceo de Matanzas, presidido por Gertrudis Gómez de Avellaneda. Ganó, además, accésit por su comedia de costumbres en tres actos, *La visita del Marqués.* En 1865, en un viaje que hizo a Estados Unidos, publicó y prologó en Nueva York la segunda edición de las obras de su hermano. Al siguiente año, en el certamen de los Juegos Florales del Liceo de la Habana, alcanzó el Primer Premio Por su «Sátira contra los vicios de la sociedad cubana». En 1867 su comedia *Mercedes,* en cuatro actos y en verso, fue premiada con un accésit en los Juegos Florales del Liceo de la Habana. Colaboró además en las publicaciones periódicas *El*

Yumurí (Matanzas), *Faro Industrial de la Habana, La Piragua, Revista de la Habana, Liceo de Matanzas.* Hizo la traducción en verso del primer acto de *Hamlet, Príncipe de Dinamarca,* así como la traducción completa en verso de *Macbeth.* En colaboración con su hermano, publicó las décimas *Los cantares del montero* (Matanzas, Imprenta del Comercio, 1841) bajo los seudónimos de Miraflores (José Jacinto) y El camarioqueño (Federico). López Prieto recogió en su *Parnaso cubano* (1881) sus dos sátiras, la *oda a Quintana* y su poema elegíaco "Aniversario", sobre la muerte de José Jacinto. Pasó los últimos años de su vida retirado de las letras. Escribió para la escena: *La prueba peligrosa. Comedia en un acto. Saber vivir. Comedia en cuatro actos y en verso. La cena de Don Enrique el Doliente. Drama. 1833. Un baile de ponina. Comedia. 1840. La visita del marqués. Comedia. 1861. Mercedes. Comedia. 1867. La prueba peligrosa. Comedia. Saber vivir. Comedia.*[582]

MILANÉS Y FUENTES, José Jacinto:[583]

Cuba. Matanzas 1814 - 1863.

Fue el primogénito de una familia numerosa y de escasos bienes de fortuna. Asistió a la escuela de Ambrosio José González y aprendió latín con Francisco Guerra Betancourt, a quien sustituyó algunas veces en su cátedra. El resto de su educación fue obra personal. Conocía a la perfección el italiano y el francés. Se inició de niño en el conocimiento del teatro clásico español a través del Tesoro el teatro español de Quintana, regalo de su padre. Comenzó a escribir desde muy joven ensayos dramáticos. Trabajó en Matanzas con su tío político Don Simón de Ximeno, casado con una hermana de su madre, el cual en 1832 le consiguió un empleo en el escritorio de una ferretería en La Habana. En 1833, al estallar la epidemia de cólera en La Habana, regresó a su ciudad natal. Al año siguiente llegó a Matanzas Domingo del Monte, cuya amistad constituyó un poderoso estímulo literario para él. En 1836, al regresar Del Monte a La Habana, lo invitó, en más de una ocasión, a pasar temporadas en su casa, donde se relacionó con los escritores que frecuentaban su tertulia. Allí pudo ampliar, a través de la biblioteca de Del Monte, su cultura clásica y moderna, y comenzó su período de mayor actividad literaria, que abarca los años 1836-1843. Publicó en el *Aguinaldo Habanero* (1837) su famoso poema "La Madrugada" y otras poesías. Aparecieron colaboraciones suyas en casi todas las revistas habaneras: *El Plantel* (1838), *El Álbum* (1838,1839, *La Cartera Cubana* (1839), *El Prisma* (1846), *Flores del Siglo* (1846), *El Artista* (1848), *Revista de La Habana* (1853, 1856), *Revista Universal* (1860). En Matanzas colaboró en *La Aurora* y *El Yumurí*. En 1838 se estrenó en La Habana, con éxito de crítica, su Drama *El Conde Alarcos*. Este estreno le produjo su primera crisis nerviosa. Nunca accedió a ver su puesta en escena. Con esta obra se situó entre los primeros que cultivaron el drama romántico en lengua española. En noviembre de 1839 unas fiebres le atacan el cerebro, y lo mantienen inválido durante más de dos meses. El mismo año de 1840 empezó a publicar sus cuadros de costumbres en verso, *El mirón cubano*, precedentes del teatro costumbrista, que siguió publicando en 1841 y 1842. Por influencia de Del Monte, obtuvo el cargo de secretario en la Compañía del Ferrocarril de Matanzas a Sabanilla, cargo que tuvo que abandonar en 1843 por motivos de salud. A partir de esa fecha permaneció recluido en su casa al cuidado de su hermana Carlota. Comprometido desde hacía diez años con la Srta. Dolores Rodríguez Valera, rompió este compromiso al enamorarse de su prima Isabel Ximeno. A esta ruptura, y al desaire que sufrió por parte de la familia de su prima, se atribuyen los primeros síntomas del desequilibrio mental que padeció hasta su muerte. Otros biógrafos lo atribuyen a factores hereditarios. Inició, en mayo de 1846, y costeado por sus admiradores y amigos, un viaje a los Estados Unidos, a Londres y a París con la esperanza de que recobrase su salud, acompañado por su hermano Federico. Regresaron en noviembre de 1849. Algo mejorado, escribió algunos versos, sin lograr igualar los de sus primeros tiempos. En 1852 su enfermedad sufrió nueva crisis que lo hizo caer en un mutismo casi completo. En él vivió once años, hasta su muerte. Junto con su hermano Federico publicó *Los cantares del montero* (Matanzas, Imprenta del Comercio, 1841), que firmó como Miraflores, mientras su hermano lo hacía como El camarioqueño. También utilizó el seudónimo Florindo en unos versos publicados por la *Aurora de Matanzas* en 1836. Como dramaturgo nos legó: *El Conde Alarcos*. Drama caballeresco en tres actos y en verso. La Habana, Imprenta del Gobierno y Capitanía General por S. M., 1838. *Un poeta en la corte*. Drama en 3 actos y en verso. 1846. (Terminado en 1840, la censura impidió su publicación hasta 1846) La Habana; *A buena hambre no hay pan duro*. Proverbio dramático. 1846. La Habana; *Por el puente o por el río*. Drama inconcluso. 1840. La Habana.[584]

MILLÁN, José Agustín:

Cuba. La Habana?, entre 1810 y 1820-?

Fue socio de la Academia de Cristina, donde se representaron muchas de sus obras. Se dio a conocer como autor hacia 1841. Compuso más de veinte piececitas de ocasión para beneficio de autores, sobre todo del cubano Francisco Covarrubias. Estas pequeñas piezas gozaron de popularidad en La Habana, y en otras partes de la Isla. Dirigió la colección *Los cubanos pintados por sí mismos* (La Habana, Imprenta de Barcina, 1852), la cual se publicó en edición de lujo ilustrada por Landaluce. Su título fue sustituido después por el de *Tipos cubanos*. Colaboró en *El Moro Muza* -en su segunda época- donde publicó su novela *Memorias de una viuda*; en *La Prensa* (La Habana), *Faro Industrial de La Habana, El Avisador del Comercio* (La Habana) y otros. Un cargo en el gobierno lo apartó de la escena y abandonó la literatura después de 1860. Tradujo del francés *La hechicera de París* (La Habana, Imprenta del Faro, 1845), *Gabriña; o, Un corazón de mujer*, de M. M. Foucher y Alboise; y *Los hijos naturales*. La Habana, Imprenta Habanera, 1858. Drama en tres actos, arreglado de una novela de E. Sué por el Vizconde Jules de France, entre otros textos. Prolífico dramaturgo, escribió para el teatro, además: *Apuros del carnaval*. Comedia original en un acto y en prosa. La Habana. Imprenta de R. Oliva, 1841. *El hombre de la culebra*. Juguete cómico en un acto y en prosa. La Habana, Imprenta de R. Oliva, 1841. *El médico lo manda*. Comedia original en un acto y en prosa. La Habana, Imprenta de Torres, 1841. *Mi tío el ciego; o, Un baile en el Cerro*. Comedia original en un acto y en prosa. La Habana, Imprenta de R. Oliva, 1841. *Una aventura; o, El camino más corto*. Comedia original en tres actos y en prosa. La Habana, Imprenta de Barcina, 1842. *El novio de mi mujer*. Comedia original en un acto. La Habana, Imprenta del *Faro Industrial*, 1842. *Amor y travesura; o, Una tarde en El Bejucal*. Pieza cómica en un acto. La Habana, Imprenta El Faro Industrial, 1843. *El recién nacido*. Pieza cómica original en un acto. La Habana, Imprenta de M. Soler, 1843. *La guajira; o, Una noche en un ingenio*. Pieza cómica en un acto

y en prosa. La Habana, 1844. *Un concurso de acreedores*. Pieza cómica en un acto. La Habana, Imprenta de Barcina, 1845. *Sota y caballo; o, El andaluz y la habanera*. Juguete cómico en un acto y en prosa. La Habana, 1845. *Un chubasco a tiempo*. Pieza cómica en un acto y en prosa. La Habana, 1846. *Una mina de oro*. Pieza cómica en un acto. La Habana, 1847. *Amor y guagua*. Pieza cómica original en un acto y en prosa. La Habana, Imprenta de Soler, 1848. *Manjar blanco y majarete*. Juguete escrito para un beneficio de Covarrubias [La Habana], 1848. *Los sustos del huracán*. Pieza cómica original en un acto, representada en el Teatro del Circo el 22 de noviembre de 1848. La Habana, Imprenta de M. Soler, 1848. *Un velorio en Jesús María*. Pieza cómica en un acto. La Habana, Imprenta de Torres, 1848; [2da ed.]. Introd. y notas de José A. Escarpanter. La Habana, Consejo Nacional de Cultura. Centro Cubano de Investigaciones Literarias [1964?] (Comedias de José Agustín Millán. *Un californiano*. Pieza cómica en un acto. La Habana, Imprenta de Barcina, 1851. *¿La bendición papá?; o, El viejo enamorado*. Pieza cómica en un acto original de [...]. La Habana, Imprenta. La Habanera, 1856. *El cometa del trece de junio; o, El fin del mundo*. Pieza cómica en un acto. La Habana, Imprenta de Barcina, 1857. *Función de toros*. Pieza cómica en un acto. La Habana, Imprenta de la viuda de Barcina, 1857. Obras dramáticas. Ed. Completa. La Habana, Imprenta Viuda de Barcina, 1857. 2t. Tradujo del francés al castellano: *La Hechicera de París*.[585] Habana. Imprenta del Faro.1845.[586] Realizó la traducción de *Gabrina o ¡un corazón de mujer!* [587] Drama en tres actos, escrito en francés por M. M. Foucher y Alboise. En Santiago de Cuba fue llevada a escena la obra: *Un concurso de acreedores*. Pieza cómica en un acto, por la Compañía de los Señores Robreño, en 1850.

MIRABET Y BOFARULL, Juan J.:

España. Cataluña 1858 - La Habana 1920.

Narrador, dramaturgo, periodista. En 1880 llegó a La Habana. En 1891 fundó el semanario literario *La Honorata*. Partidario de que Carlos de Borbón fuese designado Rey, se consideró su delegado en la isla y se adjudicó el grado de General. También profesó ideales autonomistas durante la Guerra de Independencia, se enfrentó al régimen despótico de Weyler. En 1898 fue nombrado Alcaide de la Cárcel de La Habana. Posteriormente empresario teatral, actor y portero en el Teatro Alhambra. Colaboró en *La Voz de Galicia* (1892), *Catalunya, El Hogar y Vida Catalana*. Escribió la zarzuela *La Plaza del Vapor* y las obras teatrales: *Pagar el pato, El sumo de una virgen, El negocio* (en colaboración con J. Méndez) y *Don Pedro de Babieca* (en colaboración con R. Morales), algunas se representaron.[588]

MIRANDA AGRAMONTE, Ignacio:

No se han localizado datos biográficos. Escribió para el teatro: *El motín de las estrellas*. Disparate Lírico. 1866. *La muerte de Curro Cejas*. Parodia, 1866. *Donde menos se piensa, salta la liebre*. Proverbio en un acto. Puerto Príncipe. Imprenta El Camagüey, 1866. *Huye, galleta, que te coge diente*. Juguete cómico, 1866. *Alma sola, ni canta ni llora*. Proverbio en un acto. La Habana. Imprenta de Corral. 1867. Premiada en los Juegos Florales de 1868. *La Triaca en el veneno*. Proverbio en un acto. Puerto Príncipe. Imprenta El Camagüey; *Florencia*. Drama inédito, 1867.[589] *No es oro todo lo que reluce*. Proverbio en un acto. Puerto Príncipe. Imprenta El Camagüey, septiembre 9 de 1866.[590]

MIRANDA CÉSPEDES, María Belén:

No se han localizado datos biográficos. Sus límites cronológicos se ubican en la centu-

ria decimonónica, publicó *El rosario perdido*. Drama en 2 actos y en prosa. La Habana. Imprenta *La Tropical*. Obra de teatro infantil estrenada en 1867. Murió en La Habana el 30 de junio de 1917. [591]

MONROYO, Gil de:

No se tienen referencias biográficas. De origen español estrenó en La Habana una obra titulada: *El triunfo de los Astures*. Boceto dramático en dos actos y en verso. La Habana. Imprenta de Solana y Valdés. 1882. [592]

MONTALVO, Domingo:

No se tienen referencias biográficas. Es autor de la obra: *Enrique, conde de San Gerardo o Clotilde de Bolti*. Drama original en tres actos. La Habana. 1838.[593]

MONTE, Raúl del:

No se tienen referencias biográficas. Es autor de la obra: *La evacuación de Bayamo*. Zarzuela cubana en un acto, música de Rafael Palau. Habana, diciembre, 1899. Manuscrito.[594]

MONTE, Laureano del:

Cuba. ¿? - 1908.

Estrenó algunas obras: *Con don y sin don, ayer y hoy*. Caricatura trágico bufo lírica, bailable, en un acto, cinco cuadros y en prosa. 1892. La Habana. Imprenta *El Aerolito*. 1894. Artilleros y colegiales. Zarzuela en un acto, tres cuadros en prosa y verso. Música del maestro Rafael Palou. Habana. Imprenta Teniente Rey 38. 1902. *El de Bainoa. El escándalo de Almendares. A mojarse tocan*. Trelles apunta que escribió unas cien obras bufas.[595]

MONTE Y MENA, Jesús María del:

Cuba. Santiago de Cuba ¿1824? - 1877.

En esta ciudad realizó sus primeros estudios hasta Bachiller en Filosofía. Fue mucho tiempo profesor público y desempeñó la Vice-dirección del Colegio de El Salvador en tiempo de Luz y Caballero, ocupándose después en oficios de comercio. Aficionado, desde joven, a las bellas letras publicó composiciones sueltas en diversos periódicos de aquella localidad, en el *Aguinaldo habanero*, y alguno que otro de La Habana donde residió desde 1857. Sus mejores poesías son las de carácter jocoso; entre ellas: *Declaración joco-seria de amor*, impresa en el periódico antes citado. Sin embargo, su nombre público lo adquirió como gran matemático. Insigne aritmético, de los primeros de Cuba, dio a la luz *Aritmético teórico-práctico,* (Santiago de Cuba, 1840). Ningún otro, ni aquí, ni fuera, ha explicado mejor la Falsa posición y toda la alta aritmética. Escribió y publicó en su ciudad natal, *Una mala vecina,* comedia original en tres actos y en verso. Santiago de Cuba. Imprenta de Miguel Antonio Martínez. 1846. *Mi suegra otra vez en casa.* Capricho cómico en un acto.[596]

MONTE Y PORTILLO, Casimiro:

Sobre este autor dramático se tienen pocos datos. Falleció en La Habana en 1887. Fue redactor de diferentes periódicos; entre ellos: *El Siglo* y *El País*, ambos de La Habana. *La Aurora de Matanzas.* En el momento de su muerte, dirigía *El Triunfo de La Habana.* Fue poeta y dramaturgo;[597] pero, hasta el momento, no se han localizado sus títulos.

MONTESINO, Francisco M.:

No se tienen datos biográficos. Escribió para el teatro: *Encarnación.* Zarzuela en dos actos. Habana. Imprenta Avisador Comercial. 1897.[598]

MORA, Teresa:

Dramaturga y actriz hispano-cubana del siglo XIX, de la que, como ocurre con tantas otras mujeres relevantes de su época, sólo nos han llegado algunos datos referidos a la única obra suya que se conserva en nuestros días. Al parecer, Teresa Mora ejerció el oficio de actriz en La Habana, donde llevó a cabo una brillante ejecutoria teatral que, andando el tiempo, llegó a permitirle abrir un teatro en la capital cubana. Se trataba de un local provisional, llamado Monte 260 y levantado en el puente del Chávez, que, a juzgar por las noticias que manejan los estudiosos del teatro colonial del siglo XIX, apenas ofreció espectáculos de interés durante su breve existencia. Se sabe también -merced a las aportaciones que Rine Leal ha vertido en su obra *La selva oscura. De los bufos a la neocolonia. Historia del teatro cubano de 1868 a 1902,* - que dicho teatro provisional fue fundado en 1873, y que un año después, a pesar del escaso éxito de su programación, seguía funcionando bajo el nombre de Teatro Madrileño; ello ha inclinado a algunos estudiosos a conjeturar que tal vez Teresa Mora fuera natural de la capital de España, circunstancia que, hasta la fecha, no se ha podido documentar. Sí se ha probado, en fin, respecto a la biografía de esta autora hispano-cubana, que en 1885 ya había fallecido. Teresa Mora escribió una pieza dramática que, estrenada en su propio teatro en 1873, ha llegado hasta nuestros días en un manuscrito autógrafo de esta autora fechado en La Habana en 1872. Este se conserva en el Institut del Teatre de Barcelona, contiene una pieza cómica, fechada en la Habana en 1872, cuyo título es: *Apuros de un gallego.*[599] De este manuscrito proceden las escasas noticias que tenemos acerca de la autora, así como el resto de los datos que permiten conformar una idea de su trabajo como actriz y escritora. Al parecer, en ambas facetas, Teresa Mora quedó incluida dentro de la corriente de los bufos, un género dramático propio del teatro cubano decimonónico.[600]

MORALES, Justo:

No se han localizado datos biográficos. Estrenó en La Habana la obra: *Un retrato*. Drama en tres actos y en versos. La Habana. Imprenta La Antilla. 1865.[601]

MORALES, Ramón L.:

No se han localizado sus datos biográficos. Es autor de *La tenoria*. Humorada bufa en dos actos divididos en cuatro cuadros, en verso. La Habana. Imprenta La Moderna. 1898.

MORALES ÁLVAREZ, Ramón:

Cuba. Santiago de las Vegas 1852 - 1910.

No se han encontrado más datos biográficos. Se localizaron las obras: *El paso de la malanga*. Juguete cómico lírico en un acto, en verso y en prosa, 1882. Música del maestro Enrique Guerrero. La Habana. Imprenta *La Nueva Principal*. 1882. *La plancha H.* Obra bufa en un acto y en prosa, 1882. La Habana. Imprenta La Nueva Principal; *El proceso del oso*. Ajiaco bufo- lírico bailable 1882. Música del maestro Enrique Guerrero. La Habana. Imprenta La Nueva Principal. 1882. Estrenada en el teatro de Torrecillas. Globos dirigibles. Juguete, 1902. *Acabar por el principio. Don Benito Pimentón* (Variaciones dramáticas sobre un tema transpirinaico). *Como se pide*. En un acto. *El gran camelo*. En un acto. *Ya tenemos alcalde*.[602] En un acto.[603] *Los chismes de la ve-*

cina.[604] Juguete cómico. 1849. Imprenta de Torres.

MORÁN Y SEIDEL, Antonio:

No se han localizado datos biográficos. Se localizó la obra: *Una noche de desgracia*. Drama. La Habana. 1841.[605]

MORENO, Francisco:

Este escritor se identifica como español. Se le atribuyen una serie de obras, de las cuales alguna fue publicada en Cuba. Cultivó la poesía lírica y el teatro. De su obra dramática solo se conoce un título: *Pepe Antonio*. Drama, 1881. [606]

MORENO SOLANO, Fernando C.:

Cuba. Cárdenas 1849 - 1879.

No se tienen otras referencias biográficas. Mostró una actitud muy españolista. Así parecen conformarlo los títulos de algunas de sus obras. Publicó versos, cuentos, y varias piezas dramáticas. Escribió para los escenarios: *Pelayo en Covadonga*. Drama trágico en un acto y en verso. Imprenta *El Ferrocarril*.1877. Matanzas. Estrenado con éxito la noche del 22 de septiembre de 1876 en el Teatro Principal de Cárdenas. *La espada del condestable*. Drama. *El hijo del pueblo*. Drama representado con éxito en Madrid.[607]

MUÑOZ GARCÍA, José:

España.

Gaditano de nacimiento. No se tienen otras referencias biográficas.[608] Estrenó y publicó en La Habana: *Coces contra el aguijón*. Comedia en dos actos y en versos. La Habana. Imprenta de Villa, 1866.[609] España y Cuba. Loa. Habana, Imprenta de J. M. Eleizegui. 1869.

N

N. Y ESTEBAN, Juan:

No se han localizado datos biográficos. Se encontró la obra: *El Testamento de un gitano*. Juguete original Habana, Imprenta Militar de M. Soler, 1865.[610]

NAGERILLA, Valentín de:

No se han localizado datos biográficos. Se encontró la obra: *A lo tuyo, Blas;* comedia en un acto y en verso. Habana, Imprenta Militar de la Vda. de Soler, 1880. Teatro de Tacón, 17 de julio de 1880.[611]

NÁPOLES FAJARDO, Juan Critóbal:[612]

Cuba. Victoria de Las Tunas 1829 -?[1862?].

Fue educado por su abuelo materno, José Rafael Fajardo, quien le dio a conocer los clásicos y los poemas de Zequeira y Rubalcava. Aprendió algo de poética y retórica con su hermano Manuel. Dio a conocer sus décimas en *El Fanal,* de Puerto Príncipe, en 1845. Con proclamas y décimas tomó parte en la Conspiración de Agüero en 1851, y en otras posteriores. Colaboró en *La Piragua*, órgano del grupo siboneísta. En compañía de su esposa y sus hijos se trasladó de su pueblo natal a Santiago de Cuba, donde continuó escribiendo y colaboró en algunas publicaciones periódicas. Dada su precaria situación económica se vio precisado a aceptar del gobierno español en Santiago de Cuba el cargo de Pagador de Obras Públicas. A consecuencia de los ataques de sus enemigos adoptó el seudónimo Cookcalambé, transformado más tarde, cuando ya era popular, en Cucalambé, a su vez anagrama de "Cuba clamé". Desapareció a los treinta y dos años sin dejar huellas. Se conjetura que murió asesinado o por suicidio. Como dramaturgo escribió: *Consecuencias de una falta*. Drama original en cuatro actos y en verso. Santiago de Cuba, Imprenta. de Miguel A. Martínez, 1859. [613]

NARANJO, F.D.:

No se tienen sus datos biográficos. Se localizó el título: *Una de tantas...* Zarzuela en un acto y en verso. Música del maestro J. Gay. San Antonio de los Baños. Imprenta El Trabajo.[614]

NAVARRETE Y LANDA, Ramón de:

España. Madrid 1822 - 1897.

Periodista y escritor español. Dirigió *La Gaceta,* en la que entró como redactor a los quince años de edad. Cultivó el género costumbrista, del que sus principales representantes son Ramón Mesonero Romanos, Serafín Estébanez Calderón y Mariano José de Larra. Como perodista usó con asiduidad los pseudónimos de "Alma viva" y "Asmodeo". Publicó en *La Ilustración Española y Americana* diversos artículos denominados "Los salones de Madrid". Colaboró en *El Siglo XIX, El Heraldo, Semanario Pintoresco, El Faro, La Época, El Día, La Correspondencia, El Correo, El Bazar, La Ilustración Española, La Moda Elegante, La Ortiga, Las*

Novedades y El Diario Español. Escribió varias novelas, entre las que cabe citar: *Creencias y desengaños* (1843), *Madrid y nuestro siglo* (1845), *Misterios del corazón* (1849) y *El crimen de Villaviciosa* (1883), *Verdades y ficciones* etcétera. Compuso dramas, comedias, juguetes y libretos de zarzuela y arregló para la escena española gran número de obras dramáticas francesas. De su pluma, fueron representadas en Santiago de Cuba: ¡!Un matrimonio a la moda¡! Comedia de costumbres en tres actos, por la Compañía de los Señores Robreño en 1850; *Mujer gazmoña y marido infiel,* por la Compañía Dramática de Doña Matilde Diez en 1858,; *La pena del Talión,* escrita en francés por M. Scribe y arreglada a la escena española por Ramón de Navarrete; *Las gracias de Gedeon,* juguete cómico en un acto, por la Compañía de Madrid de Doña Fernanda Llanos de Bremón, en 1862. [615]

NAVARETTE Y ROMAY, Carlos:[616]

Cuba. La Habana 1837 - 1893.

Abogado de profesión. Algunos de sus romances fueron publicados en *Brisas de Cuba* (1855–1856), *La Piragua* (1856) y *Floresta Cubana* (1856). De 1865 a 1867 fue presidente del Liceo de Guanabacoa (Habana), en el que fundó una escuela. Frecuentó las tertulias que se celebraban en casa de Nicolás Azcárate. Entre 1867 y 1868 sostuvo una polémica con Enrique Piñeyro en *El Álbum,* de Guanabacoa, a propósito de *El Cid,* de Corneille. Cuando la guerra del '68 fue perseguido y desterrado a Isla de Pinos. Emigró a Barcelona después de haber perdido su modesta fortuna. De regreso a Cuba, fue tesorero-bibliotecario y vicepresidente de la Sociedad Económica de Amigos del País, y dos veces rector de la Casa de Beneficencia. Colaboró además en *Revista Habanera, Álbum Cubano de lo Bueno y lo Bello, La Idea, Correo de la Tarde, El Siglo, El Triunfo, Revista de Cuba, Revista Cubana* -donde publicó sus "Cartas sobre una cuestión dramática"(1893). Compuso también poesía y publicó *Romances cubanos* (1856), y *Pasatiempos de juventud* (1865). Es autor de la novela corta *Margarita,* publicada en la revista *La Habana* en 1859, de los poemas descriptivos "Hojas de un libro de viaje", algunos de los cuales aparecieron en *Revista de Cuba,* y de la obra: Antes que te cases mira lo que haces, pieza en un acto. Publicada en el segundo tomo de las *Noches literarias* [617] (p. 147-186), de Nicolás Azcárate, junto con varios poemas de diferentes autores. Francisco Calcagno hizo una versión al francés de este proverbio. Cultivó la crítica.[618]

NIEVA Juan J.:

No se han localizado sus datos biográficos. Trelles refiere la obra: *El corazón de un soldado.*[619] Comedia en tres actos y en verso. 1855. Representada en el teatro Tacón y en Santiago de Cuba, por la compañía de los Bufos Habaneros, en 1882.[620] Tiene otras obras teatrales.[621]

NOREÑA, Carlos:

Cuba, La Habana 1859.

Fue juez militar. Hacia 1914 residió en España.[622] Estrenó algunas obras dramáticas: *Una noche buena en Jesús María.* Cuadro de costumbres cubanas. Habana, Imprenta de G. Montiel, 1880;[623] *Una noche mala.* En un acto. 1880; *Un paréntesis.* En un acto. *Si.* En un acto. *Libros viejos.* Pieza en un acto. Estrenada en octubre de 1880 con Ezequiel García.[624]

NOVO GARCÍA, Victoriano:

No se han localizado datos biográficos. Escribió con Cortazar A. C.: *Enrique o el bello ideal.* Comedia en tres actos y en verso. Pinar del Río. Imprenta de El Ómnibus. 1872. Fue representada en el Teatro Lope de Vega, la noche del 3 de noviembre de 1872.[625]

NÚÑEZ DE ARCE, Gaspar:[626]

España. Valladolid 1834 - Madrid 1903.

Fue autor dramático y poeta lírico. Estudió en Toledo y Madrid, intervino en la política de su tiempo y fue cronista de la campaña de África (1859-60), como Alarcón. Del partido de Sagasta, desempeñó cargos políticos, entre otros el de gobernador de Barcelona (1868) y el de ministro de Ultramar.[627] Fue representada en Santiago de Cuba: *Las deudas de la honra,* por la Compañía dramática de Torrecillas, en 1867; y en 1884, por la Compañía de Bufos Habaneros.[628]

Teatro Payret

Fue inaugurado en 1877 y reconstruido en varias ocasiones a lo largo del siglo XX. Fue de los primeros teatros de Cuba en presentar películas y en la década de 1930 fue conocido como La Catedral del Cine Español.

Fotos # 3 y 4: © Jorge Royan / http://www.royan.com.ar/ Wikimedia Commons.

O

OCIO, José de Jesús:

Murió en Matanzas (Cuba), en 1862. No se han localizado otros datos biográficos. Publicó algunos libros de poesía y un *Diálogo entre un negro criollo y un vizcaíno*. (1845), pieza seguramente apta para la representación teatral.[629] También es autor de un drama titulado: *El prodigio de Venecia o la bella Rosamundo*. Drama en tres actos y en prosa. Matanzas. 1849.[630]

OLIETE, Vicente:

España.

De origen valenciano. Pocos datos se conocen de este autor. Estrenó varias piezas dramáticas, alguna de ellas en La Habana. Parece ser que publicó también libros de poemas.[631] Entre sus obras teatrales se encuentran: *Los tres rivales*. Pieza dramática, 1848;[632] *Los héroes de Cárdenas*. Cuadro dramático. Habana, Imprenta de Barcina (1851); *El fin del mundo o el astrólogo fingido*, Juguete cómico en un acto y en verso, Habana, J. Boloña 1857;[633] *Amor, celos y arrogancia de Juanillo el campesino*. Habana, 1873.[634] *Quejas de amor de un montuno*.[635] Habana. Imprenta de Barcina. 1851. En versos.

OLIVELLA, Francisco de:

Cuba. Matanzas.

No se tienen otras referencias biográficas. Se encontró la obra: *La maldición de un*

hijo. Drama en tres actos y en versos. Matanzas. Imprenta La Comercial. 1887.[636]

OLONA, Federico de:

No se tienen otras referencias biográficas. Se encontró el título: *Un Tío como hay pocos*; Juguete cómico lírico en un acto. Música del maestro Juan Rius. Habana, Imprenta El Trabajo, 1877.

OLONA Y GAETA, Luis de:[637]

España. Málaga 1823 - Barcelona 1863.

Dramaturgo, libretista de zarzuela y empresario teatral español. Llevó una vida bohemia en su Málaga natal antes de instalarse en Madrid, donde dirigió pequeños teatros y colaboró en la prensa. Fue un dramaturgo muy prolífico y compuso comedias, sainetes y zarzuelas, musicadas por los más famosos compositores de su época.[638] Fueron llevadas a escena en Santiago de Cuba: *Dos en uno*, pieza arreglada del francés por este autor, representada por la Compañía de Madrid de Doña Fernanda Llanos de Bremón, en 1862. *La mensajera*, zarzuela (con Joaquín Gaztambide), por la Compañía Dramático Zarzuelista, en 1855. *Buenas noches Señor Don Simón*, zarzuela, por la Compañía de Zarzuela Ventura Mur, en 1855. *El primo y el relicario*, comedia (no aparece la compañía) 1855; Compañía Dramática y Coreográfica dirigida por Vicente Sagarra, 1857. *El preceptor y su mujer*, comedia, Compañía Dramática y Coreográfica dirigida por Vicente Sagarra, 1857. *La consola y el espe-*

jo, comedia (no aparece la compañía, 1855); Compañía Dramática y Coreográfica dirigida por Vicente Sagarra, 1857. *El postillón de la Rioja,* zarzuela, Compañía Lírico Italiana Cortesi-Musiani-Amodio, 1860; Compañía lírico dramática camagüeyana, 1866. Compañía de Zarzuela,1867. *El Juramento*, zarzuela, Compañía de Torrecillas, 1864; Compañía lírico dramática camagüeyana, 1866. Catalina, zarzuela, Compañía lírico dramática camagüeyana, 1866. Compañía de Zarzuela, 1867. *Los Magyares*, zarzuela, Compañía lírico dramática camagüeyana, 1866; Compañía lírico-dramática de zarzuelas, 1871. *Mis dos mujeres,* zarzuela (con F. A. Barbieri) Compañía lírico dramática camagüeyana, 1866; Compañía de Zarzuela, 1867. *El Valle de Andorra,* zarzuela, Compañía Dramático Zarzuelista,1855; Compañía lírico dramática camagüeyana, 1866; Compañía lírico-dramática de zarzuelas, 1871. *Grumete vizconde*, Compañía lírico dramática camagüeyana, 1866. *Casado y soltero,* zarzuela, Compañía lírico dramática camagüeyana, 1866; Compañía de Zarzuela, 1867. *El Sargento Federico,* zarzuela, Compañía de Zarzuela,1867. *Entre mi mujer y el negro*, zarzuela, Compañía de Zarzuela, 1867.[639]

ORBÓN, Julián:

No se tienen referencias biográficas. Se encontró el título: *Luchas de un alma*, boceto dramático en un acto y en prosa. Habana, Imprenta La Propaganda, 1908.

ORGAZ, Francisco de Paula:

Cuba. La Habana 1815 - Madrid 1873.

Estudió en el Seminario San Carlos y se graduó de Derecho Civil en 1835, en la Universidad de La Habana. Se dedicó a la literatura. Autor de *El llanto del poeta* y *El canto del trovador*. Colaboró en *Jardín Ro-mántico* (1838), y en *Flores de mayo* (1838). Su poema "A Zorrilla", donde habla de las ansias de libertad de Cuba, circuló secretamente entre los cubanos. En 1841 escribió *Preludios del arpa*, cuya circulación se prohibió en Cuba. Se trasladó a España [1840?]. En Madrid trabajó como periodista y profesor de esgrima. Fue secretario del Gobierno Político de Salamanca (1843); catedrático de literatura en el Liceo de esa ciudad, ocupó cargos en Hacienda y llegó a ser jefe de Administración. Fue redactor de *El Pabellón Español* (1842), *El Clamor Público*, *El Boletín Oficial del Ministerio de Hacienda y El Esparterista* (1854). Colaboró en *El Espectador* y *El Contemporáneo*, desde donde combatió al gobierno del General Espartero. Colaboró además en diversas publicaciones cubanas, como *Cartera Cubana* (1840), *El Colibrí* (1847), *Revista de La Habana* (1853) y *Floresta Cubana* (1856). Fue corresponsal en Madrid del *Diario de la Marina*. Era miembro del Ateneo de dicha ciudad. Fue profesor de literatura en Salamancas. Escribió el prólogo de la novela *Caramurú* (Madrid, 1850), de Magariños Cervantes. Dejó dos obras de teatro inéditas, una de ellas su comedia en verso *El pescador* (1839), basada en un episodio de la vida del marqués Pedro Calvo, aunque permaneció inédita, fue causa indirecta de su destierro. Tradujo la *Historia de la Revolución Francesa de 1848 y de la fundación de la República* (1850), de Lamartine. Como obra dramática hemos localizado: Consecuencias de un disfraz.[640] Comedia en un acto para representarse en Madrid en el teatro de la Comedia en 1852. Madrid. Imprenta de V. Lalama, 1852.[641]

ORIHUELA, Miguel Gerónimo:

España.

Natural de Canarias, bachiller en leyes en la Universidad de La Habana. Hermano del dramaturgo Andrés Avelino. Escritor jocoso, de costumbres y dramático. Su Juguete cómico: *Los Portales de Gobierno*, Sainete provincial. Habana, Imprenta Del Gobierno, 1814, obtuvo algún éxito. Utilizó el seudónimo El Duende de Las Antillas.[642]

ORIHUELA, Andrés Avelino de:[643]

España. Islas Canarias 1818 - Madrid ? 1872.

Residió mucho tiempo en Cuba. Fue editor y colaborador de Jardín Romántico (1838). Colaboró en otras publicaciones literarias. Fue miembro, por el año 1843, de la Sociedad Económica de Amigos del País. Editó en La Habana, con Teodoro Guerrero, el periódico jocoso *El Quita Pesares* (1870), de corta duración. En España escribió artículos sobre Cuba en la *Revista Hispano-Americana*. Es autor del *Curso de procedimientos civiles y criminales sobre negocios y causas pertenecientes a la Real Jurisdicción Ordinaria* (La Habana, 1845) y de la antología Poetas españoles y americanos del siglo XIX (París, 1851-1853). Escribió poesías, novelas y cuentos. Como dramaturgo escribió: *Lo que puede la ambición*. En un acto. La Habana, 1839. *Amarguras de la vida*. Drama. B[Barcelona?], Imprenta y Librería de la V. de Mayol, 1848.[644]

ORTEGA DE LA FLOR, Luis:

España. Cádiz 1814 - 1894.

Integró en Matanzas el Partido Autonomista. No se conocen otros datos biográficos. Escribió varias obras de teatro: *Una fiesta en un ingenio o los días del mayoral* (1856); *La valida y el valido*. Comedia en tres actos y en verso, Imprenta de Miguel A. Martí-

nez, 1857. Santiago de Cuba; Felipe o el hijo de la maldición. Drama en cinco actos y en versos. Santiago de Cuba. (Se imprimió). *El cometa de 1857*, en verso. Santiago de Cuba. (Se imprimió) *El viejo enamorado*[645] (zarzuela en un acto y en verso música de Ortega y Laureano Fuentes, Habana, Imprenta La Charanga, 1858);[646] *Herminia de Albarracín*. Drama en tres actos en versos, Puerto Príncipe. 1858; *El empresario y la actriz*.[647] Juguete cómico en verso. Habana, 1851. Manuscrito. *Los amores de un guajiro*. Juguete cómico, 1858. Trelles relaciona las siguientes obras inéditas: *Casarse para morir*. Drama en tres actos y en prosa. *La astucia de una mujer*. En un acto y en verso. *Un día de reyes en La Habana*. En verso. *Amores de una mulata*. En versos. Zarzuela en dos actos. *La pastora hecha una marquesa*. Zarzuela en dos actos. La nena y el tío Carando.[648]

ORTEGA Y GIRONÉS, Juan:

España.

Abogado. No se tienen otras referencias biográficas. Se encontró el título: *La osa mayor*. Juguete cómico en un acto y en verso, Habana, *La Propaganda Literaria*, 1872. Estrenado en el Gran Teatro Tacón de La Habana a beneficio del primer actor del género cómico *Don Emilio Mario*, en la noche del 25 de enero de 1871.[649]

ORTIZ DE PINEDO PEÑUELAS, Manuel:

España. Aracena, provincia de Huelva 1829 - Madrid 1901.

Periodista, poeta, dramaturgo y político demócrata español. Abogado y masón, afiliado al Partido Democrático, fue secretario general del Centro Instructivo del Obrero y diputado, y también senador por Guadalajara (1871), Soria (1881-1882) y por la Sociedad Económica de La Habana (1888) y la Universidad de La Habana (1894 y 1898-1899). Al triunfar la revolución de 1868, desempeñó el cargo de Director del Patrimonio que había pertenecido a la Corona. Como periodista se dio a conocer en *El Mosaico* (1850) y *La Víbora*, y fue redactor de *El Tribuno* (1853-1855), *La Discusión* (1856-1859), *El Eco de Alhama* (número único dedicado al regente general Serrano, 1869) y *La Política*. Colaboró en *La Ilustración Española y en La América*. Escribió comedias y dramas de corte naturalista. En Santiago de Cuba, fue representada la obra: *Culpa y castigo o la tesorera de los pobres,* drama de costumbres, por la Compañia de los Señores Robreños, en 1850.[650]

ORTIZ MARÍN, Juan:

Cuba.

No se tienen otras referencias biográficas. Escrita para la inauguración del Teatro La Caridad. Estrenó en Santa Clara (Cuba), el 9 de septiembre de 1885, la obra: *Caridad*.[651] Drama en dos actos y en versos. Santa Clara. Imprenta La Reforma.1885. Llevó a escena, en la misma ciudad, *La isla de Florestán*, zarzuela fantástica de espectáculo en un acto y verso, letra de Juan Ortíz y música de Néstor Palma.[652] Santa Clara. Imprenta de J. B. Alemán. 1890.[653]

OSUNA, Manuel:

Cuba.

No se tienen otras referencias biográficas. Estrenó en Matanzas, en 1881, una comedia con el título: *Hasta el calvario*.[654] *El peor mal de los males*. Cuadro de costumbres en un acto y en prosa. Matanzas. Imprenta Aurora del Yumurí. 1888.

OTERO Y CASTROVERDE, Rafael:

Cuba. Matanzas 1859 - 1892.

Se tienen pocas referencias biográficas. Escribió en el periódico *La Aurora* y compuso la obra de teatro: *Dos a una* (Comedia, 1880). *Un bobo del día*. Comedia en un acto y en verso. Habana. Imprenta de Torres.1848. Cárdenas, 1857. *El muerto lo manda*.[655] Comedia original en dos actos. Habana. Imprenta de Barcina.1850. *Quien tiene tienda que atienda*.[656] Comedia original en tres actos y en versos. Habana. 1851. Imprenta de Barcina. *Ambición y castigo*.[657] Comedia en un acto y en verso. La Habana. 1855. [658] *Un coburgo*.[659] Juguete cómico de costumbres. Matanzas. Imprenta Aurora del Yumurí. 1857.

OTERO MARÍN, Rafael:

Cuba. La Habana 1827 - Matanzas (id) 1876.

Desde muy joven escribió poemas Publicó: *Cantos Sociales* (1866); pero se dedicó principalmente al periodismo. Trabajó en varias redacciones y fue fundador o cofundador de algunas publicaciones: *El Iris, La Idea, El Duende, La Aurora, El Yumurí, Cuba Literaria*, etc. Desempeñó un cargo en Hacienda y, más tarde, pasó a ejercer como secretario de Ayuntamiento. Escribió poemas jocosos "Risas y sarcasmos", relatos de costumbres: "Cuentecillos de mi tierra" (1859), *María, la perla de la Diaria*. Cuento cubano. Matanzas, Imp. Aurora del Yumurí, 1866 y una novela. Su Sátira en defensa de la danza cubana fue premiada con medalla de oro en los Juegos Florales del Liceo de Matanzas en 1865. Es autor de varias piezas teatrales: *Un novio para la isleña*. Comedia original en un acto y en verso. La Habana, Imprenta de Soler, 1847. *Un bobo del día*. Comedia en un acto y en verso. La Habana, Imprenta de Torres,1848; 3ra ed. Cárdenas (Matanzas), Imprenta del Gobierno por S. M., 1857. *El muerto manda*. Comedia original en dos actos. La Habana, Imprenta de Barcina, 1850. *Quien tiene tienda que la atienda.* Comedia original en tres actos y en verso. La Habana, Imprenta Barcina, 1851. *Un coburgo o eso que anda.* Pieza cómica en un acto: censurada en manuscrito del autor para el Teatro de Tacón el 12 de agosto de 1851. [660] *Un coburgo.* Juguete cómico de costumbres. Matanzas, Imprenta Aurora del Yumurí, 1857; *¡Cuatro a una!.* Juguete cómico original en dos actos y en verso. Matanzas, Imprenta El Ferrocarril, 1865. *Del agua mansa nos libre Dios.* Proverbio dramático en un acto y en verso. Matanzas, Imprenta La Aurora del Yumurí (1868); *Mi hijo, el francés* (comedia)[661].

OVILO Y CANALES, Felipe: [662]

España. Segovia 1850 - Madrid 1909.

Fue Médico Mayor de la Sanidad militar española y destacado higienista en el ámbito castrense y en el civil, además de activo protagonista en movimientos como el regeneracionismo y el africanismo. Participó en conflictos bélicos como la Guerra de los Diez Años (1868-1878) y la Guerra de independencia cubana (1895-1898). No obstante, su labor más destacada tuvo lugar en el Laboratorio histológico del Hospital militar de Madrid, posteriormente denominado Instituto Anatomopatológico de Sanidad Militar, como en Marruecos, donde fue destinado como agregado militar a la Legación de España en Tánger, actuando como médico consultor del Consejo Sanitario Internacional de Tánger y como director de la Escuela de Medicina de Tánger. En Marruecos desempeñó múltiples labores diplomáticas. Fue socio fundador de la Sociedad Española de Higiene y socio correspondiente de la Société de Médecine Publique et d'Hygiène Professionelle de Francia, siendo también comisionado por el gobierno español para estudiar la epidemia de cólera de 1884 en Tolón (Francia) y como delegado auxiliar en la Conferencia Sanitaria Internacional de Roma (1885). Socio correspondiente de la Real Academia de Historia desde 1895 y escritor prolífico, que publicó memorias científicas, trabajos sobre Marruecos y obras de teatro, además de incontables artículos para periódicos y semanarios. Heredó y desarrolló la vocación literaria de su padre. A lo largo de su vida colaboró con múltiples diarios como *El Liberal, El Imparcial, La Correspondencia de España, El Resumen, El Día, El Eco Mauritano, Al-Moghreb Al-Aksa y El Globo,* además del ya citado *ABC.* En 1895, fue elegido académico correspondiente de la Real Academia de la Historia. En 1896, fundó la revista satírica *El Doctor Sangredo* y al año siguiente estrenó en La Habana una obra teatral titulada *Un sacrificio más,* que ya se había representado durante su estancia en Tánger. En su período madrileño de los años 80, fue elegido concejal del ayuntamiento por el Partido Liberal y desempeñó la presidencia de varias Casas de Socorro y alguna Tenencia de Alcaldía.[663] Escribió para la escena: *Un sacrificio más.* Apropósito dramático estrenado en Trinidad en 1876.[664]*Al borde del abismo.* Monólogo dramático. Matanzas, Imprenta La Propaganda. 1897. *Así son todas* (Diálogos callejeros). Pasillo cómico. Matanzas, Imprenta La Propaganda. 1897. [665]

P

PACINI, Giovanni:[666]

Italia. Catania 1796 - Pescia 1867.

Compositor italiano. Hijo de Luigi Pacini, un cantante de la Toscana que, por su profesión, se veía obligado a desplazarse de una ciudad a otra, por lo que accidentalmente nació en Catania. A la edad de doce años comenzó a estudiar canto y contrapunto en Bolonia, componiendo antes de los dieciocho años pequeñas óperas cómicas que tuvieron algún éxito, pero solo en 1817 con la ópera *Adelaide e Comingio*, actuó en el Teatro Re de Milán, con gran éxito. Comenzaba así su larga carrera en el mundo de la ópera que le llevaría durante medio siglo a componer casi noventa obras superando a cualquier otro músico. (...). Obtuvo un gran éxito con las *obras de Safo*, ópera donde se percibe la influencia de Verdi, 2 Medea en Corinto, Buondelmonte y otras. Sin embargo, siguió enseñando en Viareggio en una escuela musical fundada por él. En 1857 se trasladó a Pescia, donde pasó los últimos años de su vida siendo enterrado en la Pieve dei Santi Bartolomeo e Andrea.[667] Se encontró el título: *Safo*. Tragedia lírica en tres partes. Música del mismo autor. Fue presentada en el Teatro Tacón. Habana. Imprenta de Barcina. 1846.[668]

PADUA BOSCH, Antonio de:

No se tienen sus datos biográficos. Se localizó el título: *Un amigo en su desgracia*. Pieza en un acto. Dedicada a la Asociación de la beneficencia domiciliaria. Habana. Imprenta La Cubana. 1857. [669]

PAGÉS, Federico:

España.

Catalán de origen, vivió en Cuba donde dirigió *La Aurora del Yumurí*. Fue redactor de *La Aurora de Matanzas*. Publicó un libro de ensayos poéticos y un Juguete titulado: *Lo que son las cosas* (1876). [670]

PALAU Y COLL, Juan:

No se localizan datos biográficos. Fue representada en Santiago de Cuba, por la compañía de Madrid, de Doña Fernanda Llanos de Bremón, en 1862: *La campana de la Almudaina*.[671]

PALMA Y ROMAY, Ramón de:[672]

Cuba. La Habana 1824 - 1860.

Desde muy joven comenzó a escribir y trabajó en el magisterio. Cursó latín, filosofía y jurisprudencia en el Seminario San Carlos. En Matanzas dirigió el colegio La Empresa entre 1837 y 1841. En 1837 publicó, con José Antonio Echeverría, el *Aguinaldo Habanero*, donde dio a conocer algunas de sus composiciones. En 1838 fundó, con el mismo Echeverría, el periódico *El Plantel*. Al año siguiente comenzó a trabajar en la redacción de *El Álbum*. Asistía a las tertulias literarias de Domingo del Monte. Se graduó de abogado en la Universidad de la Habana en 1842. En el *Diario de la Marina* publicó su novela *El ermitaño del Niágara*, de 1845. Colaboró en *Rimas Americanas, Diario de la Habana, El Artista, Diario de Avisos, Diario de la Marina, y Revista de la Habana*. En esta última dio a conocer su trabajo *Cantares de Cuba* (1854), en el que esboza el estudio de la poesía popular cubana. En 1855 sufrió prisión por sus ideas anexionistas. Más tarde, y hasta su muerte, desempeñó el cargo de secretario del Camino de Hierro de Villanueva. Utilizó el seudónimo Bachiller Alfonso de Maldonado. Compuso para el teatro: *Atributos a la hermosura*. Octavas. La Habana, Imprenta del Gobierno, 1833; *La prueba; o, La vuelta del cruzado*. Drama en un acto. La Habana, Imprenta Palmer, 1837; *La peña de los enamorados*. Leyenda dramática en tres cuadros. La Habana, Imprenta Literaria, 1839. [673]

PALOMINO DE GUZMÁN, Rafael Leopoldo de:

Murió en Barcelona en 1900. Fue redactor en Madrid de diversas publicaciones: *Diario de los Pobres; Las Novedades, La Opinión Nacional, La Tertulia*. Trabajó también en *La Palma*, de Cádiz, y en el *Lloid*, de Barcelona. Fue redactor, en Cuba, de E*l Eco del Comercio* y de *Prensa de La Habana*. Escribió poesías y alguna obra novelesca. Como dramaturgo escribió un buen número de obras, al parecer, en España. Fue localizada: *Omunda o desventura de una familia real*. Drama en cinco cuadros y un prólogo. Escrita en versos. 1859. La Habana. Imprenta La Charanga, 1859. 2da edición. 1875. Fue representada en el teatro Tacón en 1858. *Un sevillano en La Habana*. Zarzuela en un acto. Música del maestro Isidoro Hernández, 1871. Madrid. [674]

PALOU VIVANCO, Cayetano:

España. Andalucía.

Profesor en la Casa de Beneficencia. Fue empleado de Hacienda, y aficionado a las letras. Murió en 1882.[675] Fueron estrenadas en La Habana dos piezas dramáticas con notable diferencia de tiempo: *Almansa*. Drama, 1838. La segunda obra: *Rosario o la más bella mulata,* Drama en dos actos y en prosa. Habana. Imprenta La Correspondencia. 1886; esta obra se representó tras el fallecimiento del autor.[676]

PAMPÍN, Manuel Lorenzo:

No se han localizado datos biográficos. Estrenó en La Habana una obra titulada *Apuros de dos tramposos*. Pieza cómica 1848.[677]

PARDO Y FERNÁNDEZ, Carlos:

No se han localizado datos biográficos. Estrenó en La Habana una obra titulada: *Mucho ruido y pocas nueces*.[678]

PARDO PIMENTEL, Nicolás:

De origen español, vivió en La Habana donde dirigió el periódico *El Nacional*. Se destacó como músico y escritor. Publicó al menos una novela, y estrenóla obra[679]: *Inés o Las cruzadas*. Drama histórico original en tres actos, escrito en prosa y variedad de metros. Habana. Imprenta del Comercio. 1839.[680]

PARDO Y SUÁREZ, Vicente:

No se tienen referencias biográficas. Se encontraron las obras: *El sultán de Mayarí o El mono tiene rabia*. Zarzuela cómico bufa en un acto y seis cuadros. La Habana. Imprenta La República. 1896. *Los príncipes del Congo*. Opereta cómica en un acto. Música del maestro Rafael Palau. La Habana. Imprenta La República. 1897.[681]

PAREJA Y ARTACHO, Francisco:

No se tienen referencias biográficas. Se encontraron las obras: *Caridad y patriotismo*. Drama en dos actos. Habana, Imprenta *El Iris*, 1873; *La política*. Drama de costumbres en tres actos. Habana, Imprenta El Iris, 1873; *El Rico pobre*. Drama de costumbres en tres actos. Habana, Imprenta El Iris, 1874; *Las ferias de Guanabacoa*.[682] Pieza de costumbre en un acto. Habana. Imprenta *La Antilla*. 1874; *Un asalto a la villa de Guanabacoa*. Pieza de costumbres en un acto. Habana, Imprenta La Antilla, 1874.[683] *Un Misterio*, comedia de costumbres en tres actos. La Habana, Imprenta La Antilla, de Cacho Negrete, 1874.

PARREÑO Y PARREÑO, Julián María:

Cuba. Santiago de Cuba 1850 - 1907.

Poeta. Bachiller en Artes. Utilizó los seudónimos Meliso, Lincoln. Fue miembro del Club San Carlos y llegó a ser administrador de la Aduana de Santiago de Cuba. Fue director del Liceo de Costa Rica en 1897. Colaboró en *El Vespertino* (del que fue redactor), *La Paz, Alba y Ocaso, El Progreso, La Guirnalda, La Nueva Era, El Eco de Cuba*. Escribió "Los amores de las plantas" y "Las brisas de mar y tierra". Produjo junto a José Dolores García Freyre, Don Lolo, el juguete cómico "El siglo XIX y el siglo XX".[684] Trabajos suyos fueron publicados en *Biografías de personajes de Cuba injustamente olvidados* (Santiago de Cuba, 1937-1938) de Ramón Martínez y Martínez.

PASÁN LÓPEZ, José:

Murió en 1887. No se tienen otras referencias biográficas. Escribió un libro de poesías.[685] Se encontraron las obras: *La Protección*, comedia en un acto, en prosa y en verso, La Habana, Imprenta de Torres, 1848; *Una carta*, comedia en una acto de 1849.[686] *Casarse al fin*. Juguete cómico en un acto y en prosa. Habana. Imprenta del Faro. 1848.[687]

PEQUEÑO, Pedro Néstor:

Cuba. Pinar del Río.

No se tienen otras referencias biográficas. Se conocen de él varias piezas teatrales: *Músico, poeta. y loco* (Juguete cómico en un acto y en verso. Habana. Imprenta Militar, 1872; *La Africana*; apropósito bufo en un acto. Habana. Imprenta de la Revista de Ferrocarriles,1885; *Locura y sueño. Un cuadro de los ocho en que está dividida la obra*. Cómica-lírica-dramática. Pinar del Río, 1908; *El negro Cheche, o veinte años después*. Tercera parte de Los negros catedráticos. Juguete cómico en un acto, en prosa y verso por Pedro N. Pequeño y F. Fernández. Habana. Imprenta la Tropical. 1868. 2da edición. Habana. Imprenta Militar, 1872. Representado por primera vez por la Compañía de bufos habaneros en el Teatro de Variedades el 26 de julio de 1868.[688]

PERERA, Emilio:

Autor cubano. Estrenó en La Habana las obras: *En casa de Palanqueta* (1880) y *Cargar con el muerto*.[689] *Estamos… ¡peor!*. Zarzuela cómico bufa cubana en un acto y en prosa y verso con siete cuadros. Marzo de 1903.[690]

PÉREZ, José E.:

No se tienen referencias biográficas. Se encontró la obra: *La familia de Socarrás*. Sainete lírico en un acto y en prosa. Música del maestro Cayetano Ventura. Sagua. Imprenta El Comercio, 1896.[691]

PÉREZ DE ALEJO, Miguel A.:

Cuba. Santa Clara 1842 - 1898.

No se tienen otras referencias biográficas. Publicó algún libro de poemas. Es autor de un Juguete titulado: *Cuando menos lo pensaba.*[692]

PÉREZ DE MORALES, Emilio:

Cuba. Villaclara.

Entre otras obras (poesía, etc).[693] Estrenó en 1885: *¡Marta!* Monólogo en verso. Santa Clara, Imprenta La Perseverancia, 1885.[694] Puesto en escena por primera vez en el Teatro La Caridad.[695] *Las niñas.*[696] Disparate escénico en forma de monólogo escrito para el Liceo. Villa Clara. Quiñones. Impresor. 1906.

PÉREZ GONZÁLEZ, Eusebio:

No se tienen referencias biográficas. Se encontraron los títulos: *Un apéndice al matrimonio.* Drama en dos actos y en verso. Puerto Príncipe, Imprenta de Gobierno, 1846.[697] New York, Imprenta de E. Pérez, 1877. *Don Enrique de Aragón.* Drama en cinco actos y dos cuadros. Puerto Príncipe, Imprenta de Gobierno, 1846.

PÉREZ Y HERNÁNDEZ, José María:

Cuba.

Militar. Nació en La Habana, Cuba, en 1820; falleció en la Ciudad de México el 7 de marzo de 1879. Hijo de Juan Pérez y de Josefa Hernández. Desde joven, vivió en México, donde se casó con Carmen Ordóñez. Causó alta en el ejército el 17 de marzo de 1846, como subteniente de Infantería, grado militar con el cual participó el 18 de abril de 1847 en la batalla de Cerro Gordo, Veracruz, en contra del ejército norteamericano invasor. El 19 de agosto del mismo año, combatió a los invasores en Padierna, y el 8 de septiembre siguiente, en Molino del Rey. Alcanzó el grado de teniente, en virtud de sus méritos en campaña. Con el espíritu de lucha que lo distinguió siempre, se adhirió al Plan de Ayutla el 1 de marzo de 1854, por el que peleó contra los santanistas en Guerrero y en Michoacán, al mando de los generales Juan Álvarez y Manuel García Pueblita. Por su cultura literaria –que desarrollaría posteriormente en obras de investigación–, el 14 de noviembre de 1855 sirvió, con carácter de secretario particular, al presidente de la República, don Juan Álvarez. El 20 de diciembre fue designado mayor general de la División del Sur, con sede en Guerrero, y, del 25 de julio al 15 de agosto de 1856, volvió a desempeñarse como secretario del general Álvarez. El 6 de julio de 1857, fue gobernador provisional sustituto de nuestro estado, en lugar de Félix María Aburto, cargo que ejerció hasta el 9 de septiembre del mismo año. Ocupó una curul en el Congreso local el 22 de septiembre de 1857 (18 días después de haber ascendido a general), puesto de elección popular que tuvo que abandonar a fines de noviembre para asumir las funciones de comandante militar en Acapulco. Entre el 12 de enero y el 1 de febrero de 1858, se desempeñó como diputado en el Supremo Congreso de la Convención de Guadalajara. En junio de 1859, el general Juan Álvarez lo comisionó para conseguir armas en EU destinadas a la División del Sur; para cumplir la orden, se embarcó en el puerto de Veracruz hacia ese país; cumplió el encargo y regresó con las armas, en agosto del mismo año, al puerto de Acapulco. Meses más tarde, Pérez Hernández, al frente de una brigada armada en Ometepec, combatió a los militares conservadores Manzano y Cobos en la Costa Chica de Guerrero y en Oaxaca. En Jamiltepec, raptó a una mujer de nombre Dolores Baños, acto que fue muy repudiado por todos los lugareños, a tal grado que Álvarez no tuvo más remedio que pedir a su amigo que abandonara Guerrero. En 1860 el general cubano–mexicano se embarcó en Acapulco hacia Mazatlán, Sinaloa, y de ahí pasó a otras ciudades del norte. Vivió en Guadalajara donde, en 1862, publicó *Estadística de la República Mexicana*, obra primigenia de un arduo trabajo de investigación. En diciembre de ese año, marchó a la Ciudad de México, donde lo sorprendería, al cabo de unos meses, el avance del ejército francés. Por tal motivo, dejó la capital, y el 30 de mayo de 1863 se dirigió al sur a fin de formar una brigada. En enero de 1864, se hallaba nuevamente incorporado a la División del Sur, en cuyas filas militó hasta el 12 de julio de 1865. De regreso al centro del país, combatió a los imperialistas europeos; luchó bajo las órdenes de los generales Arteaga y Salazar, Vicente Riva Palacio y Nicolás de Régules. Al retornar la paz, fue nombrado gobernador de Colima, cargo que abandonó en octubre de 1866 a causa de una enfermedad. En 1871, escribió *Compendio de la geografía del estado de Michoacán de Ocampo*. El 21 de agosto de 1874, ingresó a la Sociedad Mexicana de Geografía y Estadística. El 6 de noviembre, fue diputado federal por el estado de Guerrero. En 1874 y 1875, publicó los primeros tomos (de la A a la C) del *Diccionario geográfico, estadístico, histórico, biográfico, de industria y comercio de la República Mexicana*, escrito en parte por él y corregido por Manuel Orozco y Berra y por Alfredo Chavero. Esta obra, infortunadamente inconclusa, se proponía reunir el conocimiento acumulado sobre el país hasta entonces. En 1876 vio la luz pública su *Cartilla de la geografía del estado de Michoacán*. Después de un viaje a

EU, para un tratamiento médico, regresó a la Ciudad de México en 1879, donde dejó de existir a causa de un viejo padecimiento.[698] Se localizó el título: *Don Alberto o la caverna de la muerte*. Drama en cuatro actos en prosa y verso. Habana. 1842. [699]*Mi viaje a la califonia*. Drama, julio de 1848.[700]

PÉREZ PÉREZ, Manuel:

No se tienen sus datos biográficos. Se localizó el título: *Así se curan los celos*. Zarzuela en un acto y en verso. La Habana. 1893.[701]

PÉREZ Y RAMÍREZ, Manuel María:

Cuba. Santiago de Cuba 1772 - 1852.

Fue educado en el Seminario de San Basilio el Magno, de Santiago de Cuba. Perteneció al Regimiento de Infantería. Con el grado de subteniente se trasladó a la Florida (EE. UU.) y a Santo Domingo, donde participó en varias acciones de guerra. Se retiró con el grado de capitán en 1796. A partir de ese año residió un tiempo en La Habana, donde trabó amistad con el poeta Manuel de Zequeira. Ejerció gran influencia en Félix Varela. Llevó a cabo una destacada actividad dentro de la vida cultural de la ciudad en estos años, publicó numerosos periódicos. En Santiago de Cuba fundó *El Canastillo* (1810), *El Eco Cubensi* (1811), *El Ramillete de Cuba* (1812), *Actas Capitulares de Cuba* (1813), *Miscelánea Liberal de Santiago de Cuba* (1821), *Periódico Nacional de Santiago de Cuba* (1822), *El Redactor Liberal Cubano* (1823), *El Dominguillo* [1824?] -semanario de crítica que consagró al género festivo-, *Diario de Santiago de Cuba, El Látigo de Cuba y El Cubano Oriental*, los tres en 1836. Fue redactor de *El Noticioso* y colaboró en *La Minerva de Cuba, Miscelánea de Cuba y El Observador de Cuba*. En todas las publicaciones que fundó, especialmente en las tres últimas, defendió tendencias liberales y progresistas. Envió correspondencias al *Faro Industrial de la Habana* (1849) y colaboró además en *El Redactor, de Santiago*, en el que era responsable de la sección "Efemérides", y en *El Pasatiempo*. Dirigió la Memorias de la Sociedad Económica de Amigos del País, de Santiago. Compuso autos sacramentales, a los que puso música el habanero Esteban Salas. Escribió algunas obras teatrales, entre las que se encuentran: *Don Juan, autosacramental,* (con Esteban Salas) y el Drama alegórico *La feliz alianza* (representado en Santiago de Cuba en marzo de 1830), escrito con motivo del matrimonio de Fernando VII y María Cristina de Borbón. Su drama *Marco Curcio* no se han encontrado.[702] De este autor se encontró en las *Crónicas de Santiago de Cuba*, de Emilio Bacardí, un diálogo entre "El pastor y el Eco" que puede considerarse un poema predramático en el que se observa la influencia de las bucólicas de Virgilio y la novela pastoril española de los Siglos de Oro, en tanto hay referencias a la vida y a la naturaleza idealizada. Uno de sus autos sacramentales, el Don Juan, ha sido inútilmente buscado, lo que quita la posibilidad de rescatar uno de los textos religiosos de la historia teatral local. Sus obras dramáticas están desaparecidas; sin embargo, en los *Archivos de la Catedral de Santiago de Cuba* se encuentran unas partituras que no han sido identificadas, cabe la posibilidad de que las mismas sean los autos sacramentales de Manuel María musicalizados por Esteban Salas.[703]

PERUZZINI, Giovanni:

¿Italia?

No se tienen sus datos biográficos. Se localizó el título: *Jone*. Drama lírico en cuatro actos. Música del maestro Petrella. Habana. Imprenta de la Vda. de Barcina. 1862.[704] Se publicó en Italia en 1859.[705]

PIAVE, Francesco María:[706]

Italia. Murano 1810 - Milán 1876.

Poeta, muy conocido por ser uno de los libretistas más cercanos a Giuseppe Verdi, siendo su colaborador y amigo durante prácticamente toda la vida. Al igual que Verdi, fue un nacionalista italiano y uno de los libretistas más prolíficos en la carrera de Verdi, escribiendo *Ernani* (1844), *I due Foscari* (1844), *Atilla* (1846), *Macbeth* (1847), *Il Corsaro* (1848), *Stiffelio* (1850), *Rigoletto* (1851), *La Traviata* (1853) *Simón Boccanegra* (1857) y *La Forza del Destino* (1862). Piave habría colaborado también en la elaboración del *libreto de Aida* que fue comisionado a Verdi en 1870, si no hubiera sufrido un ataque cardíaco. Colaboró, además, elaborando libretos para otros compositores como Giovanni Pacini, Saverio Mercadante, Federico Ricci y Michael Balfe.[707] En Cuba se localizó el título: *Rigoletto*. Melodrama en tres actos. Música del maestro Verdi. Habana. Imprenta de Barcina. 1855.[708] Publicado en Italia, 1854.[709]

PICHARDO B. Eleodoro:

No se tienen sus datos biográficos. Se localizó el título: *Un padre como hay muchos*. Pasillo cómico-lírico en un acto y en prosa. Música de Víctor Pacheco I. Camagüey. La Ilustración. 1906. [710]

PIERRA Y ACUERO, Adolfo:

No se tienen sus datos biográficos. Se localizó el título: *The Cuban patriots*. A Drama of the struggle for independence actually going on in the Gem of the Antilles. In three acts. Writen in English by A Native Cuban. Philadelpia, 1873.

PILDAÍN SARABIA, Pablo:

Cuba. Santa María del Puerto del Príncipe 1842 - La Habana 1919.

Se encuentra entre los más importantes actores de todos los tiempos en Cuba. Nació en la ciudad de Puerto Príncipe, al lado de una plazoleta donde, ocho años después, se construiría el hermoso teatro Principal. Desde muy temprana edad, conoció las noches de programas y muchos de los actores que allí acudían, demostró cualidades indiscutibles para el arte escénico, y aunque de inicio trabajó como tipógrafo en el diario El Fanal de Puerto Príncipe, por entonces el más de la ciudad, ya a los 18 años era un actor consagrado. De carácter afable y jaranero, pero a la vez enérgico, según lo describen sus contemporáneos, Pildaín logró abrirse paso sin dificultad, por lo que en poco tiempo organizó una agrupación artística con la que actuó en casi todos lo importante escenarios de la isla, y con la que recorrió con éxito varios países de Europa y América, sentando de costumbre plazas fijas en Santo Domingo y Venezuela, donde residió por mucho tiempo e instaló una academia de actuación dramática. Contrajo matrimonio tres veces y todos con actrices estelares de la escena. Primero con la camagüeyana Dolores Cabrera, figura cumbre de la escena por aquella época y una de las artistas más reclamadas en los escenarios españoles; luego con la canaria Ana Peraza, famosa personalidad del teatro español y finalmente con Julia Viñals, primera actriz del teatro Sauto, en Matanzas, ciudad a la que el actor estuvo muy unido, pues algunos de sus primeros éxitos, cuando tenía 22 años de edad, se originaron allí. En los últimos días de su existencia, enfermo y olvi-

dado, fungía como portero en una sociedad de La Habana, pero sin dejar de actuar, aunque fuera esporádicamente sustituyendo a primeros actores. En abril de 1919, murió de forma trágica al ser atropellado por un ómnibus a las puertas del teatro Payret, como si al momento de su muerte el actor, ya con 77 años de edad, quisiera dejar perpetuada para la historia su amor al teatro, al que dedicó toda su vida.[711] De su autoría se encontraron las obras: María. Drama en tres actos y en verso, precedido de un prólogo. Habana, Imprenta La Tropical, 1866; ¡Tres contra una![712] Juguete cómico en un acto y en verso. Habana, Imprenta de Villa, 1866. Estrenado en la Sociedad del Pilar el 21 de octubre de 1866. Habana. Imprenta de Villa. 1866.

PILOTO, Alfredo:

Cuba. Matanzas.

Estrenó varias obras de teatro: La travesura de un Gallego. Se representó en 1894.[713] Según Trelles escribió: El santo de Tribilín. En un acto. Percances de una excursión. En un acto. Amores místicos. En un acto. Inundación en puentes grandes. En un acto. La sombra de Cuba.[714] En un acto. En el Catálogo de la Biblioteca Nacional de Cuba fueron localizados los títulos: Concha o los tres magos. Esperpento bufo lírico de magia en un acto y cinco cuadros. Habana. 1896. Un matrimonio en Haití, zarzuela bufa en un acto y en prosa. Cienfuegos. Imprenta Nueva, 1893.

PINA DOMINGUEZ, Mariano:

España. Granada 1840 - Madrid 20 de noviembre de 1895.

Novelista, poeta y dramaturgo español. El padre de Mariano Pina Domínguez fue Mariano Pina Bohigas, un conocido dramaturgo, natural de Madrid (1820), ciudad donde estudió la carrera de Derecho doctorándose en Leyes. Pero su verdadera vocación fue siempre el teatro al que dedicó todos sus esfuerzos. Como autor fue un plagiador; copiaba sin pudor obras francesas a las que cambiaba el título y poco más y para las que pedía la colaboración musical de compositores consagrados. Mariano Pino no fue el único que trabajó de este modo pues fue un hábito muy extendido durante aquellos años entre los dramaturgos libretistas. A veces incluso las copias superaban a las obras originales. El público las acogía bien sin plantearse si eran originales o extranjeras. La picaresca madrileña hizo circular por la ciudad una coplilla jocosa con interrogante sobre cuál de los dos Pina era peor, concluyendo dicho chascarrillo que «era peor el padre, por ser el autor del hijo». Tuvo el acierto de pertenecer al grupo de creadores de la zarzuela moderna desde que estrenó Colegialas y soldados y de colaborar con los mejores compositores como Barbieri, Oudrid, Luis Vicente Arche, Mariano Vázquez, Arrieta, Bretón y Fernández Caballero. Su producción fue extensa y dejó en herencia a su hijo la afición y habilidad por el plagio. Su repertorio como libretista es extenso, mucho más que el de su padre pues llegó a estrenar una vez al año, siempre con éxito. Era ingenioso y atrevido, con mucha facilidad para conectar con el público, aunque en lo literario no era demasiado bueno. Escribió zarzuelas, operetas, comedias, dramas y alguna obra más seria como *Mujer y reina* y *El milagro de la Virgen*. Pero sobre todo se dedicó a la adaptación —o plagio— de las obras francesas que gozaban de gran éxito por entonces. Colaboró con los compositores contemporáneos de su padre (Barbieri, Oudrid) y con otros de la siguiente generación (Chapí, Chueca, Valverde, Lleó). Sus obras más representativas fueron *Bazar de novias*, *El milagro de la Virgen*, *Mujer y reina*, *Colegialas y*

soldados, *El hombre es débil y ¡Si yo fuera rey*.[715] Fueron llevadas a escena, en Santiago de Cuba: *A quien Dios no le da hijos...*, comedia en tres actos, por la Compañía Dramática y Coreográfica dirigida por Vicente Sagarra, en 1857; y, *El hombre es débil*, zarzuela en un acto, por la Compañía de Bufos Habaneros, en 1884.[716]

PINO Y QUIÑONES, Pedro del:

No se tienen referencias biográficas. Según Trelles escribió: *No servir para casado*. Comedia en un acto y en prosa. Habana. Noviembre de 1888. Ms.[717]

PIÑA BLANCO, Ramón:

Cuba. La Habana?1819 - Madrid 1861.

Comenzó a escribir desde muy joven. En 1845 publicó diversos artículos de costumbres. Colaboró en *Revista de la Habana* con sus comentarios titulados "Leyes atenienses" (1857) y con su novela *Gerónimo el honrado*. Trelles la atribuye también la novela *El Dr. Lañuela* [1860]. Fue jurisconsulto y auditor honorario. Colaboró en *Anales de la Isla de Cuba. Diccionario administrativo, económico, estadístico y legislativo*, de Félix Erenchun. Tradujo del francés *El doctor Herbau*, de Julio Sandeau, y del inglés *Frank Mildmay; o, El oficial de marina*, de Federico Marryat, y *Cartas al presidente sobre la política exterior o interior de la Unión y efectos que causa en la condición del pueblo y del Estado*, de Henry C. Carey. Entre sus obras dramáticas se localizan: *No quiero ser conde*. Comedia en dos actos y en prosa. La Habana, Imprenta de J. Palmer, 1838; *Una sobrina en España*. Comedia en tres actos. La Habana, 1838; *Dios los cría y ellos se estorban*. Comedia. La Habana, 1848; *Las equivocaciones*. Comedia en tres actos y en verso. La Habana, Imprenta de Torres, 1848.[718]

PIÑEYRO, Enrique:

Cuba. La Habana 1839 - París 1911.

Cursó estudios en diversas escuelas públicas y en el Colegio El Salvador (1850-1856). En 1855 fue nombrado profesor de Geografía y de Latinidad en el mismo colegio. Comenzó sus estudios de jurisprudencia en la Universidad de la Habana en 1856. Se graduó de bachiller y más tarde, en 1859, de Licenciado en Filosofía. En El Salvador ocupó las cátedras de Historia y de Literatura hasta 1869. Concluyó sus estudios de derecho en la Universidad Central de Madrid entre 1861 y 1862. Fue vicedirector del colegio entre 1862 y 1867. Por esos años se destacó como orador. En 1863 se graduó de Licenciado en Jurisprudencia. Ejerció como abogado, juez de paz y alcalde mayor. Dirigió la *Revista del Pueblo* (1865-1866). Abandonó el país a principios de 1869 a causa de la guerra de independencia, que había estallado pocos meses antes. En Nueva York fue secretario de la Legación de Morales Lemus, agente general y ministro de Cuba en Armas en Estados Unidos. Dejó de ocuparse de este cargo, aunque sin abandonarlo, al comenzar a dirigir el periódico *La Revolución* (1869 1870), órgano de la Junta Cubana en Nueva York. Fundó y dirigió *El Mundo Nuevo* (1872), que más tarde se unió a *La América Ilustrada*. A fines de 1874 visitó diversos países de América del Sur para obtener ayuda en dinero y armas para la revolución cubana. Fue nombrado socio correspondiente de la Adadernia de Bellas Letras de Santiago de Chile en 1875. Se trasladó más tarde a Portugal y luego a Francia. Regresó a Nueva York a fines de 1875. Durante su ausencia del país fue juzgado por las autoridades españolas y condenado a muerte. Después de un viaje por Italia, regresó a Cuba en 1879 acogido a la amnistía de la Paz del Zanjón. Su estancia en Cuba por esos años se vio perturbada por la falta de garantías y de libertad, por lo que se marchó de nuevo a Estados Unidos. Pasó a Europa en 1881. En 1882, tras una breve estancia en Cuba de quince días, se radicó definitivamente en París. Colaboró en *Brisas de Cuba, El Regañón, Liceo de la Habana, Prensa de la Habana, Álbum cubano de lo bueno y lo bello, El Porvenir del Carmelo, Diario de la Marina, Revista Habanera, Cuba Literaria, Revista de conocimientos útiles y amenos, El Siglo, Revista crítica de ciencias, literatura y artes, El Ateneo, El Triunfo, El Pensamiento, La Habana Elegante, Revista de Cuba, Revista Económica, El Almendares, El Argumento, El Fígaro, Hojas Literarias, Cuba y América, La Discusión, El Mundo, Revista de la Facultad de Letras y Ciencias; El Ferrocarril (Chile); El Telegrama y El Periódico Nuevo (Bogotá); Cuba en Europa (Barcelona); La Verdad, La América y Patria* (New York) y *Annales de La Faculté de Lettres de Bordeaux et des Universités du Midi. Bulletin Hispanique.* En París, después del establecimiento de la República en 1902, fue consultor de la Legación Cubana. Realizó una importantísima labor como crítico literario. Su libro *El romanticismo en España* fue traducido el inglés con el título *The Romantics of Spain* (Liverpool, Institute of Hispanic Studies, 1934). Utilizó los seudónimos Gargantúa, P. Niño y Atta Troll. Firmaba además con sus iniciales E. P.[719] Escribió para el teatro: *La culpa siempre es de él. Escenas imitadas de una comedia de Delfina Gay.*[720] Esta obra fue encontrada en el libro *Noches literarias* [721] de Nicolás Azcárate (La Habana, 1828-1894).

PITA, Santiago:

Cuba. La Habana,? [¿1693-1694?] - 1755.

Pertenecía a las familias Pita de Figueroa y Pérez Borroto y Recio, de las más antiguas y destacadas de la ciudad. No hay datos acerca de su infancia y primera juventud. En mayo de 1719 en la Parroquial Mayor de La Habana, contrajo matrimonio con Catalina María de Hoces y Córdoba. Era capitán de una de las compañías del Batallón de Milicias de La Habana, probablemente desde antes de la fecha de su boda. Se sabe asimismo, por documentos legales, que en 1731 y en 1735, mantenía su residencia habanera. Formó parte de la expedición que salió de La Habana a fines de mayo o principios de junio de 1742 contra las posesiones inglesas de Nueva Georgia (San Agustín de la Florida), en cuyas acciones se destacó notablemente. Regresó a la isla en agosto de ese mismo año. En enero de 1743 es elegido segundo alcalde ordinario de La Habana. En 1744 es electo procurador de pobres. Su comedia -única obra suya de que se tiene noticia y que fue atribuida durante años al fraile José Rodríguez Ucres, Ucares o Uscarés (conocido como Capacho y al que se atribuyeron también obras escritas por Gregorio Uscarrel)- fue representada por compañías de cómicos en España y América. Escribió para el teatro: *El príncipe jardinero, y fingido Cloridano*. Comedia sin fama, del [...]. Sevilla, Imprenta Real, Casa del Correo Viejo [173-]; Comedia famosa. *El príncipe jardinero, fingido Cloridano*. Valencia, Imprenta de la Viuda de Joseph de Orga, Calle de la Cruz Nueva, junto al Real Colegio del Señor Patriarca, 1761; Madrid, Imprenta y Librería de Andrés de Sotos, Calle de Bordadores, frente de San Ginés [17-]; Valencia, Imprenta de José Ferrer de Orga, 1813; *El príncipe jardinero, y fingido Cloridano*. Comedia en tres actos. Id., 1820; *El príncipe jardinero y fingido Cloridano*. Comedia en tres jornadas y en verso. Madrid-Barcelona, Librería de la Viuda Razola - Librería de Saurí, 1840; Comedia en tres actos, de *Un ingenio de la Habana*. Valencia, José Ferrer de Orga, 1840; Comedia en tres jornadas y en verso. La Habana, Imprenta Cubana, 1842; Comedia en tres actos de *Un ingenio*

de la Habana. Ed. revisada por Juan J. Remos y Enrique Larrondo. Con una introd. del primero [La Habana], Eds. de la revista Ideas, 1929; Comedia sin fama del [...]. Estudio preliminar, edición y notas de José Juan Arrom. Sociedad Económica de Amigos del País. La Habana, Imprenta de Úcar García, 1951; Id. La Habana, Consejo Nacional de Cultura, 1963.[722]

PITALUGA Y DELGADO, Rafael:

España.

Gaditano de origen, debió de vivir en la Isla de Cuba -durante algún tiempo al menos- ya que algunas de sus obras fueron estrenadas e impresas en La Habana. Escribió: *¡¡Armas al hombro!!* Comedia original en 3 actos y en versos, por Rafael Pitaluga y Delgado y Alfredo Mallengue. Habana. Imprenta Barcina. 1855; [723] *Una viña en La Habana*. Episodio histórico en un acto y en verso. Habana, Est. Tip. La Cubana, 1856; [724] *La regencia de Portugal*,[725] Drama histórico en cinco actos, 1856. Manuscrito.[726]

PIZARRO, Martín:

No se han encontrado datos de su vida. De su autoría se ha localizado la obra: *¡Abandonada!;* monólogo en verso. Habana, Imprenta Avisador Comercial, 1907. Estrenado con éxito extraordinario en el gran teatro Payret de La Habana el 1ero de agosto de 1907. Habana. Imprenta Avisador Comercial.[727]

PIZARRO, Ramona:

Cuba. Santi Spíritus (¿-?).

No se han encontrado más datos de su vida. Se señala que su obra poética fue de gran calidad. En 1845 publica sus trabajos en *Semana literaria*, de La Habana, y antes lo había hecho en *El Fénix*. En su poema

"Soledad", aparecido en *El Fénix,* el 14 de febrero de 1854, se revela como una poetisa de aciertos literarios. Publicó a principios de la década de 1840 dos folletines por entregas titulados: *La bella incógnita* (1843) y *Naufragio y penalidades de tres marinos de agua dulce* (1844).[728] Colaboró en *La Linterna Mágica.* Estrenó en La Habana un drama histórico titulado: *Elvira o El bastardo* (1856). De esta obra, no nos ha llegado otra noticia que la de su título, por lo que en la actualidad puede considerarse perdida. Por otra parte, parece inscribirse en el subgénero del Drama histórico, cabe conjeturar que se trataba de una muestra más de los gustos románticos.[729] Fue premiada por el Liceo de La Habana en 1856.[730] Firmó sus escritos con la inicial P., o sencillamente como Ramona.[731]

POBEDA Y ARMENTEROS, Francisco:[732]

Cuba. La Habana 1796 - Sagua la Grande, Las Villas 1881.

Se vio obligado a abandonar los estudios de primaria a causa de diversos problemas familiares. En 1816 se traslada a Sagua la Grande, donde residió la mayor parte de su vida. Desvinculado, por completo de las disciplinas académicas, se vio obligado a desempeñar los más diversos trabajos: peón caminero, cómico, amanuense, maestro de escuela, capitán de partida, vendedor. Adquirió fama de rimador espontáneo y fecundo. En *Ramillete Cubano,* que dirigía Manuel González del Valle, publicó su primer poema, "A Cuba", en 1829. Hacia 1830 trabajó como actor en un teatro de La Habana. Colaboró en *El Eco* (Santa Clara), *El Sagua* y *La Luz,* ambos de Sagua la Grande. Era conocido por su seudónimo *El trovador cubano.* En 1830, siendo actor en La Habana, publicó su colección de poemas *La guirnalda habanera* (1830). Fue uno de los mejores antecedentes orales, no anónimo, del criollismo literario. El poeta José E. Triay organizó una velada artístico-literaria en el Liceo de Guanabacoa (Habana) en 1879, con el fin de ayudarlo económicamente y de revalorizar su obra. En esta velada se representó su pieza teatral *El peón de Bayamo,* con el mismo Poveda en el papel protagónico. En sus comienzos, su obra tuvo el reconocimiento entusiasta de Domingo del Monte, Ignacio Valdés Machuca (seud. Desval), Ramón de Palma y Buenaventura Pascual Ferrer. Es considerado el iniciador del criollismo en Cuba.[733]

POO Y ÁLVAREZ, José:

Cuba. La Habana 1831 - 1898.

Se interesó por la literatura desde muy joven. Estudió en el colegio de Humanidades y se graduó de Bachiller en Artes en la Universidad de La Habana. En 1847 fue nombrado secretario de la Sección de Declamación de la Sociedad del Pilar. A los dieciocho años escribió *El huérfano de Lucca,* drama en tres actos y en verso. La Habana, 1856. Perteneció a la redacción de *La Aurora,* de Matanzas, y colaboró en diversos periódicos de la época. Fue teniente del cuarto batallón de Voluntarios. Después del Pacto del Zanjón fue, con Nicolás Azcárate, Cortina y otros, uno de los animadores del Ateneo de la Habana, y más tarde, del Nuevo Liceo. Era miembro de la Real Sociedad Económica. Es autor de *Sistema métrico nacional, provincial i [sic] decimal* (La Habana, Imprenta de Ferrer, 1858). Utilizó los seudónimos Naituno de Almendar, Asmodeo III y D. Rígido Látigo. Falleció de las heridas recibidas por la explosión de una bomba en el Teatro Irijoa, más tarde Teatro Martí. Escribió para el teatro: *Luchas del corazón.* Drama en tres actos y en verso. La Habana, 1856. *Casarse con la familia.* Comedia en tres actos y en verso. La Habana, Imprenta de Villa, 1864; *El huérfano de Lucca.* Drama en tres actos y en verso [s.l.?] 1855. *La daga del rey; Dios lo ha querido* y *En nombre del rey;* entre otras.[734] *Con malos medios, buenos fines.*[735] Comedia en dos actos. Manuscrito.

PORTO Y ZARATE, Miguel Francisco:

Cuba. La Habana 1825-1858.

Estudió Derecho y ejerció la carrera en Madrid. Escribió algunas colecciones de artículos costumbristas y otros libros cuya forma y temática resultaron bastante sorprendentes. Utilizó el seudónimo: Querubín de la Ronda. Compuso varias obras destinadas a la escena: *El recomendado.* Comedia en un acto. Representada en el gran Teatro de Tacón el 16 de enero de 1841. Habana. Imprenta de Barcina. 1849;[736] *La Homeopatía.* Comedia en un acto. Representada por segunda vez en la Sociedad del Pilar. Habana. Imprenta de Barcina.1849. *El modelo de los maridos,* Comedia en un acto y en prosa. *Mi viaje a California.*[737]

POZO, José Martín del:

No se tienen referencias biográficas. Se encontró la obra: *Catalina II, emperatriz de Rusia o Los hijos del cadalso;* Drama en tres actos. Habana, Imprenta La Reforma, 1866.[738]

POZO Y ARJONA, Alejandro del:

Cuba. La Habana ¿? - 1908.

Escribió para el teatro: *¡El Grito de venganza!* Comedia en un acto. *El santo de Doña Eufrasia.* Comedia en un acto. *Está chiflada.* Comedia en un acto. *Las cosas de mi mujer.* Comedia en un acto. *Que par de tipos.* Comedia en un acto. *El testamento del año.* Zarzuela en un acto. La Habana y sus microbios. Comedia en un acto. *La Habana en camisa.* Comedia en un acto. [739] *En el Catálogo de dramaturgos españoles* se localizó el título: *¿Lo toca Usted O no lo toca?* Pastoral, 1898.[740]

PRIDA Y DÍAZ, Antonio:

No se tienen referencias biográficas. Se encontró la obra: *El esclavo del deber.* Episodio dramático en un acto y en verso. Mayagüez. 1886. [741]

PROHIAS FIGUEREDO, Juan:

¿Cuba? ¿Cienfuegos? ¿? -¿?).

En el concurso celebrado cuando las Fiestas del Centenario, le fue adjudicado premio de 100 pesos y Diploma de Honor donado por Don Andrés Terry en su nombre y en el de la sucesión de Don Tomás Terry por su comedia titulada *La Lámpara Rota.*[742]

PULGARÓN, Eduardo:

No se tienen referencias biográficas. Se encontró la obra: *Geografía física.* Juguete cómico lírico, para niños y niñas. Habana. Imprenta Comas y López, 1908. (Teatro escolar cubano). *El tío José.* Sainete para niños. Habana. Imprenta Comas y López, 1909. (Biblioteca de Cuba Pedagógica). *El general Durán.* (Episodio de la Revolución cubana. *Un acto, prosa y verso.* Panorama escolar. (Revista de la Escuela Pública). *Un acto, prosa y verso.* Malacrianza. Dos actos, prosa y verso. *El santo de mamá.* Un acto, verso para niñas.[743]

PULLÉS, Rafael:

Peleó en la guerra de 1895. Ganó el grado de Coronel. Fue Secretario del Ayuntamiento de Guantánamo. Escribió *Buenas noches*. Monólogo estrenado en Guantánamo. 1909.[744]

PUNCET DE JIMÉNEZ, M.:

No se tienen referencias biográficas. Se encontró la obra: *La aficionada del siglo XIX*. Drama en dos actos y en prosa. Estrenado en la Sociedad popular de Santa Cecilia el 22 de noviembre de 1866. Publicado en Puerto Príncipe. Oficina Tipográfica de El Fanal, 1876.[745]

Q

QUESADA CASTILLO, Ignacio de:

No se tienen sus datos biográficos. Se localizó el título: *El avaro hipócrita*. En un acto. Puerto Príncipe, 1856. Imprenta Galería Dramática La Cubana.[746]

QUEVEDO:

No se tienen sus datos biográficos. Se localizó el título: *Por un título de Conde*. Comedia en un acto y en verso. 1880. La Habana. Estrenada con éxito la noche del 29 de marzo de 1880 en el beneficio del empresario del Teatro de la Paz. Señor. Auja. Habana. Imprenta El Cosmopolita. 1880.[747] *La ley del beso*. Zarzuela bufa en un acto. 1879. La Habana. *¡La mar!* Juguete cómico lírico en un acto y en verso. 1881. La Habana. *Los nihilistas*. Capricho cómico-lírico-fantástico en un acto y en verso. 1879. La Habana.

QUINTANA, José María de:

Cuba.

No se tienen otras referencias biográficas. Autor de una abundante obra dramática. De la que relacionamos algunos títulos: *Cómo son los hijos de Cuba* (Drama. 1885); *Diputados a Cortes,* esperpento bufo-crítico en un acto y tres cuadros en prosa.

ó

EL MONO TIENE RABIA

Zarzuela cómico-bufa en un acto y seis cuadros

original de

DON VICENTE PARDO Y SUAREZ

Estrenada con ruidoso éxito la noche del 29 de Julio de 1896 en el Teatro Albisu.

HABANA
IMPRENTA "LA REPUBLICA"
SAN RAFAEL 40.

Habana. Imprenta La Moderna, 1891;[748] *El Gran proyecto* (Zarzuela., 1887); *Fuego prohibido* (1891); *El otro* (Juguete cómico en un acto y en prosa. La Habana, Imprenta La Moderna, 1891);[749] *Viva esta tierra.* Pieza esperpento bufo crítico lírico dramático, en un acto dividido en siete cuadros. La Habana, Imprenta La Moderna, 1891; *Trincheras contra el amor o la vieja y el andaluz.* Juguete cómico en un acto y en prosa. [Habana] Imprenta La Moderna, 1891; *¿Quién quiere a mi mujer? o regalo mi mujer.* Pieza cómica en un acto y en prosa. Habana Imprenta La Moderna, 1891; *El demonio es la guaracha.* Disparate bufo lírico, en un acto y en prosa. Habana, Imprenta La Moderna, 1891; *Enredos y trapisondas o La mar de líos;* disparate cómico en un acto y en prosa. Habana, Imprenta La Moderna, 1891; *Juego prohibido.* Apropósito en un acto y en prosa. Habana. Imprenta La Moderna, 1891; *Caneca, torero,* esperpento cómico bufo cuatro cuadros y en prosa. [Habana] Imprenta La Moderna, 1891; M. de M. o una posada en madrugada. Juguete cómico en un acto y en prosa. Habana, Imprenta La Moderna, 1891. *La mulata de rango.* Disparate cómico lírico en dos actos y en prosa. Habana, Imprenta La Moderna, 1891. *Por una carbonería o político, rey y ... nada.* Juguete cómico en un acto y en prosa. [Habana] Imprenta La Moderna, 1891; *¡Pun Plan!,* Juguete cómico en un acto y en prosa. Estrenado en el Teatro Otero de Cárdenas, con extraordinario éxito. Habana. Imprenta La Moderna, 1891. *M. de M. o Una posada en madruga.* Juguete cómico en un acto y en prosa. Habana. Imprenta La Moderna, 1891. *El otro.* Juguete cómico en un acto y en prosa. Habana. Imprenta La Moderna, 1891. *Por una carbonería o político, rey y... nada.* Juguete cómico en un acto y en prosa. Habana. Imprenta La Moderna, 1891. *Conflicto municipal,* Juguete cómico bufo en un acto y en prosa. Habana,

Imprenta La Moderna, 1892. Estrenado en el Teatro Torrecillas en 1885. *Llueven bufos.* Esperpento cómico bufo en un acto y en prosa. [Habana] Imprenta La Moderna, 1892; *Adán y Eva;* Juguete cómico en dos actos y en prosa. Habana, Imprenta La Moderna, 1892; *El bicho colgado,*[750] disparate cómico en un acto y en prosa original. Habana, Imprenta La Moderna, 1892. *Amor a la Pompadour; Carolina; Como muchos; Como todos; De rompe y raja; El feroz galeoto; La ley del timbre; Los padres del pueblo; El proceso consistorial; Tutti fruti,* etc.[751]

QUIÑONES, José Agustín.:

Cuba. La Habana (¿? -1866).

Periodista. Escribió sobre literatura y cuestiones hacendísticas. Fue codirector de *El Liceo* y colaboró en el Archivo de La Habana y *Cubanos pintados por sí mismos.* Parece ser que vivió algún tiempo en España; posteriormente, en Cuba, desempeñó empleos públicos y estuvo al frente de una escribanía. Estrenó en 1848 una comedia titulada: *Tomás.* [752]

Teatro Milanés

En el año 1838 se construyó un local de tablas de palma y techo de guano con la pretensión de dar un teatro al pueblo en Pinar del Río. El 28 de noviembre de 1898, deja de llamarse Teatro Lope de Vega y comienza una nueva Historia, la del Teatro José Jacinto Milanés.

R

RABELL, Francisco J.:

No se han localizado datos biográficos. Se encontró el título: *Antes que amor interés.* Comedia en un acto y en verso. Sancti Spíritus, Imprenta El Yayabo. 1880.

RAMÍREZ, Francisco:

No se han localizado datos biográficos. Estrenó dos obras teatrales; una de ellas, en La Habana. Sus títulos: *Amor y venganza* o consecuencias de una revolución. Drama, 1843 y *La predicción o el asesino de su padre.* Drama, 1843.[753]

RAMOS, Luis A.:

Cuba.

De este autor, no se conocen muchos datos. Nació en Cuba. Murió en 1890. Fue profesor en Cienfuegos. Escribió poesía y una obra de teatro titulada: *La almoneda de novios.* Juguete bufo. 1880.[754]

RAMOS Y RAMOS, Facundo:

España. Madrid 1848 - Remedios, Las Villas 1912.

Historiador, periodista, dramaturgo y Doctor en Medicina. En la Universidad de Madrid se graduó en 1872 de Doctor en Medicina y Cirugía, y al año siguiente, llegó a Cuba. A los pocos meses se estableció en la ciudad de Remedios, donde ejerció su profesión y dirigió los periódicos *El Remediano*

(1878 y 1896), *La Constitución* (1882-1888) y *El Orden.* También colaboró en las publicaciones locales *El Criterio Popular* y *La Voz de Camajuaní,* entre otras. En el *Diario de la Marina* escribió durante un tiempo la sección "Postal de Remedios". En el concurso literario de los Juegos Florales de Camajuaní, realizados en 1904, obtuvo una mención en el género de poesía. Escribió para la escena: *El portero;* zarzuela en un acto y en verso.[755]

REGUIFEROS Y BOUDET, Erasmo:

Cuba. Santiago de Cuba 1863 - 1936.

Licenciado en Derecho. Fue secretario de Justicia, director de *La Patria* y de la *Revista Jurídica Notarial.* Llegó a ser jefe de la masonería cubana y vicepresidente de la Asociación de la Prensa. Colaboró en *Orto.* Publicó los folletos *Proyecto de ley del jurado,* presentado al Senado. La Habana, Imprenta Rambla Bouza, 1913. *El empréstito en el Senado. Discursos... correspondientes a las sesiones de noviembre 7 de 1913 y de diciembre 19 de 1913.* La Habana, Imprenta Rambla Bouza, 1914. *La prostitución y la trata de blancas; ponencia y breves explicaciones al Senado sobre la importante proposición de ley del doctor Maza y Artola.* La Habana, Imprenta Rambla y Bouza, 1915. *Bibliografía penal de Cuba* (1ro. de enero de 1901 a 26 de julio de 1926). La Habana, Imprenta El Siglo XX, 1926. *¿Debe preconizarse el trabajo al aire libre de los detenidos y en caso afirmativo cómo organizarlo?* La Habana, 1926. *¿Debe sustituirse la medida de seguridad al castigo o simplemente completarlos?* La Habana, 1926. *¿Hay lugar de instituir una jurisdicción criminal internacional; y en la suposición de una contestación afirmativa, cómo deberá organizarse?* La Habana, 1926. *Paulina Luisi; discurso pronunciado en la Academia de Ciencias, a las tres de la tarde del día 18 de marzo* *de 1923. Homenaje del Club Femenino de Cuba.* La Habana, Imprenta El Siglo XX, 1927. *ESEl vals de Strauss.* Ensayo dramático en un acto y en prosa. Santiago de Cuba, Imprenta de Juan E. Ravelo, 1900. Se estrenó con éxito en Santiago de Cuba. *Flores de primavera.* Comedia estrenada en el Teatro Albisu en 1914. *Un acto de conciliación.* Comedia adaptada del francés (Inédita). *Las dos aristas.* Comedia en un acto. *El sacrificio.* Comedia inédita en cuatro actos. 1915. *Obras dramáticas.* [Contiene: "El vals de Strauss"; "Las dos aristas"; "La espina"; "Flores de primavera" y "El sacrificio"] La Habana, Imprenta El Siglo XX, 1919.[756]

REYES, Leopoldo:

No se han localizado datos biográficos. Publicó un libro de poemas en Matanzas, (Cuba), y varios títulos dramáticos. Entre sus obras de teatro se localizan: *Vivir muriendo* (Drama. ,1892); *El último adiós* (Drama en un acto y en verso, representado en Matanzas en octubre de 1893); *Hasta la muerte* (Drama); *Voluntad* (Drama). *Una pasión y un deber,* Drama, 1894.[757]

REYES, Nicolás G.:

No se han localizado datos biográficos. Estrenó en La Habana un drama titulado *Gaspar el idiota* (1839); escribió también el drama, *El embajador* (1840), que quedó inédito.[758]

RIESGO, Pascual de:

España.

Natural de Cantabria, emigró a Cuba. Redactor de *La Prensa,* allí publicó varias novelas: *Conchita la habanera. Novela de costumbres* (1846), *El Sol de Zaragoza* y *La gran artista y la gran señora.* (1850) y *El Madrid de otros tiempos* (1882). Para la

escena compuso las piezas que fueron dadas a conocer en La Habana: *El retrato de la reina.* Comedia en dos actos. Habana. Imprenta de R. Oliva. 1844 y *Miedo a una alegría.* Comedia, 1867. [759] *Dos habaneras.* Piececita que se publicó en *La Prensa* (1843). *La noche de la tempestad.* Comedia en un acto. Habana. 1846.[760] Arreglo al teatro español de la comedia de Madame de Girardin: *Miedo a una alegría.*[761] Habana. Imprenta Nacional y Extranjera. 1867.

RIQUELME, Guillermo:

Cuba.

No se han localizado otros datos biográficos. Escribió para el teatro: *Las apariencias engañan. Cena y pelotera. Encerrona política. El microbio. Las carolinas por España. Los gritos de la patria.* Todas estas obras son en un acto. [762]

RIVERO Y MUÑIZ, Nicolás María:

España. Villaviciosa, Asturias 1849 - La Habana, Cuba 1919.

Primer conde de Rivero. Estudió la carrera sacerdotal en el Seminario de Oviedo; pero la abandona y se alista en las filas del pretendiente Don Carlos. Hecho prisionero, se le envió a Canarias, y posteriormente a Cuba, donde se dedica al periodismo. No sin pasar antes por toda una serie de peripecias. Fundó diversas publicaciones: *El Relámpago, El Español, El Pensamiento Español.* Trabajó en la redacción del *Diario de la Marina,* y se identificó siempre por su defensa de los intereses de España. Publicó artículos, ensayos, crónicas, libros de viajes. Es autor de un Juguete cómico titulado: *¿Donde está el padre?* 1884.[763]

ROBERT, Arturo:

Cuba.

Periodista cubano. Murió en 1912. Estrenó algunas obras: *El tribunal de Mercurio.* Zarzuela, 1880. *Este cuarto se alquila. El secreto de Juan Quiñones* (1880).[764]

ROBERT Y SAGARRA, Magín:

Cuba. Santiago de Cuba 1834 (…).

Dramaturgo, traductor, prosista. Era dueño de la hacienda San Narciso, en el partido de Río Frío en 1864, así como propietario de una tienda en la calle Rastro Viejo No. 85. Era sobrino de Juan Bautista Sagarra y Blez. En *Semanario Cubano* (1855) publicó "Baile a bordo de la Minerva" y "Baile a bordo del vapor Don Juan de Austria", en *Murmurios del Cauto* (1853), "Billetes de lotería o ensueños de fortuna.[765] Utilizó el seudónimo de Justo Eleboro. Escribió para el teatro: *La visita del bayamés.* Comedia en un acto y en prosa, Imprenta de Casañas, Santiago de Cuba, 1864. *El rico y el pobre.* Comedia de costumbres cubanas, en tres actos, 1854. También publicó la traducción de: *Carolina Debromier,* Imprenta. de Miguel A. Martínez, 1855; *Cuatro tipos. Páginas contemporáneas,* Imprenta de Miguel A. Martínez, 1855, esta última como entrega de *El Redactor.* Publicó por entregas en el *Diario de Santiago de Cuba* (1864) *Un lance de prima.* Comedia de costumbres cubanas en tres actos.[766]

ROBREÑO, Joaquín:

Puerto Rico.

Padre de los hermanos Robreño Puente, se dio a conocer como actor, director, autor y actor teatral. Trelles relaciona las siguientes obras dramáticas: *El carnaval.* Comedia. 1882. *Revista del año 1881 y 1882.* Comedia bufo lírica. *Juan Liborio.* Parodia de Juan

Tenorio. Comedia en un acto. *Maridos y mujeres.* Juguete cómico en un acto. Se clasifican como Juguete cómico en un acto: *Los poetas hambrientos. El degollado. El bandolero. La casa de tres pisos. Habana y Camagüey. Manuel García La revista de La Habana. Don Eleuterio. La novia disputada. A una, otra. Norma.* Zarzuela.[767]

ROBREÑO, José:

España.

Murió en Pinar del Río (Cuba), en 1879. Español de nacimiento. Vivió en Cuba y trabajó como actor. Consiguió que varias actrices de la península se instalaran en la isla caribeña, donde había fundado un teatro. Cuando falleció preparaba una *Historia del teatro en Cuba.* No hemos logrado determinar las posibles relaciones de este actor con José Robreño y Tort reseñado más adelante. Escribió varias obras dramáticas: *La novia de sesenta y cuatro años* (1841). *La duquesa de Marsán.* Drama, 1841. *Don Fernando.* Drama, 1841. *La nueva gracia de Dios.* Comedia, 1849. *Mujer gazmoña y marido infiel.* Comedia. *El delirio paternal.* Zarzuela, 1851.[768] *La Toma de Jolo.*[769] Composición patriótica original en un acto, Habana, 25 de julio de 1851. Censurada en MS en agosto de 1851 para el Teatro de Tacón. *Lance de las fiestas reales.* Pieza de espectáculos en un acto. Matanzas 20 de Abril de 1852. Censurada para el teatro de Tacón el 25 de septiembre de 1852.[770]

ROBREÑO PUENTE, Francisco:

Puerto Rico 1871 - 1921.

Hijo de Joaquín Robreño. Fue a La Habana a los dos años de edad con su familia, fue el único miembro que no "actuó" en un escenario. Como poeta, sus versos fueron musicalizados por Sindo Garay y Villalón. Con esta habilidad para componer versos enriqueció los cantables de las obras que escribió junto a su hermano Gustavo. No obstante, fue un gran versado de todos los secretos del arte teatral, pues trabajó como apuntador, traspunte, escenógrafo y, además, autor. Colaboró en casi todas las obras teatrales de su hermano Gustavo.[771] [772]

ROBREÑO PUENTE, Gustavo:

Cuba. Pinar del Río 1873 - La Habana 1957.

Hijo de Joaquín Robreño, actor, director y escritor teatral inédito. A la edad de cinco años debutó como actor en una compañía infantil dirigida por Justo Soret. Fue fundador del Teatro Alhambra (1900), donde trabajó como actor durante muchos años. Su repertorio de sainetes más famoso se adaptaba para ser representado en los teatros Payret y Martí. Escribió más de doscientas obras de teatro de carácter vernáculo, la mayoría de ellas en colaboración con su hermano Francisco. Entre sus títulos más célebres se cuentan *La madre de los tomates* (1899), *Toros y gallos* (1901), *El jipijapa* (1902), *El ciclón* (1906), *Napoleón* y *La emperatriz del Pilar*. La más hermosa de las obras que escribió en colaboración con su hermano fue *Tin Tan te comiste un pan*, que más tarde se tituló *El velorio de Pachencho*. Viajó a Madrid y a París. Es autor de crónicas costumbristas y de teatro, aparecidas en el *Diario de la Marina, La Discusión, La Prensa y El País Gráfico*. Publicó poemas. Utilizó el seudónimo Calabobos.[773]

ROBREÑO Y TORT, José:

España. Barcelona 1780 - Santiago de Cuba, Cuba 1838.

Fue grabador de oficio, pero sus aficiones teatrales le llevaron a debutar corno actor. Más tarde se dio a conocer como autor. De ideas liberales y muy activo en cuestiones políticas. Colaboró en la prensa de la época

Diario de Barcelona y compuso proclamas, manifiestos, pasquines, canciones revolucionarias, etc. Pasó por la cárcel en varias ocasiones. Viajó por España y América con una compañía teatral y falleció en un naufragio cuando intentaba regresar a su ciudad natal. Parte de su teatro ha sido definido como propagandista y tendencioso; pero no así el resto de su obra dramática. Títulos: *La inquisición de Balaguer destruida por las armas nacionales* (1823). *Monsieur Le-Roy*. Sainete, 1830. *El emigrado (expatriado) en su patria*. Pieza bilingüe, 1833. *Bertoldo y Bertoldino*. Comedia, 1833. *La unión o la tía Sacallona en las fiestas de Barcelona*. Pieza bilingüe, 1833. *La vuelta del faccioso*. Comedia, 1833. *Los voluntarios de Isabel II en el pueblo de Ulceda* (1833). *El gran despeñadero o El hijo del coronel*. Comedia, 1833. *La calumnia descubierta o An Batista y la Carmeta*. Pieza bilingüe, 1833. *La flauta mágica o El borrico bailarín*. Sainete, 1833. *El famoso caballero andante don Quijote de la Mancha y su escudero Sancho Panza*. Comedia, 1834. *El sargento Marco Bomba*. Sainete, 1834. *El hermano Buñol* (1836?). *Mosen Antón en las montañas de Montseny* (1842). *El alcalde Sabater*. Entremés. *Las niñeces del beato Miguel de los Santos*. Comedia. *Numancia de Catalunya o El llibre poble de Porrera*. *El padre Garnot*. Sainete. *El sarao de las patacadas o Juan y Eulalia*. *El trapense*. Sainete. *La toma de Joló*. Composición patriótica en un acto. Habana, 25 de julio de 1851. Manuscrito. *Mujer gazmoña y marido infiel*. Comedia en tres actos. *El delirio paternal*, zarzuela en dos actos. *El duende*, zarzuela, 1852.[774] etc. Algunas de sus obras fueron representadas en Santiago de Cuba, en el Teatro de La Reina.

RODRÍGUEZ AYALA, José:

No se conocen datos biográficos. Solo se sabe que nació en La Habana y dirigió *El*

Fénix de Guanajay. Escribió una leyenda en verso, titulada: *El Derecho de Pernada*. Escribió para el teatro: *El ángel de los tristes*. Drama en dos actos, representado en Guanajay.[775]

RODRÍGUEZ Y LÓPEZ, Clotilde Antonia Del Carmen:[776]

Cuba.

La Hija del Damují 1829-1881. Cienfuegos. Cuba. Hija de un ebanista. Cuando en su ciudad, no existían escuelas públicas fue la primera maestra que impartió, gratis, clases a los niños pobres. Fue poetisa. Su modestia impidió que resultase más conocida, al extremo que su libro: *Efusiones del alma* (1864) se imprimió, sin que ella lo supiera, por uno de sus antiguos estudiantes. Fue también dibujante y pintora, se distinguió como acuarelista. Al comienzo de la Guerra de los Diez Años fue la creadora de la bandera de Cienfuegos, que pintó y bordó, inspirada en los colores de la bandera francesa, símbolo desde 1789 de los ideales de Libertad, Igualdad y Fraternidad; sirvió de estandarte a las tropas cienfuegueras que se alzaron en armas el 7 de febrero de 1869, durante la primera campaña independentista de la metrópoli hispana. Cultivó el teatro. Escribió varias comedias en prosa y en verso y un drama titulado *César*. Entre las comedias, merecen especial mención: *Fe, Esperanza y Caridad*, en dos actos y tres cuadros, y *Aprieta pero no ahoga*, en dos actos. Su mejor producción de este género parece ser la comedia de costumbres cubanas y de marcado sabor local intitulada *Una noche en el campo, o El velorio de la Caridad*, considerada por los críticos como una filigrana literaria.[777] No se sabe, con certeza, si sus obras fueron representadas.

RODRÍGUEZ MARTÍNEZ DE TARDIÑA, Catalina: [778]

Cuba. Madruga, Habana, 1835? - Villaclara 1894.

Desde niña mostró afición por la poesía. Alrededor de los quince años se trasladó a La Habana con su familia; con posterioridad, su padre se estableció en Matanzas, donde Catalina recibió un premio en 1865 por su oda *Al trabajo* en los Juegos Florales del Liceo de la ciudad. En 1866 contrajo matrimonio con el botánico don Sebastián Alfredo de Morales, de ahí que pueda localizársela también bajo el nombre de Catalina Rodríguez de Morales. En 1876 partió de viaje hacia Europa. Perteneció a las secciones de literatura de las sociedades Recreo de Pueblo Nuevo y Liceo de Matanzas, de la cual fue socia de mérito. Cultivó la poesía lírica y satírica. Fue directora del periódico quincenal *El Álbum* (Matanzas, 1882). Colaboró en *La Ilustración Cubana, Cuba y América,* y *La Moda Ilustrada, de Cádiz*. Utilizó el seudónimo Yara. Como dramaturga escribió dos obras: *Hijo único. Comedia de costumbres*, en dos actos y en verso. Matanzas, Imprenta Aurora del Yumurí, 1884; la otra, hasta el momento desaparecida. También escribió zarzuelas. Sobre esta escritora la crítica ha emitido juicios favorables.[779]

RODRÍGUEZ RUBÍ, Tomás:[780]

España. Málaga 1817 - 1890.

Poeta dramático, representante de un romanticismo de transición en sus obras históricas *Isabel de Castilla y Bandera Negra,* y del nuevo costumbrismo del siglo XIX. Huérfano a los trece años, quedó bajo la protección del conde de Montijo y se ocupó de llevar el archivo de la casa. Su apellido completo era Rodríguez y Díaz Rubí. Se dedicó al periodismo (*Las Musas, El Clamor Público, El Sur, Semanario Pintoresco,* etc.) y a la política, en la línea del moderantismo. Ocupó altos cargos administrativos: ministro de Ultramar -durante unos meses-, comisario de Hacienda en La Habana, etc. Perteneció a la Real Academia Española. Colaboró en la primera gran enciclopedia que se hizo en España a mediados del siglo XIX. Publicó poesías y discursos; pero el verdadero mérito literario de Rubí radica en su obra dramática, sobrevalorada acaso en su tiempo, y hoy condenada a un injusto olvido. Dueño indiscutible de la técnica teatral, poseía una gran facilidad para la versificación y reunía dotes de observador, aunque no profundizara excesivamente en los temas. Parece que en ocasiones recurrió a seudónimos tales como: Trino Cifuentes, Jévora y Fray Tinieblas. En su teatro, que seguía en términos generales las fórmulas de Bretón, se distinguen al menos tres grupos de obras: comedias históricas, comedias de costumbres y dramas románticos.[781] Prolífico dramaturgo, de sus obras fueron representadas en Santiago de Cuba: *Bandera negra.* Drama (1844) llevado a escena, por la Compañía Dramática y Coreográfica dirigida por Vicente Sagarra y la Compañía Dramática de Argente y de Nin y Pons, en 1857; y por la Compañía de Madrid de Doña Fernanda Llanos de Bremón, en 1862. *El arte de hacer fortuna.* Comedia, (1845), Compañía de los Señores Robreño, 1850; Compañía Madrileña de Manuel Osorio, 1862. *Borrascas del corazón.* Drama (1847) por la Compañía Dramática de Doña Matilde Díez, en 1868. *La trenza de sus cabellos.* Drama 1848, por la Compañía Dramática de Doña Matilde Diez, en 1858. *Isabel la Católica.* Drama (1849), Compañía de los Señores Robreño, 1850, Compañía de Madrid de Doña Fernanda Llanos de Bremón, 1862. *La penitencia en el pecado* (Drama), en 1850, por la Compañía de los Señores Robreño. *Flor de un día y Fortuna contra Fortuna,* en 1864, por la Compañía de Torrecillas.[782] Fue representada en La Habana, *La Bruja de Lanjarón ó una boda en el infierno.* Comedia de figurón en tres actos.

ROIG Y GRAU, Jaime:

España. Catalán.

Fue cajista en 1872. Redactó un Semanario en Colón. No se han localizado otros datos biográficos. Se encontró la obra: *Los Hijos del amor.* Drama en tres actos y en verso. Habana, Imprenta Botica de Santo Domingo. 1876.[783]

ROMANI, Felix:

Italiano. ¿? - 1865.

No se han localizado otros datos biográficos. Se encontraron la obra: *Beatriz de Tenda.* Tragedia lírica en dos actos por F. Romani. Se representó en el Gran Teatro de Tacón. Habana. Imprenta de Barcina. 1849.[784] En el catálogo OPAC de Italia, se localiza el nombre de: *Romani, Felice: Beatrice di Tenda*: tragedia lirica / di Felice Romani. Napoli: Tip. dell'Omnibus, 1834.

Monografia-*Testo a stampa* [IT\ICCU\NAP\0183233].

ROMERO, José María:

España, Sevilla.

No se han localizado otros datos biográficos. Se encontraron las obras: *Por los parneses.*[785] Zarzuela en dos actos y en verso. Música de Narciso Téllez. Habana, Imprenta de Barcina, 1853. *Wilfredo II, o sea Barcelona en 1884.* Drama histórico en cuatro actos y en verso. Habana, Imprenta de Manuel Soler, 1852. *Un desengaño a tiempo.*[786] Pieza cómica en un acto y en verso. Con D. Juan Corrales. Habana. Imprenta de Barcina. 1851. *El susto de Cárdenas.* Dramita.[787]

ROMERO FAJARDO, Fernando:

No se han localizado datos biográficos. Se encontró la obra: *La Verdad antes que todo.* Cuadro dramático infantil. Matanzas, Imprenta Aurora del Yumurí, 1891.[788]

ROQUERO Y DOMINGUEZ, Juan:

Vivió entre 1825 y 1885. Debió residir en Matanzas, Cuba. Se destacó como autor festivo. No se han localizado otros datos biográficos. Escribió algunos libros de versos. En ocasiones utilizaba el seudónimo: El Vate Arrugado.[789] Escribió para el teatro: *El Efecto de un engaño.* Juguete cómico en prosa. Habana, Imprenta del Faro, 1847. *Poetas hambrientos y ajentes industriosos.* Juguete cómico en prosa y verso. Matanzas, Imprenta El Ferrocarril, 1877. *Sufrimiento y gloria.* Juguete histórico dramático. Extremadamente patriótico en dos cuadros y en versos. Matanzas, Imprenta La Nacional, 1873.[790] *La cigüeña.*[791] Comedia en un acto y en verso, 1853. *Estaba de Dios.*[792] Comedia en un acto y en verso, 1874. Se representó en abril de 1880. *La mujer voluble.* Come-

dia en un acto y en verso. Imprenta de Juan Roquero. Matanzas. 1850.[793] *Poetas hambrientos y agentes industriales.*[794] Juguete cómico en prosa y en verso. Matanzas. Imprenta *El Ferrocarril.* 1877.

ROSALES, Antonio (Águila):

Cuba.

Natural de Sagua. Hijo de Antonio Rosales y Morera. No se tienen otros datos biográficos. Se localizó el título: *El Salto atrás.* Juguete cómico.[795]

ROSALES Y MORERA, Francisco:

Cuba.

Natural de Villa Clara. Residió en Sagua. Allí dirigió el periódico *La Patria* (1915) Se distinguió como poeta festivo y gacetillero. Escribió para el teatro: *El Alojado.* Juguete cómico en un acto. Sagua La Grande. 1896.

ROSSELL, Agustín:

Médico, profesor de medicina y cirugía, socio de varias corporaciones científicas,[796] periodista y dramaturgo. Dirigió el periódico *El Redactor* en 1859 en Santiago de Cuba. No se conocen otros datos biográficos. Publicó *Elvira* o por haber ido a las ferias del Cobre. Pieza cómica lírica en un acto. Imprenta de Miguel A. Martínez, 1857. Santiago de Cuba.[797]

ROSSI, Cayetano:

Italia. Verona 1774 - 1855.

Su nombre es Rossi, Gaetano. Libretista de ópera italiano que trabajó para diversos compositores del bel canto de la época, algunos de ellos tan importantes como Gioachino Rossini, Gaetano Donizetti y Saverio Mercadante en Italia, y Giacomo

Meyerbeer en un de sus primeros éxitos italianos. Otros compositores con los que colaboró incluyen a Simon Mayr, compositor y maestro de Donizetti, así como el prolífico Giovanni Pacini. Fue autor de libretos durante unos sesenta años, período que comenzó en 1797 con farsas. Rossi escribió los textos de algunas óperas importantes para compositores de renombre. Entre aquellos textos figuran los preparados para *Tancredi y Semiramide de Rossini y Il crociato in Egitto* de Meyerbeer, así como en óperas posteriores de Donizetti, como *Maria Padilla* (coautor) y *Linda di Chamounix.* Además de su labor como libretista, también trabajó como director de escena durante un tiempo en el Teatro Filarmónico de Verona.[798] Se localizó el título: *Linda de Chamounix, o sea La gracia de Dios.* Drama lírico en tres actos. *Poesía de Cayetano Rossi.* Música del maestro Señor Cayetano Donizzeti, caballero de la legión de honor. Traducida al español por D. C. Viglietti. Habana. Imprenta de Barcina. 1847. Aparece en la Imprenta del *Diario de la Marina.* Habana. 1849.[799]

ROSSINI, G.:

1792 - 1868.

Fue publicada su ópera seria en cuatro actos *Guillermo Tell.* Música del maestro G. Rossini. Habana. Imprenta de A. M. Dávila. 1858.[800] Representada en Santiago de Cuba en 1860, por una Compañía de Ópera italiana junto con *El Barbero de Sevilla,* por la Compañía de Ópera Italiana de Miró y Úrsula Deville, 1851, Compañía de Ópera italiana, 1859 y 1860. *Cenerentola,* por una Compañía de Ópera Italiana, 1858 y Semiramis, por la Compañía de Torrecillas, 1864.[801] Ópera seria en dos actos. Publicada en La Habana. Imprenta de D. J. M. Palmer. 1836.

RUBALCAVA, Manuel Justo de:

Cuba. Santiago de Cuba 1769 - 1805.

Estudió en el Colegio de san Basilio el Magno de aquella ciudad al lado de su hermano el sabio Pbro. D. José Ángel de Rubalcava, llegando a poseer con notable perfección la lengua latina. Demostró, desde sus primeros años de escolar, decidida vocación para la poesía, y un entusiasmo poco común en su edad por las bellas artes, sobre cuyo particular así se explica su biógrafo el Sr. D. Pedro Santacilia en el estudio que precede a la segunda edición del poema *La muerte de Judas,* escrita en Santiago de Cuba el año de 1847. Rubalcava había sido también aficionado a la escultura, y a la pintura. Después de la salida del Colegio de San Basilio, decidió seguir la carrera de las armas, y logrando los cordones de cadete, pasó con el Regimiento de Cantabria a Santo Domingo, hallándose en la ocupación de Bayajá. (…) Algunos meses permaneció en su puesto como militar; pero según su biógrafo, Santacilia, pronto determinó abandonar aquella carrera, y volvió, sin que nadie lo esperase, al país de su nacimiento, escribiendo entonces la mayor parte de sus poesías. En 1793, pasó a la ciudad de Puerto Rico, donde permaneció poco más de un año, ocupándose allí principalmente en traducir a Virgilio, y componiendo otros de sus mejores versos, entre los cuales hay que citar los dedicados a su hermana y el fragmento de la égloga Riselo, Cloris y el Poeta, que juzga el citado Sr. Santacilia " digna de figurar al lado de las más bellas producciones del género bucólico". En Cuba permaneció en La Habana, y regresó a su ciudad natal, Santiago de Cuba. En 1847 preparó nueva edición, con biografía del autor, una idea general de sus poesías y el juicio del poema, el Sr. D. Pedro Santacilia. En 1848, en la misma ciudad, publicó el *Sr. Alejandro Baralt,* un cuaderno de noventa y seis páginas, con este título: *Poesías de Manuel Justo Rubalcava*, publicadas por L. A. B.[802] Su drama *La muerte de Judas* fue representado en Santiago de Cuba, en enero de 1830, por la compañía de José Bueno y su esposa María Sabatini.[803]

RUIZ, Joaquín:

Cuba.

Estrenó en 1883 un Juguete titulado: *El sacristán santo*.[804] No se han localizado otros datos biográficos.

RUIZ DE QUEVEDO, Adolfo:

España.

Residió en Vuelta Abajo. Publicó algún libro de poesía y escribió para el teatro la obra: *La sangre española o Un episodio de Vuelta Abajo*.[805] Ensayo dramático en un acto y en verso. Estrenado en La Habana en 1869.

Teatro Colonial Gibara

El incremento de las inquietudes artísticas por parte de los habitantes de la villa, llevó a los gibareños a habilitar un viejo almacén de víveres como teatro en los primeros años de la década de 1870.

S

SAAVEDRA, Ángel: [806]

España. Córdoba 1791 - Madrid 1865.

Duque de Rivas, Estudió en el Seminario de Nobles de Madrid durante once años. En 1807 fue alférez de la Guardia Real. Luchó con valentía contra las tropas napoleónicas siendo herido en la Batalla de Ontígola (1809). El General Castaños le nombró capitán de la Caballería Ligera. Obtuvo también el nombramiento de primer ayudante de Estado Mayor.

Su amistad con Manuel José Quintana le orientó hacia las artes y la participación política liberal. En 1823, Rivas fue condenando a muerte por sus creencias liberales y haber participado en el golpe de estado de Riego en 1820. Además se le confiscaron sus bienes y huyó a Inglaterra. Luego pasó a Malta en 1825 donde permaneció cinco años. En 1830 se marchó a París. Después de la muerte de Fernando VII, en 1833, regresó a España al recibir la amnistía y reclamó su herencia y su título, además en 1834 murió su hermano mayor y recayó en él por ello el título de Duque de Rivas. Dos años después fue nombrado ministro de la Gobernación. Luego emigró a Portugal por poco espacio de tiempo. A la vuelta desempeñó el papel de senador, alcalde de Madrid, embajador y ministro plenipotenciario en Nápoles y Francia, ministro del Estado, presidente del Consejo de Estado y presidente de la Real Academia Española y del Ateneo de Madrid en 1865. En la literatura, Rivas fue protagonista del romanticismo español con la obra: *Don Álvaro o la fuerza del sino*, estrenada en Madrid en 1835. Considerado el primer éxito romántico del teatro español. Sigue siendo la obra romántica, por excelencia, del teatro español. La obra se tomó más tarde como base del libreto de Francesco Maria Piave para la ópera de Verdi *La Forza del Destino* (1862).[807] Fueron representadas en Santiago de Cuba: *Mauricio el monje o El crisol de la lealtad,* drama romántico, por la Compañía de los Señores Robreño, en 1850.[808]

SACHERO, Jacobo:

No se tienen sus datos biográficos. Se localizó el título: *Corado de Altamira.* Drama lírico en tres actos. Música del maestro Federico Ricci. Traducido al español por Don Cayetano Viglietti, profesor de idioma italiano, francés e inglés. Habana. Imprenta de Barcina. 1847.[809]

SAÉNZ DÍAZ SERRA, Narciso:[810]

España. Madrid 1830 - 1877.

Más conocido como Narciso Serra. Dramaturgo y poeta español. Publicó sus primeras comedias en 1848. Inicialmente militó también en el ejército, participando en la revolución de 1854, aunque terminaría solicitando en 1859 la licencia por una "dolencia de cerebro". Mantuvo relaciones de amistad con Juan Eugenio Hartzenbusch, Julián Romea o Francisco Camprodón. Durante su juventud cultivó fama de «bohemio», «juerguista», aficionado a las mujeres y al juego, llevando «una vida donjuanesca». En noviembre de 1861 sufrió un ataque —hemiplejia o enfermedad degenerativa—que le dejó paralizada la mitad izquierda de su cuerpo y postrado en una silla de ruedas, a pesar de lo cual siguió publicando obras. Según Moreno Godino profesó «singular afecto» a la figura de la reina Isabel II. Murió sumido en la pobreza. Encuadrado dentro del género de la alta comedia, se le ha considerado un autor «injustamente olvidado», aunque gozó de prestigio y éxito durante una parte de su carrera. Colaboró con autores como Miguel Pastorfido y Salvador Granés, además de ejercer la profesión de actor, entre 1848 y 1854, y la de censor teatral, entre 1864 y 1868. Su obra dramática recibió críticas positivas de autores como Juan Valera o Francesc Miquel i Badia. Entre sus obras teatrales destacan *La boda de Quevedo, Don Tomás o El loco de la guardilla* y *La calle de la montera.* Fueron llevadas a escena, en Santiago de Cuba: *Don Tomás o El loco de la guardilla,* comedia por la Compañía lírico dramática camagüeyana, en 1866 y *El huésped del otro mundo* por la Compañía Dramática de Da. Matilde Duclós en 1867. [811]

SALADRIGAS, Manuel:

Cuba.

Autor cubano, escribió cinco piezas de teatro, pertenecientes al género "bufo". Títulos: *Los bufos de Nueva York. Del parque al vivac. La evacuación. Se salvó el gallego y La vieja.*[812]

SALAS Y THOMÁS, Miguel:

Cuba. Trinidad 1844 - 1896.

Hijo de una francesa y del malagueño Manuel Salas. Comenzó su carrera como mandadero de una compañía de zarzuela, y traspunte de José Valero. En 1868 se une a los habaneros de Pancho Fernández; pero cuando la matanza del Villanueva se encontraba en Cienfuegos. Incorporado a los bufos en México, tras el fracaso de una breve temporada, viaja a Nueva Orleáns, vende billetes, tabaco, agua de soda y mantecado, y regresa en 1876 para crear tres años después los célebres Bufos de Salas que llenarán el fin de siglo. Viajó a México de nuevo, Cayo Hueso y Madrid. Empresario del Torrecillas, trabajó en casi todos los teatros de La Habana. No fue un autor prolífico sino fundamentalmente un actor de primera clase, especializado en negritos catedráticos y en "mascavidrios" o borrachos. Comparte con Covarrubias la máxima popularidad del XIX, y su nombre es tal gancho de taquilla que a su muerte, el grupo se mantiene como Bufos de Salas, pues es el único modo de llenar los teatros. Sus dos hijos (José Miguel y Marina) continuaron con poca suerte la carrera del padre, no así su sobrino Arturo Ramírez, tenor bufo de gran éxito. De sus obras se conservan dos manuscritas.[813] Escribió para el teatro: *La duquesa de Haití*. Zarzuela bufo catedrática, 1880. *La condesa del Camarón*.[814] Segunda parte de *La duquesa de Haití*, estrenada en mayo de 1881. *El doctor Garrido*. Juguete bufo lírico, 1881. *Una almoneda de novio. Artistas para los palos*. Zarzuela. *Los brujos de África. En un día de San Juan. Garrafón en la plaza. Los hijos del general Mambrú. Trabajar para el inglés...*[815] *Beltrán*. En un acto. *Un muerto vivo*.[816] En un acto.

SALCEDO MANTILLA DE LOS RÍOS, Juan:

España.

General y escritor español, muerto en La Coruña en 1907. Tomó parte en la última guerra de Cuba y desempeñó importantes cargos, entre ellos los de gobernador militar de Tarragona y capitán general de Galicia. Estrenó en Madrid las siguientes obras: *Del presidio al trono* (1876), en colaboración con Carrillo de Albornoz; *Arrepentirse a tiempo* (1876); *La beata de Tafalla* (1876); y *Redimida* (1894). Además publicó: *Colonias españolas. Proyecto de dominación y colonización en Mindanao y Joló* (Madrid, 1894), y *Cuentos militares* (Madrid, 1895).[817] Publicó *La tisis matrimonial. Juguete cómico en un acto y en prosa*. Guanabacoa. Imprenta Revista de Almacenes. 1867.

SALOM Y ANDRACA, Diwaldo:[818]

Cuba. Matanzas 1880 - Palma de Mallorca, España 1928.

Comenzó a publicar hacia 1895. Formó parte de la vanguardia poética cubana de la primera década del siglo XX, agrupada en su mayor parte en la antología Arpas cubanas (1904). Su producción está dispersa en *Letras, El Fígaro, Cuba y América, Azul y Rojo, Bohemia* y otras publicaciones de la época. Tuvo a su cargo una de las secciones de prosa informativa del *Heraldo de Cuba*. Era abogado. A partir de 1908 ingresó en el servicio diplomático, en el que desempeñó, entre otros cargos, el de canciller de la legación cubana en Italia y el de cónsul en Palma de Mallorca. En 1923 dio a las prensas su poema antibélico *Embriaguez roja de las águilas negras*. Usó el seudónimo Conde Costra.[819] Dio al teatro algunos dramas: *San Lorenzo y Santa Inés*.[820]

SÁNCHEZ, Joaquín A.:

Cuba.

Nació en La Habana (Cuba). Murió hacia 1890. Estrenó en la capital cubana, en 1886: *La última oración*. Drama en un acto y en verso. Representado en el colegio de Belén. Habana. Imprenta La Prueba. 1886.[821]

SÁNCHEZ DE FUENTES Y PELAEZ, Eduardo:

Cuba. La Habana 1874 - 1944.

Cursó estudios en el Colegio La Gran Antilla, donde se graduó de bachiller en 1888. Estudió solfeo en el conservatorio del maestro Hubert de Blanck y con el profesor Arturo Quiñones y música con el maestro Carlos Ankermann. En 1894 se recibió de Licenciado en Leyes. A partir de 1904 fue registrador de la propiedad en Manzanillo (Oriente) y en otras ciudades del interior. Organizó en Cienfuegos los Festivales de Canciones Cubanas y en La Habana los Conciertos Típicos Cubanos efectuados en el Teatro Nacional en 1922. Ese año visitó a Méjico, donde se le rindió un homenaje por iniciativa del Consejo Cultural y Artístico. En 1929 viajó a Barcelona para presentar su poema sinfónico-coral Anacaona en los Festivales Sinfónicos Hispanoamericanos. En 1939 participó en el Congreso Internacional de Música de Nueva York. Colaboró en *El Fígaro, El País, Gaceta de Bellas Artes, Diario de la Marina, Anales de la Academia Nacional de Artes y Letras, Boletín del Archivo Nacional.* Fue crítico musical de *El Mundo* y *Revista Pro Arte Musical.* Fue vicepresidente del Club Cubano de Bellas Artes y presidente de la Academia Nacional de Artes y Letras, de su sección de Música y del Sindicato de Autores Cubanos. Recibió las Palmas, de primera clase, de la Academia Partenopea, de Roma; la Gran Cruz de la Orden de la Croce d'oro italiana; las Palmas Académicas, de Francia; la Cruz de la Orden Real de Jorge I, de Grecia; la Gran Placa de Honor y Mérito de la Cruz Roja Cubana, y otras distinciones americanas y europeas. Pronunció numerosos discursos en el Anfiteatro Nacional y la Academia Nacional de Artes y Letras, algunos de los cuales aparecen incluidos en La historia y el desenvolvimiento del arte musical en Cuba y fases de nuestra música nacional,

de Joaquín Molina y Ramos. Como creador dramático es autor de las óperas *Yumurí,* con libreto de Eugenio Sánchez de Fuentes; *Dolorosa,* idilio trágico, 1910, con libreto de Federico Uhrbach, representada con éxito en el Teatro Balbo, de Turín. *Doreya,* con libreto de Hilarión Cabrisas, premiada en el Concurso de Bracale. *El caminante.* Kabelia. Compuso además zarzuelas, operetas, música sinfónica y numerosas canciones.[822] *Il naufrago.*[823] Dranma lírico, in un acto e tre parti tratto dall"inglese e musicato. Habana. Imprenta P. Fernández y compañía. 1901; *El caballero de plata.* Opereta en tres actos. Representada en el "Martí". 1902.

SÁNCHEZ DE FUENTES Y PELAEZ, Eugenio:

España. Barcelona 1826 - La Habana 1896.

A los tres años fue llevado a Sevilla. Allí estudió filosofía y derecho. Una vez graduado de Licenciado, pasó a la Corte, donde empezó a destacarse como poeta y representó con éxito la primera versión de su *Colón y el judío errante.* En 1861 se trasladó a América como secretario del Consejo de Administración de Puerto Rico. Allí ingresó en la Magistratura. Poco después pasó a Cuba, donde desempeñó los cargos de ministro y presidente de la Sala de Audiencia de La Habana y siguió escribiendo poesías, algunas de las cuales aparecieron en el *Diario de la Marina, Revista Cubana, El Contemporáneo.* Años después de su llegada a Cuba partió hacia España, de donde regresó a La Habana. Dejó varias obras inéditas. Ha sido traducido al francés, italiano y alemán. Usó el seudónimo Un conservador. Escribió para el teatro: *Colón y el judío errante.* Fantasía dramática en dos actos y en verso. Sevilla, 1845; 2a. ed. (Refundida por su autor). La Habana, La Propaganda Literaria, 1877. Arrullos. Puerto Rico, Imprenta de González, 1870. *Triana y la Macarena.* Juguete andaluz. Madrid,

Imprenta de la Viuda de Rodríguez, 1852.[824] ¡Cuatro siglos después! Loa en un acto y en verso, escrita para el cuarto centenario de Colón. La Habana, Est. Tip. « La Especial», 1892. *Entre una mujer y Dios.*[825] Drama en tres actos y en prosa. Habana. Imprenta La Especial, 1895. Estrenado en el gran Teatro de Tacón. Fue representado con éxito. Los brillantes de Tijuco. Zarzuela en tres actos.[826] *El primo Basilio.*[827] Drama en cuatro actos y en prosa. Basada en la novela portuguesa de igual título. Estrenado en el gran Teatro de Payret, la noche del martes 1ero de enero de 1901. Habana. Imprenta P. Fernández y compañía. Matrimonios modernistas.[828] Comedia en dos actos, en prosa. 1909. [829]

SÁNCHEZ MALDONADO, Benjamín:
Cuba.

Por seudónimo Benigno S. Maldonado. No se han localizado más referencias biográficas. Escribió las piececillas teatrales: *¿Agua?* En un acto. *Burla por burla.* En un acto. *El secuestro de Adelina.* En un acto. *El secreto del criado.* En un acto. *El sueño.* En un acto. *La mona de D. Fernando.* En un acto. *Un conflicto a media noche.* En un acto. *Un cuarteto a mojicones.* En un acto. *Remolino.* En un acto. *Fatalidad.* En un acto. *El pirata.* Drama en cuatro actos. *Amor y lealtad* (1892). *Regalo de bodas* (1892). *La herencia de canuto* (1896) y *Bufos de fin de siglo* (1896). *Algo de todo.* En un acto. *A avilés me vuelvo.* Zarzuela. *El padre Jesús.* Drama en cinco actos. *El hombre de color.* Drama en cuatro actos. *La virgen de Guadalupe.* En tres actos.[830]

SANCHO, Francisco:

No se han localizado datos biográficos. Se encontró la obra: *Los Riffeños de levita.* Revista cómica semipolítica en un acto y diez cuadros en verso y prosa. Habana, Imprenta La Nueva, 1894. *De noche y a osbcuras.*[831]

Pieza cómica en un acto y en prosa. Habana, Imprenta La Moderna, 1893.

SAND, Jorge:

No se tienen datos biográficos. Se localizó el título: *El Marqués de Villamar.* Comedia en cuatro actos. Arreglada al teatro español por Ángel de Vallejo Miranda. Habana. Oficina Tipográfica de El Tiempo. 1864.[832]

SANTANA ESPINO, Felipe:
España.

Canario. No se tienen otros datos biográficos. Se localizó el título: *Rosa canaria.* Zarzuela en un acto y tres cuadros, para representar en Albisu, 1907.[833]

SANZ Y GARCÍA, Julián:
Cuba. Cienfuegos 1886.

Residió en La Habana. No se tienen otros datos biográficos. Entre sus títulos se localizan: *Dar de comer al hambriento.* Monólogo en verso. Estrenado el 30 de julio de 1905. Cienfuegos. Imprenta de R. J. Martin. 1905. Fue muy elogiado. *El abuelito.* Entremés en un acto y en prosa. Cienfuegos. Imprenta de E. Torres. 1906. *Los líos del entresuelo.* Comedia en un acto y en prosa. Cienfuegos. Imprenta de R. J. Martin.1907. *Los hermanos Quintero.* Juguete cómico en un acto y en prosa. Santa Cruz de Tenerife. Imprenta de A. J. Benitez. 1909.

SARACHAGA, Ignacio:
Cuba. La Habana 1852 - 1900.

Su nombre completo es: Ignacio Juan Claro Sarachaga y Molina. Fue bautizado en la Iglesia de Monserrate el 30 de septiembre. Poco se conoce de sus primeros años, excepto que la familia (compuesta ya por tres hijos y una hija) emigró a París en el período de los Diez Años, y allí, aprendió francés. En 1878 regresan a Cuba, y están a punto de perecer en un naufragio entre la Florida y la patria. Para ganarse la vida, Ignacio comienza en el periodismo en 1881 en *El Almendares*. Su vida llevó marcas diferentes: aparejado con el periodismo, comenzó a escribir y estrenar piezas, en tal ritmo, que rápidamente fue considerado uno de los autores más prolíferos. Se llamó el Labiche del género bufo. Sarachaga entra en contacto con Salas y su compañía. A los 27 años fue espectador del regreso de los bufos y probablemente se sintió atrapado por ese mundo de sátira y música del que jamás escapó por entero. En 1886 estrena *El teatro moral*, zarzuela con música del gran guarachero Enrique Guerrero. *El País* informa de un nuevo título: *El teatro del porvenir*, pero más nunca se habla de la obra. Entones ya había cofundado, con Casimiro Delmonte, una de las publicaciones más destacada del periodismo cultural cubano, *La Habana Elegante*, de la cual sería con el tiempo dueño y director. Estrenó las siguientes obras: *Un baile por fuera*. Pieza bufa en un acto, escrita expresamente para el beneficio del primer actor Miguel Salas y estrenada en el teatro Albisu el 29 de agosto de 1880. Fue representada en Santiago de Cuba por la Compañía Bufos de Salas en 1883,[834] *Esta noche sí* (1881). *La vuelta abajo* (1882). *El Doctor Machete* (Parodia de *El Médico a palos* de Molière, representada en el Salón Trotcha en 1888. *Un baile por dentro*; *En un cachimbo. Tres patas para un banco. Lo que pasa en la cocina*. Cuadro de costumbres en un acto, estrenada por los Bufos de Salas el 5 de julio de 1881 en el teatro Albisu. *Un maestro en Seiba Mocha. Habana y Almendares o Los efectos del baseball*. Apropósito cómico- lírico en un acto y cinco cuadros en prosa, 1892. *Los Bufos en África* (1892). *Mefistófeles*. Parodia en un acto y seis cuadros; estrenada en el teatro Irijoa, luego Teatro Martí, el 21 de enero de 1896. *Pepito Melaza. ¡Arriba con el himno! 1900.*[835] *La Padovani en Guanabacoa o yo te daré ¡Two-Step!* Juguete cómico en un acto,1900. Se le atribuyen un total de 23 títulos, entre originales y versiones, once de los cuales se consideran extraviados. Su dramaturgia muestra un autor talentoso que, tras asumir con soltura en su inicio las pautas originales del bufo, va evolucionando en diálogo con el contexto y logra responder con eficacia a las exigencias técnicas y el grado de complejidad que se plantean al teatro popular hacia fines de siglo para poder emular con la escena extranjera. Su obra es una legítima expresión de lo popular-nacional en su rechazo paródico a lo impostado y colonial; criticó los falsos valores y la hipocresía social y logró asimilar lo mejor de la tradición cómica universal en la creación de una expresión propia.[836]

SCOLA Y ROBLES, Adalio:

España. Cádiz.

Fue gacetillero de *La Aurora* en 1869 y 1871. No se tienen otros datos biográficos. Se localizó el título: *Amor de un artista*. Comedia en un acto y en verso. Habana. 1857. Manuscrito.[837] *Venganza de un calabrés*. Drama original. Se repartía por entregas en septiembre de 1867. [838] *Tempestades de la vida*.[839] Drama en cuatro actos y en versos. Habana. Imprenta La Habanera. 1859. *Amor Funesto*.[840] Drama en tres actos y en versos. Matanzas. Imprenta Aurora del Yumurí. 1869. *La expiación*.[841] Drama en tres actos y en versos. Matanzas. Imprenta Aurora del Yumurí. 1873.

SCRIBE, Augustin Eugène:

Francia. París 1791 - 1861.

Damaturgo francés. Elegido miembro de la Academia Francesa el 27 de noviembre de 1834. Hijo de un comerciante de seda, Eugène Scribe siguió estudios secundarios en el colegio Sainte-Barbe. Apasionado por el teatro, tenía apenas dieciocho años cuando compuso ya, con sus amigos Casimir Delavigne, Henri Dupin y Charles-Gaspard Delestre-Poirson, algunas piezas de teatro que pasaron inadvertiidas: *Les Dervis* (1811), *L'Auberge ou les Brigands sans le savoir* (1812), *Thibault, comte de Champagne* (1813), *Le Bachelier de Salamanque, La Pompe funèbre* (1815). En 1815, una comedia titulada *Une nuit de la garde nationale,* escrita en colaboración con Delestre-Poirson, tuvo al fin éxito y lanzó su carrera dramática, que coincidió con la Restauración. Llegó a ser uno de los autores dramáticos franceses más prolíficos de la historia y uno de los libretistas más fecundos, componiendo cerca de quinientas piezas entre comedias, vaudevilles, dramas y libretos de ópera. Durante años fue la figura dominante de la vida teatral en París, con un estreno al mes. Publicó igualmente algunas novelas que no tuvieron igual éxito que sus obras dramáticas.[842] En Santiago de Cuba, fue representado el drama, traducido al español por Francisco Calcagno: *Adriana Lecouvreur*, en 1858, por la Compañía Dramática de Doña Matilde Diez.[843]

SEGOVIA ROCABERTI, Enrique:[844]
Cuba.

Murió joven en Pinto (Madrid) en 1890. Fue redactor de *El País* y *El cronista*. Colaboró en otras muchas publicaciones. Publicó dos novelas y un libro de poemas. Dio al teatro varias producciones: *Amnistía general.* Comedia, 1881. *La alondra y el gorrión.* Comedia, 1882. *Las mejores armas.* Comedia, 1882. *La pareja de baile.* Juguete, 1884. X. Comedia, 1884. *La baronesita.* Comedia, 1885. *Los niños terribles* (1885). *La boda de mi criada.* Cuadro, 1886. *Causas crimina-les.* Juguete, 1886. *El instrumento* (1887). *El indiano.* Juguete, 1887. *El inicuo* (1887). *El judío errante,*[845] etc. *La comedia de Alarcón.* En un acto y en verso, Madrid. EST. Tip. De Ecuesta, 1879. *Cortarse la coleta.* Comedia en un acto y en verso, representada con extraordinario éxito en noviembre de 1878. Madrid. Medina. 1879. *El egoísmo.* Comedia en un acto y en verso, Madrid. EST. Tip. De Ecuesta, 1879. *Entre dos tíos.* Pasillo lírico en un acto y en verso. Madrid. Imprenta de José Rodríguez. 1879. 1879). *La galantería.* Comedia en acto y verso, Madrid. Imprenta de R. Moreno y R. Rojas, 1880.[846]

SELLÉN, Francisco:[847]
Cuba. de Cuba 1836 - La Habana 1907.

Inició sus estudios en España, a donde viajó de niño, y los continuó en la escuela del Santo Ángel a su regreso a Cuba. Colaboró en *Floresta Cubana, El Correo Habanero, El Tiempo Álbum cubano de lo bueno y lo bello, Bolsa, La Aurora, Cuba Literaria, Revista Habanera, Prensa, El Siglo, La Opinión, Revista del Pueblo, El Kaleidoscopio.* Fundó, junto a su hermano Antonio, el *Heraldo Cubano,* periódico bilingüe español-inglés. A fines de los años sesenta se vinculó a Rafael María de Mendive, Suárez y Romero, Armas y Céspedes, Zambrana, y formó parte del Partido Reformista. Conspira al iniciarse la guerra del 68. Por habérsele ocupado un depósito de armas es deportado a España. De allí se fuga en 1869 para ir a Nueva York y enrolarse en la expedición "Los cazadores de Hatuey", en la que ostentó el grado de capitán. Al fracasar este intento vuelve a Nueva York, donde, al igual que su hermano, se ocupa en el periodismo y la enseñanza. Colaboró en *Correo de la Tarde, La Familia, Aurora del Yumurí, Revista Cubana, de Cuba; El Mensajero de las Familias, Ateneo, Revista Contemporánea,* de España; *Ilustración Americana, Mundo Nuevo, Museo de las Familias, El Educador Popular y La América Ilustrada,* de Estados Unidos. Figuró en la colección poética *Arpas amigas.* En 1882 regresó a La Habana, pero pronto vuelve a Nueva York. Allí ayudó a José Martí en la fundación del Partido Revolucionario Cubano y trabajó en una compañía de seguros. Colaboró por esa época en *El País, Cuba y América* y *El Fígaro.* En 1904 se estableció en Cuba, donde fue jefe de la sección de estadística del Departamento de Hacienda. Publicó en colaboración Estudios poéticos, traducciones e imitaciones en verso. Tradujo, entre otras obras, *Intermezzo lírico,* de Heine. Nuev York. Imprenta de N. Ponce de León. 1875. *Ecos del Rhin,* colección de poesías alemanas traducidas en verso; novelas de Wilkie Collins, Robert L. Stevenson, Nataniel Hawthorne y F. Barret. Varias traducciones suyas aparecen en el libro de su hermano Antonio, *Ecos del Sena.* Antes de morir donó su biblioteca a la Biblioteca Nacional de Cuba. Usó el seudónimo Almaviva. Tradujo del poeta inglés Mathuri: *Bertram*[848] Tragedia en cinco actos de Mathurin, *El amor pintor.* Comedia en un acto, en prosa de Molière. Matanzas. Imprenta del Yumurí. S. A., *Yelba,*[849] comedia de Scribe; dramas de Zacarías Werner y F. Halm. *Camuens,*[850] Drama en un acto de F. Halm, alemán. (Seudónimo del poeta Eligio Munch. Folletines del Siglo. 1862 ó 63. *24 de febrero.*[851] Drama en un acto de Zacarías Wer. Alemán. Habana. 1864. Biblioteca del Tiempo. Escribió para el teatro: *Hatuey.* Poema dramático en cinco actos. Nueva York, A. Da Costa Gómez, editor, 1891. *Las apuestas de Zuleika.* Pieza en un acto y en prosa. *New York,* M. M. Hernández, editor, 1901. *La muerte de Demóstenes.* Tragedia. Pról. de Max Henrí-

quez Ureña. La Habana, Imprenta El Siglo XX, 1926.[852]

SIERRA, Antonio:

Cuba.

No se tienen otros datos biográficos. Se localizó el título: *¡Ángela!* Monólogo en un acto y en verso. Cárdenas (R. de Cuba). Imprenta El Comercio. 1905. *!Instantáneas!* Monólogo en un acto y en verso. Habana. Imprenta La Moderna Poesía. 1907. *El juez.* Juguete cómico en un acto y en prosa. *¡Por los astros!* Juguete cómico en un acto y en prosa. *¡Vaya un chasco!* Juguete cómico en un acto.[853]

SOJO Y LOMBA, Fermín de:

Cuba. La Habana 1867 - Sobremazas, Santander 1956.

Sus padres, comerciantes y emigrantes en Cuba, regresaron a España cuando Fermín era aún muy pequeño. En sus años de estudiante en Valladolid se dio a conocer como literato. Ingresó en la carrera militar, y, tras pasar por la Academia de Ingenieros de Guadalajara, participó en la guerra de Cuba y viajó por distintos países europeos. Llegó a Santander donde fue testigo de la explosión del vapor "Cabo Machichaco" y la desgracia que asoló a la ciudad. Luego se desplazó a Cuba participando en las campañas coloniales. En 1902 regresó a España instalándose en Madrid donde inicia su carrera de escritor que amplía cuando regresa a Cantabria en 1912, sobre todo recogiendo documentación para sus trabajos históricos sobre Trasmiera.[854] Escribió biografías y estudios relacionados con la historia de su región. Dejó inédito un volumen con sus memorias. En su juventud compuso una pieza teatral de escaso valor: *Los bandidos de Cabarga.*[855]

SOL, Manuel del:

Cuba. La Habana 1824 - 1854.

Publicó algunos libros de poesía. Es autor de una comedia titulada: *Un desengaño a tiempo.* Comedia en un acto y en verso, Matanzas, 1849. [856]

SOLANO DE ENTRALGO, Francisco:

No se han localizado datos biográficos. Se encontró la obra: *José y José o una mujer como hay pocas.* Pieza cómica en un acto traducida del francés. Habana. 1858. Manuscrito. [857]

SOLES, Pedro José:

No se han localizado datos biográficos. Se encontró la obra: *Debilidades humanas.* Comedia en dos actos. 1853.[858]

SOLER Y GAEARDA, Gerónimo R.:

No se han localizado datos biográficos. Se encontró la obra: *El Bombero.* Drama de costumbres en un acto y en verso. Habana, Imprenta del Directorio, 1877. Dedicado al Instituto de Bomberos del Comercio No. 1 de la ciudad de La Habana, enero de 1877.[859]

SOLERA, Temistocle:

Italia. Ferrara 1815 - Milán 1878.

Escribió los libretos de algunas de las primeras óperas de Giuseppe Verdi. También compuso algunas óperas y fue empresario teatral, concretamente en el teatro Real de Madrid a partir de 1851. No se han localizado otros datos biográficos. Se encontró la obra: *Nabuconodosor.* Drama lírico en cuatro partes. Música del maestro Señor José Verdi. Habana. Imprenta de Barcina. 1847 y 1848.[860] Escribió: *Atila, drama lírico en un prólogo* y tres actos; con música de Giusepe Verdi; representada en Santiago de Cuba, en 1851, por la Compañía de Ópera Italiana de Miró y Úrsula Deville; y en 1884 por la Compañía de Bufos Habaneros. [861]

SOLÓRZANO Y CORREOSO, Antonio:

Cuba. Santiago de Cuba 1819 - ¿?

De su vida se conoce muy poco. Hijo de Fernando Solórzano (Cartes) y Antonia Josefa Correoso (Santiago de Cuba). Fruto de este matrimonio nacen cuatro hijos: una hembra y tres varones. Antonio Solórzano fue bautizado con el nombre de Antonio Mamerto José Solórzano y Correoso. La revisión de sus poesías (autobiográficas) permitió conformar algunos datos. De clase media baja; todo indica que el padre ejerció una fuerte influencia en la educación y la convicción del escritor. Dos aspectos marcaron su personalidad: su transcendentalismo monárquico español y su filiación al catolicismo. Cursó estudios en el seminario de San Basilio Magno, donde recibió una marcada educación religiosa. A instancias de su amigo, Antonio María Lorié, publicó poemas en *El Redactor* en la sección "Remitido", que luego se agruparon en dos tomos de un libro titulado *Flores de Cuba.*[862] Otro dato de gran importancia se encuentra en el poema "dedicado al eminente Sr. Don Carlos Carrión de Villars, por la pronta y radical curación que me hiciera de las cataratas en los ojos".[863] Treinta y dos de sus poemas reflejan un profundo respeto y admiración por la religión católica, se aprecia su devoción y el temor de incumplir con los mandamientos de Dios. Su obra poética no solo trata el asunto religioso, sino que aborda temas moralizantes, con un carácter didáctico, educativo, al igual que sus obras de teatro. En distintas composiciones poéticas refleja su pensamiento monárquico y su amor a Cuba. A. S y C publica su primer poema, que sale a la luz pública el 2 de enero de 1846, en *EL Redactor*, a partir de este momento y con la ayuda de M. A. Mariño, se hace una costumbre publicar cada cierto tiempo (una vez al mes) un poema suyo en la sección de "Poesía" o "Remitido", hasta que se convierte en un ferviente colaborador. Fue su editor en el 1852. Solórzano culminó su labor como jefe de editor en el año 1855, quedando la huella del joven escritor que ya contaba con la publicación de algunas obras. Su labor renovadora dentro de la estructura del periódico fue altamente meritoria. El 8 de julio de 1856, aparece en el periódico, un poema que anuncia su partida de la Isla. El último dato encontrado que nos revela un indicio de su vida fue un poema en *El Diario Redactor*, en la sección de "Comunicado" el 19 de mayo de 1859, por el sentido fallecimiento de su cuñada Sra. Da. María de la Concepción Andrades de Rabetos, el mismo fue enviado a la Habana un día antes de su publicación y remite pensar su reencuentro con su esposa y su visión desde tierras lejanas. Este autor – hasta donde ha podido investigarse – permaneció alejado de la vida política de la ciudad y del país; pero por sus poemas, ensayos y consideraciones sobre la historia y personalidades españolas, hemos considerado su ideología de filiación monárquica.[864] Dejó un buen número de obras teatrales: *El conde don Enrique o la víctima del amor*. Drama dividido en tres actos y en prosa. Puerto Príncipe. Imprenta del Gobierno. 1847; La Habana. Imprenta *El Iris*. 1857. Don Fernando en el siglo XIV. Drama en cuatro actos y en versos, (1848). *Don Pedro de Castilla*, Drama en cinco actos y en versos. Santiago de Cuba. Imprenta de R. Sociedad Económica.1852. *Don Pedro de Castilla o la víctima del amor*.[865] Drama en cinco actos. Santiago de Cuba. Imprenta de la Vda. de Espinal. 1855. *El triunfo de la virtud o la lealtad de una esposa*. Drama en un acto y en verso. Habana. Imprenta La Cubana.1857. *El sacrificio y la víctima*. Drama histórico en tres actos y en versos. Habana. Imprenta del

Vapor. 1858. *El Arturo*. Drama en un acto y en verso. Habana. Imprenta del Vapor. 1858. *Esposa, virgen y mártir*. Drama (1859). *El duque de Clermont*, Drama (1860).[866]

SORET VÁZQUEZ, Justo:

Cuba.

Murió en 1886. Se destacó como músico.[867] No se conocen otros datos biográficos. Se han encontrado: *Un matrimonio en Baracoa*. Zarzuela, 1880 y *A la romería*. Zarzuela.[868]

SORONDO, Mario:

Cuba. Matanzas.

No se tienen sus datos biográficos. Trelles relaciona: *Locura repentina*. Juguete cómico en un acto y en prosa. Habana. Imprenta The Speranto Student. Rutherford, N. J. 1909. *Lidia en el convento*. 1910. *Sangre guajira. El billete de navidad. Un error policíaco. El indulto de María. El naufragio del Republic. El concurso del molino. La trata de blancas. El suceso del bosque. El desconsuelo de consuelo.* 1913.[869]

STRAKOSCH, Maurice:[870]

Checoslovaquia. Groß Seelowitz 15 de enero de 1825 - París, 9 de octubre de 1887.

Fue un pianista, compositor y empresario teatral estadounidense de origen checo. Estudió en Viena y fue profesor de Adelina Patti, que era hermana política suya. En 1845 se trasladó a los Estados Unidos y consiguió buenos éxitos como concertista y profesor. Posteriormente fue empresario de teatros e introdujo las obras de los grandes compositores en toda América. Entre sus obras figura la ópera *Giovanna di Napoli* y numerosas composiciones para piano.[871] En Santiago de Cuba fue representada la ópera *Sardanápa-*

lo, por la compañía de los Señores Robreño, en 1850.[872]

SUÁREZ INCLÁN, Nicolás:

No se han localizado datos biográficos. Se encontró la obra: *Exposición.* Zarzuela en un acto y en verso, con cuatro cuadros. Música de Ignacio Cervantes. Habana, Tipografía Teniente Rey 23. 1889

SUÑER, Luis:

Cuba. La Habana 1832 - Florencia 1909.

Nació en La Habana; pero vivió y publicó, en Italia;[873] al extremo que italianizó su nombre por Luigi Suñer. Sus obras, tanto manuscritas como publicadas, se encuentran en la Biblioteca de Florencia. Entre ellas, pueden citarse: *Il gentiluomini speculatori.* Comedia, 1859. *Spinte o sponte.* Comedia,1860. *U'n stretta di manu e nn cartoccio di confelti.* Escena, 1861. *I legittimisti in Italia.* Comedia, 1862. *I.'ozlo.* Comedia, 1863. *Lontan dagli occhi lontan dal cuore, proverbio in un atto,* 1864. *Lira piaga sociale.* Comedia,1865. *Ogni lasciata e persa.*[874] Comedia en cinco actos en prosa. Estrenada en el carnaval de 1865 al 66. Milán. 1868. *Un Ic e di Licurgo.* 1869. *Le amiche.* Comedia, 1871. *Amor ch'a nllo anrati arrrar perdona.* Comedia, 1872. *La gratitude.* Comedia, 1871. *In momento d'ohlio.* Comedia, 1873.[875] *Un barbaro dell' eleganza.* Comedia en cinco actos, estrenada el 15 de mayo de 1889. Roma. 1889. [876]

SUZARTE, Florentino:

Cuba. La Habana 1849 - 1886.

Estrenó en 1880 una obra titulada: *A orillas del precipicio.*[877]

T

TAMAYO, José:

Pocos datos biográficos se han encontrado sobre este autor. Rine Leal consigna que José Tamayo fue descubierto por Pancho Fernández y que vino a Santiago de Cuba al frente de los Tipos Provinciales. *En Las Artes en Santiago de Cuba,* Laureano Fuentes, relata, era Tamayo "poeta y músico por naturaleza, con felices disposiciones al arte y verdadero apasionado de los artistas, fue el primero que escribió parodias de óperas en la Isla de Cuba. La primera fue la de la *Traviatta*; estrenada en Cuba en agosto de 1879. Después escribió las del *Trovador, y la Mascota*; fueron tan aplaudidas como las muchas y originales guarachas que ha compuesto."[878] Se sabe que realizó 17 parodias basadas en las óperas italianas de Giuseppe Verdi (1813-1901);[879] entre ellas: *Caneca*[880] *(El Trovador),* y *Jorobeta (Rigoletto).* Su versión de la novela de Alejandro Dumas (hijo): *La Traviata o La Dama de la Camelias* fue llevada a escena bajo el nombre de *La Traviata o Morena de las Clavellinas* (1879) parodia bufo catedrática, compuesta en un acto y en prosa.

TAMAYO Y BAUS, Manuel:[881]

España 1829 - 1898.

Dramaturgo español. Inició su carrera teatral estrenando una adaptación de *Genoveva de Brabante,* de Anicet Bourgeois, y en 1847 adaptó al castellano *La doncella de Orleans,* de Friedrich Schiller, con e título de Juana de Arco. A partir de entonces vivió dedicado al teatro, desarrollando una producción de inspiración romántica en una primera etapa y de signo realista y moralizante en la segunda, de la que destaca *Un drama nuevo* (1867), su obra maestra. *El fracaso de su drama Los hombres de bien* (1870) le indujo a centrar su vida en otras actividades: oficial del Ministerio de Gobernación, jefe de la biblioteca del Instituto de San Isidro, secretario de la Real Academia Española (1874) y director de la Biblioteca Nacional (1884) y del cuerpo de archiveros.[882] Fueron representadas en Santiago de Cuba: *La Bola de nieve*, drama en tres actos; en 1861 por la Compañía Madrileña de Manuel Osorio; *La Locura de amor*, drama, en 1862 por la Compañía de Madrid de Doña Fernanda Llanos de Bremón; *El Hijo del Regimiento*, en 1866, por la Compañía lírico dramática camagüeyana.[883]

TATAY, José María:

No se tienen datos biográficos. Se encontró la obra: *La Mano de Dios o Román el enmascarado*. Drama, en tres actos y en verso. Habana, 1902.

TAVIRA, Pedro de:

No se han encontrado datos biográficos. Estrenó en La Habana la obra: *El libertino sin fe*. Juguete, 1887.[884]

TEJERA Y CALZADO, Diego Vicente:[885]

Cuba. Santiago de Cuba 1848 - La Habana 1903.

En 1862 abandonó el Seminario San Basilio el Magno para concluir sus estudios primarios en la Escuela Preparatoria. En 1864 ingresó en el Instituto de Segunda Enseñanza de su ciudad natal. En 1865 fue a Ponce, Puerto Rico, para reunirse con su familia. Un año después, su padre lo envió a Estados Unidos. En 1867 viajó a París, donde se relacionó con los emigrados españoles y participó en actividades conspirativas. Visitó Londres, Bélgica y Alemania. Al llegar a España, comprometido en una revolución contra Isabel II, se encontró con que el movimiento había sido sofocado. En 1868 regresó a Puerto Rico, donde se dedicó a la agrimensura. Para librarlo de persecuciones por sus manifestaciones de simpatía hacia la revolución de Lares, su padre lo envió a Venezuela. Allí se graduó de Bachiller en Artes y comenzó la carrera de medicina, que dejó inconclusa. Fue encarcelado por su participación como combatiente contra la revuelta de Guzmán Blanco. Regresó a Puerto Rico en 1870. Para alejarlo de la guerra emancipadora cubana, su padre lo envió a Barcelona para que continuara sus estudios de medicina. Allí se inició en las actividades masónicas. Fundó el semanario *La Abeja Recreativa* y colaboró en *El Ramillete*. Se trasladó a Nueva York, donde dirigió el periódico *La Verdad*, órgano de la Junta Revolucionaria. Después viajó a París y, tras el Pacto del Zanjón, a Estados Unidos y a México, donde colaboró en *El Ferrocarril* y en *Revista Veracruzana*. En 1879 regresó a Cuba. Fundó *El Almendares* y la *Revista Habanera*. Colaboró en *El Triunfo*, *La Habana Elegante*, *El Porvenir*, *Revista de Cuba*, *El Tábano*, *El Fígaro* y otras publicaciones. Apareció incluido en la antología *Arpas amigas*. En 1885 su nombramiento como director de la revista *La Ilustración Cubana*, de Barcelona, fue cancelado por considerársele separatista. Residió tres años en Nueva York, donde conoció a José Martí y colaboró en *La América*. Como secretario particular del presidente hondureño Marco Aurelio Soto viajó a París. Allí fundó la revista *América* en París y fue jefe de las oficinas del cubano Emilio Terry, con quien hizo un viaje a Cienfuegos. En 1893 viajó a Puerto Rico y al año siguiente regresó a La Habana. Partió hacia Estados Unidos, donde hizo propaganda revolucionaria en Nueva York y Cayo Hueso. Durante la ocupación norteamericana regresó a Cuba, donde editó el periódico *La Victoria* y dirigió *Patria*. En 1899 fundó el Partido Socialista Cubano. Al año siguiente viajó a París y a Estados Unidos. En 1901 fundó el Partido Popular, que fue derrotado en las elecciones. Escribió para el teatro: *La muerte de Plácido*. Cuadro dramático. New York, Imprenta de N. Ponce de León, 1875.[886]

TERRADAS LAFUENTE, Enrique:

España.

Escribía en el *Diario de la Marina* en 1903. No se han localizado otros datos biográficos. Se encontró la obra: *Una Sesión de espiritismo*. Juguete en un acto y en prosa. Habana, La Propaganda Literaria, 1875.

TEURBE TOLÓN Y DE LA GUARDIA, Miguel:[887]

Cuba. Matanzas 1820 - 1857.

Estudió en una escuela pública de su ciudad natal y con un grupo de profesores particulares. Aprendió latinidad, retórica, ciencias naturales y filosofía. Estudió además francés, inglés e italiano. Colaboró en *Aguinaldo Matancero* y en *La Aurora del Yumurí*, periódico del que llegó a ser redactor jefe. Fundó *La Guirnalda*, que fue suprimida por el gobierno español. Fue intérprete oficial de la Real Hacienda y profesor de historia, filosofía, inglés, esgrima y retórica. Explicó Filosofía Natural en la Sociedad Filarmónica de Matanzas. En un cenáculo de esa ciudad dio a conocer su Curso de literatura, que no llegó a publicar. Dio clases de literatura en la Escuela Auxiliar de la Universidad de la Habana. En 1848 fue nombrado socio facultativo del Liceo Artístico y Literario de La Habana. Colaboró en *La Prensa*, *El Faro Industrial*, *Flores del Siglo*, *Diario de Avisos*, *La Floresta Cubana*, *La Piragua*, *Brisas de Cuba*, *El Duende*. Se vio obligado a emigrar a Estados Unidos, en 1848, por sus ideas independentistas. En Nueva York se dedicó al magisterio y asumió la secretaría de la Junta Cubana Anexionista. Trabajó en los proyectos expedicionarios de Narciso López. Fue secretario de la Legación de la República de Costa Rica en Washington. En Estados Unidos editó *El Tiple Cubano* y *El Tiple Libre*. Fue redactor jefe de *La Verdad*, dirigió *El Cubano*, *El Papagayo* y *El Cometa*. Tuvo a su cargo la sección hispanoamericana del *Herald*, de Nueva York. La mayoría de sus poemas escritos en inglés aparecieron en *Waverley Magazine*, de Boston. *La antología El laúd del desterrado* (1858) recoge algunas de sus poesías. Tradujo del inglés la *Historia de los Estados Unidos* de Emma Williard, y *El sentido común*, de Tomás Payne. Ya enfermo, regresó a Cuba en agosto de 1857, tras la anulación de la condena de muerte que sobre él pesaba. Usó los seudónimos Lola, La Lola filibustera, Tello Rubio Montegú, Alfonso de Torquemada. Sus obras teatrales *Un casorio* y *Una noticia*. Comedia en un acto, en verso. Matanzas, 1847[888], fueron representadas en Matanzas. Escribió, además: *¡A Yumurí!*. Pieza en dos actos. 1847.[889] *Ojo al Cristo que es de plata*. Imitación del francés. Piececita.[890]

TOLÓN, José Francisco:

Cuba.

No se han encontrado otros datos biográficos. Estrenó en Matanzas: *Don Serapio, el billetero* (1887).[891]

TORRES Y FERIA, Manuel:

Cuba. La Habana 1833 - 1892.

En 1850, siguiendo su vocación eclesiástica, integró el Seminario de San Carlos. En 1853 ingresó en la Universidad de la Habana, donde, al parecer, no terminó su carrera. De nuevo en el Seminario, estudió filosofía con el Dr. Zambrana y teología con Fray Mateo Andreu. Por esos años colaboró en diversas publicaciones periódicas. En 1857 recibió la ordenación eclesiástica. Al año siguiente entró como miembro en la Real Sociedad Económica de Amigos del País. Ejerció el sacerdocio en la iglesia de Jesús del Monte, en La Habana. Es autor de *La buena escuela,* libro de máximas en verso, que fue declarado obra de texto en 1882. Al morir dejó inéditas varias novelas y dos tomos de versos que, según Calcagno, estaban en vías de publicación. Usó el seudónimo Serafín de la Flor. Como dramaturgo, escribió para el teatro: *La elección de un novio; o, Juzgar por las apariencias.* Juguete cómico en un acto y en verso. La Habana. Publicado en 1857 por Serafín de la Flor, y reformado posteriormente. La Habana, Imprenta La Prueba, 1883. *El padrino inesperado.* Comedia en un acto por Serafín de la Flor. La Habana, Imprenta El Telégrafo, 1860. Comedia en dos actos y en verso, arreglada de un juguete cómico en un acto que el año de 1857 escribió el mismo autor. M. T. bajo el seudónimo de Serafín de la Flor. La Habana, Imprenta La Prueba, 1882. *El Drama del mundo.* Drama en tres actos y es verso. La Habana, Imprenta La Prueba, 1881. Estrenada en el teatro Albisu. *Azares de la vida.* Drama en tres actos y en verso. La Habana, Imprenta La Prueba, 1882. *Miserias humanas.* Comedia en tres actos y en verso, original de M. T. La Habana, Imprenta La Prueba, 1883. *El corazón en la mano.* Comedia en cuatro actos y en verso, por M. T. La Habana, Imprenta la Prueba, 1884. *Mi pasado y mi presente. La mujer frágil.* Ensayo para una zarzuela en un acto. Imprenta La Prueba, 1884. Habana. Obras literarias. T. 1. Obras dramáticas. La Habana, La Prueba, 1887.[892]

TORRE Y SOLA, Enrique de la:

No se han localizado datos biográficos. Se encontró la obra: *Un Taco del día.* Juguete cómico en acto y en verso. Matanzas, Imprenta El Ferrocarril, 1877. [893]

TORROELLA Y ROMAGUERA, Alfredo:

Cuba. La Habana 1845 Guanabacoa - Habana 1879.

Estudió en el Colegio San Cristóbal y en la Universidad de la Habana. Inició su labor literaria, como traductor del francés, en *El Liceo.* Colaboró en *Cuba Literaria; Rigoletto, El Correo Habanero, Camafeos, La Revista del Pueblo, Liceo de La Habana;* codirigió *Ensayos Literarios;* fue gacetillero de *La Prensa* y *El Siglo* y director de *La Luz,* de Regla (Habana). En el Teatro de Tacón estrenó su obra *Careta sobre careta* (1866). Asistió asiduamente a las tertulias de Nicolás Azcárate y perteneció a la sección literaria del Liceo de Guanabacoa. Ejerció el magisterio. Relacionado con el movimiento independentista, tuvo que trasladarse en 1868 a Mérida, y luego a Ciudad México. Allí conoció a José Martí. Colaboró en *El Renacimiento* y *El Federalista,* de México, y en *La América,* de Nueva York. En 1870 estrenó su Drama *El mulato,* en la capital mexicana. Trabajó como vista de aduanas y al mismo tiempo realizó actividades a favor de la causa mambisa. Enfermó, regresó definitivamente a Cuba en 1878. Dejó inédita su obra de teatro *El cajón de la sorpresa.* Firmó algunos trabajos con la inicial de su nombre. Escribió para el teatro: *Amor y pobreza.* Drama en tres actos y en verso, estrenado con extraordinario éxito en el Gran Teatro de Tacón la noche del 9 de junio de 1864. La Habana, Imprenta La Antilla, 1864. *Laureles de oro.* Comedia en tres actos, representada en agosto. La Habana, 1867. *El ensayo de Don Juan Tenorio.* Descarrilamiento cómico escrito expresamente para esta compañía y estrenado en el teatro de Variedades el 30 de junio de 1868. La Habana, Litografía e Imprenta del Comercio, 1868. *Un minué.* Disparate catedrático en un acto, escrito expresamente para los bufos habaneros, en un rato desocupado por A. T. (Estrenada en el Teatro de Variedades, el 28 de agosto de 1868). La Habana, Imprenta del Comercio, 1868. *El mulato.* Drama social en tres actos y en prosa. México, Tipografía de N. Chávez, 1870. *El istmo de Suez.*[894] Proverbio en prosa. Estrenado en el gran Teatro Nacional de México.[895]

TUÑÓN Y CAÑEDO, Telesforo:

No se tienen sus datos biográficos. Estrenó en La Habana la obra: *Un abrazo de la suegra y un mimo de la mujer.* Pieza cómica en un acto, en prosa y verso. Habana. 1858. Manuscrito. (1858). [896]

TURLA Y DENNIS, Leopoldo:

Cuba. La Habana 1818 - Nueva Orleans EE.UU. 1877.

Desde muy joven comenzó a escribir. Colaboró en *La Flor de Mayo, El Jardín Romántico, El Colibrí, Miscelánea de útil y agradable recreo, Faro Industrial de La Habana, La Prensa, Flores del Siglo, El Artista, El Álbum Cubano, Revista de La Habana. Conspirador* en La Habana, supo de una orden de detención en su contra y se marchó a Estados Unidos antes de ser arrestado. Allí hizo amistad con Narciso López, con quien probablemente se enroló en la expedición a Cuba en 1851. En Nueva Orleans ejerció el magisterio. Su precaria situación económica movió a Cirilo Villaverde y a Francisco Calcagno a hacer una suscripción en su favor. Durante la guerra iniciada en 1868 colaboró con Francisco Vicente Aguilera e hizo propaganda por la causa inde-

pendentista. Colaboró en Publicaciones de la Sociedad Democrática de *Amigos de América* y en *Ilustración Americana.* Junto a Heredia, Zenea, Teurbe Tolón, Quintero, Castellón y Santacilia aparece en la compilación de versos patrióticos *El laúd del desterrado.* En colaboración con Ramón Zambrana publicó *Novena de la madre del amor hermoso.* Algunas de sus composiciones fueron traducidas al inglés bajo el título *Whirlwinds of the tropics* (Ráfagas del Trópico 1842). Usó el seudónimo *Un quidam.* Escribió para la escena: *El condestable de Castilla, El infante.*[897] Drama caballeresco, apareció en el periódico *La Aurora* el 18 de mayo de 1841. *El padre Jarauta en la Habana.* Comedia en un acto, escrita en pocas horas por Un Quidam. La Habana, Imprenta de Barcina, 1848.[898]

TRIAY, José E.:

España. Cádiz 1844 - Madrid 1907.

Fue discípulo de Eduardo Benot.[899] En 1852 marchó a Cuba para trabajar como cajista en un periódico. Posteriormente pasó a ser redactor. Dirigió en la isla varias publicaciones. Se destacó como poeta y prosista. Escribió versos, leyendas, etc. Dio al teatro más de cuarenta obras; entre otras: *El lazo de unión.* Loa en un acto y tres cuadros. Habana, *La Propaganda Literaria,* 1873. Cervantes. Loa en un acto y cuatro cuadros. La Habana. *La Propaganda Literaria,* 1877. En conmemoración del aniversario 261 de la muerte de Cervantes, y estrenada el 23 de abril de 1877. *El bandido de Londres.*[900] Drama. *La cola del pato.* Juguete cómico. *La hija del aire.* Comedia. *Jesús María y José.* Juguete cómico. *El mono de don Tomás.* Juguete cómico. *Los miserables.* Drama con "El Conde Kostia". *El pabellón nacional.* Comedia dramática. *¿Quién es el muerto?* Juguete cómico. *La señora no está en casa.* Juguete cómico. *La vuelta de Andrés.* Episodio dramático en un acto. Habana, Imprenta La Constancia, 1896.[901] *Iris de paz.*[902] Fantasía dramática en un acto y en verso. 2a. ed. Habana, Imprenta *La Propaganda Literaria*, 1878. Estrenada en el gran Teatro de Tacón, la noche del 20 de junio de 1878. *Cleopatra*. Zarzuela cómica en tres actos y en verso, junto con Augusto E. Madan García, Matanzas, 1881. *A las puertas de la gloria*. Loa en un acto y dos cuadros, 1892).[903] *Giroflé y Giroflá*. Opereta Bufa en tres actos. Escrita en francés por Alberto Vauloo y Eugenio Leterrier. Música de C. Lecocq. Habana. Imprenta La Propaganda Literaria, 1876.

TRUJILLO Y ARMAS, José:

Cuba.

Poeta. Natural de Güines. No se han encontrado otros datos biográficos. Se encontró la obra: *Una escena en Güines*. Drama.

TRUJILLO MARÍN, Lorenzo:

Cuba.

No se han encontrado otros datos biográficos. Se localizó la obra: *El 17 de mayo*. Apropósito dramático en un acto, en prosa y en verso. Habana Imprenta de A. Álvarez y Compañía, 1893. Estrenada en La Habana con gran éxito el 16 de mayo de 1891.[904] *Amor campestre*. Juguete cómico campestre. 1890.

TUÑÓN Y CAÑEDO, Telesforo:

No se han encontrado sus datos biográficos. Estrenó en La Habana la obra: *Un abrazo de la suegra y un mimo de la mujer* (1858).[905]

TURLA Y DENIS, Leopoldo:

Cuba. La Habana 1817 - Nueva Orleáns, EE.UU. 1877.

Hermano del poeta Angel Turla, casi desde niño emprendió su colaboración en la pren-

sa cubana. Fue desterrado por O' Donnell a Luisiana a causa de sus actividades políticas. Se dedicó a labores docentes y destacó como poeta de corte melancólico. Llevó a la escena varias obras dramáticas: *El condestable de Castilla*. Drama, 1839. *El infante*, 1841. *El padre Jarauta* (1848), etc.[906]

Teatro Tomás Terry

Inaugurado el 12 de febrero de 1890 en ciudad de Cienfuegos.

U

UGARTE Y GARRIGA, Lucas Arcadio de:

Cuba. La Habana 1807 - 1868.

Estudió en la Universidad de La Habana. Se graduó de Licenciado en Derecho civil y ocupó diversos empleos. Fue siete años empleado del Ayuntamiento, de la Beneficencia y Maternidad; de la Sección de agricultura de la Sociedad Económica, de la cual fue también presidente, de la Comisión de instrucción primaria, 1856, coinspector de los talleres de artes y oficios del barrio de Santa Teresa, 1866 y del Liceo en el que diversas veces representó como aficionado, y en el cual se hicieron sus dos comedias. Como escritor colaboró en casi todos los periódicos de su época, manejando la sátira con dulzura y sensatez. En 1836 cooperó en *Flores de Mayo*, de Zambrana. Con el seudónimo Arcadio, apoyó *El Mosaico,* periódico literario de 1841; después en 1848, en *El Artista, Revista Habanera* y otros. En *Flores de Mayo* publicó su primer ensayo dramático: El artículo y los autos. Comedia de costumbres en dos actos y en verso. Habana, Imprenta del Gobierno y Capitanía General, 1839; representada en 1889; y *Dos para tres.* Comedia en un acto. Habana. Imprenta Barcina.[907] Se localizaron, además, los títulos: *Gallos y barajas.* Comedia, 1841. Fanny Esler. Comedia, 1841.[908]

ULLOA DELMOS, Miguel:

Cuba.

Poeta y dramaturgo. Nació en Santiago de Cuba el 20 de abril de 1846 (…). Sus padres eran oriundos de Baracoa. Vivió en el destierro en México.[909] Publicó el libro: *Poesías con prólogo* de Ignacio M. Altamirano. México, 1884. Contiene varios sonetos y décimas. Obtuvo con "A Toluca. Oda", el Primer Premio del Certamen Literario de la Primera Exposición en la capital del Estado de México, en 1884. Escribió para el teatro: *Abismos de la pasión.* Drama representado en México, donde residió a partir de 1868. Engañar con la verdad. Comedia en tres actos en verso. Habana, Imprenta La Industrial, 1880. Estrenada con éxito en el gran Teatro Tacón, el 22 de mayo de 1879.[910] *Entre la muerte y la vida.* Drama en tres actos en verso. Habana, Imprenta del Avisador Comercial, 1881.[911] *El Fruto de la deshonra.* Drama en tres actos y en prosa. Habana, Imprenta del Avisador Comercial, 1881. Representado por primera vez con extraordinario éxito en el Teatro Payret, la noche del 23 de septiembre de 1881.[912] *Volverse la tortilla.*[913] Zarzuela cómica en un acto y en verso. Música de los Señores José y M. Mauri. Estrenada en el teatro de Cervantes. Tuvo cuatro ediciones. 3a. y 4ta. ed. Habana, Imprenta La Iberia, 1880.[914] *La Urraca ladrona.* Ópera semiseria en dos actos. Habana, Imprenta de Barcina, 1849. Se representó en el teatro de Tacón. *Las alas de la muerte.*[915] Drama fantástico, en un acto, en verso. *La causa de las mujeres.* Poema dramático en tres cuadros y en verso. *La Marquesita.* Zarzuela bufa en dos actos, en prosa y en verso. *El regalo de bodas.* Comedia en dos actos, en prosa. *La Flor silvestre.* Zarzuela seria en un acto, en verso.[916]

UN AFICIONADO:

Un chasco. Juguete cómico en un acto y en verso. Habana, Impr. de B. May, 1856.

UN INGENIO QUE NO ES DE AZÚCAR:

En la manigua. Comedia en un acto y en verso. La Habana, Impr. del Tiempo, 1870.[917]

URZAIS Y ARRITOLA, Fernando:

Cuba. La Habana 1837 - 1899.

Escritor. A los doce años fue enviado a estudiar a Burdeos. Se graduó de cirujano dentista en la Universidad de La Habana. Dio a conocer algunos de sus poemas en lecturas en el Liceo de Guanabacoa (Habana), del que fue nombrado secretario en 1867. Fundó *La Tertulia, La Crónica de la Villa* y *La Vida.* Colaboró en diversas publicaciones periódicas, como *Camafeos, La Revista del Pueblo, El Revoltoso, El Siglo, Aurora del Yumurí, El Cádiz, Aguinaldo Habanero, El Triunfo, Revista de Cuba, La Razón, El Hogar.* Fundó *La Tertulia, La Crónica de la Villa* y *Las Niñas.* Entre sus colaboraciones en *La Aurora* se cuentan novelas y traducciones. Dirigió *El Álbum,* de Guanabacoa, y la Biblioteca infantil de enseñanza, educación y recreo, que al parecer no pasó del primer tomo. Figuró en la colección de artículos costumbristas *Tipos y costumbres de la Isla de Cuba* (1881). Usó el seudónimo Úrsulo Fernández. Escribió Poemitas infantiles y produjo para la escena: *La prosa de la vejez.* Juguete lírico en un acto y en verso. Representado por primera vez en el Liceo de Guanabacoa. La Habana, Imprenta La Antillana, 1866. *Venganza contra venganza.* Drama en tres actos y en verso. La Habana, Imprenta La Antillana, 1866. *El hacer bien nunca se pierde.* Proverbio. Guanabacoa (Habana), Imprenta Revista de Almacenes, 1872. *Nubes en el cielo azul.* Comedia en dos actos y en verso. Guanabacoa, Imprenta Revista de Almacenes, 1882.[918]

UTEZA, Antonio:

No se han localizado datos biográficos. Posiblemente cubano por el lugar de estreno de sus obras: La Habana y Matanzas donde fueron representadas: *El honor y el patriotismo.* Drama, 1822. *El amor, la verdad, la justicia,* 1834.[919]

Teatro Martí

El 8 de junio de 1884 fue inaugurado por su constructor, Ricardo Irijoa, cuyo apellido llevó inicialmente el inmueble.

V

VALDÉS, Antonio José:

Cuba. Matanzas ? - 1780 México,? 1850.

Desamparado y carente de recursos económicos, pasó muchas dificultades en su juventud. En cuanto a su educación es posible que la primera enseñanza la cursara en la Casa de Maternidad y Beneficencia, donde suponen los historiadores que nació, y después fuera un autodidacta. Si no recibió instrucción superior, él puso suficiente empeño en superarse. Adquirió el conocimiento de varias lenguas y una cultura que le permitió escribir obras de texto. Estudió en La Habana. Trabajó en una platería y como dependiente de comercio.[920] En 1803 abrió en La Habana una escuela de primeras letras. Tres años después, la Sociedad Patriótica le entregó un premio de trescientos pesos por su labor en el magisterio. Colaboró en el *Papel Periódico*. A fines de 1808 o principios de 1809 se trasladó a México, donde fundó una escuela. De regreso en La Habana en 1812, estableció la Imprenta La Cena y comenzó a publicar el periódico del mismo nombre. El presbítero José Agustín Caballero y Domingo de Mendoza, catedrático del Real Seminario de San Carlos, le ayudaron en la revisión de su *Historia de la Isla de Cuba,* primera obra de su género publicada en la isla. En 1815 pasó a Argentina, donde fundó *El Censor,* órgano de la política del Cabildo y de la Junta de Observación. Alrededor de 1821 se trasladó a México, donde Iturbide lo nombró secretario de la provincia de Nueva Galicia (después

Estado de Jalisco). En 1822 fue nombrado impresor de cámara del Emperador, puesto que desempeñó hasta la caída del Imperio. Fue editor del periódico *La Águila Mexicana*. Con otros cubanos independentistas que formaron la Junta Promotora de la Libertad Cubana, firmó en 1825 el Acta de la Junta Cubana de México y la Representación dirigida al Congreso Mexicano por los patriotas cubanos. Participó en la formación del Censo de México de 1831. Su obra *Principios generales de la lengua castellana* fue la primera gramática publicada en Cuba, También se le atribuye un *Tratado de geografía*, aunque Trelles pone en duda su publicación. Publicó para el teatro: *En tierra extraña*. (Segunda parte de *La Suegra futura*). Comedia en un acto, Habana, Imprenta De M. Alcántara, 1876.[921]

VALDÉS, Jacinto:

Cuba.

Obrero de profesión, publicó un libro de versos, y compuso una comedia: *Una vieja del día*. Pieza en un acto y en verso. Habana. Imprenta del Tiempo.1865.[922]

VALDÉS, Rafael Antonio:

No se tienen referencias biográficas. Se encontró la obra: *Oponerse por sistema*. Comedia en un acto y en verso. Santa Clara. Imprenta de Jesús Quiñones, 1889.

VALDÉS, José Sebastián:

No se han localizado datos biográficos. Estrenó en La Habana (Cuba) una pieza titulada: *La recompensa del arrepentimiento*. Pieza cómica, 1847.[923]

VALDÉS, Ramón Francisco:

Cuba. La Habana 1810 - 1866.

A los once años se graduó de Bachiller en Filosofía en el Real Seminario de San Car-

los. Estudió jurisprudencia con José A. Govantes, Constitución con Nicolás Escovedo
y Economía con el presbítero Justo Vélez.
Antes de cumplir los quince años se graduó
de Bachiller en Leyes; y gracias a una real
dispensa, de Doctor en Derecho Civil en la
Real Universidad. Posteriormente ocupó
varias cátedras en esta institución. Ejerció la
abogacía durante treinta y seis años. Trabajó como redactor del *Diario de Gobierno*. A
partir de 1835 fue miembro de la Sociedad
Económica de Amigos del País, en la que
desempeñó numerosos cargos. Poco después se trasladó a Madrid, donde perteneció
a diversas corporaciones y fue propuesto,
aunque no elegido, para diputado a Cortes.
Estrenó su drama *Cora en Madrid* (julio de
1841) y Pascual Bruno,[924] drama en cinco actos, representado en La Habana en febrero
de 1843. Se refiere a la historia novelesca del
bandido italiano Pascual Bruno. (Febrero de
1843). De 1845 a 1854 vivió en México, donde fue secretario de gobierno, magistrado de
la Corte Suprema, ministro del Tribunal de
Guerra. Debido a la revolución no llegó a
desempeñar el cargo de cónsul de México en
Estados Unidos, para el que había sido designado. En 1856 sus Elementos de declamación, fueron premiados con medalla de oro
por el Liceo de La Habana. En 1858 prologó
las *Obras escogidas de Tomás Romay*. Es autor de diversos trabajos sobre jurisprudencia
(Aforismos de jurisprudencia criminal española, 1843; *Diccionario de jurisprudencia
criminal mexicana*, 1850; *Manual del crimi-
nalista*, 1855, *Manual del procurador*, 1861,
etcétera). Fue director del Ateneo Cubano.
Colaboró en *Cuba Literaria* y en *La Experiencia*. Dejó para el teatro: *Altea*. Drama,
1842. Comedia *Sustos y apuros*.[925] Capricho
cómico en un acto. La Habana. *El doncel*.
Drama caballeresco en cuatro actos y en verso. La Habana, Imprenta de D. José S. Boloña [1838?]. *Cora*. Drama histórico original
en cuatro actos y en verso. Madrid, Imprenta

de Sánchiz, 1839; La Habana, *Barcina*, 1841;
1848. Ginebra. Drama original en cinco actos, en prosa. Madrid. Imprenta de Sánchiz,
1839. *Leonor; o, El pirata*. Drama en cinco
jornadas. La Habana, Imprenta de Barcina, 1841. Doña Sol.[926] Drama caballeresco
en cinco jornadas en versos. México. 1847.
Habana. Imprenta de Barcina. 1856. México. 1852, Tipografía de Rafael. Dedicado a
Isabel II. Enrico. Drama histórico en cinco
actos [La Habana, 1856?]. En 1858 fue prohibido *Ivanhoe; o, La judía*. Drama en cinco
actos y en prosa.[927] *Querer más de cuenta*.
Comedia en un acto, en verso, escrita para el
Ateneo Cubano. La Habana, Imprenta de la
Vda. de Barcina, 1865.[928]

VALDÉS CODINA, Leopoldo:

Cuba. La Habana 1868.

Escritor de finales del siglo XIX y comienzos del XX, dio a la Imprenta varias novelas
y algunas piezas teatrales. Compuso para
los escenarios: *Se solicita un novio,* Juguete
cómico en un acto y en prosa, 1897, Habana, Imprenta Las Guásimas, 1905. Estrenada en el teatro de Irijoa, el 27 de octubre de
1897. *Las mujeres de fin de siglo*. Semizar-
zuela cómica en un acto y cinco cuadros, en
verso, escrita en 1897. Habana. Imprenta
Las Guásimas. 1905. ¡Hay que racionalizar!
Habana, Imprenta El Magisterio. 1910.[929]

VALDÉS CODINA, Moisés:

Cuba.

Nació en Cienfuegos en 1870. Dirigió *El
Constitucional*. Habana.1893. Fue redactor
del *Álbum del Hogar* en 1896. Escribió *El
sueño de un madrileño*. Pasillo cómico-líri-
co-fantástico-bailable, en un acto, dividido
en seis cuadros.[930]

VALDÉS MACHUCA, Ignacio:

Cuba. La Habana 1792 - 1851.

En 1820 se graduó de Bachiller en Derecho. Años más tarde obtuvo la Licenciatura en Derecho en la Universidad de la Habana. Fundó y dirigió el semanario humorístico El *Mosquito* y la revista *La Lira de Apolo*. Colaboró en el *Diario del Gobierno de La Habana, Diario Constitucional de La Habana, El Indicador Constitucional, El Americano Libre, El Revisor Político y Literario, Diario de La Habana, La Cartera Cubana*. Fue redactor de *La Moda*. Gran animador cultural, tuvo en su casa una academia literaria, centro de reunión de destacados hombres de letras. Amigo de Plácido (sed. de Gabriel de la Concepción Valdés), lo asesoró literariamente, al igual que a Francisco Pobeda y Armenteros. Junto a Del Monte patrocinó la colecta para liberar al poeta esclavo Juan Francisco Manzano, quien le dedicó su tragedia *Zafira*. En unión de Francisco Iturrondo realizó la compilación *Aureola poética al señor D. Francisco Martínez de la Rosa*. La Habana, 1834.[931] Ese mismo año colaboró en la Corona fúnebre a la indeleble memoria del escelentísimo e ilustrísimo señor doctor D. Juan José Díaz de Espada y Landa, publicada por José Toribio de Arazoza. Fue académico de número de la Academia Cubana de Literatura. Pese a haber gozado de cierta popularidad, murió en el olvido. Usó los seudónimos Desval y El redactor. Firmó también con la inicial de su primer apellido. Escribió *Canción constitucional leída en las plazas públicas* [s.l.], 1820. Poesías constitucionales. La Habana, Oficina del Gobierno Constitucional, 1820. Certamen poético. La Habana, Palmer [1820?]. Proclama. La Habana, Imprenta de Boloña [1820?]. *Diálogo entre Teresa y Faldoni*. Por Desval . La Habana, Imprenta del Comercio, 1822. *Cantatas*. La Habana, Imprenta de D. José Severino Boloña, impresor de la Real Marina, 1829.

A la juventud. Por V (sed.) La Habana, Imprenta del Gobierno [1829?]. *Tres días en Santiago*. Por *Desval*. La Habana, Imprenta de D. José Boloña [1829?]. Escribió para el teatro: *La muerte de Adonis*. Drama. La Habana, Imprenta de Don Pedro N. Palmer [1819?]. *El correntón burlado*. Sainete provincial. La Habana, Imprenta Terán, 1831.[932]

VALDÉS PITA, Manuel:

No se han localizado datos biográficos. Se encontró la obra: *Paz, cuadro cubano de actualidad*. Habana. Imprenta de Xiqués. 1898.

VALDÉS RAMÍREZ, Francisco:

Cuba. La Habana 1838.

Estudió primero en el seminario de su ciudad natal y luego leyes en la Universidad de Oviedo, para pasar de nuevo al seminario, pero al final abandonó sus estudios para dedicarse a la literatura. Promovió los bufos habaneros y compuso gran número de comedias, danzas y canciones populares, entre éstas: *Las feas; Los ñáñigos; Calabaza amarilla; La joven moribunda; El negro bueno; Guatequeando*; etc.[933] *Petra o Una mulata de rumba*. Monólogo escrito en verso, 1882.[934] *La Habana a telón corrido*. En un acto. *No hay miel sin hiel*. En un acto. *El que nace barrigón*. Parodia en un acto. *Una mulata de rumbo*. Monólogo.[935]

VALDIVIA, Aniceto:

Cuba. Sancti Spiritus, Las Villas 1857 - La Habana 1927.

Cursó el bachillerato en el Instituto Cuba, de Santiago de Cuba. A los catorce años se trasladó con su madre a España. Siguió estudios en la Universidad de Santiago de Compostela y en la de Madrid, donde obtuvo en 1881 el título de Licenciado en Leyes. Tuvo buena acogida en el mundo literario matritense. Colaboró en *El Globo, El Pabe-*

llón *Nacional, Madrid Cómico, Los Lunes de El imparcial.* En enero de 1880 leyó en Madrid su drama en tres actos y en verso, Senda de abrojos. Estrenó en el Teatro Alhambra, en abril de 1882, La ley suprema, y en el Teatro Apolo, La muralla de hielo. Aceptó un cargo administrativo en Puerto Rico, pero poco después lo abandonó. De nuevo en Cuba, Ricardo del Monte lo introdujo en *El País.* Relacionado con Casal, los hermanos Uhrbach y Juana Borrero, desarrolló una gran actividad cultural en La Habana. Trabó íntima amistad con Rubén Darío en las visitas que éste realizara a Cuba. Dirigió *El Palenque Literario.* Colaboró en *La Lucha, La Habana Elegante, El Fígaro, El Triunfo, Revista Cubana, El Hogar.* Fue sometido a juicio y encarcelado por "graves ofensas a la Madre Patria". Al estallar la guerra en 1895 emigró a México, donde fundó el periódico *El imparcial.* Poco después se radicó en Nueva York hasta el advenimiento de la República (1902). Fue ministro de Cuba en Noruega y en Brasil. Haakon VII de Noruega lo condecoró con la Gran Cruz de San Olaf. Por esta época colaboró en *Letras, Cuba y América, Heraldo de Cuba, El Mundo, Diario de la Marina, Gráfico, Social.* Era académico de número de la Sección de Literatura de la Academia Nacional de Artes y Letras. Escribió en colaboración las comedias *Expropiación forzosa* y *La institutriz,* la primera con Eduardo Lustanó y la segunda con Eduardo Navarro González. Tradujo *El grupo de los idilios, La leyenda de los siglos* y Poemas, de Víctor Hugo; Esmaltes y Camafeos, de Teófilo Gautier; Ruiseñora, de Catulle Mendés y el libro Traducción en verso castellano de Yámbicos y de Lázaro, de Augusto Barbier. Usó los seudónimos: Conde Kostia, Kond Kostya y VLDV. Nos dejó para la escena: *La ley suprema.* Drama en tres actos y en verso. Estrenado en el Teatro Alhambra el 10 de abril de 1882. Madrid, Imprenta de

P. Abienzo, 1882. *La Muralla de hielo,* en tres actos y en verso. Estrenado en el Teatro Apolo. Madrid. Escribió una zarzuela en tres actos, inédita.[936] Trelles relaciona las siguientes obras: *Expropiación forzosa.* Comedia en dos actos y en versos, escrita en colaboración con Eduardo Lustañó. Se estrenó en el Teatro Lara. *Yo pecador.* Comedia. *Lo de siempre.* Drama en dos actos. *La institutriz.* Comedia en tres actos. Escrita con Eduardo Navarro González.[937]

VALERIO, Juan Francisco:

Cuba. La Habana ¿1829? - Regla, La Habana 1878.

Colaboró en *El Rocío, Misifuz, Aguinaldo Habanero.* Fue redactor de *El Siglo, La Serenata, La Sombra* y *El Alacrán.* De este último semanario fue director, así como de otros periódicos burlescos. En 1869, durante la representación de su obra *Perro huevero aunque le quemen el hocico* en el Teatro Villanueva, los Voluntarios de La Habana respondieron con insultos a algunos pasajes que consideraron solidarios con la revolución, iniciada el año anterior, y dispararon contra el público, que les había contestado con vivas a Céspedes. Usó los seudónimos Alacrán, Guruyuz, Narciso, *Narciso Valor y Fe.*[938] Como dramaturgo llevó a escena: *Perro huevero aunque le quemen el hocico.* Cuadro de costumbres cubanas en un acto y en prosa, La Habana, Imprenta La Intrépida, 1868; La Habana, Imprenta El Profesorado de Cuba [s.a]. [939]

VALLADARES DE SOTOMAYOR, Antonio:

España. Rianjo, La Coruña 1737 - Madrid 1820.

Poeta, periodista y autor dramático español. Es autor de obras de teatro, de la novela *La Leandra* (1797-1807), de obras históricas (*Vida interior de Felipe II,* 1788; Fragmentos históricos de la vida de José Patiño, 1796) y de las *Tertulias de invierno en Chinchón* (1815), interesante documento de la época.⁹⁴⁰ *El trapero de Madrid*, en 1850 por la Compañía de los Señores Robreño; Los amantes de Cinchón (coautor), por la Compañía de los Señores Robreño en ese mismo año y Las travesuras de Juana, por la Compañía de Madrid de Doña Fernanda Llanos de Bremón, en 1862.⁹⁴¹

VALLE COSTA, Adrián del:⁹⁴²

España. Barcelona 1872 - La Habana 1945.

Narrador, historiador, periodista, traductor y bibliotecario. Después de haberse iniciado en el periodismo en Barcelona y de haber recorrido varios países europeos, llegó a La Habana en enero de 1895. Pocos días después, tras el inicio de nuestra Guerra de Independencia, comenzó a solidarizarse con la causa de los cubanos y estableció contactos con algunos revolucionarios de la capital. Imposibilitado de unirse a los mambises, marchó a Nueva York, donde fundó el periódico *El Rebelde* para contribuir a la causa emancipadora. Tras la terminación de la contienda retornó a La Habana y fundó el órgano de tendencia libertaria *El Nuevo Ideal*, que duró dos años. Después ingresó como redactor en la revista *Cuba y América* y en el periódico *El Mundo* escribió la sección "Momentáneas", así como en *La Nación* el espacio "La Historia al Día". También fue redactor del periódico *El Tiempo* y de la revista *ProVida*, la cual dirigió, y ocupó el cargo de Secretario de Redacción de la *Revista Bimestre Cubana*. Dirigió la revista quincenal anticlerical *El Audaz*, que se imprimió en 1912 y 1913. Colaboró en *Social, La Última Hora, Rumbos Nuevos, La Reforma Social* y *Heraldo de Cuba*. Durante muchos años ocupó el cargo de estacionario de la biblioteca de la Sociedad Económica de Amigos del País, donde realizó una meritoria labor. Confeccionó y prologó la *antología Parnaso Cubano* (Barcelona, 1908). Manifestó preocupación por los problemas sociales, durante largo tiempo militó en el anarquismo y fue además un ardiente defensor del naturismo. Junto con Rafael Montoro escribió *El Compendio de la Historia de la Sociedad Económica de Amigos del País de La Habana* (1930). Tradujo *Cuba a pluma y lápiz*, de Samuel Hazard, y, en colaboración con Fernando Ortiz, *Cuba antes de Colón*, de M. R. Harrington. Empleó los seudónimos Palmiro de Lidia, Fructifidor e Hindus Fakir. Su ensayo "La función social del trabajo" obtuvo primer premio en el concurso de la revista *Cúspide* (Melena del Sur) celebrado en 1937. Escribió para la escena: *Fin de fiesta*. Cuadro dramático, Nueva York, 1898.

VARELA ZEQUEIRA, Eduardo: ⁹⁴³

Cuba. Nuevitas, Camagüey 1860 - La Habana 1918.

Inició sus estudios en su pueblo natal y los continuó en el Instituto de Camagüey. Estudió telegrafía mientras trabajaba en los ferrocarriles. A fines de 1884 se trasladó a La Habana. Hermano de José (médico y publicista cubano) con quien colaboró en *Los bandidos de Cuba* (1891) y *La policía de La Habana* (1895). Ingresó en la redacción de *La Discusión*. Más tarde se destacó en *El Cubano* y *La Lucha* por sus reportajes sobre crímenes y bandolerismo. Durante la guerra de independencia iniciada en 1895, unido a las tropas de

Antonio Maceo y Máximo Gómez como reportero de *La Discusión,* reseñó la marcha de Oriente a Occidente. Tras el asalto a ese diario por los voluntarios, se trasladó a Camagüey, y se incorporó al Ejército Libertador, en el que alcanzó el grado de teniente coronel. Al terminar la guerra trabajó de nuevo en *La Discusión,* y más tarde, como jefe de información, en *El Mundo.* Colaboró en *El Fígaro, Heraldo de Cuba* y *La Nación.* Estrenó la obra *Expiación.* Drama en un prólogo y tres actos, escrito expresamente para la talentosa actriz cubana Luisa Martínez Casado. Estrenado con gran éxito en el Teatro Nacional de La Habana ,por la Compañía Burón Casado, la noche del 10 de agosto de 1907. La Habana, Imprenta de Rambla y Bouza, 1907. *Hogar y patria,* 1908 y la comedia *La reconquista,* en tres actos, mayo de 1910. En colaboración con Arturo Mora publicó *Los bandidos de Cuba,* con un prefacio de Enrique José Varona.[944]

VARONA Y PERA, Enrique José:[945]

Cuba. Puerto Príncipe 1849 - La Habana, 1933.

Cursó la primera enseñanza en La Habana y en Camagüey. En 1860 comienza a aprender idiomas. Andando el tiempo llegará a dominar el griego, el latín, el francés, el italiano, el inglés y el alemán. De 1862 a 1866 cursó la segunda enseñanza en las Escuelas Pías de Camagüey. En 1867 su "Oda con motivo de la muerte de Gaspar Betancourt Cisneros" fue premiada en los primeros juegos florales por el Liceo de Puerto Príncipe. Ese mismo año inicia sus colaboraciones literarias en *El Fanal,* de esa ciudad. En 1868 es elegido para la directiva de la Sección de Literatura y Ciencias de la Sociedad Popular de Santa Cecilia, de Puerto Príncipe. Ese mismo año, al estallar la guerra por la liberación, se incorpora al campo de batalla; pero poco después regresa al hogar por motivos de salud. En 1870 tomó una actitud contraria a la independencia. Figuró en la colección poética Arpas amigas (1879). Colaboró en *Almanaque cómico, político y literario de Juan Palomo, El Palenque Literario, La Nueva Era, La Lucha, Revista de Cuba, El Trunco.* Ofreció conferencias en el Nuevo Liceo de La Habana, *La Caridad del Cerro* y la *Sociedad Antropológica,* de la cual fue presidente. En 1884 es elegido diputado a Cortes por el Partido Liberal Autonomista en representación de su provincia natal. En Madrid se entrevista con el ministro de Ultramar y queda decepcionado del futuro colonial de Cuba. En 1885 regresa a La Habana, y al año siguiente se retira del Partido Autonomista. De 1885 a 1895 dirigió la *Revista Cubana.* Colaboró en *La Lucha, La Semana, El País, El Libre Pensamiento, La Habana Elegante, La Ilustración Cubana, El Cubano, El Fígaro.* En 1891 obtuvo el título de bachiller en el Instituto de Matanzas y en 1892 y 1893, respectivamente, los de Licenciado y Doctor en Filosofía y Letras en la Universidad de La Habana. En diciembre de 1894 envió a la Academia de Ciencias el discurso La psicología como ciencia experimental. Por esta época se destaca como defensor del movimiento feminista. Al estallar la guerra en 1895, se trasladó a Nueva York, donde, al morir José Martí, asumió la dirección del periódico *Patria.* En el Steinway Hall, de esa ciudad, pronunció en 1896 las conferencias tituladas "El fracaso colonial de España." Al año siguiente, un discurso suyo apareció en el libro *Propaganda cubana.* Por la independencia (New York, Imprenta de A. W. Howes, 1897). Colaboró en *La République Cubaine,* revista que dirigía *Betances en París.* En 1898 regresó a Cuba, donde dirigió por poco tiempo el nuevo Patria. Durante la intervención norteamericana fue secretario de Hacienda y de Instrucción Pública y Bellas Artes. Desde este último cargo emprendió la modernización de la enseñanza mediante el llamado "Plan Varona". En 1900 toma posesión de la cátedra de Lógica, Psicología, Ética y Sociología en la Universidad de La Habana. Poemas suyos aparecieron en la recopilación Arpas cubanas (1904). Pronunció en esta institución una conferencia titulada *El imperialismo a la luz de la sociología* (1905). En el Partido Conservador Nacional ocupó los cargos de vicepresidente (1907) y de presidente (1912). En el Ateneo de La Habana pronunció un discurso sobre el capital extranjero (1911). Colaboró en *Cuba y América, Cuba, La Escuela Moderna, Cuba Pedagógica, Diario de la Marina, El Tiempo, Cuba Contemporánea, Azul y Rosa, La Novela Cubana, Gráfico, Heraldo de Cuba, Social, El Mundo* y en publicaciones extranjeras, como *Repertorio Americano*, de Costa Rica, e *Hispanoamérica*, de Honduras. Formó parte del consejo de redacción de la *Revista de la Facultad de Letras y Ciencias*. En 1912 lanza un «Manifiesto electoral» y es elegido vicepresidente de la República. En 1917 renuncia a su cátedra universitaria. Al año siguiente es nombrado catedrático honorario de la Universidad de La Habana. En 1921 pronuncia en la Academia de Ciencias su discurso sobre El imperialismo yanqui en Cuba. Colaboró en *Revista Bimestre Cubana, Carteles, Revista de Avance, Archipiélago, Revista de Oriente*. Fue presidente de honor de la Academia de la Historia y miembro de la Academia Nacional de Artes y Letras, que publicó los Discursos de recepción del académico de número de la Sección de Literatura Sr. Dr. Enrique José Varona y de contestación del Sr. Aniceto Valdivia (La Habana, Imprenta Avisador Comercial, 1915). La juventud universitaria lo reconoció públicamente

como su maestro, por la digna actitud cívica que hasta la muerte mantuvo contra la dictadura de Gerardo Machado, y que se tradujo en hechos como la firma del manifiesto contra las proyectadas reformas constitucionales de Machado (1927) y la protesta por la suspensión del homenaje a Rafael Trejo (1930). En colaboración con Manuel Sanguily y Justo de Lara (sed. de José de Armas y Cárdenas), publicó *Monumento a Manuel de la Cruz en el Paseo de Martí* (La Habana, 1918). Prologó diversos libros, entre ellos *Sombras eternas* (La Habana, Imprenta El Siglo XX, 1919), de Raimundo Cabrera, y las Poesías (La Habana, 1920), de Luisa Pérez de Zambrana. Ha sido traducido al inglés, francés, italiano. Usó los seudónimos Un cervantista jubilado, El estudiante curioso, Filógenes, M. G., Luis del Valle. Como dramaturgo escribió: *La hija pródiga*. Alegoría dramática. Puerto Príncipe. Imprenta de El Fanal, 1870.[946]

VARONA Y PERA, Adolfo:

Cuba. Camagüey 1839 - Lakewood, Estados Unidos 1888.

A los siete años fue llevado por su padre a Francia, donde completó la primera y segunda enseñanzas. Trasladado a Estados Unidos, se graduó de médico en la Universidad de Filadelfia en 1858. Regresó a Cuba por breve tiempo para revalidar su título en la Universidad de la Habana. Marchó después a Alemania e Inglaterra con el fin de ampliar sus estudios. Tras obtener nuevamente el título en la Universidad de Edimburgo, regresó a Puerto Príncipe, donde ejerció su profesión y representó con éxito algunas de sus piezas teatrales. Fundó y redactó *El Occidente* y colaboró en *Bandera de la Homeopatía*. En 1868 participó en la labor separatista en Camagüey como secretario de la Junta Revolucionaria. Lo detuvieron las autoridades, antes de marchar a la manigua, y fue condenado a muerte. Quedó en libertad por la amnistía del general Dulce y se unió a las fuerzas insurrectas como ayudante del general Quesada. Más tarde, en la manigua, ocupó el cargo de jefe superior de Sanidad. En enero de 1870 abandonó la isla junto a su antiguo jefe, cuando éste fue depuesto. Vivió hasta su muerte en Estados Unidos, donde ejerció la medicina, publicó trabajos científicos y ocupó puestos docentes en hospitales y colegios médicos. Fue un destacado orador revolucionario. Como dramaturgo escribió: *Más vale pájaro en mano...* Proverbio cómico-lírico, en prosa y verso. Puerto Príncipe, Imprenta El Camagüey, setiembre de 1866. *Diana al tambor mayor.* Proverbio. Puerto Príncipe, Imprenta El Camagüey.[947]

VASSEUR, Inés:

Cuba. Camagüey 1853 - (México)1878.

Nació en Puerto Príncipe el 15 de diciembre de 1853. Pianista distinguida y precoz a los seis años tocó en la Sociedad Filarmónica de Villa Clara, y fue coronada en una ovación pública por la Directiva, en cuya ocasión le dedicó una poesía. Allí comenzó sus estudios generales, pero su padre la separó de ellos para dedicarse por entero a la música, y con tal afán la emprendió que ya en 1868 se le calificaba de artista; en ese año se despertó su afición a la literatura, y fue su debut una composición que contra su voluntad se publicó en el periódico con el seudónimo de Elisa de Aconi, anagrama de Inés Leocadia, en el 69 escribió un Juguete político, *La causa de tu dolor*, que se publicó en *La Esperanza*, de Veracruz, y fue reproducido en otros de México, allí también se publicó su poemita lleno de sentimiento y verdad: *A mi padre en la prisión*. Su colección de cartas Epístolas a mi

hermana América, apareció en el mismo periódico. Salió de Cuba en 1870, se dedicó en Veracruz a enseñar ramos primarios y música, y fue varias veces nombrada sinodal y examinadora de escuelas municipales, sin dejar el cultivo de la música clásica. El profesor alemán Carlos Hut, declaró que, como repentista, no había quien la igualara. En el 72 escribió su novelita en cartas, *Raquel y Matilde*, inédita. Minó su salud el excesivo trabajo a que el ostracismo la obligaba, y pasó a Orizaba, donde una de sus mejores composiciones *Adiós a Orizaba*, que se repitió en varios periódicos. "Nosotros creemos, dijo La Caridad de Puebla, que la Srita. Inés Vasseur llegará a ser una preciosa joya de la literatura americana." Se trasladó a Puebla donde se casó en septiembre de 1878 con el acaudalado D. Adolfo Arrioja. Tuvo dos hijos. La distinta posición permitía ahora a la pobre emigrada cultivar los ramos de su predilección; pero corto tiempo pudo hacerlo, pues murió en dicha ciudad de Puebla el 20 de Septiembre de 1878. Fue en prosa y verso llorada por la prensa mejicana. "Escritora muy diestra, decía uno de sus órganos, profesora inteligente, hábil pianista, amante hija, buena esposa, madre modelo, todo esto era la bella Inés, no obstante su juventud, pues solo contaba 25 años de edad. Cuba ha perdido en Inés una de sus más bellas esperanzas, y Puebla debe estar orgullosa de conservar en su seno los restos preciosos de la poetisa camagüeyana." *La Revista, de Cuba,* dijo "fue mucha su modestia; así es que nada publicó voluntariamente, habiendo dejado inédita a su muerte una novela titulada: *Raquel y Matilde*." Entre sus poesías debernos recomendar las tituladas *La salve* y *a mi madre*.[948] Estrenó un Juguete titulado: *La causa de tu dolor*.[949] Juguete poético. La esperanza. Veracruz. 1869. (1869).[950]

VEGA, Ventura de la:

Argentina. Buenos Aires 1807 - Madrid 1865. (nacionalizado español).

Escritor español. Llegado a España a los 11 años, fue compañero de estudios de Espronceda y discípulo de Alberto Lista. Participó con Espronceda en la sociedad «Los numantinos» y compartió posturas políticas progresistas. Fue profesor de Isabel II y director del Teatro Español. Su producción poética (Obras poéticas, 1866) y dramática se inscribe en la tradición dieciochesca más que en el romanticismo. Entre su producción teatral destacan la comedia *El hombre de mundo* (1845) y dramas históricos, como *Don Fernando de Antequera* (1847), *La muerte de César* (1865) y *La muerte de Curro Cejas* (1866).[951] Se llevaron a escena en Santiago de Cuba: *El Gastrónomo sin dinero o Un día en Vista Alegre*, comedia en un acto arreglada al teatro español por Ventura de la Vega; realizó la traducción del francés de *El duque de Roquelaure o El hombre más feo de Francia* y de Jorge Butler o *El huérfano y el asesino*, drama romántico escrito en francés por Buchardy, ambos representados por la Compañía de los Señores Robreño, 1850; *La cisterna encantada,* zarzuela en tres actos; *El estreno de un artista,* zarzuela en un acto; *Jugar con fuego,* zarzuela en tres actos, con Francisco Asenjo Barbieri; presentado por la Compañía de Zarzuela Ventura Mur, en 1855; *El Héroe por fuerza*, arreglada al teatro español por Ventura de la Vega, en 1855; *La Escuela de las Coquetas*, comedia de costumbres en 3 actos, en 1860; *Un tesoro escondido;* zarzuela en tres actos, en 1855; *El marqués de Caravaca,* zarzuela en dos actos, en 1854; *El hombre de mundo*, comedia, por la Compañía de Don Manuel Argente, en 1857.[952]

VELASCO Y ROJAS, Matías:

Cuba. La Habana 1829 -1901.

Exhibió el título de *Marqués de Dos Hermanas.* Estudió Derecho y ejerció la abogacía. Fue a España en 1848 e inmediatamente se dio a conocer en la escena. Publicó poesías y tradujo obras de Shakespeare. Como dramaturgo, se registran las obras: *Promesa y donación o los dos sobrinos.*[953] Comedia en un acto en prosa. Representada en La Habana en 1852. *Mr. Boswuel.*[954] Drama en tres actos. Lo escribió a los 19 años y fue representado en Madrid. *Otelo.*[955] Tragedia en tres actos. Traducida libremente del original inglés. *Marqués de Dos Hermanas.* Madrid. Rojas. 1869. *Un tío como hay muchos.*[956]

VELÁZQUEZ Y SÁNCHEZ, José:

España. Cádiz 1826 - Filipinas 1879.

Usó el pseudónimo de Clarencio. Fue un periodista, dramaturgo, historiador y escritor español del Postromanticismo. Como historiador fue de metodología positivista, amante del documento y del dato preciso. Como escritor cultivó todos los géneros, principalmente el teatro (incluidos la zarzuela y el teatro musical), luego la narrativa y por último la lírica, en la que destacó como poeta festivo, ingenioso y mordaz. Colaboró en *El Sevillano, El Centinela de Andalucía, Diario Liberal* (1845-1844); a principios de 1847 entró como redactor de *El Diario de Sevilla de Comercio, Artes y Literatura* (1829-1856); *El Porvenir, El Anunciador Sevillano* (1857), *La Andalucía* y *La Revolución Española* (1868). Colaboró en la *Revista de Ciencias, Literatura y Artes*; en la *Revista Sevillana* (1872-1873) y *El Gran Mundo* (1873-1876). Dirigió o colaboró en las *Epístolas del Tío Lamprea* (1848), *Don Clarencio* (1855), *La España Literaria* (1862-1864) y *La Buena Idea* (1867).[957] Se representó en Santiago de Cuba: *El Secreto,* comedia en un acto y en verso por la Compañía de Bufos Habaneros en 1884.[958]

VÉLEZ HERRERA, Ramón:

Cuba. La Habana, 1808 - 1886.

Después de cursar los estudios primarios en el colegio El Corazón de Jesús, de su tío Desiderio Herrera, y latinidad en el Convento de San Francisco, ingresó en 1824 en el Real Seminario de San Carlos, donde fue alumno de Luz y Caballero, Saco y Govantes y se graduó de Bachiller en Filosofía y Leyes en 1829. Durante varios años trabajó en el bufete de Manuel Martínez Serrano; pero abandonó su carrera para dedicarse de lleno a las letras. Fue asiduo concurrente a las tertulias de Del Monte y de Valdés Machuca, con quien puso en contacto a Gabriel de la Concepción Valdés (Plácido)en 1831. Colaboró en *La Moda, El Mensajero Semanal, Diario del Gobierno, La Gaceta, El Tiple, Faro Industrial de La Habana, El Artista, El Cesto de Flores, Revista de La Habana, La Razón, Guirnalda Cubana, Correo de la Tarde, Brisas de Cuba, La Piragua, Cuba Literaria, El Progreso, Revista de Cuba. Codirigió Floresta Cubana.* Poesías suyas figuran en la Corona fúnebre a la indeleble memoria del Excelentísimo e Ilustrísimo señor doctor D. Juan José Díaz de Espada y Landa (1834) y en la Aureola poética al señor D. Francisco Martínez de la Rosa (1839). Su tragedia en cinco actos, *Napoleón en Berlín* (1839), fue prohibida por la censura. En los juegos florales organizados por el Liceo de La Habana en 1856, obtuvo la medalla de oro por su "Oda a Franklin" y la de plata por la "Oda a la fe". Dos años después, en ese mismo certamen, su "Oda al cable submarino" le valió la medalla de plata. Dejó inédito un libro de poesías titulado *Flores de invierno.* Como dramaturgo presentó: *Los dos novios en los baños de San Diego.* Comedia en tres actos. La Habana, Imprenta del Gobierno, 1843.[959]

VERDI, Giussepe:[960]

Roncole, actual Italia 1813 - Milán 1901.

Compositor italiano. Coetáneo de Wagner, y como él un compositor eminentemente dramático, Verdi fue el gran dominador de la escena lírica europea durante la segunda mitad del siglo XIX. Su arte, empero, no fue el de un revolucionario como el del alemán, antes al contrario, para él toda renovación debía buscar su razón en el pasado. En consecuencia, aun sin traicionar los rasgos más característicos de la tradición operística italiana, sobre todo en lo concerniente al tipo de escritura vocal, consiguió dar a su música un sesgo nuevo, más realista y opuesto a toda convención no justificada. Nacido en el seno de una familia muy modesta, tuvo la fortuna de contar desde fecha temprana con la protección de Antonio Barezzi, un comerciante de Busseto aficionado a la música que desde el primer momento creyó en sus dotes. Gracias a su ayuda, el joven pudo desplazarse a Milán con el propósito de estudiar en el Conservatorio, lo que no logró porque, sorprendentemente, no superó las pruebas de acceso. Tras estudiar con Vincenzo Lavigna, quien le dio a conocer la música italiana del pasado y la alemana de la época, fue nombrado maestro de música de Busseto en 1836, el mismo año en que contrajo matrimonio con la hija de su protector, Margherita Barezzi. El éxito que en 1839 obtuvo en Milán su primera ópera, Oberto, conte di San Bonifacio, le procuró un contrato con el prestigioso Teatro de la Scala. Sin embargo, el fracaso de su siguiente trabajo, *Un giorno di regno,* y, sobre todo, la muerte de su esposa y sus dos hijos, lo sumieron en una profunda depresión en la que llegó a plantearse el abandono de la carrera musical. No lo hizo: la lectura del libreto de Nabucco le devolvió el entusiasmo por la composición. *La partitura,* estrenada en la Scala en 1842, recibió una acogida triunfal, no sólo por los innegables valores de la música, sino también por sus connotaciones políticas, ya que en una Italia oprimida y dividida, el público se sintió identificado con el conflicto recreado en el drama. Con este éxito, Verdi no sólo consiguió su consagración como compositor, sino que también se convirtió en un símbolo de la lucha patriótica por la unificación política del país. *I lombardi alla prima Crociata* y *Ernani* participaron de las mismas características. Son estos los que el compositor calificó como sus «años de galeras», en los cuales, por sus compromisos con los empresarios teatrales, se vio obligado a escribir sin pausa una ópera tras otra. Esta situación empezó a cambiar a partir del estreno, en 1851, de Rigoletto, y, dos años más tarde, de *Il Trovatore* y *La Traviata,* sus primeras obras maestras. A partir de este momento compuso sólo aquello que deseaba componer. Su producción decreció en cuanto a número de obras, pero aumentó proporcionalmente en calidad. Y mientras sus primeras composiciones participaban de lleno de la ópera romántica italiana según el modelo llevado a su máxima expresión por Donizetti, las escritas en este período se caracterizaron por la búsqueda de la verosimilitud dramática por encima de las convenciones musicales. *Aida* (1871) es ilustrativa de esta tendencia, pues en ella desaparecen las cabalette, las arias se hacen más breves y cada vez más integradas en un flujo musical continuo -que no hay que confundir con el

tejido sinfónico propio del drama musical wagneriano-, y la instrumentación se hace más cuidada. Prácticamente retirado a partir de este título, aún llegó a componer un par de óperas más, ambas con libretos de Arrigo Boito sobre textos de Shakespeare: *Otello* y *Falstaff*, esta última una encantadora ópera cómica compuesta cuando el músico frisaba ya los ochenta años. Fue su canto del cisne.[961] Se localizaron los títulos: *Macbeth*. Melodrama en cuatro partes. Música del maestro José Verdi para representarse en el gran Teatro de Tacón. Habana. Imprenta de Barcina.1849. *Macbeth*. Tragedia lírica en cuatro actos. Música del maestro José Verdi. Imprenta del *Diario de la Marina*. 1849; !*Los bandidos!* Melodrama dividido en cuatro partes. Poesía del Signor Andrea Maffei. Música del maestro José Verdi. Habana. Imprenta de Barcina. 1849.[962] Fue uno de los autores italianos más representado, en Santiago de Cuba, por diferentes compañías de óperas italianas. Así se llevaron a escena: *Hernani*, por la Compañía de Opera Italiana de Miró y *Úrsula Deville* (1851), alcanzó más de 40 presentaciones. *El Trovador*, 1884, Compañía de ópera italiana. *La Traviatta*, 1884, por la Compañía de ópera italiana. *Un ballo in maschera, Rigoletto*, Compañía de ópera italiana. Empresa Ponceña, 1884. *Aida,* Co de zarzuela Maestro Ruperto Chapi, 1887.[963]

VIDAL MACHADO, Miguel:

No se han localizado datos biográficos. Se conoce que se suicidó en 1856. Se encontraron las obras: *Reveses de la fortuna.* Comedia en un acto y en prosa. Habana. Imprenta de Barcina. 1852. *Tira y afloja.* Comedia en un acto arreglada al teatro español. Habana. Imprenta de Barcina. 1852. Tradujo *Ya escampa.* Comedia en tres actos y en prosa escrita en francés por M. Pigault-Lebrun. Habana. 1844.[964] *Un secreto o el marino de la guardia.* Drama en tres actos. Precedido de un prólogo. Traducido libremente y arreglado por M. Vidal Machado. Habana. 1845. *Ricardo Savage.* Drama traducido del francés. *El castillo de Verneuil.* Drama traducido del francés. *El hablador sempiterno.* Pieza dramática traducida en 1845.[965] *Un velorio en el manglar.* Pieza cómica en un acto en prosa y verso. Habana. 1848. Realizó la traducción de *Era yo.* Comedia en francés. 1848.[966] *De María de Beaumarchais.* Drama histórico en tres actos en prosa. Habana. 1849. Manuscrito.[967] *Los dos expósitos.* Comedia traducida el francés. 1855.

VIDAL PITA, Nicasio:

España. El Ferrol, Galica, La Coruña 1877 - Holguín, Cuba 1920.[968]

No se han localizado otros datos biográficos. Se encontró el título: *Sangre joven.* Drama original en cuatro actos y en prosa. Holguín, Imprenta El Arte, 1909.[969]

VIEDMA, Juan Antonio de:

España. Jaén 1831 - La Habana, Cuba 1869.

Se trasladó a Madrid para seguir estudios. Practicó el periodismo en publicaciones como *Las Novedades* (donde ejerció la crítica teatral), *El Eco del País, La Razón Española.* Durante la campaña de África fue corresponsal de varios periódicos. Participó en la vida literaria madrileña. Ocupó un sillón de diputado. Fue magistrado en La Habana, donde falleció. Tras probar fortuna en el teatro, se desanimó y se dedicó exclusivamente al cultivo de la lírica tradicional, romántica y religiosa. Es famosa su colección de baladas históricas: *Cuentos de la villa.* Utilizó los seudónimos: *Gacela* y *El bachiller sensible.* Escribió para el teatro: *El*

alférez. Zarzuela, 1858. *Si buena ínsula me dan...* Proverbio, 1855.[970]

VILLA, Rafael:

Cuba. La Habana ? - 1890.

Fue soldado voluntario del ejército español en la guerra de los Diez Años, de Cuba. Más tarde se dedicó al periodismo: *La Voz de Cuba, La Patria, El Eco de Castilla...* Publicó varios libros de poesía, novelas y algunos estudios sobre temas históricos. El 8 de agosto comenzó a publicar un semanario literario titulado: *El Recreo de las Villas* de poca duración. Para el teatro escribió varias obras, algunas de ellas, con diferentes ediciones: *La Dama de Carlos Quinto;* segunda parte de *El Monasterio de Yuste;* Drama histórico en un acto y en verso. Cienfuegos, 1873. *Martirio del alma.* Pensamiento dramático en un acto, en verso. Habana, Imprenta de Villa, 1872. *El Monasterio de Yuste o El laurel de la victoria.* Pasaje histórico, en un acto, en verso. 2a. ed. Habana, Imprenta La Antilla, 1872. *El Monasterio de Yuste.* Pasaje histórico en un acto, en verso. 3a. ed. Cienfuegos, 1873. *El Mulato de Murillo.* Cuadro histórico en un acto y en verso. Habana, Imprenta La Correspondencia, 1886. Estrenado con aplausos en el Teatro Albisu el 4 de septiembre de 1886. *Obras en prosa y verso; narraciones, leyendas y tradiciones* [Matanzas, 188-?]. Contiene: Dramas: *El Monasterio de Yuste o El Laurel de la victoria. La dama de Carlos V. Los partidos.* Alegoría política en un acto. Versos y dramas; con un prólogo de Faustino Diez Gaviño. Habana. M. de Villa, 1887. Contiene: Poesías. *El mulato de Murillo. El monasterio de Yuste y La dama de Carlos V.* En 1873 publicó en Cienfuegos un tomo de 133 páginas titulado: *Mis recuerdos.* Composiciones líricas y dramáticas.[971] Escribió, además, *Me gustan todas.*[972] Comedia en un acto y en verso.[973] *El patriotismo español y la insurrección de Cuba.* Alegoría dramática en un acto y en verso. La Habana, Imprenta *El Pensamiento*, 1873. [974]

VILLAFAÑE Y VIÑALS, José María: [975]

Cuba.

Biógrafo. Literato y catedrático. Nació en Santiago de Cuba en 1830 y murió en Valencia en 1915. Estudió en su tierra natal en el Seminario de San Basilio el Magno. Aquí publicó sus primeros trabajos literarios y científicos. En 1851 empezó a escribir para el público en el periódico *El Orden de Santiago de Cuba* sobre artículos de moral, de los cuales hizo una colección impresa poco antes de su Tratado de Oratoria; al año siguiente, teniendo solo veintidós años, dirigió la *Revista de Cuba*, con el Doctor B. J. Riera dando a la Imprenta artículos de ciencias, artes, agricultura,[976] además de las novelas: *Catalina* (Habana, 1852); *La mujer* (Habana, 1853), e Influjo del orador en la moralidad y civilización de los pueblos (Habana, 1853). Publicó en Barcelona: *Miscelánea*: artículos y novelas, en 1890. *La mujer y su educación literaria* y *Las cuatro edades de la vida* (poemas). Como agrimensor, dirigió la escuela profesional y de arte, bajo la dirección del Marqués de La Habana. Entre la política y la enseñanza de las ciencias pasó varios años, ingresando en 1858 en el profesorado. En 1871 tuvo que salir de Cuba y al año siguiente logró ser nombrado catedrático de matemáticas del Instituto de Huelva. En 1875 fue nombrado en comisión por el Gobierno, junto con otros profesores ilustres, para realizar estudios científicos en la América Central. Después de desempeñar cátedras en los Institutos de Ciudad Real y Toledo, pasó con igual objeto a las Universidades de Valencia, Barcelona y Madrid, dedicándose de 1879 a 1906 a escribir y publicar numerosos libros de educación popular y de Matemáticas. Se jubiló de su cargo del profesorado oficial en 1912. Escribió para el teatro: *Dos juguetes literarios* (1879). [977]

VILLANUEVA Y LARA, Francisco Javier:

No se han localizado datos biográficos. Se encontró la obra: *El Sueño.* Loa. Habana, Oficina de José Boloña. 1831.

VILLARAZA, Juan G.:

No se han localizado datos biográficos. Se encontró la obra: *El Doctor Zarragoy.* Juguete cómico lírico bailable en prosa y verso. En un acto. Letra del Doctor Villaraza y música de Areu. Habana, 1886. *El triunfo de la inocencia.* Drama en dos actos. Habana. Imprenta de Barcina. 1886.

VILLASANTE, José de:

España.

Partió a Cuba y trabajó como secretario del Gobierno de La Habana. Estrenó y publicó:[978] *Muerte por honra.* Drama original en cuatro actos y en prosa. La Habana. Imprenta del Gobierno y Capitanía General por S. M. 1866.[979]

VILLATE Y MONTES, Gaspar:[980]

Cuba 1851 - 1891.

Compositor habanero. A los ocho años de edad dio prueba de versado en el piano, que estudió bajo la dirección de Espadero. Alrededor de 1867 compuso la partitura de *Ángelo, tirano de Padua,* basada en un drama de Víctor Hugo. Al comienzo de la Guerra de los Diez Años, partió con su familia a los Estados Unidos. Regresó a Cuba en 1871.

En La Habana compuso su segunda ópera: *Las primeras armas de Richelieu*. Fue enviado por su familia a París, donde estudió bajo la dirección de Bazin. Victorien Joncieres y Dannhauser. Aunque compuso romanzas, habaneras, valses y contradanzas, su verdadera vocación era la ópera. En unión con el famoso libretista italiano Temístocles Solera, escribió la ópera *Zilia*, en cinco actos, estrenada en el Teatro Real de La Haya en París en 1877, y en La Habana, en 1871. En 1879 producía la música de *La Zarina* en cuatro actos, estrenada en el Teatro Real de Madrid en 1885. Ese mismo año estrenaba, en Madrid, su ópera *Baltasar*, inspirada en la tragedia de la Avellaneda. Al morir, dejó inconcluso el drama lírico *Lucifer,* con el cual, al parecer, iniciaba una nueva etapa en su carrera de compositor de moda. También escribió *Cristóbal Colón*, en cuatro actos, y *Richeliu*. Drama lírico que no llegaron a ser representados. Mereció el aplauso y la amistad de los más eminentes compositores de su tiempo, entre ellos Verdi y Gound.[981]

VILLAVERDE, Manuel M.:

No se tienen sus datos biográficos. Se encontró el título: Celos vencidos de amor o también la gente del pueblo. Sainete. Con música de Benjamín Orbón. Se estrenó con éxito en Jijón. 1906.[982]

VILLOCH, Federico:[983]

Cuba. Ceiba Mocha, Matanzas 1868 - La Habana 1954.

Graduado de bachiller, matriculó en la Universidad de La Habana la carrera de derecho, que abandonó para dedicarse a las actividades literarias. Fundó la revista *Luz y Sombra*.

Fue redactor de *El Fígaro*. Colaboró en diversas publicaciones periódicas, entre ellas: *La Iberia, Unión Española, La Caricatura y La Habana Elegante*, en la que publicó sus "Cuentos a Juana". Viajó por España, Francia, Inglaterra· y varios países de América. En 1896 se inició exitosamente en el teatro Irijoa con la zarzuela *La mulata María*. A partir de entonces representó, en los teatros capitalinos Lara y Alhambra y en otros del interior. Ya retirado del teatro, volvió al periodismo con sus "Viejas postales descoloridas", publicadas en *Diario de la Marina*. Dejó inédita una novela sobre la guerra de independencia, *Marta Flores,* de la que apareció un fragmento en *El Fígaro* (La Habana, 5 (41): 6-7, nov. 10, 1889). Usó el seudónimo Cascabel. Prolífico dramaturgo, tiene en su haber: *La mulata María*. Zarzuela, 1896. *La cruz de San Fernando*. Zarzuela en un acto y tres cuadros. Verso de [...]. Música de Manuel Mauri. Estrenada con gran éxito en el teatro Alhambra, la noche del 30 de enero. La Habana, Imprenta El Aerolito, 1897. *La isla de las cotorras*. Caballería chulesca. 1897. *América en la guerra*. A propósito en un acto y siete cuadros. Música de Jorge Anckermann. La Habana, Avisador Comercial, 1918. *El peligro chino*. Fantasía en siete cuadros. La Habana, Burgay, 1924. *Son siete colores*. Revista de cosas que pasan y otras que pueden pasar, en un acto y siete cuadros. La Habana, *El ideal,* 1926. *El lobo segundo*; o, *La vuelta a Cuba en cuatro años*. Viaje cómico-lírico-naval en un acto y ocho cuadros. La Habana, Imprenta de la Federación de Torcedores [192-]. *Los grandes de Cuba*. Monólogo. La Habana [s.a.]. *La casita criolla. La danza de los millones. La gran pesca.*[984] Escribió para la escena, más de cuatrocientas zarzuelas y sainetes. En colaboración con Carlos Robreño publicó *Concurso de charlestón*. Sainete -revista en un acto y tres cuadros (La Habana, El Ideal, 1926). Obra bufa. Estrenada en 1895.[985]

Trelles relaciona las siguientes piececitas dramáticas: *La Fea Diputada. Los Guarapetas. Los dos Gallegos. El gran Malayo. El Ferrocarril Central. La exposición de París. Los yanquis yanquees en la luna.*[986]

VINAGERAS Y CRUZ, Antonio:

Cuba. Matanzas 1832 - Castellón de la Plana, España 1904.

Después de cursar la enseñanza primaria y la secundaria en Cuba, viajó a Montpellier, donde inició sus estudios de medicina. En Francia se relacionó con destacadas figuras intelectuales; publicó diversos trabajos; formó parte de instituciones culturales, como el Instituto Histórico de Francia, la Sociedad Libre de Bellas Artes de París y la Academia imperial de Ciencias y Bellas Artes de Ruán, y representó en el teatro Vaudeville algunas de sus piezas. *Una de ellas* y *Los dos estandartes,* llevada a la escena en Matanzas en 1851. Más tarde interrumpió su carrera y se trasladó a España. Fue profesor del Ateneo de Madrid, ciudad donde ejerció el periodismo, y de las universidades de Valladolid y de Salamanca. En esta última obtuvo el título de Doctor en Jurisprudencia. En 1866 fue nombrado oficial del Ministerio de Ultramar. Después del Pacto del Zanjón regresó a Cuba. Aquí dio conferencias, una de las cuales: *El hombre bíblico,* provocó una ruidosa polémica en La Habana. Estrenó diversas obras teatrales, entre ellas: la comedia en tres actos y en verso Por todas partes se va a Roma, llevada a la escena del Teatro Esteban, de Matanzas, en septiembre de 1879. Colaboró en *La Aurora.* Ocupó en Puerto Rico un cargo oficial de administración. En el *Eco Hispano Americano* comenzó a publicar *El alma de una madre,* novela original de Fenimore Cooper. Usó el seudónimo Quintín de Castañeda. Compuso algunas piezas de teatro que fueron representadas con éxito; entre otras: *Los dos estandartes* (1851). Virtud o crimen. Drama trágico en tres actos y en verso, original [...] estrenado con extraordinario éxito en el Gran Teatro de Tacón, el 29 de marzo de 1879. Matanzas, Imprenta del Diario, 1879. Dejó inéditos *María Antonieta. Drama en dos actos. Lienzos y pinceles.*[987]

VIÑOLAS, Pedro:

No se han localizado datos biográficos. Se encontró la obra: *El Corazón de una actriz o Sueño y realidad.* Drama fantástico en cuatro actos y en prosa. Habana, Imprenta Militar de M. Soler, 1858.

VIVANCO, José C.:

Se han localizado pocos datos biográficos. Cubano. Fue Secretario del Gobierno Civil de La Habana en 1903. Escribió *Cuba y España.* Ensayo dramático en dos actos. Escrito en los campos de Cuba Libre y la escena pasa en el Camagüey.[988]

VIVERO, Augusto:

Cuba.

Escribió para el teatro: *Los cuarenta.* Comedia policíaca en tres actos. 1912. Junto con Juan C. Caminero, escribió *Las Margaritas.* Juguete cómico lírico en dos cuadros. Madrid. 1908. *Rosita del Oro.* Humorada lírica en un acto. Madrid. 1909. Con M. Gillis, *El ayudante del Duque.* Opereta.1914.[989]

W

WEBER Y SEINADO, Antonio:

No se han localizado datos biográficos. Trelles relaciona dos obras teatrales: *El Tajo de la cisterna*. Zarzuela en tres actos en prosa y en verso. Habana, Imprenta de Canalejo y Xiques, 1891. *La caverna de Artambul*. Zarzuela en tres actos en prosa y en verso. Habana, Imprenta Los niños huérfanos, 1891. [990]

Z

ZACARÍAS CAZURRO, Mariano:

(1824-1896).

No hemos localizado otros datos biográficos. El martes 23 de Julio de 1850, anunció el periódico de Santiago de Cuba, *El Redactor:* "Hoy martes se pondrá en escena la preciosa comedia moderna en 5 actos y en verso, titulada: *La Virtuosa y la Coqueta*. Original de D. Mariano Zacarías Cazurro. Acogida con extraordinaria aceptación en cuantos teatros se ha representado, pues es una de las mejores composiciones de costumbres que adornan al moderno repertorio nacional. La función terminará con la graciosísima pieza titulada: *Bárbaro y Sil-vestre*." Fue representada por la Compañía de los Señores Robreño, en 1850. *Los dos amigos y el dote*, juguete cómico en un acto y en verso, en 1850. Compañía de Don Manuel Argente, 1857. Compañía dramática de Torrecillas, 1867. [991]

ZAFRA, Antonio Enrique:

España. Sevilla? - Cuba, Guanabacoa, Habana 1875.

Vino muy joven a Cuba, bajo la tutela del presbítero Pedro Arburu. Inició en La Habana estudios sacerdotales; pero tuvo que abandonarlos debido a su afición a escribir poemas eróticos. Colaboró en *El Tiempo, Cuba Literaria, Aguinaldo Habanero, La Prensa, La Revista del Pueblo, El Rocío*, y en publicaciones provinciales y extranjeras. Dirigió *El Sagua* en 1865. Fue redactor de *La voz de Cuba*. Actuaba como recitador, y como tal participó en la fiesta de coronación de Gertrudis Gómez de Avellaneda en 1860. Al morir era redactor de *La Voz de Cuba*. En su teatro se localizan: *Amor contra nobleza*.[992] Drama nuevo en tres actos y en verso, original de [...]. Representado con buen éxito en el teatro de Villanueva. La Habana, Imprenta de M. Soler. 1858. *El hombre negro; o, El carnaval de Sevilla*. Drama nuevo en tres actos y en verso original de [...] representado por primera vez en el Teatro Villanueva, a beneficio del primer actor D. Manuel Argente. La Habana, Imprenta Militar de Manuel Soler, 1859. *La toma de Tetuán*. Drama patriótico en tres actos y en verso. La Habana, Imprenta Militar, 1860. *El alcalde Don Rodrigo; o, La justicia de Dios*. Drama en tres actos y en verso original de [...] estrenado en el Teatro de Villanueva el miércoles 29 de Octubre de 1862. La Habana, Imprenta La Cubana, 1862. *Los mártires de Roma*. Drama histórico en cuatro actos en verso, original de [...] estrenado en el gran Teatro de Tacón, el 22 de marzo de 1862 por la compañía dramática de D. José Robreño, dirigido por el primer actor y director D. Manuel Osorio. La Habana, Imprenta Militar, 1862. *Tres para dos.* Juguete cómico lírico en un acto y en verso, original de [...] La Habana, Imprenta *La Intrépida* (1865). *Un golpe de fortuna.* Comedia en un acto en verso. La Habana, Imprenta y Lib. *El Iris*, 1867. *Un cuadro de Rafael.* Drama en tres actos, en verso, original de [...]. Estrenado en el Gran Teatro de Tacón el 21 de noviembre de 1868 a beneficio de la distinguida artista dramática *Señora Doña Carolina Civilli.* La Habana, Imprenta El Iris, 1868. *Dios los cría...* Proverbio en un acto en verso por [...]. Estrenado en la Sociedad del Pilar el 14 de marzo de 1868 a beneficio de la «Asociación de Socorros Mutuos de Cajistas de la Habana». La Habana, Imprenta El Iris, 1868. *La fiesta del mayoral.* Juguete cómico de costumbres cubanas en un acto, en verso. La Habana, Imprenta El Iris, 1868; La Habana, Imprenta La Publicidad [1868?]; La Habana, Imprenta Osés, 1924. *Colón en Cuba.* Cuadro o loa dramática en un acto, en verso, por [...]. Estrenada en el Gran Teatro de Tacón, el 14 de octubre de 1869. La Habana, Imprenta Militar, 1869. *Los zelos é mi curriya* [sic]. Juguete cómico andaluz, en un acto, en verso. La Habana, Imprenta Militar, 1871.[993] *Isabel de Bossian.*[994] Drama en cuatro actos. Habana. 1856. *Por España y su bandera.* Episodio lírico-cómico en un acto y en verso. La Habana. Imprenta militar de la Viuda de Soler, 1872. *El lego de San Fardel.*[995] Drama en cuatro actos. Fue prohibido en 1858. Manuscrito. Entre sus obras teatrales no publicadas se encuentran *Un huésped a medianoche.* Comedia en un acto. Habana. Manuscrito.1856. *Las trampas de mi tío.* Comedia, 1856. En la ciudad de Santiago de Cuba, fue representada: *La toma de Tetuán,* por la compañía de los Señores Robreño, en 1860.[996]

ZAHONET, Felix R.: [997]

Cuba.

Se tienen escasos datos biográficos. Raza de color. Estuvo preso por causas políticas durante cinco años. Alcanzó en la Revolución el grado de Capitán del Ejército Libertador Cubano en el estado mayor de Calixto García. Residió en Santiago de Las Vegas, 1909. Escribió obras de teatro: Estrenó *Patria o tumba*, Drama en tres actos y en verso, La Habana, Imprenta El Fígaro, 1900. *La princesa Noemí*, en tres actos y en prosa. Tampa.1902. *El club "Los Cuatro",* Habana, 1908. *Delirios de una pasión,* Drama en tres actos y en versos. Habana. Imprenta de Wuan, 1911. *Los Fosos de Weyler o La Reconcentración.* Drama en tres actos y en verso. Habana. Imprenta El Fígaro. 1899. *Un campamento mambí.* Melodrama. Flores y espinas, poesías, 1912 y otros varios dramas. Los amores de Eloísa o heroicidad de una madre. Zarzuela en dos actos y cuatro cuadros. Key West, Tip. De la *Revista Popular.*[998]1890. *Hortensia y Leonidas.* Drama en tres actos. *Erudina.* Drama en tres actos. Patria y amor. Boceto.[999]

ZAMORA, Antonio G.:

Cuba. 1868.

Durante mucho tiempo estuvo al frente de la publicación *El Hogar.* Frecuentemente usaba el seudónimo: Almanzor. Es autor de varios estudios biográficos y de algunos trabajos críticos. De su labor de dramaturgo dan testimonio las piezas siguientes: *La blusa* (comedia, 1884); *Rabagás* (comedia, 1885); *La serenata.* Proverbio por Almazor. Habana. Imprenta La Constancia. 1894. 2da edición. Habana, Imprenta Militar, 1902.[1000]

ZAMORA, José Narciso:

No se han localizado datos biográficos. Se encontraron los títulos: *A los sesenta un rosario.* Pieza en un acto y en verso. Habana, Imprenta de Barcina, 1847. *El hacendado ridículo.* Comedia en dos actos y en verso. Habana. Imprenta del Tiempo, 1863 y *Leopoldo.* Drama original en cuatro jornadas, en prosa y verso. Habana, Imprenta Literaria, 1840.

ZAMORA Y CABALLERO, Eduardo: [1001]

España.

Nació en Valencia, aunque muy pronto se trasladó a Madrid, ciudad en donde ejerció el periodismo y se dio a conocer como autor dramático. Fue redactor de *El Tiempo* y director de *La Europa* y desempeñó además diversos cargos públicos, como el de gobernador civil de Canarias. Figuran entre sus obras dramáticas las siguientes: *La piedra de toque; La mejor joya, el honor; Los celosos, La última batalla y Locura contagiosa.* Sus poesías fueron recogidas en los libros *Ecos del alma, Romancero de la guerra del Pacífico y El rebuzno de Yara*, romancero histórico. Compuso las novelas *El cura Merino, La niña expósita y El asesinato de una madre.*[1002] Del enemigo el consejo, proverbio en tres actos y en versos, por la Compañía Dramática y de canto del Sr Azuaya, en 1885.[1003]

ZARRANZ Y BELTRÁN, Félix:

España. Valencia 1815 - 1881.

Desde muy joven trabajó como periodista. Cuando estalla la revolución del 68, se incorpora al campo carlista. Funda el periódico *La Verdad,* que más tarde transforma en *El Tradicional.* Sufre procesos y prisión. Pasó a Cuba, donde se convierte en redactor de *La Voz de Cuba* y participa en la fundación de un periódico satírico, llamado *El Ciclón.* Escribió un libro de semblanzas de personajes cubanos titulado: *Malangas y chayotes.* Es autor de varias obras de teatro que presentó como anónimas; pero que tuvieron éxito y fueron muy aplaudidas. Hasta el momento no se han localizado sus títulos.[1004]

ZAS Y SIMÓ, Enrique: [1005]

España. La Coruña 1877 - La Habana 1928.

Colaboró en periódicos y revistas y fue premiado en varios certámenes. Cultivó distintos géneros literarios: cuento, teatro, ensayo. Algunos de sus estudios sociológicos e históricos tuvieron bastante eco. Cuando murió, en 1928, preparaba una *Historia de la piratería de las Antillas* y un *Diccionario biográfico de personalidades gallegas.*[1006] En su libro: *alicia patria de Colón*, en el apartado de obras para publicar, aparece:"Comedias y cuentos", donde se recogen una serie de títulos, sin especificar cuales corresponden a obras teatrales y cuales a narrativa. Son estos: *Un bautizo en Guayajibo. De Raza Brava, Las Redimidas, Digna Collazo,* y *Guango, un pescador de altura.*[1007] Todas premiadas en diferentes certámenes.

ZAVALA Y ZAMORA, Gaspar:

España 1750-1813.

Escritor Español La composición de más de setenta obras dramáticas, y su éxito en los escenarios, convierten a Gaspar Zavala y Zamora en uno de los dramaturgos populares más destacados de la historia del teatro español de la segunda mitad del siglo XVIII y los primeros años del siglo XIX. Con una producción menos extensa, también Zavala y Zamora fue novelista, todo lo cual ha hecho que su nombre reciba una atención cada vez mayor por parte de los estudiosos de la literatura española de ese período, como prueban, entre otros, los varios trabajos de Guillermo Camero y Rosalía Fernández Cabezón , centrados especialmente en la obra dramática del escritor de Aranda de Duero. [1008] Fue llevada a escena en la ciudad de Santiago de Cuba: *Las tramas de Garulla,* pieza cómica, por la Compañía De Luis Kéller en 1860. [1009]

ZEQUEIRA Y ARANGO, Manuel de: [1010]

Cuba. La Habana 1764 - 1846.

Descendía de familia noble y rica. Aprendió las primeras letras en su propio hogar. En 1774 ingresó en el Seminario San Carlos, donde fue condiscípulo y amigo de Félix Varela. Allí estudió historia y literatura y se puso en contacto con la cultura latina. El 18 de agosto de 1784 ingresó como cadete en el Regimiento de Infantería de Soria. Publicó poemas y ensayos literarios en el *Papel Periódico de la Havana.* Desde 1792 estuvo muy vinculado al gobierno de Don Luis de las Casas y a la Sociedad Patriótica. En julio de 1793 fue enviado en la expedición en apoyo del cuartel de Cahobas, en la isla de Santo Domingo. Participó en los combates de La Matric y Yacsí, este último revivido después en el canto heroico: "Ataque de Yacsí". Por sus acciones de guerra obtuvo el grado de subteniente de granaderos. En 1796 volvió a La Habana, donde contrajo matrimonio. En 1800 fue nombrado redactor del *Papel Periódico,* lo cual le costó una polémica de dos años con Buenaventura Pascual Ferrer, que optaba por el mismo cargo. Zequeira colaboró en el *Papel Periódico* hasta 1805, año en que se separó de su dirección. En 1809 desempeña el cargo de vicecensor en la Junta Directiva de la Sociedad Patriótica. En mérito a sus servicios militares fue nombrado comandante en jefe de la Plaza de Coro (1810), en Venezuela, cargo del cual no llegó a tomar posesión. En 1813 se le destinó al Nuevo Reino de Granada, a las órdenes del general Francisco Montalvo, y Ambulodi. Fue gobernador militar y civil de la provincia de Río Hacha (1814-1815). En 1815 se le destinó a Monpox y en 1816 fue nombrado teniente-rey de Cartagena y presidente de la Junta de Real Hacienda. A finales de 1817 regresó a La Habana con Real Licencia y grado de coronel de infantería. Colaboró, además, en *El Aviso de la Habana, El Criticón de la Habana, El Mensajero político económico y literario de la Havana, El Noticioso Mercantil, El Observador Habanero y La Lira de Apolo.* En 1821 fue trasladado a Matanzas como coronel de las milicias de aquella ciudad. Allí se le presentaron los primeros síntomas de locura. Sus poesías fueron editadas con las de Manuel Justo Rubalcava en 1964, por la Comisión Nacional Cubana de la UNESCO. Utilizó los seudónimos Izmael Raquenue, Ezequiel Amura, Anselmo Erquea Gravina, Raquel Yum Zenea. El Observador de la Havana, El bruxo de la Havana, el Marqués Nueya, Arnezio Garaique, El Licenciado Freisesomorum, La borma de su zapato, Armenau Queizel, El criticón de la Havana, Arezique, Enrique Aluzema. Se cree que Leojar Le Monieau, D. Amosar Yeso de Jarzos, Eguzqui y Matato sean anagramas de Zequeira. Como dramaturgo escribió: *América y Apolo.* Drama lírico-heroico en celebridad del nuevo empleo del Gran Almirante con que S. M. se dignó condecorar al Serenísimo Señor Príncipe de la Paz, Generalísimo de Mar y Tierra. Escrito por disposición del Superior Gobierno, y representado en este teatro, con motivo del expresado regocijo. La Habana, Imprenta de la Capitanía General, 1807. Marco Bruto . Monólogo trágico cómico, 1807.[1011]

ZEQUEIRA Y CARO, Manuel de:

Cuba. La Habana 1805.

Fue hijo de Manuel Zequeira y Arango. Miembro de la Sociedad Económica y asesor del gobierno de Matanzas. En 1848 tradujo la Influencia del Cristianismo sobre el Derecho Romano de Troplong. Editó las poesías de su padre. En 1855 estrenó una comedia titulada: *Un quid pro quo.*[1012] Se representó en Matanzas en noviembre de 1855.[1013] Tradujo *El hijo del proscripto.*[1014] Drama en un prólogo y tres actos por Mr. A. Burgois y Mr. Boubé. Se representó en el Teatro Tacón en enero de 1846. *Un anónimo.*[1015] Comedia en dos actos, escrita por Gabriel Legouve. Arreglo al teatro español.

ZORRILLA, José:[1016]

España. Valladolid 1817 - Madrid 1893.

Escritor español. Es el principal representante del romanticismo medievalizante y legendario. En 1833 ingresó en la Universidad de Toledo como estudiante de leyes, y en 1835 pasó a la Univeridad de Valladolid. José Zorrilla publicó sus primeros versos en el diario vallisoletano *El Artista*. Escribió numerosas leyendas (Cantos del trovador, 1840-1841; *Vigilias del estío,* 1842; *Flores perdidas,* 1843; *Recuerdos y fantasías,* 1844; *Un testigo de bronce,* 1845), en las que resucita a la España medieval y

renacentista. Cabe destacar «A buen juez mejor testigo», «Margarita la Tornera» y «El capitán Montoya». En 1837 Zorrilla inició su producción teatral con *Vivir loco y morir más,* y alcanzó su primer éxito con *El zapatero y el rey* (1840), a la que siguieron: *El eco del torrente* (1842), *Sancho García* (1842), *El molino de Guadalajara* (1843), *El puñal del godo* (1843), *Don Juan Tenorio* (1844) y *Traidor, inconfeso y mártir* (1849). En estas obras trata temas tradicionales o del Siglo de Oro. También escribió tragedias a la manera clásica, como *Sofronia* (1843). En 1846 viajó a Burdeos y París, donde conoció a Alejandro Dumas, George Sand, Teófilo Gautier y Alfred de Musset, que dejarían en él una gran huella. En 1855 marchó a México, donde fue protegido por el emperador Maximiliano, que lo nombró director del Teatro Nacional. De regreso a España (1866), José Zorrilla se casó con la actriz Juana Pacheco, viajó a Roma (1871) e ingresó en la Real Academia (1882). De estos años son *Recuerdos del tiempo viejo* (1880-1883), *La leyenda del Cid* (1882), *El cantar del romero* (1883) y *Mi última brega* (1888). Fue coronado como poeta en el alcázar de Granada (1889) por el duque de Rivas, en representación de la reina regente.[1017] Fueron representadas en Santiago de Cuba: *Cada cual con su razón*, drama, por la Compañía de los Señores Robreño, en 1850; *¡¡ Don Juan Tenorio!!*, drama fantástico religioso, (1855) y en 1882, por la Compañía del Sr. Pablo Pildaín; *La gran comedia del caballo del rey D. Sancho,* comedia, (1855); Traidor, inconfeso y *Mártir*, drama, por la Compañía Dramática de Doña Matilde Diez, en 1858; *El zapatero y el Rey,* drama, 1867, por la Compañía dramática de Torrecillas; y *El puñal del godo,* drama, por un Grupo de Aficionados, en 1867.[1018]

ÍNDICE DE AUTORES

BIBLIOGRAFÍA

AA. W.: *Autoras en la historia del teatro español* (1500-1994). Trabajo de investigación dirigido por J. A. Hormigón. Madrid, Publicaciones de la Asociación de Directores de Escena de España, 1996. vol. I, (Siglo XVII-XVIII-XIX).

_____: *Autores dramáticos contemporáneos y joyas del teatro español del siqlo XIX.* Madrid 1881-1884. 2 volúmenes.

AGÜERO, Pedro: *Biografías de cubanos distinguidos* (1858-1860). Londres, 4to, Retratos, 1917.

AGUIRRE, Yolanda: *Apuntes en torno al teatro colonial en Cuba* (1790-1833). La Habana, Impresora Universitaria André Voisin, 1966 (Cuadernos cubanos, 2).

ANTUÑA, María Luisa y Josefina García Carranza: *Bibliografía del teatro cubano*, en Revista de la Biblioteca Nacional José Martí. La Habana, septiembre-diciembre, 1971.

ARROM, José Juan: *Historia de la literatura dramática cubana.* New Haven, Yale University. Preess London, 1944.

ARRUFAT, Antón: *El teatro bufo* en Unión. Año 1, # 3-4, La Habana, septiembre- diciembre, 1962.

AZCÁRATE, Nicolás: *Noches literarias.* La Habana, Imprenta La Antilla, 1866.

AZOR, Ileana: *Origen y presencia del teatro en Nuestra América.* La Habana, Editorial Letras Cubanas, 1988.

BACARDÍ, Emilio: *Crónicas de Santiago de Cuba.* Santiago de Cuba, Tipografía Arroyo Hermanos, 1923, 10 Tomos.

BACHILLER y Morales, Antonio: *Apuntes para la historia de las letras y la instrucción pública en la Isla de Cuba.* La Habana, Imprenta Cultural, S.A., 1936.

BOIADZHIEV, G.N. et al: *Historia del Teatro Europeo.* La Habana, Editorial Arte y Literatura, 1976, T.II.

Biblioteca Virtual Miguel de Cervantes: *Diccionario de Literatura Cubana*, en http://www.cervantesvirtual.com/obra-visor/diccionario-de-la-literatura-cubana--0/html/

Biografías y Vidas: *La enciclopedia biográfica en línea,* en http://www.biografiasyvidas.com/biografia/

BUENO, Salvador: *Historia de la Literatura Cubana.* Tercera edición, La Habana, Editora del Ministerio de Educación, 1963.

CALCAGNO, Francisco: *Diccionario biográfico cubano.* New-York, Imprenta y Librería de Néstor Ponce de León, 40 y 42, Broadway, 1878.

CARPENTIER, Alejo: *La música en Cuba.* La Habana, Editorial Letras Cubanas, 1986.

CEJADOR y Frauca, Julio: *Historia de la lengua y literatura castellana.*, Madrid, Gredos, 1973. 10 Tomos.

COTARELLO, Emilio: *Teatro español*. Catálogo abreviado de una colección dramática española hasta fines del siqlo XIX.

CRISTÓBAL García, Ángel, Gonzalo Méndez Vázquez y Ricardo Reyes Perera: "Apuntes sobre el léxico del teatro bufo en el siglo XIX" en Islas, No 69, mayo- agosto, 1981.

CRUZ, Manuel de la: *Cromitos Cubanos*. La Habana, Establecimiento Tipográfico "La lucha", 1892.

DÍAZ DE LA QUINTANA, Alberto: *Contra el cólera*. Madrid, Imprenta de Emilio Saco y Brey,1884.

------------------: *Después de la muerte*. Habana. Imprenta del Gobierno y Capitanía General, 1882.

DÍEZ Borque, José María, et al: *Historia del teatro en España*. (Siglo XVIII y XIX). Madrid, Editorial Taurus, 1988, T.II.

DOMINGO Cuadriello, Jorge: *Diccionario bio-bibliográfico de escritores españoles en Cuba. Siglo XX*. La Habana, Editorial Letras Cubanas, 2010.

Enciclopedia Universal Ilustrada. Editorial Espasa Calpe, Madrid, 1929.

FERNÁNDEZ Aquino, Orlando: *Historia de la literatura espirituana*. Desde los orígenes hasta 1958. Santi Spíritus, Ediciones Luminarias, 2003.

FERRERAS, Juan Ignacio: *Catálogo de novelas y novelistas españoles del siglo XIX*. Madrid, Catédra, 1979.

FIGAROLA-Caneda, Domingo: *Bufos cubanos de Salas. Biografía de don Saturnino Valverde*. La Habana, Imprenta. La Nueva Principal, 1880.

----------------: *Diccionario Cubano de Seudónimos*. Habana, Imprenta el Siglo XX, 1922.

FORNET, Ambrosio: *El libro en Cuba. Siglos XVIII y XIX*. La Habana, Editorial Letras Cubanas, 1994.

FUENTES Matons, Laureano: *Las Artes en Santiago de Cuba*, Ciudad de La Habana, Editorial Letras Cubanas, 1981.

GARCÍA de Coronado, Domitila: *Álbum Poético fotográfico de las escritoras cubanas*. Habana, Imprenta de la Viuda E. HS. de Soler, 1868.

GARCÍA del Pino, César: *Mil criollos del siglo XIX. Breve Diccionario Biográfico*. La Habana, Centro de Estudios Martianos, 2013.

GARCÍA, Ángel, Gonzalo Méndez Vázquez y Ricardo Reyes Perera: "Apuntes sobre el léxico del teatro bufo en el siglo XIX" en Islas, No 69, mayo- agosto, 1981.

GODOY, José A.: "Biografía de D. Manuel Catalina., en Por derecho de conquista. México, Imprenta de José A.Godoy, 1856.

GOODMAN, Walter: *Un artista en Cuba*. Ciudad de la Habana, Editorial Letras Cubanas, 1986.

GONZÁLEZ Curquejo, Antonio: *Breve ojeada sobre el teatro cubano al través de un siglo.* (1820-1920). Habana, Imprenta y Papelería La Universal, 1928.

GONZÁLEZ Porto–Bompiani: *Diccionario Literario. De obras y personajes de todos los tiempos y de todos los países.* Barcelona, Montanes y Simón, S. A, 1967, 12 tomos.

GONZÁLEZ Stephan, Beatriz: *La Historiografía Literaria del Liberalismo Hispano-Americano.* La Habana, Ediciones Casa de las Américas, 1987.

GUERRA, Ramiro: *Manual de historia de Cuba. Desde su descubrimiento hasta 1868.* La Habana, Editorial Ciencias Sociales, 1971.

HENRÍQUEZ Ureña, Max: *Tablas Cronológicas de la literatura cubana.* Santiago de Cuba, Ediciones Archipiélago, 1929.

------------------------: *Panorama histórico de la literatura cubana.* La Habana, Editorial Arte y Literatura, 1978, T.I.

------------------------: *Panorama histórico de la literatura cubana.* La Habana, Edición Revolucionaria, 1980, T. II.

HORMIGÓN, Juan Antonio: *Autoras en la Historia del Teatro Español* (1500-1994). Publicaciones de la Asociación de directores de escena de España, Madrid, 1997.

INERARITY Romero, Zaida: "Ensayo de una bibliografía para un estudio del teatro cubano hasta el siglo XIX", en Islas No.36, mayo-agosto, 1970.

Instituto de Literatura y Lingüística de la Academia de Ciencias de Cuba: *Diccionario de la Literatura Cubana.* Ciudad de La Habana, Editorial Letras Cubanas, 1975, t. I y t. II.

_____: *Perfil histórico de las letras cubanas desde los orígenes hasta 1898.* Ciudad de La Habana, Editorial. Letras Cubanas, 1983.

Instituto de Literatura y Lingüística "José Antonio Portuondo Valdor" Ministerio de Ciencia, tecnología y Medio Ambiente: *Historia de la Literatura Cubana. La Colonia: Desde los Orígenes hasta 1898.* La Habana, Instituto Cubano del Libro, 2002, t. I.

LAZO, Raimundo: *La literatura cubana. Esquema histórico* (desde sus orígenes hasta 1966). La Habana, Editora Universitaria, 1967.

LEAL, Rine: *Breve historia del teatro cubano.* La Habana, Editorial Pueblo y Educación, 1975.

_____: *"Prólogo" en Comedias Cubanas del siglo XIX.* La Habana, Editorial Letras Cubanas, 1979, 2 t.

_____: *"Prólogo" en Teatro Bufo Siglo XIX. (Antología).* La Habana, Editorial Arte y Literatura, 1975, 2 t.

_____: *La selva oscura.* La Habana, Editorial Arte y Literatura, 1975, t.I.

_____: *La selva oscura.* De los bufos a la neocolonia. (Historia del teatro cubano de 1868 a 1902). La Habana, Editorial Arte y Literatura, 1982, t. II.

_____: *Teatro Mambí.* La Habana, Editorial Letras Cubanas, 1978.

_____: *"Viaje de un nuevo siglo hacia el teatro"*, en Islas Nro.3, enero-abril, 1970.

_____:*"Ignotus o un teatro de Resistencia"*, prólogo a Ignacio Sarachaga. Teatro. La Habana, Editorial Letras Cubanas, 1990.

LEÓN, Estrada: *Santiago Literario*: Santiago de Cuba , Editorial Oriente, 2013.

_____: *Diccionario de escritores santiagueros*; Apuntes primarios. Ediciones Santiago, 2005.

LLAVERÍAS Martínez, Joaquín: *Contribución a la historia de la prensa periódica.* La Habana, Archivo Nacional de Cuba, 1982.

LORENZO Luaces, Joaquín: *Comedias.* La Habana, Editorial Letras Cubanas, 1984

MENARINI, Piero; Garelli, Patricia; San Vicente, Felix; Vedovato, Susana: *El Teatro romántico español* (1830-1850). Autores, obras, bibliografía. Bolonia, Editorial Atesa, 1982.

MÉNDEZ Martínez, Roberto: *Los Misterios de la Ópera.* Santiago de Cuba, Editorial Oriente, 2002.

MIRA Nouselles, Alberto: *De Silencios y Espejos.* Hacia una estética del teatro español contemporáneo. España, Artes Gráficas Soler, S.A., 1996.

MITJANS, Aurelio: *Estudio sobre el movimiento científico y literario de Cuba.* La Habana, Consejo Nacional de Cultura, 1963.

ORTEGA Josefina: *Adagio del olvidado*: José Mauri. La Habana.www//La Giribilla. 2006.

PALAU y Dulcet, Antonio: *Manual del librero hispanoamericano.* 10 tomos.

PERAZA, Fermín: *Diccionario Biográfico Cubano.* Habana, Ediciones Anuario, Biblioteca del Bibliotecario, Bibliografía Cubana, 1959.

PÉREZ y Calzadilla, Federico: *Índice de las piezas dramáticas permitidas.* Sin atajos ni correcciones, de las absolutamente prohibidas, presentada al Gobierno Superior de la Isla, por el Censor Principal de Teatros de esta capital en cumplimiento de la disposición Superior   por la que se le recomendó la formación de este registro. Habana, Imprenta del Gobierno y Capitanía General, 1852.

PORTUONDO, José Antonio: *Bosquejo Histórico de las Letras Cubanas.* La Habana, Editorial Nacional de Cuba, 1962.

REMOS Rubio, Juan J.: *Historia de la literatura cubana.* (S.L.), Cárdenas y Compañía, 1945.

RÍO, Ángel del: *Historia de la Literatura Española.* La Habana, Instituto Cubano del Libro, 1973, T.II.

RODRÍGUEZ Sánchez, Tomás: *Catálogo de dramaturgos españoles del siglo XIX.* Madrid, Fundación, Universitaria Española, 1994.

ROSSELL, Don Agustín: *Manual de Medicina Legal.* Madrid, Establecimiento Tipográfico de Don Ramón Rodríguez de Rivera, 1848.

SANTOVENIA, Emeterio S.: *Un día como hoy. Fechas en la historia de Cuba.* La Habana, Editorial Trópico, 1946

SARACHAGA, Ignacio: *Teatro. Selección y prólogo de Rine Leal.* La Habana, Editorial Letras Cubanas, (S.A.)

SERVELLÓ, Hernando, Pilar Ferreiro y Carlos Vanegas: *El teatro de La Caridad en la expresión sociocultural de Santa Clara.* La Habana, Editora Política, 1983.

SUÁREZ Durán, Esther: "Otra mirada al teatro bufo cubano" en Tablas. #1, 1995.

SUÁREZ Piña, Virginia B.: *El Teatro colonial en Santiago de Cuba* (1850-1898). Principales vertientes y líneas temáticas (Tesis doctoral) (2005)

----------------------: "La actividad teatral en Santiago de Cuba desde 1850 hasta 1898" (2002) Publicada por el Centro de Información Científico Técnica de la Biblioteca de la Universidad de Oriente. (Monografía) ISBN del CD-ROM: 959-207-086-5 ISBN de la Monografía: 959-207-154-3.

TEURBE Tolón, Edwin y Jorge A. González: *Historia del teatro en La Habana.* Santa Clara, Dirección de Publicaciones, 1961.

TORRES Cuevas, Eduardo y Oscar Loyola Vega: *Historia de Cuba* (1492-1898) *Formación y Liberación de la Nación.* La Habana, Editorial Pueblo y Educación, 2001.

TRELLES, Carlos M.: *Bibliografía cubana del siglo XIX.* Matanzas, Imprenta de Quiros y Estrada, Independencia. 1911-1915. 8 t.

VALLEJO, Mauro Sebastián: "Alberto Díaz de la Quintana y las tensiones del campo médico en Buenos Aires (1889-1892). Hipnosis, curanderismo y médicos extranjeros en la Argentina finisecular". Revista *Culturas Psi/Psy* Cultures Buenos Aires, marzo 2015, Nº4, 53-84 ISSN 2313-965X.

Varios: *Teatro Bufo del Siglo XIX.* Antología. Selección y Prólogo de Rine Leal. La Habana, Editorial Arte y Literatura, 1975, T.I y T.II.

Varios: *Catálogo Colectivo del Patrimonio bibliográfico español siglo XIX.*

Varios: *Síntesis histórica de la provincia de Santiago de Cuba.* Santiago de Cuba, Impreso en el Gráfico de R/ para el turismo, 1976.

Varios: *Teatro cubano del siglo XIX.* Selección y prólogo de Natividad González Freire, La Habana, Editorial Arte y Literatura, 1975.

Varios: *El teatro bufo.* Selección y prólogo de Samuel Feijóo. Las Villas, Impreso en Universidad Central de Las Villas, 1961.

Varios: *Teatro de siglo XIX.* Selección y prólogo de Rine Leal, La Habana, Editorial Letras Cubanas, 1986.

VILLAFAÑE, José María: *Miscelánea.* Barcelona, Imprenta de la Casa de Caridad, (S.A.).

ZAHONET, Felix R.: *Patria o tumba.* La Habana, Imprenta El Fígaro, 1900.

Otras fuentes:

- Catálogos del Instituto de Literatura y Lingüística. La Habana. Cuba
- Catálogos de La Biblioteca Nacional de Cuba.La Habana
- Catálogos de la Biblioteca Provincial Elvira Cape. Santiago de Cuba.
- Catálogo de la Biblioteca Central (Universidad de Oriente). Santiago de Cuba
- Catálogo de la Biblioteca de la Facultad de Artes y Letras de la Universidad de La Habana.
- Catálogo Virtual de la Biblioteca Nacional de España y la Biblioteca Virtual Miguel de Cervantes. Catálogo de la Biblioteca Nacional España: http://catalogo.bne.es/uhtbin/cgisirsi/vqIkt5ektr/bnMadrid /312210179/9
- Catálogo de la Biblioteca Digital Hispánica.
- Catálogo de la Biblioteca Nacional de España
- Catálogos de La Facultad de Filosofía y Letras de La Universidad de las Islas Baleares.
- Catálogos de La Biblioteca Pública de Palma de Mallorca.
- Catálogos y libros en la Biblioteca de la Fundación Juan March.
- Catálogos y textos de la Biblioteca de la Universidad de Islas Baleares.
- Catálogo de la Biblioteca de la Facultad de Filosofía y Letras de la Universidad de Islas Baleares.
- Catálogo de la fundación Juan March (Palma de Mallorca) Islas Baleares.
- Catálogo de la Biblioteca de la Facultad de Filosofía y Letras de la Universidad de los Estudios de Bari.
- Catálogo del Servicio Bibliotecario Nacional de Italia (OPAC SBN). En http://www.sbn.it/opacsbn/opac/iccu/free.jsp Base de datos
- Catálogo de la Biblioteca privada del Dr.C. José Servera Baño. (UIB).

AUTORES

Virginia Bárbara Suárez Piña

Doctora en Ciencias Literarias
Profesor Titular Universidad de Oriente

Títulos obtenidos:

Grado Científico de Doctora en Ciencias Literarias

Licenciatura en Letras (Universidad de Oriente. Cuba)

Idioma Ruso (Facultad Preparatoria).

Idioma Francés Escuela de Idiomas Renato Guitart.

Diploma de Estudios Fundamentales de la Alliance Francaise.

Profesor de Lengua y Literatura Española (Agencia Española de Cooperación Internacional) Madrid, España.

Profesora e Investigadora del Departamento de Letras de la Universidad de Oriente. Trabajó en el Departamento de Extensión Universitaria y en la Facultad Preparatoria. Actualmente es la Directora del Departamento de Letras de la Facultad de Humanidades. Fue Coordinadora de Año y jefa de disciplina del Colectivo de Literaturas Iberoamericanas. Como docente ha impartido diferentes asignaturas en correspondencia con las especialidades de Arte, Periodismo, Filología y Letras en los cursos diurno, vespertino nocturno y por encuentro. Ha sido miembro de tribunales de Examen de Premio, de defensa de Trabajos de Diploma y de Trabajo de Curso y de Tesis de Maestría y de Predefensas de Tesis Doctorales. Ha integrado tribunales de exámenes fundamentalmente de Literatura Española, Poesía Cubana, Poesía Hispánica Contemporánea, Literatura Latinoamericana, Historia de Cuba, Literatura Cubana, Análisis Poético y Seminario Martiano. Aplica la computación a la docencia y a la investigación a través de la confección de materiales de apoyo a la docencia para ser ubicados en la red y la búsqueda en Internet. Es tutora de Adiestradas en la Disciplina de Literaturas Iberoamericanas y de Alumnos de Alto Rendimiento. Estuvo insertada durante un curso a la Dirección de Cultura Municipal en Santiago de Cuba donde integró el colectivo de Perfil tabloide cultural santiaguero donde publicó diferentes artículos. Ha trabajado como guía y oponente laboral. Ha sido tutora y profesora consultante de Trabajos de Diplomas y Trabajos de Cursos. Fue coordinadora de año. Ha asistido a diferentes cursos de postgrados, entrenamientos y eventos científicos de carácter nacional e internacional. Miembro de Tribunal de las ediciones de la Conferencia Internacional Lingüístico Literaria y Miembro del Comité Organizador de una de las ediciones de la misma. Tribunal de los eventos de carácter internacional que auspicia el Centro Cultural Africano Fernando Ortiz , del Evento de Ciencia y Conciencia y el de la Escuela Provincial del PCC. Integra tribunales en el Forum Científico Estudiantil y Exámenes Estatales y para el mínimo de la Especialidad en Historia del Arte. Integra tribunales en el proceso de categoría docente (Instructor y Asistente). Recibió el diploma de Investigador colaborador por parte del CECUCA. Por la misma investigación está vinculada al Consejo de las Artes Escénicas de esta ciudad. Como experiencia investigativa, desde su etapa estudiantil, viene realizando diferentes investigaciones que luego culminan en su Trabajo de Diploma; durante su vida laboral, se mantiene en este campo lo cual refleja a través de diferentes temas presentados en las ediciones de la Conferencia Internacional Lingüística Literaria que se realizan en la Facultad y otros eventos nacionales e internacionales. A partir de 1990 formó parte del Equipo de Investigación de la Obra Científica "La Literatura en Santiago de Cuba 1923-1988" proyecto de Investigación centrado por el Departamento de Letras de la Universidad de Oriente, conjuntamente con la Delegación Territorial del Ministerio de la Ciencia, Tecnología y Medio Ambiente (Departamento de Lingüística Aplicada) y otras Instituciones durante el quinquenio 1990-1995. Recibió cartas de aceptación de la Universidad de Valencia para su tema de investigación. Ocupó el cargo de Jefa de Tema en los acápites correspondientes a "El Teatro y la actividad Teatral" (etapas Neocolonia y Revolución) con la calidad requerida de acuerdo con los objetivos de la obra. En estos momentos forma parte de un proyecto de investigación sobre Literatura y Medio ambiente, que pertenece al Departamento de letras. Obtuvo el grado científico de Dra en Ciencias Filológicas con la tesis "El teatro colonial en Santiago de Cuba (1850-1898). Principales vertientes y líneas temáticas." En estos momentos dirige un Proyecto sobre investigaciones regionales que tiene aprobación del CITMA y tiene un Grupo Científico Estudiantil. Integró el equipo de expertos para la acreditación de la Carrera de Letras de la Universidad Central de Las Villas. Miembro del Grupo Asesor para la labor educativa de la Vicerrectoría Docente y el Departamento Docente. Ha sustituido a la Vicedecana Docente (integró la tabla de Sustitutos y Reservas) y a la Decana. Durante el curso 2006-2007 fue seleccionada mejor cuadro de la Facultad de Humanidades. Integró el equipo de la Evaluación Institucional en la Universidad de La Habana (2010). Dirigió y participó en el proceso de Acreditación de la Carrera de Letras (2011). Ha realizado diferentes actividades de extension, entre ellas, presentaciones de libros y grabaciones de programas televisivos. Estuvo en un intercambio académico-investigativo en Italia. Integra tribunal de categorías Docentes y del Mínimo de la Especialidad. Imparte créditos en el Doctorado Escolarizado del Departamento de Letras y realiza otras figuras de postgrados. Coordinadora diplomado de estudios patrimoniales lingüísticos y literarios. Integra el Consejo Científico de la facultad de Humanidades. Trabajó como Profesora Invitada en la Universidad de las Islas Baleares (2009) en el proyecto de investigación: Diccionario de obras y autores dramáticos cubanos y españoles del siglo XIX, con el Catedrático Dr. C. José Servera Baño. Trabaja como Profesora Invitada en la Universidad de los Estudios de Bari (2012, 2013) en un proyecto de investigación con la Doctora Ines Ravassini. Ha realizado intercambios con especialistas de la Universidad de Florencia. Es tutora de Tesis de doctorado y Maestrias. Defendidas con calificaciones de excelente. Tutora de la tesis doctoral: Incursos mitológicos y simbolismo de la imago mujer en la narrativa de

Miguel de Carrión del Lic. Ronald Ramírez, defendida, brillantemte, en diciembre del 2013. Como tutora de la misma participó en su acto de defensa en la Universidad de la Habana. En estos momentos es tutora de dos tesis doctorales y dos de maestría. Coordinadora del proyecto: Rescate y valoración del patrimonio literario de Santiago de Cuba: Géneros, autores y obras que en el 2015 fue elegido como resultado relevante en Ciencias Humanísticas a nivel de Facultad para competir a nivel de Universidad. Integra equipo de investigación del proyecto VLIR, jefa de la rama de literatura (Universidades bélgicas). Mantiene relaciones de trabajo con la Universidad de las Islas Baleares, Universidad de los Estudios de Bari, Universidad de Valencia y Universidad de Burdeos III. Desde el 2005 sus evaluaciones profesorales han sido de excelente. Recibió la medalla Por la Educación Cubana y José Tey.

Publicaciones

- Aproximación a una posible influencia de Martí en Onelio Jorge Cardoso. Perfil de Santiago. 30 de enero de 1991.

- ¿Anhelaría usted vivir en poligamia? En Perfil de Santiago. 14 de febrero de 1991.

- ¿Por qué Heredia? En Perfil de Santiago, 3 de marzo del 1991.

- Historia y Ficción en la obra La Emigración al Caney, en Anejo Nro XLII de la *Revista de Filología de la Facultad de Filología de la Universidad de Valencia*. p. (181-192. ISBN: 84-370-4933. (2001)

- Apuntes para una historia del teatro en Santiago de Cuba desde sus orígenes hasta finales del siglo XIX, en Anejo Nro XLII de la *Revista de Filología de la Facultad de Filología de la Universidad de Valencia*. p. 193-204. ISBN: 84-370-4933 (2001) (libro).

- El personaje femenino en dos obras del teatro cubano del siglo XIX: dos caras de una misma moneda, en Actas del Congreso del VI Taller de Africanía en el Caribe "Ortiz Lachatañeré"(2001) ISBN: 959-242-075-0

- Los espectáculos teatrales en Santiago de Cuba desde 1850 hasta 1898, en Memorias de la XI Conferencia Internacional Lingüístico Literaria (2002) ISBN 959-207-015-6

- Panorama del teatro en Santiago de Cuba desde 1850 hasta 1898, en Memorias X Conferencia Internacional Lingüístico Literaria (2000)

- Mujer y Sociedad en dos obras dramáticas de Santiago de Cuba en el siglo XIX, en Revista Santiago, Nro. 98, 2002.

- El personaje del negro en dos obras del teatro en Santiago de Cuba en el siglo XIX, en *Revista Santiago*, sept - dic. 2001, p.123. ISBN: 0048-9115 RNPS 0145.

- Presencia del negro en tres poemas de José María Heredia en Actas del VII Taller Internacional de Africanía en el Caribe "Ortiz Lachatañeré ISBN: 959-7175-029.

- Monografía: «La actividad teatral en Santiago de Cuba desde 1850 hasta 1898»(2002) Publicada por el Centro de Información Científico Técnica de la Biblioteca de la Universidad de Oriente (2002) ISBN: 959-207-086-5

- Estampa costumbrista en Los Mocitos del Día de Tomás Mendoza. En Actas de la VIII Conferencia Internacional de Cultura Africana y Afroamericana (2004) ISBN: ISBN: 959-242-084-X.

- «Raíces patrióticas en el teatro colonial de Santiago de Cuba en la segunda mitad del siglo XIX» en Actas del Evento de Ciencia y Conciencia (2005) ISBN: 959-207-152-7

- «Sentimiento y evocación patriótica en el teatro herediano», en condición de coautora en Actas del Evento de Ciencia y Conciencia (2005) ISBN: 959-207-152-7.

- *Obras y Autores en el espacio teatral del Santiago de Cuba colonial durante el siglo XIX en La esencia social del teatro.* Santiago de Cuba, Ediciones Santiago, 2006. (libro).

- Raíces patrióticas en el teatro colonial de Santiago de Cuba en la segunda mitad del siglo XIX. *Revista Santiago* Nro. 115 (2008).

- «Tradición clásica grecolatina en las traducciones y obras originales del teatro de José María Heredia» en «Teatro y sociedad en la Antigüedad clásica. Las relaciones de poder en época de crisis», a cura di José Vte. Bañuls-Francesco De Martino-Carmen Morenilla Bari, Levante Editori 2008 Italia ISBN 978-887947-491-5 ISSN 1723-4891. pp. 513- 529 y el Apéndice 531-534 (coautora) (libro).

- Tradición clásica grecolatina en las traducciones y obras originales del teatro de José María Heredia" en *Revista Santiago* ISSN: 0048-9115 2008 (coautora).

- Raíces patrióticas en el teatro colonial de Santiago de Cuba en la segunda mitad del siglo XIX. *Revista Santiago* Nro. 115 (2008).

- Obras y autores italianos en el espacio teatral de Santiago de Cuba durante el siglo XIX, en Ciencia en mi PC *Revista electrónica MEGACEM.*

- Ecología y poesía: Apuntes en torno al poema Niágara de José María Heredia, http://www.// Biblioteca Mexiquense. http. ISBN: 978-970-826-012-1. (coautora)

- *Ecología y poesía: Apuntes en torno al poema Niágara* de José María Heredia. Gobierno del Estado de México, Toluca, 2007. ISBN: 978-970-826-012-1 (coautora) (libro).

- La tendencia foránea: Géneros teatrales y vertientes temáticas en la escena ... Virginia B. Suárez Piña. Universidad de Oriente / Santiago de Cuba/ Cuba ... cce.ufsc. br/~lle/congresso/.../Virginia B. Suarez Pina.docwww.cce.ufsc.br

- *Obras y autoras dramáticas cubanas del siglo XIX. Acercamiento al drama La Mulata de Eva Canel. XI* Conferencia Internacional de Cultura Africana y Afroamericana. ISBN: 978-959-284-010-2 (2010) (coautora).

- Dilema entre la cultura teatral regional y foránea: una estrategia contra la globalización como coautora en el 5to Taller Científico-Metodológico sobre el Perfeccionamiento de la Enseñanza de Lenguas Extranjeras ISBN 978- 959- 207- 382- 1. (Febrero 2010) (coautora).

- Agripina: símbolo de resistencia en la tragedia Tiberio de José María Heredia, en "Teatro y sociedad en la Antigüedad clásica. *La redefinición del rôle de la mujer por el escenario de la guerra,* Levante Editori 2010. Italia, Bari. ISBN 978-88-7949-560-8 ISSN 1723-0000 pp. 487-501(coautora) (libro).

- *Apuntes para un Diccionario del teatro: Obras y autores del siglo XIX.* Evento del Centro de Estudios Cubanos y del Caribe(2011) (coautora).

- *Obras y autores italianos en el espacio teatral de Santiago de Cuba (Siglo XIX),* en Italia en la memoria santiaguera. Santiago de Cuba, Ediciones Santiago, 2011. (libro).

- El teatro de tema histórico en la Isla de Cuba durante el siglo XIX. Principales obras y autores, en *Revista Santiago.* Enero-abril 2012.

- "Acercamiento al tema de la esclavitud en las *Crónicas de Emilio Bacardí.* ISBN 978-959- 284- 012-6. (2012) coautora.

- La percepción de la realidad entre mujeres y hombres en el teatro: Aristodemo, obra de Joaquín Lorenzo Luaces en *El logos femenino en el teatro.* Bari, Levante Editori, 2012, pp. 585-605. (Coautora) (libro).

- Obras y autores italianos en el espacio teatral de Santiago de Cuba (Siglo XIX), en *El néctar italiano en la cultura santiaguer*a. Marettie Editore.ISBN:978-88-89477-93-9 (2012) (libro).

- Apuntes en torno a la carrera de Letras a los 50 años de la Reforma Universitaria en *Revista Santiago,* Nro.4. ISSN:2227-6513 (2012) (Coautora).

- «Los personajes femeninos en Cayo Graco, tragedia traducida por José María Heredia», en: *A la sombra de los héroes.* Bari, Levante Editori, 2014 pp. 447-461.ISBN: 978-88-7949-638-4. (libro)(Coautora).

- «Apuntes en torno al periodismo de escritores de raza negra en el siglo XIX. La Minerva, y sus publicistas» en *Actas de la XIV Conferencia Internacional de Cultura Africana y Afroamericana,* Santiago de Cuba, 11-16 de abril de 2015 (ISBN: 978-959-284-023-2) (coautora).

- Teatro colonial en Santiago de Cuba (1803-1898). Región y nacionalidad . *Revista La Siempreviva.*

- Apéndice, en *Dramaturgas Cubanas del Siglo XIX*; de Ramón Muñiz Sarmiento y Roxana Mena Fonseca. USA, Ediciones Unos y Otros, 2016 ISBN-13:978-1536829730 ISBN-10:1536829730

- Aproximaciones al teatro de tema histórico en Santiago de Cuba en el siglo XIX. Obras y autores Islas 183, No 3 de 2016.

- Los periódicos de Santiago de Cuba en el siglo XIX: reflexiones sobre su importancia patrimonial *Revista Santiago* (114-124)(coautora).

Graciela Durán Rodríguez

MSc. Español y Literatura
Profesor Auxiliar
Universidad de Oriente

Títulos obtenidos:

Licenciatura en Letras (Universidad de Oriente, Cuba).

Literatura Latinoamericana, Literatura Cubana y Caribeña
y Latinoamericana Español como Segunda Lengua.

Idioma Francés Escuela de Idiomas.

Trabajó como Profesor Principal en Disciplinas de Lengua y Literatura Nivel Medio Superior y en la Licenciatura para Maestros en Formación Pedagógica. Se desempeñó como jefa del Departamento de Letras y Vice decana Docente de la Facultad de Humanidades. Actualmente es jefa de disciplina del Colectivo de Literaturas Iberoamericanas. Como docente ha impartido diferentes asignaturas en correspondencia con las especialidades de Arte, Periodismo, Filología y Letras en los cursos diurno, vespertino nocturno y por encuentro. Ha asistido a las reuniones metodológicas, claustros, colectivos de asignaturas, conferencias científico-metodológicas. Ha sido miembro de tribunales de Examen de Premio, de defensa de Trabajos de Diploma y de Trabajos de Curso en las especialidades de Comunicación Social, Periodismo, Historia del Arte, estudios Socioculturales. Ha integrado tribunales de exámenes fundamentalmente de Literatura Española, Poesía Cubana, Poesía Hispánica Contemporánea, Literatura Latinoamericana, Historia de Cuba, Literatura Cubana, Análisis Poético y Seminario Martiano. Aplica la computación a la docencia y a la investigación a través de la confección de materiales de apoyo a la docencia para ser ubicados en la red y la búsqueda en Internet. Es tutora de Adiestradas en la Disciplina de Literaturas Iberoamericanas y de Alumnos de Alto Rendimiento. Estuvo vinculada durante tres cursos al trabajo editorial en la Editora Oriente donde se desempeñó como compiladora, editora y correctora de estilo. Se ha destacado en la impartición de la asignatura Taller de Lengua para estudiantes franceses en distintas ediciones de los Cursos de Verano con la Universisdad de Burdeos III., así como en otros tipos de cursos de perfeccionamiento de la lengua española con un numeroso grupo de estudiantes de distintas nacionalidades. Ha trabajado como guía y oponente laboral. Ha sido tutora y profesora consultante de Trabajos de Diplomas y Trabajos de Cursos. Fue coordinadora de año. Ha asistido a diferentes cursos de postgrados, entrenamientos y eventos científicos de carácter nacional e internacional. Miembro de Tribunal de las ediciones de la Conferencia Internacional Lingüístico Literaria y Miembro del Comité Organizador de una de todas sus ediciones. Tribunal de los eventos de carácter internacional que auspicia el Centro Cultural Africano Fernando Ortiz, del Evento de Ciencia y Conciencia. Integra tribunales en el Forum Científico Estudiantil de la carrera de Letras. Integra tribunales en el proceso de categoría docente (Instructor y Asistente). Como experiencia investigativa, desde su etapa estudiantil, viene realizando diferentes investigaciones que luego culminan en su Trabajo de Diploma; durante su vida laboral, se mantiene en este campo lo cual refleja a través de diferentes temas presentados en las ediciones de la Conferencia Internacional Lingüística Literaria que se realizan en la Facultad y otros eventos nacionales e internacionales. A partir de 1990 formó parte del Equipo de Investigación de la Obra Científica "La Literatura en Santiago de Cuba 1923-1988" proyecto de Investigación centrado por el Departamento de Letras de la Universidad de Oriente, conjuntamente con la Delegación Territorial del Ministerio de la Ciencia, Tecnología y Medio Ambiente (Departamento de Lingüística Aplicada) y otras Instituciones durante el quinquenio 1990-1995. Participó en el proyecto de investigación"Literatura Latinoamericana y medioambiente en el Caribe Hispánico" que pertenece al Departamento de Letras. Es miembro del Proyecto sobre investigaciones regionales que tiene aprobación del CITMA y tiene un Grupo Científico Estudiantil. Dirigió el proceso de Evaluación y Acreditación de la Carrera de Letras en la cual alcanzó la condición de Carrera Certificada en la Gestión de la Calidad. Integra tribunal de categorías Docentes. Pertenece a la Cátedra Emilio Bacardí de la ciudad. Integra la Cátedra de Extensión Cuba-América-Caribe y Hnos Henríquez Ureña conjuntamente con especialistas de República Dominicana. Es miembro de la Junta de Heredia de la ciudad y Comisión Internacional del 205 Aniversario del natalicio de José María Heredia. Ha obtenido numerosos reconocimientos acreditativos que otorga la Institución Universitaria y el Ministerio de Educación Superior en Cuba. Trabaja como investigadora en el Proyecto dirigido por el Catedrático Dr. C. José Servera Baño, profesor de la Universidad de las Islas Baleares .

Publicaciones

- El testimonio en Santiago de Cuba. *Revista Santiago* No.79. julio-dic. 1995 Santiago de Cuba.

- Panorama del teatro en Santiago de Cuba desde 1850 hasta 1898, en Memorias X Conferencia Internacional Lingüístico Literaria (2000).

- "Epistolario de la Familia Henríquez Ureña" *Cuadernos de Filología No. XLII*. Facultad de Filología. Universidad de Valencia. 2001. ISBN 84-370-4933-4.

- Camila Henríquez Ureña: algunas reflexiones en torno a una estética Femenina: *Memorias de la XI CLL Febrero*. ISBN 959-207-015-6 (2002).

- Filigrana y las Trampas del espejo. *Actas VII Conferencia de Cultura Afroamericana*: 2002 ISBN 959-242-075-0.

- La conga desde la perspectiva de Max Henríquez Ureña. Artículo en Acta de la VIII Conferencia Internacional Cultura africana u afroamericana2002 ISBN 959-242-084.

- El negro en el medioambiente costarricense. espacios y discursos. Actas VIII Conferencia. *De la cultura Africana y Afroamericana* ISBN 959-242-084-X (2003).

- Apuntes para una historia del teatro en Santiago de Cuba desde sus orígenes hasta finales del siglo XIX, en Anejo Nro XLII de la *Revista de Filología de la Facultad de Filología de la Universidad de Valencia*. p. (193)-204. ISBN: 84-370 -4933 (2001).

- El personaje del negro en dos obras del teatro en Santiago de Cuba en el siglo XIX, en *Revista Santiago,* sept-dic. 2001, p. 123. ISBN: 0048-9115 RNPS 0145.

- El referente ético y sociocultural africano en tres novelas costarricenses desde una mirada medioambiental. VIII Taller Internacional de Africana en el Caribe "Ortiz Lacahtañeré"(2005).

- El teatro bufo y las relaciones en santiago de Cuba en la segunda mitad del siglo XIX. VIII Taller Internacional de Africana en el Caribe "Ortiz Lacahtañeré"(2005).

- Presencia del negro en tres poemas de José María Heredia en Actas del VII Taller Internacional de Africanía en el Caribe "Ortiz Lachatañeré ISBN: 959-7175 -029.

- Monografía: Estampa costumbrista en Los Mocitos del Día de Tomás Mendoza. En *Actas de la VIII Conferencia Internacional de Cultura Africana y Afroamericana* (2004) ISBN: ISBN: 959-242-084-X.

- "Sentimiento y evocación patriótica en el teatro herediano", en condición de coautora en *Actas del Evento de Ciencia y Conciencia* (2005) ISBN: 959-207-152-7

- El impacto medioambiental del canal de Panamá en una comunidad de negros y criollos, expresado en el discurso narrativo. En Actas IX Conferencia Internacional de Cultura Africana y Afroamericana, del 10 al 14 de abril de 2006. ISBN:95928-4001-6.

- Tradición Clásica Grecolatina en el teatro de José María Heredia a través de sus obras originales y traducciones." (2007) Valencia

- Reflexión en torno al medioambiente en una novela latinoamericana. Monografía Excelencia. Centro de Información Científico Técnica de la Biblioteca de la Universidad de Oriente. (2007).

- La imagen cultural africana y las estrategias para entrar a la modernidad ISBN 978-959-284-005-8 IX Taller de Africana en el Caribe "Ortiz Lachatañeré" del 12 al 15 de Marzo, 2007.

- Ecología y poesía: Apuntes en torno al poema Niágara de José María Heredia. Gobierno del Estado de México, Toluca, 2007. ISBN: 978-970-826-012-1.

- Concepción Pedagógica para la dirección del trabajo científico- metodológico de la Universalización(2008).

- *Obras y autoras dramáticas cubanas del siglo XIX.* Acercamiento al drama La Mulata de Eva Canel. XI Conferencia Internacional de Cultura Africana y Afroamericana. ISBN: 978-959-284-010-2 (2010) (coautora).

- Dilema entre la cultura teatral regional y foránea: una estrategia contra la globalización como coautora en el 5to Taller Científico-Metodológico sobre el Perfeccionamiento de la Enseñanza de Lenguas Extranjeras ISBN 978-959-207-382-1. (febrero 2010) (coautora).

- Agripina: símbolo de resistencia en la tragedia Tiberio de José María Heredia, en "Teatro y sociedad en la Antigüedad clásica. La redefinición del rôle de la mujer por el escenario de la guerra, Levante Editori 2010. Italia, Bari. ISBN 978-88-7949-560-8 ISSN 1723-0000 pp. 487-501(coautora).

- Apuntes para un Diccionario del teatro: *Obras y autores del siglo XIX.* Evento del Centro de Estudios Cubanos y del Caribe.(2011) (coautora).

- La temática medioambiental en la novela costarricense única mirando al mar de Fernando Contreras Castro. Ciencia en su PC [en linea] 2011, (abril-junio) : Disponible en:<http://www.redalyc.org/articulo.oa?id=181322257007> ISSN 1027-2887.

- "Acercamiento al tema de la esclavitud en las "Crónicas de Emilio Bacardí". ISBN 978-959- 284- 012-6. (2012) coautora.

- La percepción de la realidad entre mujeres y hombres en el teatro: Aristodemo, obra de Joaquín Lorenzo Luaces en *El logos femenino en el teatro.* Bari, Levante Editori, 2012, pp. 585-605. (coautora).

- «Los personajes femeninos en Cayo Graco, tragedia traducida por José María Heredia», en: *A la sombra de los héroes.* Bari, Levante Editori, 2014 pp. 447-461.ISBN: 978-88-7949-638-4. (coautora).

- «Apuntes en torno al periodismo de escritores de raza negra en el siglo XIX. La Minerva, y sus publicistas» en Actas de la XIV Conferencia Internacional de Cultura Africana y Afroamericana, Santiago de Cuba, 11-16 de abril de 2015 (ISBN: 978-959-284-023-2) (coautora).

- Aproximaciones al teatro de tema histórico en Santiago de Cuba en el siglo XIX. Obras y autores Islas 183, No 3 de 2016.

- Los periódicos de Santiago de Cuba en el siglo XIX: reflexiones sobre su importancia patrimonial *Revista Santiago* (114-124)(coautora).

José Servera Baño

Licenciado en Filosofía y Letras por la Universidad de Barcelona (1975).
Doctor en Filología Hispánica por la Universitat de les Illes Balears (1979).
Premio extraordinario de doctorado. Catedrático de Universidad (1998).
Profesor en la Universidad Islas Baleares (desde 1975).

Ha formado parte de diversos proyectos I+D. Actualmente, del titulado «La obra y el legado manuscrito de Valle-Inclán: ediciones y estudios» (2016) (LOLEMVI), de la Universidad de Santiago de Compostela, vinculado a la Cátedra Valle-Inclán.

En el ámbito de la gestión ha desempeñado numerosos cargos académicos: Secretario de la Facultad de Filosofía y Letras, Director de Departamento (con varias denominaciones), Vicerrector de Profesorado, Vicerrector de Ordenación Académica.

Líneas de investigación:

- Centrada en Valle-Inclán, en ediciones de sus textos (Claves líricas, Corte de amor, Cuento de abril, Voces de gesta) y estudios sobre su narrativa, teatro y lírica.

- Ediciones (Sab, de Gómez de Avellaneda) y estudios de la literatura española contemporánea e hispanoamericana. Estudios sobre el siglo XIX: Arolas, poesía romántica, Bécquer, Ros de Olano, Joaquín Dicenta, Sobre el siglo XX: poesía modernista, el grupo de 1927.

- Aportaciones sobre el Siglo de Oro (En torno a san Juan de la Cruz) y la presencia de los clásicos españoles (Fray Luis de León, SJC, Cervantes, Góngora) en autores españoles contemporáneos.

- Teoría literaria sobre el símbolo y sobre estructuras narrativas, y comentario de textos literarios (Comentario de textos literarios. Técnicas y prácticas).

NOTAS

1. Foto: http://www.senado.es/web/conocersenado/senadohistoria/senado18341923/senadores/fichasenador/index.html?id1.

2. CGDP: MCSXIX. p. 13.

3. CDE. p. 30.

4. Abarzuza, Francisco de. *Poesías.*, pp. 49, 59.

5. CDE. p. 30. DCL. p. 17 T. I. CGDP: MCSXIX. p. 13.

6. CDE. p. 32.

7. CT: BCSXIX. p. 282. T. V.

8. CT: BCSXIX. p. 3. T. I.

9. DLC. pp. 22-23. T. I.

10. CDE. p. 33.

11. CA: ALTBSXIX. p. 203.

12. CGDP. MCSXIX: p. 16.

13. CDE. p. 36.

14. CT: BCSXIX. p. 224. T. III.

15. IPD.

16. JDC: DBBEEC. p. 25.

17. CT: BCSXIX. p. T. III.

18. CT: BCSXIX. p. 164. T. III.

19. CT: BCSXIX. p. 89. T. I.V.

20. BDH.

21. DLC. P. 50-51. T. I. CDE. p. 55-56.

22. CT: BCSXIX. p. 228. T. VII.

23. DLC. p. 61. T.I CDE. p. 59.

24. CT: BCSXIX. p. 33. T. I.

25. CDE. p. 64.

26. CDE. pp. 64-65.

27. CT: BCSXIX. p. 286. T.VI.

28. Foto de DLC.T. I.

29. CBNC.

30. DLC. p. 73-75. T. I. CDE. p. 65.

31. Dirigida por Domingo Goicuría, (La Habana 23 de junio de 1805 - La Habana 7 de mayo de 1870). Como apoyo a la Guerra del 68 en Cuba. El desembarco se produjo en las cercanías de La Villa de Gibara. Perseguidos por el ejército colonial español y los voluntarios, fueron capturados en su mayoría, y más tarde fusilados.

32. DLC. p. 75. T. I. CDE. p. 65.

33. CBNC.

34. DLC. p. 76. T. I. CDE. p. 65.

35. CGDP. MCSXIX: p. 27.

36. Foto: https://www.buscabiografias.com/biografia/verDetalle/3252/Francisco%20Barbieri%20-%20 Francisco%20Asenjo%20Barbieri.

37. https://www.biografiasyvidas.com/biografia/b/barbieri.htm.

38. Suárez, Virginia B. *El Teatro colonial…* Anexos.

39. Foto: http://culturagalega.gal/album/detalle.php?id=26.

40. DLC. p. 86. T.I. CDE. pp. 73-74.

41. Foto: DLC. T. I.

42. Esta síntesis biográfica fue elaborada por la Lic. Maritza de los Ángeles Téllez, especialista de la Biblioteca Provincial Elvira Cape. Santiago de Cuba. Respetamos su estilo y redacción.

43. Foto: DLC.T. I.

44. DLC. pp. 97-99. T. I.

45. CBNC.

46. Foto: DLC. T. I.

47. CDE. p. 81.

48. Foto: https://i0.wp.com/linkgua-digital.com/wp-content/uploads/2013/05/francisco-javier-balmaseda.jpg

49. DLC. pp. 104-105. T. I. CDE. p. 80.

50. CT: BCSXIX. p. 142. T.IV.

51. CT: BCSXIX. pp. 261-262. T. IV.

52. CT: BCSXIX. p. 156. T. V.

53. CDE. p. 81.

54. CT: BCSXIX. p. 378.

55. CT: BCSXIX. p. 275. T. VII.

56. CBNC.

57. *Antología del teatro bufo*, pp. 185-186.

58. CBNC.

59. CT: BCSXIX. p.119. T. IV.

60. Foto: http://opera.stanford.edu/Bellini/

61. https://www.buscabiografias.com/biografia/verDetalle/4830/Vincenzo%20Bellini

62. Foto: DLC. T. I.

63. CBNC.

64. CT: BCSXIX. pp. 361-362. T. IV.

65. CBNC.

66. http://www.mcnbiografias.com/app-bio/do/show?key=belmonte-bermudez-luis-de.

67. CBNC.

68. CT: BCSXIX. p. 248 T. V.

69. DLC. pp. 113-114. T. I. CDE. p. 94.

70. Entre 1768 y 1771 ocupó un cargo gubernamental en Île de France (actual Isla Mauricio). Fue

nombrado ingeniero numerario del ejército en 1760, participó en algunas campañas, pero perdió su grado por insubordinación. Tras regresar a Francia, se convirtió en seguidor del filósofo Jean-Jacques Rousseau. Sus obras combinan imaginación, sentimiento y amor por la naturaleza, en oposición al humor y el formalismo que caracterizaba gran parte de la literatura francesa de su época. *Pablo y Virginia* (1788) es considerada su obra maestra (https://www.buscabiografias.com/biografia/verDetalle/877/Jacques%20Henri%20Bernardin%20de%20Saint-Pierre).

71. En el catálogo de la Biblioteca Digital Hispánica, encontramos la obra teatral. Fue publicada en 1862. No aparece Antonio Bermúdez y Salas como autor. Cabe la posibilidad de que nos estemos refiriendo a otra adaptación.

72. Foto: DLC. T. I.

73. BDH.

74. CT: BCSXIX. p. 90. T. IV.

75. DLC. p. 116. T. I. CDE. p. 96.

76. CA: ALTBSXIX. p. 203.

77. Foto: https://www.ecured.cu/index.php/Emilio_Blanchet_Bitt%C3%B3n.

78. DLC. p. 137. T. I. CDE. p. 99.

79. CT: BCSXIX. p. 165. T. III.

80. CT: BCSXIX. p. 3. T. III.

81. CT: BCSXIX. p. 28. T. III.

82. Ibid.

83. Blasco, Eusebio. *Gran Enciclopedia aragonesa.* http://www.enciclopedia-

84. Foto: DLC. T. I.

85. Foto: DLC.T. I.

86. BDH.

87. DLC. p. 138-140. T. I CDE. p. 101.

88. DLC. p. 143. T. I. CDE. p. 101-102.

89. CT: BCSXIX. p. T. VI.

90. CBNC.

91. Ibid.

92. CDE. p. 105-106.

93. AML y JGC: BDTC. p. 93.

94. http://www.elche.me/biografia/botella-y-andres-francisco.

95. CDE. p. 106.

96. Revista *Cuba Contemporánea.* Enero de 1927.

97. https://es.wikisource.org/wiki/Autor:Manuel_Bretón_de_los_Herre.

98. Resumen de diferentes páginas de *internet* sobre este famoso dramaturgo.

99. Foto: DLC. T. I.

100. CBNC.

101. CDE. p. 112.

102. Foto: DLC. T. I.

103. DLC. p. 163. T. I. CDE. p. 112.

104. Foto: Blanco Álvarez, Nuria. «Manuel Fernández Caballero, El Gran Genio de la zarzuela». https://www.codalario.com/manuel-fernadez-caballero/opinion/manuel-fernandez-caballero--el-gran-genio-de-la-zarzuela_2876_32_7230_0_1_in.html.

105. http://www.biografiasyvidas.com/biografia/c/caballero_manuel.htm

106. Foto: Nuria Blanco Álvarez: Manuel Fernández Caballero, El Gran Genio de la zarzuela, en https://www.codalario.com/manuel-fernadez-caballero/opinion/manuel-fernandez-caballero--el-gran-genio-de-la-zarzuela_2876_32_7230_0_5_in.html

107. http://www.biografiasyvidas.com/biografia/c/caballero_manuel.htm

108. Suárez, Virginia B. *El Teatro colonial*… Anexos.

109. BDH.

110. CDE. p. 117.

111. CT: BCSXIX. p. 373.

112. CT: BCSXIX. p. 120. T. IV.

113. Foto: http://www.circuloguinero.org/contentES/aTraves/personajesImportantes/abc/cabreraBoschRaimundo.html

114. DLC. p. 166-169. T. I.

115. CBNC.

116. Ibid.

117. CDE. p. 120.

118. José Cadalso, en Biografías y Vidas. La Enciclopedia biográfica en línea, http://www.biografiasyvidas.com/biografia/c/cadalso.htm

119. Suárez, Virginia B. *El Teatro colonial*… Anexos.

120. Foto: DLC. T. I.

121. DLC. p. 172-173. T. I.

122. CDE. p. 122.

123. CT: BCSXIX. p. 36. T. V.

124. CT: BCSXIX. p. 4. T. IV.

125. Foto: Francisco Camprodón y Lafont, http://rincondepoetasmajo.blogspot.it/2013/02/francisco-camprodon-y-lafont.html

126. CDE. p. 129.

127. CT: BCSXIX. p. 226. T. III.

128. Suárez, Virginia B.: *El Teatro colonial*…, p. 146. Anexos.

129. CDE. p. 129.

130. CT: BCSXIX. p. 143. T. III.

131. León Estrada: Santiago Literario., p. 129.

132. Rine Leal: *La Selva Oscura*., p. 188. T. I.

133. CDE. p. 130.

134. Foto: http://escritoras.com/escritoras/Eva-Canel

135. CDE. p. 130.

136. CDE. p. 132.

137. CT: BCSXIX. p. 83. T. I.

138. CT: BCSXIX. p. 319. T. IV.

139. CBNC.

140. https://www.ecured.cu/Miguel_de_C%C3%A1rdenas_y_Ch%C3%A1vez

141. CGDP. MCSXIX. p. 49.

142. DLC. p. 182. T. I.

143. DLC. T. I.

144. DLC. p. 182. T. I CDE. p. 136.

145. CT: BCSXIX. p. 143. T. III.

146. DLC. p. 182. T. I.

147. CT: BCSXIX. P. 87. T. II.

148. A A. W. : Autoras en la historia del teatro español (1500-1994). CT: BCSXIX. p. 50 T. VIII.

149. CT: BCSXIX. p. 159 T. VIII.

150. http://cienfuegoscuba.galeon.com/diccionario.htm

151. CDE. p. 140.

152. CT: BCSXIX. p. 5. T. IV.

153. CT: BCSXIX. p. 226. T. III.

154. En España escribió: *El diablo son los rapaces*. Comedia 1859. N. por R. Comedia, parte en bable, 1867. *El Gran problema social. Comedia* 1871. Lorenzo. *El expósito*. Drama, 1877. *El hombre Diógenes*. Comedia en un acto. Gijón, Imprenta de Junquera, 1877. *El fantasma*. Comedia, 1877. *El amor y el interés*. Comedia, 1877. *Tiberio Graco*. Drama, 1878. *Cría cuervos y te sacarán los ojos*. Comedia, 1879. Algunas de sus piezas quedaron inéditas: *El abrazo del alma*. Comedia. *La palinodia*. Comedia. *La paliza merecida*. Comedia. T*ras de cuernos, palos*. Comedia.CDE. P. 140.

155. AML y JGC: BDTC. p. 94.

156. DLC. T. I. p. 192.

157. CT: BCSXIX. p. 320. T. IV.

158. http://cienfuegoscuba.galeon.com/diccionario.htm

159. AML y JGC: BDTC. p. 95.

160. P. 6. T. IV.

161. CBNC.

162. http://cienfuegoscuba.galeon.com/diccionario.htm

163. CBNC.

164. Foto: Escritoras Latinoamericanas del XIX, en http://eladd.org/otras-autoras/aurelia-castillo-de-gonzalez/

165. DLC. p. 207. T. I. CDE. p. 149.

166. León Estrada: Santiago Literario., p. 116.

167. AML y JGC: BDTC. p. 95.

168. CT: BCSXIX. p. 128. T. V.

169. CT: BCSXIX. p. 2. T. III.

170. CT: BCSXIX. p. 52. T. III.

171. José A. Godoy: *"Biografía de D. Manuel Catalina.*, en Por derecho de conquista.

172. Ibid., p. XVI.

173. Suárez, Virginia B.: *El Teatro colonial…*, p. 146. Anexos.

174. Manuel Catalina, en https://es.wikipedia.org/wiki/Manuel_Catalina.

175. CT: BCSXIX. p. 145. T. III. CDE. p. 155.

176. Foto:https://www.ecured.cu/index.php/Ignacio_Cervantes.

177. www.ecured.cu/index.php/Ignacio_Cervantes.

178. Foto:https://www.ecured.cu/Carlos_Manuel_de_C% C3%A9spedes.

179. CT: BCSXIX. p. 189. T. III.

180. DLC. p. 212-213. T. I. CDE. p. 157.

181. CDE. p. 421.

182. CA: ALTBSXIX. p. 204.

183. CA: ALTBSXIX. p. 206.

184. Manuscritos Catálogo de la BN José Martí.

185. CT: BCSXIX. p. 104. T. III.

186. AML y JGC: BDTC. p. 98.

187. CDE. p. 159.

188. León, Estrada: *Diccionario de escritores santiagueros; Apuntes primarios.*

189. CBNC.

190. cienfuegoscuba.galeon.Comedia/diccionario.htm.

191. CDE. p. 163.

192. CT: BCSXIX. p. 368. T. VII.

193. Vid. nota 188.

194. CDE. p. 168.

195. BDH.

196. CDE. p. 170.

197. CT: BCSXIX. p. 7. T. V.

198. CT: BCSXIX. p. 128. T. V.

199. CDE. p. 170.

200. CT: BCSXIX. p. 387.

201. Foto:https://www.ecured.cu/index.php/Mariano_Corona_Ferrer.

202. CT: BCSXIX. p. 116.

203. Ibid.

204. https://www.ecured.cu/Mariano_Corona_Ferrer

205. CDE. p. 171.

206. AML y JGC: BDTC. p. 96.

207. CT: BCSXIX. p. 94. T. V.

208. CT: BCSXIX. p. 225. T. VIII. AML y JGC: BDTC. p. 97.

209. CT: BCSXIX. p. 189. T. VIII.

210. CDE. p. 174.

211. AML y JGC: BDTC. p. 97.

212. Ibid.

213. CT: BCSXIX. p. 249. T. V.

214. BDH.

215. CT: BCSXIX. p. 53. T. VI.

216. CT: BCSXIX. p. 101. T.VI.

217. CT: BCSXIX. p. 252. T. VI.

218. CT: BCSXIX. p. 400. T. VIII.

219. FC: DBC p. 213.

220. CDE. p. 175.

221. CT: BCSXIX. p. 81. T. VII. CDE. p. 175.

222. https://www.ecured.cu/Francisco_Covarrubias

223. DLC. p. 241. T.I. CDE. p. 175.

224. AML y JGC: BDTC.p. 97.

225. Suárez, Virginia B. *El Teatro colonial…* Anexos.

226. DLC. p. 242. T. I. CDE. p. 176.

227. AML y JGC: BDTC. p. 97.

228. CDE. p. 180.

229. CT: BCSXIX. p. 51. T. III.

230. CT: BCSXIX. p. 38. T. V.

231. CBNC.

232. AML y JGC: BDTC. p. 98.

233. CBNC.

234. CT: BCSXIX. p. 202. T. VI.

235. www.Enciclopedia EcuRed. CDE. p. 185.

236. CT: BCSXIX. p. 145. T. III.

237. CT: BCSXIX. p. 147. T. III.

238. CDE. p. 186-187.

239. CDE. p. 186-187.

240. Mauro Sebastián Vallejo: "Alberto Díaz de la Quintana y las tensiones del campo médico en Bue-

nos Aires (1889-1892). Hipnosis, curanderismo y médicos extranjeros en la Argentina finisecular". Revista Culturas Psi/Psy Cultures Buenos Aires, marzo 2015, N°4, 53-84 ISSN 2313-965X, culturaspsi. org, en http://www.academia.edu/11745472/Alberto_Diaz_de_ la_Quintana_y_las_tensiones_del_ campo_m%C3%A9 dico_en_Buenos_Aires_1889- 1892_._Hipnosis_curanderismo_y_m%C3%A9di-cos_e xtranjeros_en_la_Argentina_finisecular.

241. *Contra el cólera*. Madrid, Imprenta de Emilio Saco y Brey, 1884.

242. Habana. Imprenta del Gobierno y Capitanía General, 1882.

243. CBNC.

244. Habana, Imprenta y Librería "Ricoy", 1897.

245. CT: BCSXIX. p. 235. T. VII.

246. CT: BCSXIX. p. 49. T.VII. y p. 63 del T. VIII.

247. CBNC.

248. Ibid.

249. CT: BCSXIX. p . 226. T. VIII.

250. CT: BCSXIX. P. 135-136. T. II.

251. Ibid.

252. CBNC.

253. CDE. p. 189.

254. CT: BCSXIX. P. 141. T. II.

255. CT: BCSXIX. P. 187. T. VII.

256. www.amazon.es/Marido-Imprentarudente- Chocolate-Polvos-Anonimos/dp/...

257. CT: BCSXIX. p. 166. T. IV.

258. FC: DBC. p. 243. CDE. p. 193.

259. CT: BCSXIX. p. 190 . T. III. CT: BCSXIX. p. 350. T. IV.

260. CT: BCSXIX. p. 94. T. IV.

261. CT: BCSXIX. p. 95. T. V.

262. Suárez, Virginia B. *El Teatro colonial*… Anexos.

263. CT: BCSXIX. p. 129. T. V.

264. CT: BCSXIX. p. 63. T. III.

265. CA: ALTBSXIX. p. 207.

266. Foto: https://es.wikipedia.org/wiki/Jos%C3%A9_Echegaray

267. Suárez, Virginia B. *El Teatro colonial*… Anexos.

268. Foto:www.ecured.cu/index.php/Enrique_Edo_y Llop

269. www.ecured.cu/index.php/Enrique_Edo_y_Llop

270. CBNC.

271. CDE. p. 196.

272. CT: BCSXIX. p. 287. T. V.

273. CBNC.

274. CT: BCSXIX. p. 102. T. VI.

275. CT: BCSXIX. p. 129. T. V.

276. CBNC.

277. CT: BCSXIX. p. 103. T. VI.

278. Hasta el momento no se han localizado sus títulos.

279. CGDP. MCSXIX:, p. 80-81.

280. CT: BCSXIX. P. 151. T. II.

281. Suárez, Virginia B. *El Teatro colonial…* Anexos.

282. Ibid.

283. JDC: DBBEEC p. 83.

284. CT: BCSXIX. p. 284. T. VII.

285. CT: BCSXIX. p. 63. T. III.

286. Santiago Literario., p. 129. CDE. p. 206. CT: BCSXIX. p. 98 . T. III.

287. CT: BCSXIX. p. 69. T. V.

288. CT: BCSXIX. p. 217. T. V.

289. DLC. p. 317. T. I. CDE. p. 206-207.

290. Foto:https://www.ecured.cu/Desiderio_Fajardo.

291. Biografía conformada por Virginia B. Suárez Piña en la *Tesis Doctoral El Teatro colonial…*

292. DLC. p. 331-332. T. I. CDE. p. 213. Antología del teatro bufo., p.(132). T. I.

293. CDE. p. 213.

294. CT: BCSXIX. p. 161.

295. CA: ALTBSXIX. p. 205.

296. CA: ALTBSXIX. p. 205.

297. CT: BCSXIX. p. 188. T. VII. CDE. p. 214.

298. CT: BCSXIX. p. 167. T. II.

299. DLC. P. 336. T. I. CDE. p. 216.

300. Domitila García de Coronado: *Álbum Poético fotográfico de las escritoras cubanas.* p. 116.

301. CDE. p. 216.

302. es.wikipedia.org/wiki/Felix_Megia_Fernandez- Pacheco

303. ÍPD.

304. FC: DBC. p. 412. CBNC.

305. CDE. p. 375.

306. Foto:http://www.elcomercio.es/v/20100220/aviles/fr ancisco-fernandez-santa-eulalia-20100220.html

307. CT: BCSXIX. p. 69. T. VII.

308. Ramón Baragaño: Francisco Fernández Santa Eulalia.www.elcomercio.es/.../francisco-fernandez-santa-eulalia-20100220.html

309. CT: BCSXIX. p. 174. T. VI.

310. CT: BCSXIX. p. 224. T. VI.

311. CGDP. MCSXIX. p. 33. T. VIII. CDE., p. 222.

312. CT: BCSXIX. p. 212. VII.

313. DLC. p. 339. T. I CDE. p. 224-225.

314. https://www.poemas-del-alma.com/blog/biografias/octave-feuillet

315. Octave Feuillet , en https://es.wikipedia.org/wiki/Octave_Feuillet

316. Suárez, Virginia B. *El Teatro colonial…* Anexos.

317. Foto:http://www.cubamilitar.org/wiki/Perucho_Figueredo .

318. CT: BCSXIX. p. 191. T. III.

319. CDE. p. 228.

320. CDE. p. 230.

321. Madrid, Imprenta a Cargo de Manuel A. Gil, 1851.

322. CT: BCSXIX. p. 251. T. III.

323. CT: BCSXIX. p. 9. T. IV.

324. CDE. p. 231.

325. Foto:https://www.ecured.cu/index.php/Jos%C3%A9_Fornaris.

326. DLC. p. 351. T. I.

327. Inerarity Romero, Zaida: "Ensayo de una bibliografía para un estudio del teatro cubano hasta el siglo XIX", en *Islas* No. 36, mayo-agosto, 1970. Enciclopedia Espasa Calpe. p. 537. T. 24.

328. Enciclopedia Espasa Calpe. p. 537. T. 24.

329. CGDP. MCSXIX: p. 99.

330. CT: BCSXIX. p. 84 . T. III.

331. FC: DBC. p. 284.

332. CT: BCSXIX. p. 106. T. III.

333. CT: BCSXIX. p. 192. T. III.

334. CDE. p. 233.

335. CA: ALTBSXIX. p. 205.

336. Foto:Enciclopedia de historia y cultura del Caribe.http://www.encaribe.org/es/article/laureano-fuentes-matons/1272

337. Suárez, Virginia B.: *Teatro colonial…* p. 165.

338. León : Santiago Literario., p. 123-124.

340. CT: BCSXIX. p. 153. T. VI.

341. CT: BCSXIX. p. 56. T. VI. CDE. p. 243.

342. CBNC.

343. CT: BCSXIX. p. 274. T. III.

344. CT: BCSXIX. p. 294. T. III.

345. CT: BCSXIX. p. 9. T. IV.

346. CDE. p. 244.

347. CDE. p. 246-247.

348. León : Santiago … ., p. 93.

349. CDE. p. 247.

350. Ibid.

351. CBNC.

352. CDE. p. 250.

353. JDC: DBBEEC. p. 70.

354. CT: BCSXIX. P. 106. T. II.

355. Foto: http://www.poemas-del-alma.com/blog/biografias/antonio-garcia-gutierrez

356. ÍPD.

357. CT: BCSXIX. p. 65. T. III.

358. Ibid.

359. Ibid.

360. Suárez Piña, Virginia B.: *El Teatro colonial en Santiago de Cuba* (1850-1898).

361. Suárez, Virginia B.: *El Teatro colonial… Anexos.*

362. CDE. P. 257.

363. CBNC.

364. DLC.T. I. P. 255. CDE. p. 255.

365. CT: BCSXIX. p. 153. T. VI.

366. AML y JGC: BDTC. p.104.

367. CBNC.

368. AML y JGC: BDTC. p. 104.

369. CBNC.

370. CT: BCSXIX. p. 252. T. III.

371. CDE. p. 261.

372. Ibid.

373. CT: BCSXIX. p. 85. T. III.

374. DLC. p. 372-373. T. I.

375. CDE. p. 262.

376. CT: BCSXIX. p. 160. T. V.

377. Ibid.

378. Ibid.

379. Suárez, Virginia B.: *Teatro colonial…Anexos.*

380. https://www.biografiasyvidas.com/biografia/g/gil_y_zarate.htm

381. Suárez, Virginia B.: *El Teatro colonial… Anexos.*

382. CGDP.MCSXIX. p. 170. T. III.

383. CDE. p. 266.

384. CT: BCSXIX. p. 160. T. V.

385. CDE. p. 267.

386. CT: BCSXIX. p. 289. T. V.

387. CDE. p. 268.

388. CGDP. MCSXIX. p. 274. T. III.

389. CGDP. MCSXIX. p. 232 . T. III.

390. Foto: Domitila García de Coronado,: Álbum Poético fotográfico de las escritoras cubanas (S.P.).

391. DLC. pp. 375-376. T. I CDE. pp. 269-270.

392. No hemos localizado la obra con este título; al parecer es una versión de su obra *La Aventurera*.

393. Suárez, Virginia B.: *El Teatro colonial… Anexos.*

394. CDE. p. 272.

395. CT: BCSXIX. p. 57. T. VI.

396. CT: BCSXIX. p. 147. T. III.

397. Ibid

398. DLC. pp. 381-382. T. I. CDE. 272.

399. CBNC.

400. CT:BCSXIX. p. 206. T. VI. DLC. T. I. P. 382. CDE. P. 273.

401. CBNC: CT: BCSXIX. p. 108. T. VIII.

402. JDC: DBBEEC. p. 113.

403. Habana, Imprenta El Iris, 1882.

404. Habana, Imprenta de C. Fernández, 1884.

405. CT: BCSXIX. p. 192. T. VII.

406. Juan Ignacio González del Castillo, en https://es.wikipedia.org/wiki/Juan_Ignacio_Gonz%-C3%A1lez_del_Castillo.

407. Suárez, Virginia B.: *El Teatro colonial… Anexos.*

408. CDE. p. 275.

409. CGDP.MCSXIX. p. 295. T. III.

410. CBNC.

411. CGDP. MCSXIX. p. 114. T. III.

412. www//Habana Radio: La voz del patrimonio cubano. Muere el poeta José Gonzalo Roldán.

413. Foto:https://es.wikipedia.org/wiki/Charles_Gounod.

414. Charles Gounod, en https://es.wikipedia.org/wiki/Charles_Gounod

415. Suárez, Virginia B.: *El Teatro colonial… Anexos.*

416. DLC. p. 388. CDE. p. 280. T. I.

417. CDE. p. 281.

418. https://es.wikipedia.org/wiki/Jos%C3%A9_G%C3%BCell_y_Rent%C3%A9

419. CBNC.

420. DLC. p. 396-397. T. I. CDE. p. 284.

421. CDE. p. 284.

422. CGDP. MCSXIX. p. 52. T. VII. y CBNC.

423. CDE. p. 284-285.

424. Hasta el momento sin localizar.

425. CGDP. MCSXIX. p. 120.

426. CT: BCSXIX. p. 212. T. IV.

427. CDE. p. 285.

428. CGDP.MCSXIX. p. 252. T. III. Y CBNC.

429. CGDP. MCSXIX. p. 275. T. III.

430. Ibid.

431. CGDP.MCSXIX. p. 93. T. III.

432. CGDP. MCSXIX. p. 85. T. III. DLC. T. I. P. 400-01. CDE. p. 285-286.

433. CGDP. MCSXIX. p. 108. T. III.

434. CT: BCSXIX. p. 300. T. IV.

435. CDE. p. 285-286.

436. Aida Martínez Carreño: José María Gutiérrez de Alba : de agente secreto de España a librero y agrónomo en Colombia, en http://www.banrepcultural.org/node/32773.

437. Foto:https://www.ecured.cu/index.php/Miguel_Jer%C3%B3nimo_Guti%C3%A9rrez.

438. CGDP.MCSXIX. p. 392. T. VIII.

439. https://en.wikipedia.org/wiki/Juan_Eugenio_Hartzenbusch.

440. https://www.buscabiografias.com/biografia/verDetalle/7756/Juan%20Eugenio%20Hartzen-busch.

441. Suárez, Virginia B.: *El Teatro colonial… Anexos.*

442. Foto: DLC. T. I.

443. DLC. T. I. p. 430-438.

444. CT: BCSXIX. p. 108. T. VI.

445. CT: BCSXIX. p. 59. T. VI.

446. DLC. p. 438. T. I CDE. p. 294.

447. CT: BCSXIX. p. 59. T. VI.

448. CT: BCSXIX. p. 149. T. III.

449. DLC. p. 440-441. T. I.

450. CT: BCSXIX. p. 233. T. III.

451. CDE. p. 298.

452. CT: BCSXIX. p. 108. T. III.

453. CT: BCSXIX. p. 171. T. VIII.

454. CDE. p. 298.

455. www//mcn.biografías.Comedia.

456. ÍPD.

457. CT: BCSXIX. p. 323. T. V.

458. CDE. p. 301.

459. JDC: DBBEEC. p. 126-127.

460. CGDP. MCSXIX. p. 242.

461. cienfuegoscuba.galeon.Comedia/diccionario.htm Diccionario biográfico cienfuegueros.

462. CDE. p. 303.

463. CT: BCSXIX. p. 329. T. IV.

464. CT: BCSXIX. p. 283. T. V.

465. CDE. p. 304-305.

466. Julio Cejador: Historia de la lengua…., p. 319. T.X..

467. CT: BCSXIX. p. 292. T.V.

468. C. D. E. p. 305.

469. CDE. p. 306.

470. CT: BCSXIX. p. 169. T. IV.

471. CT: BCSXIX. p. 41. T. V.

472. CT: BCSXIX. p. 397. T. VIII.

473. CDE. p. 312-313.

474. DLC. p. 472-473. T. I.

475. CDE. p. 313.

476. CT: BCSXIX. p. 170. T. IV.

477. CDE. p. 317.

478. FC: DBC. p. 366.

479. CT: BCSXIX. p. 233. T. III.

480. CDE. p. 317.

481. CT: BCSXIX. p. 33. T. III. CDE. p. 317.

482. CDE. p. 317.

483. https://letrasdefrontera.wordpress.com/tag/luis-mariano-de-larra-y-wetoret/

484. Virginia B. Suárez: *El Teatro colonial…* Anexos.

485. DLC. p. 488. T. I. CDE. p. 324.

486. CDE. p. 330.

487. CT: BCSXIX. p. 14. VI.

488. CDE. p. 335.

489. CT: BCSXIX. p. 330. T. VIII.

490. CDE. p. 336.

491. CT: BCSXIX. p. 55.

492. Ibid., p. 109.

493. CT: BCSXIX. p. 8. T. III.

494. CDE. p. 335.

495. CDE. p. 338.

496. CA: ALTBSXIX. p. 205.

497. Foto:https://www.ecured.cu/Jos%C3%A9_Joaqu%C3%ADn_Lorenzo_Luaces.

498. DLC. p. 512. T. I.

499. Suárez, Virginia B.: *El Teatro colonial...* p. 76.

500. CT: BCSXIX. p. 33. T. III.

501. CT: BCSXIX. p. 172. T. III.

502. CT: BCSXIX. p. 126. T. IV.

503. CDE. p. 343.

504. Ibid.

505. CT: BCSXIX. p. 62. T. VI.

506. CT: BCSXIX. p. 71. T. I.

507. CT: BCSXIX. p. 285 T. II.

508. DLC. p. 542-543. T.II. CDE. p. 348.

509. CT: BCSXIX. p. 327-328. T. IV.

510. Suárez, Virginia B.: *El Teatro colonial... Anexos.*

511. DLC. p. 544. T. II. CDE. p. 352.

512. DLC. p. 549. T. II. CDE. p. 354.

513. DLC. p. 544. T. II. CDE. p. 352.

514. DLC. p. 560-572. T. II. CDE. p. 357.

515. CA: ALTBSXIX. p. 205.

516. CDE. p. 359.

517. CT: BCSXIX. p. 365. T. IV.

518. CT: BCSXIX. p. 151. T. IV.

519. Foto:https://es.wikipedia.org/wiki/Francisco_Mart%c3%adnez_de_la_Rosa

520. Biografías y Vidas. La enciclopedia biográfica en línea. Francisco Martínez de la Rosa, en http://www.biografiasyvidas.com/biografia/m/martinez_francisco.htm.

521. Virginia B. Suárez: El Teatro colonial... Anexos.

522. Foto:https://es.wikipedia.org/wiki/Luis_de_Egu%C3%ADlaz

523. Luis de Eguílaz, en https://es.wikipedia.org/wiki/Luis_de_Egu%C3%ADlaz

524. Suárez, Virginia B.: *El Teatro colonial... Anexos.*

525. CT: BCSXIX. p. 305-306.

526. CDE. p. 362.

527. CT: BCSXIX. p. 73. T. IV.

528. CT: BCSXIX. p. 43. T. V.

529. CT: BCSXIX. p. 15. T. V.

530. CT: BCSXIX. p. 277. T. III.

531. CDE. p. 362.

532. CT: BCSXIX. p. 64. T. VI.

533. JDC: DBBEEC. p. 145.

534. CT: BCSXIX. p. 15. T. V.

535. CT: BCSXIX. p. 43. T. V.

536. CDE. p. 366.

537. CT: BCSXIX. p. T. IV.

538. Suárez, Virginia B.: *El Teatro colonial...* Anexos.

539. CT: BCSXIX. p. 363. T. IV.

540. CT: BCSXIX. p. 86. T. III.

541. Foto:https://www.ecured.cu/index.php/Mercedes_Matamoros_y_del_Valle

542. DLC. p. 833. T. II. CDE. p. 370.

543. CDE. p. 372.

544. Foto: https://www.geni.com/people/Jose-Mauri-Esteve/6000000002103362565

545. Josefina Ortega Adagio del olvidado: José Mauri.• La Habana.www//La Giribilla. 2006.

546. CT: BCSXIX. p. 304. T. II.

547. CDE. p. 372-373.

548. Foto:https://www.ecured.cu/index.php/Antonio_Medina_y_C%C3%A9spedes

549. DLC. p. 588-589. T. II. CDE. p. 373.

550. CBNC.

551. CT: BCSXIX. p. 332. T. VIII.

552. CDE. p. 374.

553. CT: BCSXIX. p. 21 VIII.

554. CDE. p. 375.

555. Antología del teatro bufo., p. (264). T. I.

556. CBNC.

557. Ibid.

558. CT: BCSXIX. p. 246. T. VII.

559. CDE. p. 376.

560. CT: BCSXIX. p. 65. T. VI.

561. CT: BCSXIX. p.39. T. IV.

562. CT: BCSXIX. p. 102. T. V.

563. Foto:https://www.ecured.cu/index.php/Rafael_Mar%C3%ADa_de_Mendive.

564. DLC. p. 598-600. T. II. CDE. p. 377.

565. CT: BCSXIX. p. 150-151. T. III.

566. CT: BCSXIX. p. 374. T. II.

567. CT: BCSXIX. p. 193. T. IV.

568. CT: BCSXIX. p. 213. T. VI.

569. DLC. p. 600. T. II. CDE. p. 379.

570. Suárez, Virginia B.: *El Teatro colonial…*Anexos.

571. Íbid.

572. Íbid.

573. Íbid.

574. CT: BCSXIX. p. 344. T. VII.

575. CDE. p. 379-380.

576. CT: BCSXIX. p. 130. T. III.

577. CDE. p. 383.

578. Foto:http://www.eumed.net/libros-gratis/2012b/1234/ramon-meza-suarez-inclan.html

579. DLC. p. 611. T. II. CDE. p. 384.

580. CT: BCSXIX. p. 34. T. III.

581. CT: BCSXIX. p. 87. T. III.

582. DLC. p. 613-614. T. II. CDE. p. 385.

583. Foto:https://www.ecured.cu/index.php/Jos%C3%A9_Jacinto_Milan%C3%A9s

584. DLC. p. 614-617. T. II. CDE. p. 385.

585. CT: BCSXIX. p. 87. T. III.

586. DLC. p. 618. T. II. CDE. p. 386.

587. CT: BCSXIX. p. 151. T. III.

588. JDC: DBBEEC. p. 152-153.

589. CDE. p. 389.

590. CT: BCSXIX. p. 272. T. IV.

591. CDE. p. 389.

592. CDE. p. 394.

593. Íbid.

594. CT: BCSXIX. p. 334. T. VIII.

595. CDE. p. 394.

596. FC: DBC p. 238/239. CDE. p. 185.

597. CDE. p. 394.

598. CT: BCSXIX. p. 179. T. VIII.

599. CDE. p. 399.

600. www//mcn.Biografías. Comedia.

601. CT: BCSXIX. p. 244. T. IV.

602. CDE. p. 399.

603. CT: BCSXIX. p. 164. T. VI.

604. CT: BCSXIX. p. 355. T. IV.

605. CT: BCSXIX. p. 10. T. III.

606. CDE. p. 401.

607. CDE. p. 403.

608. CDE. p. 408.

609. CT: BCSXIX. p. 273. T. IV.

610. CT: BCSXIX. p. 244.T. IV.

611. CT: BCSXIX. p. 66. T. VI.

612. Foto: https://www.ecured.cu/index.php/Juan_Crist%C3%B3bal_N%C3%A1poles_Fajardo

613. DLC. p. 650. T. II. CDE. p. 410.

614. CT: BCSXIX. p. 335.

615. Suárez, Virginia B.: *El Teatro colonial…* Anexos.

616. Foto:https://www.ecured.cu/index.php/Carlos_Navarrete_y_Romay

617. La Habana, Imprenta La Antilla, 1866.

618. DLC. p. 653. T. II. CDE. p. 411.

619. CT: BCSXIX. p. 298. T. III.

620. Suárez, Virginia B.: *El Teatro colonial…* Anexos.

621. CDE. P. 416-417.

622. CDE. p. 418.

623. CBNC.

624. CT: BCSXIX. p. 67. T. VI. CDE. p. 421.

625. CT: BCSXIX. p. 94. T. V.

626. Foto:https://es.wikipedia.org/wiki/Gaspar_N%C3%BA%C3%B1ez_de_Arce

627. Gaspar Núñez de Arce http://www.biografiasyvidas.com/biografia/n/nunez_gaspar.htm

628. Suárez, Virginia B.: *El Teatro colonial…* Anexos.

629. CDE. p. 309.

630. CT: BCSXIX. p. 175. T. III.

631. CDE. p. 425.

632. CT: BCSXIX. p. 151. T. III.

633. CBNC.

634. Ibid.

635. CT: BCSXIX. p. 213. T. III.

636. CBNC.

637. http://lazarzuela.webcindario.com/Fotos/efe/luisolona.jpg.

638. Luis de Olona, en https://es.wikipedia.org/wiki/Luis_de_Olona

639. Suárez, Virginia B.: *El Teatro colonial…* Anexos.

640. CT: BCSXIX. p. 235. T. III.

641. DLC. p. 683-684. T. II. CDE. p. 429.

642. FC: DBC. p. 435.

643. Foto:http://lagavetadeaguere.blogspot.it/2014/02/andres-avelino-orihuela.html

644. DLC. p. 687. T. II. CDE. p. 430. lagavetadeaguere.blogspot.Comedia/2014/02/andres-avelino-ori-huela.html

645. CT: BCSXIX. p. 41.T. IV.

646. CBNC.

647. CT: BCSXIX. p. 74. T. IV.

648. CT: BCSXIX. p. 153. T. IV.

649. CBNC.

650. Suárez, Virginia B.: *El Teatro colonial…* Anexos.

651. CT: BCSXIX. p. 308. T. VI. CDE. p. 298.

652. CBNC.

653. CT: BCSXIX. p. 203. T. VII.

654. CDE. p. 434.

655. CT: BCSXIX. p. 196. T. III.

656. CT: BCSXIX. p. 213. T. III.

657. CT: BCSXIX. p. 295. T. III.

658. CDE. p. 434.

659. CT: BCSXIX. p. 42. T. IV.

660. ÍPD BDH.

661. DLC. p. 699. T. II. CDE. p. 435.

662. Foto:https://es.wikipedia.org/wiki/Felipe_Ovilo_Canales

663. Felipe Olivo Canales, en https://es.wikipedia.org/wiki/Felipe_Ovilo_Canales

664. CT: BCSXIX. p. 229. T. V.

665. CT: BCSXIX. p. 180. T. VII.

666. Foto:https://es.wikipedia.org/wiki/Giovanni_Pacini

667. Giovanni Pacini. https://es.wikipedia.org/wiki/Giovanni_Pacini

668. CT: BCSXIX. p. 354. T. IV.

669. CT: BCSXIX. p. 42. T. IV.

670. CDE. p. 436.

671. Suárez, Virginia B.: *El Teatro colonial…* Anexos.

672. Foto: DLC. T. II.

673. DLC. p. 708. T.II. CDE. p. 440.

674. CDE. p. 441.

675. FC: DBC. p. 485.

676. CBNC.

677. CT: BCSXIX. p. 152. T. III.

678. CDE. p. 443.

679. Íbid.

680. CBNC.

681. Íbid.

682. CT: BCSXIX. p. 168. T. V.

683. CBNC.

684. Aparece en *Próceres de Santiago de Cuba (1946), Nuevo diccionario cubano de seudónimos* (España, 2000).

685. CDE. p. 445.

686. CT: BCSXIX. p. 152. T. III.

687. CT: BCSXIX. p. 131. T. III.

688. CBNC.

689. CDE. p. 453.

690. CBNC.

691. Ibid.

692. CDE. p. 454.

693. CDE. p. 455.

694. CBNC.

695. CT: BCSXIX. p. 310. T. VI.

696. CT: BCSXIX. p. 14. T. II.

697. CBNC.

698. BM: Pérez Y Hernández, José María, en http://www.enciclopediagro.org/index.php/indices/indice-de-biografias/1260-perez-hernandez-jose-maria

699. CT: BCSXIX. p. 35. T. III.

700. CT: BCSXIX. p. 152. T. III.

701. CA: ALTBSXIX. p. 206.

702. DLC. p. 7734. T. II. CDE. p. 460.

703. Virginia B. Suárez Piña: *El Teatro colonial...* p.124.

704. CT: BCSXIX. p. 371. T. III.

705. http://www.sbn.it/opacsbn/opaclib?db=solr_iccu&resultForward

706. Foto:https://es.wikipedia.org/wiki/Francesco_Maria_Piave

707. Francesco Maria Piave, en https://es.wikipedia.org/wiki/Francesco_Maria_Piave

708. CT: BCSXIX. p. 371.

709. http://www.sbn.it/opacsbn/opaclib.

710. CT: BCSXIX. p. 19. T. II.

711. El actor camagüeyano Pablo Pildain Sarabia en WWW//panoramaciudad.blogspot.Comedia/2011/05/...camagueyano-pablo-pildain.html

712. CT: BCSXIX. p. 274. T. IV.

713. CDE. p. 465.

714. P. 204. T. VII.

715. Mariano Pina Domínguez, en https://es.wikipedia.org/wiki/Mariano_Pina_Dom%C3%ADnguez

716. Suárez, Virginia B.: *El Teatro colonial...* Anexos.

717. CT: BCSXIX. p. 114.

718. DLC. p. 788. T. II. CDE. P. 467.

719. DLC. T. II.

720. Delfina Gay de Guirardin (1804-1855). Escritora francesa.

721. La Habana, Imprenta "La Antilla", 1866.

722. DLC. p. 7734. T. II. CDE. p. 460.

723. CBNC.

724. CBNC.

725. CT: BCSXIX. p. 18. T. IV.

726. CDE. p. 468.

727. CT: BCSXIX. p. 22. T. II.

728. Fernández Aquino, Orlando: *Historia de la literatura espirituana.*, pp. 85-98.

729. www//mcn.biografías.Comedia.

730. CT: BCSXIX. p. 18. T. IV.

731. CDE. p. 468.

732. Foto:http://milyunpoetas.blogspot.it/2011/05/481-francisco-pobeda-y-armenteros.html

733. Biblioteca Virtual Miguel de Cervantes: Diccionario de Literatura Cubana, en http://www.cervantesvirtual.com/obra-visor/diccionario-de-la-literatura-cubana--0/html/.

734. DLC. p. 813. T. II. CDE. p. 472.

735. CT: BCSXIX. p. 18-19. T. IV.

736. CDE p. 472- 473.

737. CT: BCSXIX. p. 176. T. III.

738. CBNC.

739. CT: BCSXIX. p. 207. T. VII.

740. P. 474.

741. CBNC.

742. cienfuegoscuba.galeon.Comedia/diccionario.htm Diccionario biográfico cienfuegueros.

743. CT: BCSXIX. p. 30. T. II.

744. Íbid.

745. CT: BCSXIX. p. T. IV.

746. CT: BCSXIX. p. 19. T. IV.

747. CT: BCSXIX. p. 70. T. VI.

748. CBNC.

749. Íbid.

750. CT: BCSXIX. p. 299. T. VII.

751. CDE. p. 482.

752. CDE. p. 482.

753. CT: BCSXIX. p. 55. T. III.

754. CT: BCSXIX. p. 71. T. VI.

755. JDC: DBBEEC. p. 187.

756. Estrada, León: *Diccionario de escritores santiagueros.* Versión digital.

757. CT: BCSXIX. p. 299. 349 T. VII.

758. CDE. p. 491.

759. CDE. p. 494.

760. CT: BCSXIX. p. 90. T. III.

761. CT: BCSXIX. p. 298. T. IV.

762. CT: BCSXIX. p. 73. T.VI.

763. CDE. p. 497.

764. Íbid.

765. Estrada, León: *Santiago Literario.*, p. 125.

766. Íbid.

767. CT: BCSXIX. p. 170 T. VI.

768. CDE. p. 498.

769. ÍPD BDH.

770. Íbid.

771. Jorge Tomás Teijeiro: *Los hermanos Robreños, escritores para el vernáculo.* www.cubaliteraria.cu/articulo.php?idarticulo=15856&...

772. CDE. p. 498.

773. DLC. p. 899. T. II.

774. CDE. p. 499. CT: BCSXIX. p. 215. T. III.

775. CT: BCSXIX. p. 398. T. VIII.

776. Foto. Rodríguez y López, Clotilde Antonia Del Carmen, www.monografias.Comedia/trabajos89/personalidades-femeninas

777. Rodríguez y López, Clotilde Antonia Del Carmen, www.monografias.Comedia/trabajos89/personalidades-femeninas

778. García de Coronado, Domitila: *Álbum Poético fotográfico de las escritoras cubanas.* (S.P.).

779. DLC. p. 915 T. II. CDE. p. 507.

780. López Piquer, Luis (1802-1865) - http://www.bne.es/

781. CDE. p. 508.

782. Suárez, Virginia B.: *Teatro colonial...* Anexos.

783. CDE. p. 441. CT: BCSXIX. p. 234. T. V.

784. CT: BCSXIX. p.177. T. III.

785. CT: BCSXIX. p. 257. T. III.

786. CT: BCSXIX. p. 216. T. III.

787. Íbid.

788. AML y JGC: BDTC. p. 130.

789. CDE. p. 515.

790. CT: BCSXIX. p. 140 T. V.

791. CT: BCSXIX. p. 258. T. III.

792. CT: BCSXIX. p. 171. T. V.

793. CT: BCSXIX. p. 198. T. III.

794. CT: BCSXIX. p. 262. T. V.

795. CT: BCSXIX. p. T. II.

796. Rossell, Don Agustín: *Manual de Medicina Legal.* Madrid, Establecimiento Tipográfico de Don Ramón Rodríguez de Rivera, 1848.

797. Bacardí, Emilio: *Crónicas de Santiago de Cuba.*T.III.

798. https://es.wikipedia.org/wiki/Gaetano_Rossi

799. CT: BCSXIX. p. 132-133. T. III.

800. CT: BCSXIX. p. 78. T. IV.

801. Suárez, Virginia B.: *Teatro colonial….* Anexos. P. 146.

802. FC: DBC. p. 16-19.

803. Bacardí, Emilio: *Crónicas de Santiago de Cuba.*, pp. 250-251 . T. III.

804. CDE. p. 521.

805. CT: BCSXIX. p. 19. T. V.

806. Foto:https://www.escritores.org/biografias/392-angel-saavedra-duque-de-rivas

807. Ángel Saavedra, Duque de Rivas https://www.escritores.org/biografias/392-angel-saavedra-du-que-de-rivas

808. Suárez, Virginia B.: *El Teatro colonial…* Anexos.

809. CT: BCSXIX. p. 133. T. III.

810. Foto: Narciso Serra (1830-1877), dramaturgo romántico, en https://insulabaranaria.wordpress.com/2012/10/02/narciso-serra-1830-1877-dramaturgo-romantico/

811. Suárez, Virginia B.: *El Teatro colonial…* Anexos.

812. CT: BCSXIX. p. 340. T. VIII.

813. Varios: *Teatro Bufo Siglo XIX* (Antología). T. I., p. (340).

814. CT: BCSXIX. p. 121. T. VI.

815. CDE. p. 530.

816. CT: BCSXIX. p. 172. T. VI.

817. *Enciclopedia Universal Ilustrada.*, p. 188. Tomo 53.

818. Foto:https://www.ecured.cu/index.php/Diwaldo_Salom_y_Andraca

819. DLC. p. 940. T. II.

820. CDE. p. 533.

821. Íbid.

822. DLC. p. 942-943. T. II.

823. CT: BCSXIX. p. 80 . T. II.

824. Obra incorporada a la relación existente.

825. CT: BCSXIX. p. 75. T. VIII.

826. CT: BCSXIX. p. 75. T. VIII.

827. CT: BCSXIX. p. 80. T. II.

828. CT: BCSXIX. p. 80 . T. II.

829. DLC. p. 943-944. T. II.

830. CT: BCSXIX. p. 74. T. VI.

831. CT: BCSXIX. p. 351. T. VII.

832. CT: BCSXIX. p. 218. T. IV.

833. CT: BCSXIX. p. 87. T. II.

834. Suárez Piña, Virginia B.: *El Teatro colonial en Santiago de Cuba...* Tesis Doctoral.Anexos.

835. Leal, Rine: Prólogo de: *Teatro. Ignacio Sarachaga.*

836. www.encaribe.org/es/article/ignacio-sarachaga.

837. CT: BCSXIX. p. 45. T. IV.

838. CT: BCSXIX. p. 307. T. IV.

839. CT: BCSXIX. p. 364. T. IV.

840. CT: BCSXIX. p. 20. T. V.

841. CT: BCSXIX. p. 142. T. V.

842. Eugène Scribe,en https://es.wikipedia.org/wiki/Eug%C3%A8ne_Scribe.

843. Suárez, Virginia B: *El Teatro colonial...* Anexos.

844. Foto:http://manolo-eleremita.blogspot.it/2014/01/ii-certamen-literario-enrique-segovia.html

845. CDE. p. 551.

846. CT: BCSXIX: p. 376. T. VII.

847. Foto: DLC. T. II.

848. CT: BCSXIX. p. 93 . T. II.

849. CT: BCSXIX. p. 45. T. IV.

850. CT: BCSXIX. p. 169. T. IV.

851. CT: BCSXIX. p. 218. T. IV.

852. DLC. pp. 959-960. T. II. CDE. p. 552.

853. CT: BCSXIX. p. 95-96. T. II.

854. www//sociedadcantabradeescritores.es/?p=1488

855. CDE. p. 560.

856. Íbid.

857. CT: BCSXIX. p. 79. T. IV.

858. CT: BCSXIX. p. 258. T. III.

859. CT: BCSXIX. p. 264. T. V.

860. CT: BCSXIX. p. 134. T. III.

861. Suárez, Virginia B. *El Teatro colonial…* Anexos.

862. *El Redactor,* 13 de junio de 1846.

863. *El Redactor* el 15 de mayo de 1851.

864. Existe poca información sobre la vida y obra de este autor. Esta biografía la hemos conformado sobre la base de los datos localizados en sus textos poéticos y artículos publicados. Se localizó el acta de bautismo por lo que se incorpora su fecha de nacimiento .

865. CT: BCSXIX. p. 238. T. VII.

866. Suárez, Virginia B.: *El Teatro colonial…* p. 77-82.

867. CDE. pp. 564-565.

868. CT: BCSXIX. p. 75. T. VI.

869. CT: BCSXIX. p. 99. T. II.

870. Foto:https://wikipedia.org/wiki/Maurice_Strakosch.

871. Maurice Strakosch, en https://es.wikipedia.org/wiki/Maurice_Strakosch. Al parecer, fue una versión operática del Sardanápalo, tragedia en cinco actos, de Lord Byron (1788-1824).

872. Suárez, Virginia B.: *El Teatro colonial…* Anexos.   873. CDE. p. 568.

874. CT: BCSXIX. p. 335. T. IV.

875. OPAC. *Catálogo de la Biblioteca Nacional de Roma.*

876. CT: BCSXIX. p. 164. T. VII.

877. CDE. p. 569.

878. *Teatro Bufo Siglo XIX (Antología)* (Tomo I). p. 247.

879. Fue uno de los autores más famosos de la ópera italiana representado en la Isla; llegó a ser el creador más popular de la época.

880. Manuscrito, Centro Coronado, Universidad Central de Las Villas.

881. Foto:https://es.wikipedia.org/wiki/Manuel_Tamayo_y_Baus

881. Biografías y Vidas. La Enciclopedia biográfica en línea, en http://www.biografiasyvidas.com/biografia/t/tamayo_y_baus.htm

883. Suárez, Virginia B.: *El Teatro colonial…* Anexos.

884. CDE. p. 573.

885. Foto: DLC. T. II.

886. DLC. p. 1008-1011. T. II.

887. Foto: DLC. T. II.

888. DLC. p. 1015-1016. T. II.

889. CT: BCSXIX. p. 134 . T. III.

890. CT: BCSXIX. p. 156. T. III.

891. CDE. p. 577.

892. DLC. p. 1020-1021. T. II.

893. CT: BCSXIX. p. 265. T. V.

894. CT: BCSXIX. p. 49. T. V.

895. DLC. p. 1024. T. II.

896. CT: BCSXIX. p. 80. T. IV.

897. CT: BCSXIX. p. 14 . T. III.

898. DLC. p. 1035. T. II.

899. Cádiz, 26 de noviembre de 1822 - Madrid, 1907, político, escritor, matemático, filólogo, lingüista y lexicógrafo español, perteneciente a la Generación del 68.

900. CT: BCSXIX. p. 265. T. V.

901. CDE. p. 584.

902. CT: BCSXIX. p. 301. T. V.

903. JDC: DBBEEC. p. 216.

904. El 17 de mayo, 1893. BDH.

905. CDE. p. 586.

906. Íbid.

907. CT: BCSXIX. p. 72. T. III.

908. CDE. p. 587.

909. Miguel Ulloa: Poesías. México, Oficina Tipográfica de la Secretaría de Fomento, 1884.

910. CBNC.

911. Íbid.

912. El Fruto de la deshonra. BDH.

913. CBNC.

914. CT: BCSXIX. p. 76. T. VI.

915. Todos los títulos de las obras, sin pie de Imprenta, fueron tomados del libro *El Fruto de la deshonra* , localizado en el catálogo de la Biblioteca Digital Hispánica y en el CBNC.

916. ESTRADA, León: Santiago Literario., p. 128.

917. CBNC.

918. DLC. p. 1057. T. II. CDE. p. 589.

919. CDE. p. 590.

920. www.ecured.cu/index.php/Antonio_José_Valdés.

921. DLC. p. 1058. T. II.

922. CDE. p. 592.

923. CT: BCSXIX. p. 135. T. III.

924. CT: BCSXIX. p. 57-58. T. III.

925. CT: BCSXIX. p. 135. T. III.

926. CT: BCSXIX. p. 240. T. III.

927. CT: BCSXIX. p. 38. T. III.

928. DLC. p. 1063-1064. T. II. CDE. p. 593.

929. CT: BCSXIX. p. 121. T. II.

930. Íbid.

931. BDH.

932. DLC. p. 1065-1066. T. II.

933. *Enciclopedia Universal Ilustrada.*. p. 520. Tomo 66.

934. CDE. p. 593.

935. CT: BCSXIX. p. 70. T. VI.

936. DLC. p. 1067. T. II CDE. pp. 593-594.

937. CT: BCSXIX. p. 175. T. VI.

938. DLC. p. 1068. T. II.

939. pacosalud.blogspot.Comedia/2013/06/adrian-del-valle-costa.

940. Biografías y Vidas. La Enciclopedia biográfica en línea, en http://www.biografiasyvidas.com/biografia/v/valladares.htm

941. Suárez, Virginia B.: *El Teatro colonial…* Anexos.

942. Foto:http://pacosalud.blogspot.it/2013/06/adrian-del-valle-costa-propagandista.html

943. Foto:https://www.ecured.cu/Eduardo_Varela_Zequeira

944. DLC. p. 1078. T. II.

945. Foto:https://es.wikipedia.org/wiki/Enrique_Jos%C3%A9_Varona

946. DLC. p. 1080-1082. T. II. CDE. p. 600.

947. DLC. p. 1086-1087. T. II. CDE. p. 600.

948. FC: DBC. p. 667.

949. CT: BCSXIX. p. 21. T. V.

950. CDE. p. 600.

951. Biografías y Vidas. La Enciclopedia biográfica en línea, Ventura de la Vega, en http://www.biografiasyvidas.com/biografia/v/vega_ventura.htm

952. Suárez, Virginia B.: *El Teatro colonial…* Anexos.

953. CT: BCSXIX. p. 240. T. III.

954. Íbid.

955. CT: BCSXIX. p. 22. T. V.

956. CDE. p. 604.

957. https://es.wikipedia.org/wiki/Jos%C3%A9_Vel%C3%A1zquez

958. Suárez, Virginia B.: *El Teatro colonial… Anexos.*

  Foto: https://milyunpoetas.wordpress.com/2011/05/04/524-ramon-velez-y-herrera/

959. DLC. p. 1089-1090 T. II. CDE. p. 605.

960. https://en.wikipedia.org/wiki/Giuseppe_Verdi.

961. Giuseppe Verdi, en Biografías y Vidas: La enciclopedia biográfica en línea, http://www.biografiasyvidas.com/biografia/v/verdi.htm.

962. CT: BCSXIX. p. 180 . T. III.

963. Suárez, Virginia B.: *El Teatro colonial…* Anexos.

964. CT: BCSXIX. p. 69. T. III.

965. CT: BCSXIX. p. 94. T. III.

966. CT: BCSXIX. p. 150. T. III.

967. CT: BCSXIX. p. 172 . T. III.

968. NicasioVIDAL, https://www.geni.com/people/Nicasio-Vidal/6000000012700175659.

969. CT: BCSXIX. p. 137. T. II.

970. CDE. p. 611.

971. Cienfuegoscuba.galeon.Comedia/diccionario.htm Diccionario biográfico cienfuegueros.

972. CT: BCSXIX. p. 237. T. V.

973. CDE. 605.

974. *El patriotismo español y la insurrección de Cuba* BDH.

975. Foto: José María Villafañe: Miscelánea. Barcelona, Imprenta de la Casa de Caridad (S.A.).

976. FC: DBC. p. 683.

977. *Enciclopedia Espasa Calpe*. p. 98.

978. CDE. p. 616.

979. *Muerte por honra* (BDH).

980. Foto: http://hojassdeprensa.blogspot.it/2012/10/un-compositor-cubano-de-opera-gaspar.html

981. CGDP. MCSXIX. p. 288.

982. CT: BCSXIX. p. 142. T. II.

983. Foto:https://www.ecured.cu/index.php/Federico_Villoch.

984. CT: BCSXIX. p. 80 T. VII.

985. DLC. p. 1102. T. II. CDE. p. 617.

986. CT: BCSXIX. p. 344. T. VIII.

987. DLC. p. 1103 T. II. CDE. p. 617.

988. CT: BCSXIX. p. 192. T. VIII.

989. CT: BCSXIX. p.145.T. II.

990. CT: BCSXIX. p. 260. T. VII.

991. Suárez, Virginia B.: *El Teatro colonial…* Anexos.

992. CT: BCSXIX. p. 81-82. T. IV.

993. DLC. P. 111. T. II.

994. CT: BCSXIX. p. 22. T. IV.

995. CT: BCSXIX. p. 81-82. T. IV.

996. Suárez, Virginia B.: *El Teatro colonial…* Anexos.

997. Foto: *Patria o tumba*. La Habana, Imprenta El Fígaro, 1900.

998. CT: BCSXIX. p. 215. T. VII.

999. CT: BCSXIX. p. 150. T. II.

1000. CDE. p. 623.

1001. Foto:http://parroquiasierranevada.blogspot.it/2015/09/eduardo-zamora-y-caballero-dramaturgo.html

1002. Zamora y Caballero, Eduardo, en http://www.mcnbiografias.com/app-bio/do/show?key=zamora-y-caballero-eduardo.

1003. Suárez, Virginia B.: *El Teatro colonial…* Anexos.

1004. CDE. p. 625.

1005. Foto:http://www.cristobal-colon.com/enrique-zas-y-simo/.

1006. CDE. p. 625.

1007. P. 11-12.

1008. Zavala Y Zamora, Gaspar, en http://www.ebiblioteca.org/?/ver/34530.

1009. Suárez, Virginia B: *El Teatro colonial…* Anexos.

1010. Foto:https://es.wikipedia.org/wiki/Manuel_de_Zequeira.

1011. DLC. p. 1123-1124. T. II. CDE. p. 626.

1012. CT: BCSXIX. p. 306. T. III.

1013. CDE. p. 626.

1014. CT: BCSXIX. p. 103. T. III.

1015. CT: BCSXIX. p. 71. T. IV.

1016. Foto:https://upload.wikimedia.org/wikipedia/commons/3/3b/Jose_zorrilla.jpg.

1017. José Zorrilla, en http://www.biografiasyvidas.com/biografia/z/zorrilla.htm.

1018. Suárez, Virginia B.: *El Teatro colonial…* Anexos.

www. unosotrosculturalproject.com

infoeditorialunosotros@gmail.com

UNOS & OTROS

EDICIONES